普通高等教育规划教材

Gonglu Gongcheng Shigong Jishu
公路工程施工技术
(第二版)

主编 盛可鉴
主审 武 鹤

人民交通出版社
China Communications Press

内 容 提 要

本书根据普通高等学校土木工程专业应用型本科的教学要求，详细阐述了路基、路面、桥梁、公路沿线设施等各项施工的基本理论及其工程应用，在内容上力求符合国家现行规范的要求，反映现代工程施工技术水平，以满足教学和工程实践的需要。

本书共分为六篇，第一篇路基施工技术、第二篇路面施工技术、第三篇桥梁下部施工技术、第四篇桥梁上部施工技术、第五篇为公路隧道新奥法施工技术、第六篇公路沿线设施施工技术，在每一具体施工技术部分都附有代表性的经典工程案例。本书内容丰富，实用性强，各种施工要点和技术数据反映了现行各类施工技术规范的最新成果。

本书可作为普通高等院校土木工程及其他相关专业本科生教学用书，也可供从事土木工程施工的技术人员参考使用。

图书在版编目(CIP)数据

公路工程施工技术/盛可鉴主编. —2版. —北京：
人民交通出版社，2013.8
ISBN 978-7-114-10856-3

Ⅰ.①公… Ⅱ.①盛… Ⅲ.①道路施工—工程技术—
高等学校—教材 Ⅳ.①U415.6

中国版本图书馆 CIP 数据核字(2013)第 200106 号

普通高等教育规划教材

书　　名：	公路工程施工技术(第二版)
著　　者：	盛可鉴
责任编辑：	孙　玺　黎小东
出版发行：	人民交通出版社
地　　址：	(100011)北京市朝阳区安定门外外馆斜街3号
网　　址：	http://www.ccpress.com.cn
销售电话：	(010)59757973
总 经 销：	人民交通出版社发行部
经　　销：	各地新华书店
印　　刷：	北京虎彩文化传播有限公司
开　　本：	787×1092　1/16
印　　张：	18.75
字　　数：	473 千
版　　次：	2007年9月　第1版
	2013年8月　第2版
印　　次：	2024年1月　第12次印刷　总第18次印刷
书　　号：	ISBN 978-7-114-10856-3
定　　价：	38.00元

(有印刷、装订质量问题的图书由本社负责调换)

第二版前言

本教材是在第一版(书名为《公路与桥梁施工技术》,2007年9月出版)的基础上修订而成,并更名为《公路工程施工技术》。

本教材系参考国家级教育研究项目"21世纪中国高等学校应用型人才培养体系的创新与实践"课题、"土木工程专业应用型人才培养的创新与实践"子课题教改最新精神,根据应用型本科院校土木工程专业、道路桥梁与渡河工程专业及其相关专业的教学需要而编写的。内容加强了课程理论体系的科学性与专业针对性,突出了以培养应用性人才为培养目标的教改指导思想。

本教材较为系统、全面地介绍了公路工程施工的基本知识和基本理论,结合公路工程施工的新技术、新工艺、新材料及新颁布的各种施工技术规范、质量验收标准中的重要条款,力求做到科学地反映当前公路工程的高科技施工水平,培养学生对现行规范、标准的了解与运用,促进公路工程施工技术的发展。

本教材共有六篇。第一篇为路基施工技术,主要介绍了路基施工准备工作内容、路基施工的主要机械、一般路基施工技术、特殊路基施工技术(包括:潮湿地段路基施工、盐渍土地段路基施工及冻土地区路基施工)、涵洞施工技术等;第二篇为路面施工技术,主要介绍了级配碎石基层、底基层施工,半刚性基层、底基层施工,路面施工机械,水泥混凝土和沥青混凝土面层施工技术等;第三篇为桥梁下部施工技术,主要介绍了明挖基础、钻孔灌注桩基础、沉井基础以及墩、台等施工工艺和施工要点;第四篇为桥梁上部施工技术,主要介绍了装配式预应力混凝土简支梁桥、连续梁桥、拱桥、斜拉桥以及桥面系的施工;第五篇为新增内容,即公路隧道新奥法施工,主要介绍了公路隧道新奥法施工的工艺过程及工艺要点;第六篇为公路沿线设施施工技术,主要介绍了交通安全设施以及公路绿化工程施工技术。

本教材由黑龙江工程学院盛可鉴主编,并负责全书的统稿工作。黑龙江工程学院王颖编写第一篇及第五篇;黑龙江工程学院李德海编写第二篇第一章;黑龙江工程学院周宪伟编写第二篇第二章;黑龙江工程学院邢娇秀编写第二篇第三章;黑龙江工程学院葛琪编写第三篇第一、二章;黑龙江工程学院盛可鉴编写第四篇;黑龙江工程学院杨扬编写第六篇第一、二章;黑龙江工程学院王丽荣编写第六篇第三章;全书由黑龙江工程学院武鹤教授主审。

限于编者水平,编写时间也较紧迫,不足之处和有待探讨的问题,敬请读者提出宝贵的意见。

编 者
2013年6月

第一版前言

本教材参考了国家级教育研究项目"21世纪中国高等学校应用型人才培养体系的创新与实践"课题中"土木工程专业应用型人才培养的创新与实践"子课题的最新教改精神,根据应用型本科院校土木工程专业、道路桥梁与渡河工程专业及其相关专业的教学需要编写。内容加强了课程理论体系的科学性与专业针对性,突出了以培养应用型人才为培养目标的教改指导思想。

本教材较为系统、全面地介绍了路桥工程施工的基本知识和基本理论,结合路桥工程施工的新技术、新工艺、新材料及新颁布的各种施工技术规范、质量验收标准中的重要条款,力求做到科学的反映出当前路桥施工的高科技施工水平,培养学生对现行规范、标准的了解与运用,促进路桥施工的发展。

本教材共有五篇。第一篇路基施工技术,介绍了路基施工准备工作内容、路基施工的主要机械、一般路基施工技术、特殊路基施工技术、涵洞施工技术等;第二篇路面施工技术,介绍了级配碎石基层、底基层施工、半刚性基层、底基层施工、路面施工机械、水泥混凝土和沥青混凝土面层施工技术等;第三篇桥梁下部施工技术,介绍了明挖基础、钻孔灌注桩基础、沉井基础以及墩、台等施工工艺和施工要点;第四篇桥梁上部施工技术,介绍了装配式预应力混凝土简支梁桥、连续梁桥、拱桥、斜拉桥以及桥面系的施工;第五篇公路沿线设施施工技术,介绍了交通安全设施以及公路绿化工程施工技术。

本教材由黑龙江工程学院盛可鉴、崔旭光任主编,并负责全书的统稿工作。烟台市公路管理局刘嘉友编写第一篇第一、二章;黑龙江工程学院崔旭光编写第一篇第三、四章及第三篇第一、二章;黑龙江工程学院李德海编写第二篇第一章;黑龙江工程学院周宪伟编写第二篇第二章;黑龙江工程学院邢娇秀编写第二篇第三章;黑龙江工程学院盛可鉴编写第四篇第一、二、三章;烟台市公路勘察设计院李瑜编写第四篇第四、五章;黑龙江工程学院杨扬编写第五篇第一、二章;黑龙江工程学院王丽荣编写第五篇第三章;全书由黑龙江工程学院赵永平教授主审。

限于编者水平有限,编写时间也较紧迫,不足之处和有待探讨的问题,敬请读者提出宝贵的意见。

编 者

2007年7月

目　　录

第一篇　路基施工技术

第一章　施工准备 ··· 1
第一节　施工准备工作内容 ··· 1
第二节　路基施工的主要机械 ··· 4
第二章　一般路基施工 ·· 13
第一节　土方路基施工 ·· 13
第二节　石质路基施工 ·· 20
第三节　路基排水施工 ·· 27
第三章　特殊路基施工技术 ··· 31
第一节　潮湿地段路基施工 ··· 31
第二节　盐渍土地区路基施工 ··· 32
第三节　多年冻土地区路基施工 ·· 33
第四章　涵洞施工技术 ·· 36
第一节　施工准备工作 ·· 36
第二节　涵洞主体部分施工技术 ·· 37
第三节　涵洞附属工程施工技术 ·· 45

第二篇　路面施工技术

第一章　路面基层、底基层施工技术 ··· 53
第一节　级配碎石基层、底基层施工 ·· 53
第二节　半刚性路面基层、底基层施工 ··· 58
第二章　水泥混凝土路面面层施工技术 ··· 71
第一节　水泥混凝土路面施工机械简介 ··· 72
第二节　混凝土路面面层铺筑 ··· 76
第三章　沥青混凝土路面施工技术 ·· 89
第一节　沥青路面施工机械简介 ·· 89
第二节　沥青路面面层施工 ··· 92

第三篇　桥梁下部施工技术

第一章　基础施工 ··· 106
第一节　明挖基础施工 ··· 106
第二节　钻孔灌注桩基础施工 ·· 114

| 第三节 | 沉井施工 | 120 |
| 第四节 | 承台和系梁的施工 | 127 |

第二章　墩台身及盖梁施工 … 132
第一节　墩、台身施工 … 132
第二节　盖梁施工 … 137

第四篇　桥梁上部施工技术

第一章　装配式预应力混凝土简支梁桥施工 … 142
第一节　预应力混凝土简支梁的制造 … 142
第二节　预应力混凝土简支梁的架设 … 148

第二章　预应力混凝土连续梁桥施工 … 153
第一节　简支转连续施工 … 153
第二节　就地浇筑施工 … 156
第三节　悬臂浇筑施工法 … 160
第四节　悬臂拼装施工 … 170
第五节　顶推法施工 … 172
第六节　移动式模架逐孔施工 … 176

第三章　拱桥施工 … 180
第一节　现浇混凝土拱桥施工 … 180
第二节　装配式混凝土拱桥施工 … 184
第三节　钢管混凝土拱桥施工 … 190

第四章　斜拉桥施工 … 197
第一节　索塔施工 … 198
第二节　梁体施工 … 199
第三节　拉索施工 … 201

第五章　桥面系施工 … 211
第一节　桥面铺装施工 … 211
第二节　人行道、护栏、缘石施工 … 212
第三节　伸缩缝安装施工 … 214

第五篇　公路隧道新奥法施工技术

第一章　隧道新奥法施工简介 … 217
第一节　隧道新奥法施工原则 … 217
第二节　隧道辅助施工措施 … 218
第三节　新奥法基本施工方法 … 219

第二章　隧道施工开挖方法 … 224
第一节　隧道施工开挖方法选择 … 224
第二节　钻爆法开挖 … 224
第三节　隧道开挖中的辅助施工措施 … 227

第三章　防水隔离层及二次衬砌施工···246
第一节　防水隔离层铺设···246
第二节　二次衬砌混凝土施工要点···247

第六篇　公路沿线设施施工技术

第一章　绪论···252
第一节　概述··252
第二节　公路沿线设施的分类···252

第二章　公路安全设施施工技术···254
第一节　护栏施工··254
第二节　防眩设施施工···262
第三节　视线诱导设施施工··266
第四节　标志与标线施工···268

第三章　公路绿化工程···276
第一节　公路绿化施工前的准备··278
第二节　公路绿化施工···284

参考文献···290

第一章 施 工 准 备

路基是路面结构的基础,坚强而又稳定的路基为路面结构长期承受汽车荷载提供了重要保证。路基的强度和稳定性,不仅要通过设计予以保证,而且还要通过施工得以实现。因此必须贯彻"精心施工,质量第一"的方针。施工单位的施工准备工作千头万绪,涉及面广,必须有计划、按步骤、分阶段进行,才能在较短的时间内为工程的开工创造必要条件。

第一节 施工准备工作内容

施工准备工作的基本任务是了解施工的客观条件,根据工程的特点、进度要求,合理安排施工力量,从人力、物资、技术和施工组织等方面为工程施工创造一切必要的条件。施工准备工作的内容包括:

一、组织准备

组织准备包括建立健全施工组织机构和组建施工队伍,进而明确施工任务,制订必要的规章制度,确立施工所达到的目标等。严密的组织机构和科学的管理系统是保证工程施工顺利进行的前提。

1. 建立施工组织机构

我国的工程建设已经建立了较为完善的施工与监理程序,已与国际施工惯例接轨。对于一个施工单位来说,主要是实行项目经理负责制,即项目经理全面负责的目标责任制。

2. 组建施工队伍

根据所承担的工程量的大小和工期要求,安排出总进度计划网络图,并进一步估算出全部工程用工工日数、平均日出工人数、施工高峰期日出工人数,以及技术工种、机械操作工种、普通工种等用工比例,选择能够适应其工程质量、工期进度要求的作业队伍,并与施工劳动作业单位签订劳务合同,实行合同管理。

二、物质准备

1. 机械及工具准备

根据工程需要、工程量大小及施工进度,配备足够数量且有效的施工机械、设备及工具。

机械设备要配套选择，充分发挥机械设备的性能，要保证机械设备的正常操作使用。

2. 材料准备

主要的工程材料应根据横道图的先后开工顺序及工程数量所需要的主要材料，以表格形式列出或根据主要工程数量及施工图的材料表进行计算；并根据施工平面图安排，落实材料的堆放和临时仓库设施。材料加工过程中，尽可能集中加工。

3. 安全防护准备

按照施工安全要求，准备好各种安全防护和劳动防护用品，并要求全体人员严格遵守安全操作规程。安全工作要以预防为主，消除事故隐患。设立安全日活动，除检查安全施工活动情况外，应对职工进行经常性的安全教育和安全宣传。

三、技术准备

路基施工前，施工单位应熟悉设计文件；编制施工方案，进行施工组织设计；开展施工测量和试验等工作。

1. 熟悉设计文件

注意设计文件中所采用的各项技术指标，考虑其技术经济的合理性和施工的可能性。在熟悉文件的过程中，应进行现场核对，如发现有疑问、错误和与实际不符之处，及时确认，或进行相应的变更。

2. 编制施工方案，进行施工组织设计

施工单位应根据施工合同、设计文件、施工条件、工程量和工期条件等认真编制施工组织设计。所编制的组织计划应针对工程实际，科学合理，易于操作，有利于保证工程质量和工程进度。

3. 施工测量

从路线勘测到施工进场一般要经过一段时间，在这段时间内，原钉桩标志可能有部分丢失或发生移动，因此，监理工程师向施工单位交桩后，施工方必须按设计图表对路线进行复测，把决定路线位置的各测点加以恢复。其内容有导线、中线的复测和固定，水准点的复测和增设，横断面的检查与补测。

1) 导线、中线复测和固定

导线复测就是把控制路线中线的各导线点在地面上重新钉出。导线复测应采用满足测量精度的仪器，其测量精度应满足设计要求。复测导线时，必须和相邻施工段的导线闭合。对有碍施工的导线点，在施工前应设护桩加以固定。

中线复测就是把标定路线平面位置的各点在地面上重新钉出，有时还要在曲线上以及地形有突变或土石方成分有变化等处增钉加桩，并复核路线的长度。对路线的主要控制点，如交点、转点、曲线的起讫点，应采取有效的方法加以固定。恢复中线时应注意与独立施工的桥梁、隧道及相邻施工段的中线闭合，发现问题应及时查明原因，并报监理工程师。

2) 水准点的复测与加设

中线恢复后，对沿线的水准点作复核性水准测量，以复核水准点一览表中各点的水准基点高程和中桩的地面高程。当相邻水准点相距太远，为便于施工期间引用，可加设一些临时水准点。在如桥涵、挡土墙等较大构造物附近，以及高路堤、深路堑等土石方集中地段附近，应加设水准点。临时水准点的高程必须符合精度要求。

3) 横断面的检查与补测

路线横断面应详细检查与核对，发现疑问与错误时，必须进行复测。对于在恢复中线时新设的桩点，应进行横断面的补测。此外，应检查路基边坡设计是否恰当；与有关构造物如涵洞、挡土墙的设计是否配合相称；取土坑、弃土堆的位置是否合理。应当注意，凡是在恢复路线时发现原设计中的一切不正确之处，都应在图纸上明确地记录下来，并与复测的结果一起呈报监理工程师复核或审批。

4. 试验

路基施工前，应该按照有关规定和要求，建立工地试验室。应对路基土进行相关试验，并对来源不同、性质不同的路基填料进行复查和取样试验。土的试验项目包括天然含水率、液限、塑限、标准击实试验、CBR试验等，必要时应做颗粒分析、相对密度、有机质含量、易溶盐含量、冻胀和膨胀量等试验。

四、场地准备

施工场地的准备一般根据合同文件规定由建设单位配合施工单位准备。

1. 用地划界及拆迁建筑物

路基施工前应按设计要求进行公路用地放样，根据实际情况确定用地范围，进行公路用地测量，并绘制用地平面图及用地划界表，送交有关单位办理拆迁及占用土地手续。路基施工范围内的所有建筑物、设施等，均应会同有关部门先行拆迁或改造。因路基施工影响沿线附近建筑物的稳定时，应予适当加固。

2. 清理场地

应砍伐或移植清理在路基施工范围内的树木、灌木丛，以保证行车安全、路基稳定、清除工作量最小为原则。二级及二级以上公路路堤和填土高度小于1m的其他公路，应将树根全部挖出；填方高度大于1m的二级以下公路路堤，可保留树根，但树根不能露出地面。进行砍伐后的树木、树根应堆放在不妨碍施工和不影响农业生产的地方。

应对路幅范围内、取土坑的原地面表层腐殖土、表土、草皮等进行清理，填方地段还应按设计要求整平压实。

3. 场地排水

场地排水是指疏干、排除场地上所积地面水，保持场地干燥，为施工提供正常条件。通常是根据现场情况，设置纵横排水沟，形成排水系统，将水引入附近河渠、低洼处排除。在受地面积水或地下水影响的土质不良的地段施工时，为了保证工程质量，减少土方挖掘、运送和夯实的困难，施工前也应切实做好场地排水工作。

五、铺筑试验路

做试验路段的目的是为了取得施工经验，检验施工机械组合，根据压实机械情况及施工技术规范准许情况下的压实厚度、松铺系数，确定松铺厚度、土的最佳含水率，达到设计要求密实度的碾压遍数，作为以后施工的经验资料，以指导大面积路基施工。铺筑试验路过程中应注意以下事项：

(1) 为了尽快开工及便于管理，试验路段应选在距驻地近、地形较平坦、交通方便、施工条件较好的地段。

(2) 试验路段应选在填方工程数量集中、施工时间较长或需尽早开土填筑完成的地段。

(3) 当沿线填筑的土质变化较大时，试验路段应选在土质较好而且对今后施工有广泛指导作用的地段。

（4）当填方的原地面地基水文地质变化较大时，试验路段应避开水位较高地段及软地基，宜选在不需要加固处理，地基承载力较高的地段。

六、临时工程

临时道路、桥涵的修建与维护，临时电力、电信线路的架设与维修，临时供水、排污系统的建设与维护以及包括施工单位的办公和生活用地等临时用地都属于临时工程。临时工程的建设对于保证正常施工以及确保施工质量和安全，起着必备前提条件的作用。

第二节 路基施工的主要机械

公路建设具有工程量大、工程质量要求高、施工工艺复杂等特点。为了提高施工的经济效益，机械化施工在公路工程施工中占有越来越重要的地位。施工机械对机械化施工起着决定性作用。路基工程施工机械可概括为挖运机械、压实机械、石方施工机械三类。

一、主要挖运机械

常用的土方挖运机械有推土机、铲运机、平地机、挖掘机、装载机、工程运输车辆等。它们有的可单独作业，有的则需与其他机械配合作业。

1. 推土机

推土机是筑路机械中最基本、用途最广泛的一类机械，具有作业面小、机动灵活、转移方便、短距离运土效率高、干湿地带都可以独立工作的优点。同时推土机可以推松土体，堆集松散材料，为铲运机助铲，清除树桩、积雪，作为拖式机械或其他机械的牵引车等，因此在土方工程机械化施工中得到广泛应用。

1）推土机分类

推土机按不同的方式有不同的分类方法。

（1）按照基础车和行驶装置分为轮胎式和履带式两种。

轮胎式推土机机动、灵活，转移工地快，不破坏路面，生产率高，消耗金属量少，但附着性差，接地比例大又不利于作业，因此该类机械较少使用。而履带式推土机具有附着力大，接地比压小，重心低，通过性好，爬坡能力强，恶劣环境下履带比轮胎耐磨、耐扎等特点。

（2）按操纵方式分为机械操纵和液压操纵两种。

机械式操纵系统是通过钢丝绳、滑轮和动力绞盘来控制铲刀升降的，由于铲刀不能强制入土，故只在早期采用。它具有结构简单、制造容易等优点。液压操纵轻便灵活，铲刀的升降均靠液压作用，能强制切入土体且有浮动状态，作业效率高、效果好，因而得到广泛应用。

（3）按推土装置的构造可分为固定（直铲）式与回转（万能或斜铲）式两种，如图1-1-1所示。

固定式是铲刀与推土机行驶方向（推土机纵轴线）垂直。回转式是铲刀与推土机纵轴线可以不垂直的推土机，这种推土机的适应性好，在修傍山公路时特别优越。

图1-1-1 推土机

(4)其他分类方法:按发动机功率分为大、中、小型;按用途分为工业用与农业用;按施工现场性质有地面式、水下式、两栖式;按传动方式有机械传动、液力机械传动、液压传动、电传动等。国产推土机的型号如表 1-1-1 所示。

国产推土机的适用范围　　　　　　　　　表 1-1-1

	型号	额定功率 (kW)(马力)	结构质量 (t)	推土装置				松土器		经济运距 (m)	接地比压 (kPa)	最大牵引力 (kN)
				推土板(长×宽)(m×m)	安装方式	操纵方式	切土深度 (mm)	形式	松土深度 (mm)			
履带式推土机	移山-80	66.2 (90)	14.9	3.1×1.1 3.72×1.04	固定式 回转式	机械式				50~100	63	99
	T80			3.03×1.1	固定式	机械式	180			50~100		
	T100 (DY100)	66.2 (90)	13.5	3.03×1.1	回转式	机械式	180			50~100		90
	T100 (DY2100)	66.2 (90)	16.0	3.8×0.88	回转式	液压式	650	4~5齿	550	50~100	68	90
	TY120A	103.0 (140)	16.9	3.91×1	回转式	液压式	300			50~100	63	117.6
	TY120	88.3 (120)	16.2	3.76×1	回转式	液压式	300			50~100	65	118
	TY80 (T180)	132.4 (180)	21.8	4.2×1.1	回转式	液压式	530	3齿	620	50~100	81	187.4
	TY240	176.5 (240)	36.5	4.2×1.6	回转式	液压式	600			50~100		320
	TY320 (D1554)	235.4 (320)	37.0	4.2×1.6	回转式	液压式	600	多齿	1100	50~100	98	320 360
湿地推土机	TS120	88.3 (120)	16.9	4×0.96	回转式	液压式	400				28	112
轮式推土机	TL160	117.7 (160)	12.8	3.19×1	回转式	液压式	400			50~100		85
水陆两用		88.3 (120)	14.0							作业水深3m		

2)推土机的工作过程

对于不同的推土机其工作过程不同。直铲式推土机是周期作业的,其过程(图 1-1-2)是铲土、运土、卸土、回驶(一般倒回)。铲土过程:调好铲土角,低速挡行进中缓慢放铲刀,使切入土体适当深度前进,直到铲刀前堆满土为止。运土过程:铲刀前堆满土后,行进中将铲刀提升到地面,视运距长度确定是否换挡继续行驶到卸土点为止。卸土过程:视需要卸土于一堆或稍提铲刀继续行驶将土铺于地上。返回过程:挂倒挡返回铲土起点。如此周而复始地进行作业。

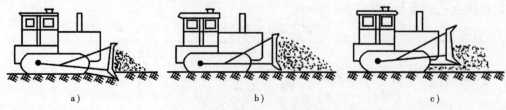

图 1-1-2 推土机的工作过程
a)铲土过程;b)运土过程;c)卸土过程

2. 铲运机

铲运机是一种使用范围很广的土方施工机械,主要用于较大运距的土方工程,如填筑路堤、开挖路堑和大面积的平整场地等。当铲运机行进时,可做自挖、自装、自运、自卸等各项工作,并有铺平及初步压实的作用。

1)铲运机分类

铲运机可按铲斗容量、行走方式、行走装置形式、装土方法、卸土方式等进行分类。国产铲运机产品分类和型号编制方法如表 1-1-2 所示。

铲运机产品分类和型号编制方法　　　　表 1-1-2

类	组	型	特性	代号及含义	主 参 数	
					名称	单位
铲土运输机械	铲运机(C)	自行履带式	Y(液)	机械式铲运机(C) 液压式铲运机(CY)	铲斗几何容积	m³
		自行轮胎式(L)		液压式铲运机(CL)		
		拖式(T)	Y(液)	机械式铲运机(CT) 液压式铲运机(CTY)		

2)铲运机的工作过程

铲运机作业分一般铲土、波浪式铲土、跨铲铲土及下坡铲土等。一般铲土时铲运机形成的铲土道纵断面如图 1-1-3a)所示。铲运Ⅰ、Ⅱ级土时,铲刀一开始即以最大切土深度(不超过 300mm)铲土,随着铲运机行驶阻力不断增加而逐渐减小铲土深度,直到铲斗装满为止。波浪式铲土适用于较硬的土质,铲运机开始铲土即以最大切土深度切入土中,随着铲运机负荷逐渐增加,发动机转速下降时,相应地减小切土深度,如此反复若干次,直到铲斗装满为止。铲土道纵断面图如图 1-1-3b)所示。下坡铲土是利用铲运机的重力分力所产生的下坡推力使牵引力增加,从而提高铲土效率。铲土下坡角一般为 7°~8°,最大不超过 15°,如图 1-1-3c)所示。

3. 平地机

平地机是一种装有以铲土刮刀为主,配备其他多种可换作业装置,进行刮平和整型连续作业的工程机械。平地机的铲土刮刀较推土机的推土铲刀灵活,它能连续进行改变刮刀的平面角和倾斜角,使刮刀向一侧伸出,可以连续进行铲土、运土、大面积平地、挖沟、刮边坡等作业。此外,还可以清除路肩上的杂草以及冬季道路除雪等,如图 1-1-4 所示。

1)平地机的分类

平地机按走行方式有自行式及拖式两种,自行式使用最为普遍;按工作装置(铲刀)和行走装置的操纵方式可以分为机械操纵和液压操纵两种,大多采用液压操纵;按铲刀长度或发动机功率等分为轻、中、重型,如表 1-1-3 所示。

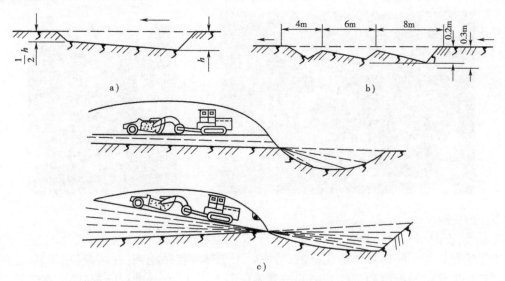

图 1-1-3 铲运机的工作

图 1-1-4 平地机

平地机分类   表 1-1-3

类型	铲刀长度(m)	发动机功率(kW)	质量(kg)	车轮数
轻型	≤3	44~66	5 000~9 000	四轮
中型	3~3.7	66~110	9 000~14 000	六轮
重型	3.7~4.2	110~220	14 000~19 000	六轮

2)平地机的工作过程

平地机可以调整 4 种作业运作,即刮刀平面回转、刮刀左右端升降、刮刀左右引伸和刮刀外侧倾斜,来完成刮刀刀角铲土侧移、刮刀刮土侧移、刮刀刮土直移和机身外刮土等作业。

4.挖掘机

挖掘机主要用于挖土和装土,必须配备运土机械与之共同作业,适用于工程量大而集中的土石方挖掘。它的特点是效率高、产量大,但机动性较差。按作业特点分为周期性作业式和连续性作业式,前者为单斗挖掘机,后者为多斗挖掘机。公路工程施工中以单斗挖掘机最为常见,故此处仅介绍单斗挖掘机。

1)单斗挖掘机的分类

单斗挖掘机按行走方式,可分为履带式、轮胎式、步履式和轨行式;按采用的动力不同,可分为内燃式和电动式等;按传动方式,可分为机械传动和液压传动,近年来,机械式逐步被液压式所取代;按适应工作环境不同,可分为适于高原地区、寒冷地区、沼泽地区等,如图1-1-5所示。

图1-1-5 单斗挖掘机

2) 单斗挖掘机的工作过程

单斗挖掘机是一种循环作业式机械,每一个工作循环包括挖掘、回转调整、卸料、返回调整四个过程。反斗铲挖掘机的工作面可低于其停留面以下3~6m,常用于挖基坑、沟槽等。正斗铲的挖掘机主要用来挖掘高出挖掘机停留面的土堆。反铲挖掘机可进行沟端开挖和沟侧开挖作业。沟端开挖时挖掘机从沟的一端开始,沿沟中线倒退开挖,如图1-1-6a)所示。运输车辆停在沟侧,此时动臂只回转40°~45°即可卸料。若沟的宽度为挖掘机回转半径的两倍时,运输车辆只能停在挖掘机侧面,动臂回转90°卸料。若所挖沟渠较宽,可分段挖掘,如图1-1-6b)所示。反铲挖掘机沟侧开挖时,挖掘机停在沟侧,运输车辆停在沟端,动臂回转小于90°即可卸料,如图1-1-6c)所示。正铲挖掘机可采用侧向开挖或正向开挖的方式作业。

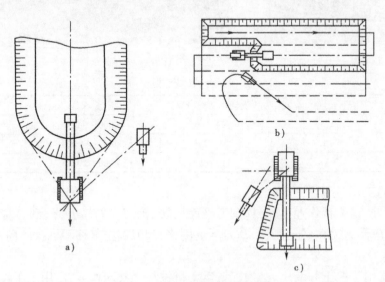

图1-1-6 单斗挖掘机的工作过程

5. 装载机

装载机是一种工作效率较高的铲土运输机械,它兼有推土机和挖掘机两者的工作特性,可以进行铲掘、推运、整平、装卸和牵引等多种作业。其优点是适应性强、作业效率高、操纵简便,是一种发展较快的循环作业式机械。

1）装载机的分类

按工作装置不同装载机可分为单斗式、挖掘装载式和斗轮式 3 种；按动臂形式的不同可分为全回转式、半回转式和非回转式 3 种；按自身结构特点可分为刚性式和铰接式两种；按行走方式可分为轮胎式与履带式两种，如图 1-1-7 所示。

图 1-1-7 装载机

2）装载机工作过程

单斗装载机的工作过程由铲装、转运、卸料和返回 4 个过程组成一个工作循环。铲装过程：斗口朝前平放地面，机械前行使斗插入料堆，若遇较硬土质，则机械前行同时边收斗边升动臂到斗满时斗口朝上为止。转运调整过程：若向自卸车卸料，则在转运过程中调整卸料高度和对准性。卸料过程：向前翻斗卸料于车上。返回过程：返回途中调整铲斗位置，至铲装开始处重复上述过程。

6. 工程运输车辆

在公路工程施工中，大量土石方、砂砾料和大宗建筑材料、机电设备、施工机械等物资的运输，主要依靠轮胎式工程运输车辆。轮胎式车辆包括载货汽车和用轮胎式牵引车拖带的各种挂车和半挂车。采用轮胎式车辆的优点是行驶速度快，机动性高，能到达工地道路延伸所及的任何地点；载运筑路材料的性能范围广；对道路的弯道、坡度和路面的要求较低；产品系列齐全，与各类挖掘装载机械配套使用方便；操纵灵活，使用可靠。

公路工程部门使用的轮胎式运输车辆的类型很多，可分为公路型和非公路型两大类。非公路型车辆的轴载和总重力均超过公路规定标准，因此不允许在正规公路上行驶。

1）公路型车辆

（1）自卸汽车。其特点是靠自身的动力驱动车辆行驶，车厢是直接安装在汽车车架之上的，对于自卸汽车的车厢，一般是向后倾翻卸料，侧翻卸料的车型不多。按照转向方式，可分为偏转车轮转向和铰接转向两种。采用铰接式转向机构的车辆，其转弯半径较小，且有良好的越野性能。

（2）牵引汽车和挂车。牵引汽车是专门用来牵引挂车和半挂车来进行公路运输的，并通过支承连接装置与半挂车相连。半挂车和挂车有底卸式半挂车、后卸式半挂车（主要用来运输砂石材料）、阶梯车架式半挂车和重型平板车挂车（用来运输施工机械）等形式。

2）非公路型车辆

非公路型车辆包括：后卸式或侧卸式重型自卸汽车、双轴牵引车拖带的底卸式或侧卸式半挂车、单轴牵引拖带的底卸式或后卸式半挂车。与公路型自卸式汽车相比较，非公路型车辆的后卸式重型自卸汽车，外形尺寸较大，车轴荷载不受公路轴载和总重力的限制。

二、主要压实机械

路基工程应采用专门的压实机械压实。压实机械的选择应根据工程规模、场地大小、填料种类、压实度要求、气候条件、压实机械效率等因素综合考虑确定。

1. 压实机械的分类

按压实力作用原理分为静作用碾压机械、振动碾压机械和夯实机械 3 种类型。按走行方式分为拖式和自行式两类。按碾轮形状分为钢轮、羊脚轮和充气轮胎 3 种。钢轮也有采用在其表面覆盖橡胶层的碾轮形式。

2. 使用范围

1) 钢轮压路机

钢轮压路机按其质量可分为特轻型、轻型、中型、重型和特重型5种。这种压路机由于单位线压力小,压实深度浅,适用于一般的筑路工程,如图1-1-8所示。

2) 羊足(凸块)压路机

羊足(凸块)压路机有较大的单位压力(包括羊足的挤压力),压实深度大而均匀,并能挤碎土块,因而有很好的压实效果和较高的生产率,如图1-1-9所示。

图1-1-8 钢轮压路机

图1-1-9 羊足(凸块)压路机

3) 轮胎压路机

轮胎压路机机动性好,便于运输,进行压实工作时土与轮胎同时变形,接触面积大,并具有糅合的作用,压实效果好,适用于压实黏性土、非黏性土及沥青混合料的复压,如图1-1-10所示。

4) 振动压路机

振动压路机单位线压力大,振动力影响深,因此压实深度较大,压实遍数相应减少。振动压路机种类繁多,应用广泛,如图1-1-11所示。

图1-1-10 轮胎压路机

图1-1-11 振动压路机

5) 夯实机械

夯实机械分振动夯实和冲击夯实,体积及质量均小,主要用于狭窄工作面的铺层压实。几种常用压路机的使用技术性能见表1-1-4,各种土质适宜的碾压机械见表1-1-5。

三、石方施工主要机械

在公路的施工过程中,除了需要填筑、开挖土方路堤路堑等路基工程外,常常在路线通过山岭、丘陵以及沿溪傍山地带时,会遇到集中或分散的岩层和大块石,需要采用石方施工机械。

公路施工中常用石方施工机械主要有空压机、凿岩机和破碎机。

常用压路机的使用技术性能   表 1-1-4

机具名称	最大有效压实厚度(实厚)(m)	碾压行程次数 黏性土	亚黏土	粉砂土	砂性土	适宜的土类
人工夯实	0.10	3~4	3~4	2~3	2~3	黏性土与砂性土
牵引式钢面碾	0.15	—	—	7	5	黏性土与砂性土
羊足碾(2个)	0.20	10	8	6	—	黏性土
自动式钢面碾5t	0.15	12	10	7	—	黏性土与砂性土
自动式钢面碾10t	0.25	10	8	6	—	黏性土与砂性土
气胎路碾25t	0.45	5~6	4~5	3~4	2~3	黏性土与砂性土
气胎路碾50t	0.70	5~6	4~5	3~4	2~3	黏性土与砂性土
夯击机0.5t	0.40	4	3	2	1	砂性土
夯击机1.0t	0.60	5	4	3	2	砂性土
夯板1.5t 落高2m	0.65	6	5	2	1	砂性土
履带式	0.25	6~8		6~8		黏性土与砂性土
振动式	0.40	—		2~3		砂性土

各种土质适用的碾压机械   表 1-1-5

机械名称 \ 土的类别	细粒土	砂类土	砾石土	巨粒土	备 注
6~8t 两轮钢轮压路机	A	A	A	A	用于预压整平
12~18t 三轮钢轮压路机	A	A	A	A	最常使用
25~50t 轮胎压路机	A	A	A	A	最常使用
羊足碾	A	C 或 B	C	C	粉、黏土质砂可用
振动压路机		A	A	A	最常使用
凸块式振动压路机	A	A	A		最宜使用于含水率较高的细粒土
手扶式振动压路机	B	A	A	C	用于狭窄地点
振动平板夯	B	A	A	B 或 C	用于狭窄地点,机械质量 800kg
手扶式振动夯	A	A	A	B	用于狭窄地点
夯锤(板)	A	A	A	A	夯击影响深度最大
推土机、铲运机	A	A	A	A	仅用于摊平土层和预压

注:A 表示实用;B 表示无合适机械可用;C 表示不可用。

1. 空压机

空压机是一种以内燃机或电动机作为动力,将自由空气压缩成高压空气的机械。它所制配出来的压缩空气是驱动各种风动工具的动力来源,故有时又称之为动力机械。

2. 凿岩机

凿岩机是石质隧道和石料开采等石方工程钻炮眼的主要工具。它在岩石上钻凿出小直径的炮眼（或称药孔），以便放入炸药炸开岩石。还可用于新式定向爆破方式拆除旧建筑物时打炮眼、破坏水泥混凝土基础等。凿岩机通常按其动力的来源，可分为风动、内燃和电动3种基本类型。

3. 破碎机

为了获得各种规格的碎石，还必须将大的石块破碎成碎石，破碎机的用途就是机械化地破碎石块。破碎机按其结构的不同，可分为颚式、锥式、锤式和滚筒式4大类。这些破碎机根据加工前后石块尺寸的大小，又可分为粗碎、中碎和细碎3类。

第二章 一般路基施工

为了保证路基具有足够的刚度和强度、足够的稳定性和耐久性,在路基填筑的过程中应选择符合各项要求的填料,并进行充分的压实,以满足压实度的要求。

第一节 土方路基施工

一、土质路堤填筑

1. 填料的选择

为保证路堤的强度和稳定性,应选择强度高、稳定性好、易于开挖的土石作填料。如碎石、砾石、卵石、粗砂等透水性好的材料,由于它们具有强度高、水稳性好,填筑时受含水率影响较小等特点,经分层压实后较易达到规定的施工质量,此类材料应优先选用。用透水性不良或不透水的土(如黏土)作路填料时,必须在最佳含水率下分层填筑并充分压实。粉质土的水稳定性和温度稳定性均较差,不宜作路堤填料。

路堤填料应到实地采取土样并进行土工试验,相关技术指标应符合表 1-2-1 的技术要求。

路基填方材料最小强度和最大粒径 表 1-2-1

填料应用部位(路床顶面以下深度)(m)		填料最小强度(CBR)(%)			填料最大粒径(mm)
		高速公路、一级公路	二级公路	三、四级公路	
路堤	上路床(0~0.3)	8	6	5	100
	下路床(0.3~0.8)	5	4	3	100
	上路堤(0.8~1.5)	4	3	3	150
	下路堤(>1.5)	3	2	2	150
零填及挖方路基	0~0.3	8	6	5	100
	0.3~0.8	5	4	3	100

2. 填筑方案

1)水平分层填筑

分层平铺,有利于压实,可以保证不同用土按规定层次填筑。图 1-2-1 所示为不同用土的组合方案,其中正确方案要点是:不同用土水平分层,以保证强度均匀;透水性差的用土,如黏性土等,一般宜填于下层,表面成双向横坡,有利于排除积水,防止水害;同一层次有不同的方案是指:未水平分层,有反坡积水,夹有冻土块和粗大石块,以及有陡坡斜面等,其主要问题亦在于强度不均匀和排水不利。此外,还应注意用土不应含有害杂质(草木、有机物等)及未经处置的劣质土(细粉土、膨胀土、盐土与腐殖土等)。桥涵、挡土墙等结构物的回填土,以砂性土为宜,防止不均匀沉降,并按有关操作进行堆积回填和夯实。

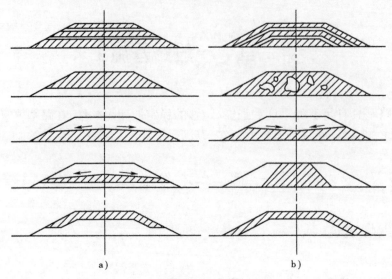

图 1-2-1　土路基填筑方案示意图
a)正确;b)不正确

2)竖向填筑法

竖向填筑是指沿路中心线方向逐步向前深挖,如图 1-2-2 所示。路线跨越深谷或池塘时,地面高差大,填土面积小,难以水平分层卸土,以及陡坡地段上半填半挖路基,局部路段横坡较陡或难以分层填筑等,可采用竖向填筑方案。竖向填筑的质量在于密实程度,为此宜采用必要的技术措施,如选用振动式或锤式夯击机,选用沉陷量较小及粒径较均匀的砂石填料;路堤全宽一次成型;暂不修建较高级的路面,容许短期内自然沉落。此外,尽量采用混合填筑方案,即下层竖向填筑,上层水平分层,必要时可考虑参照地基加固的注入、扩孔或强夯等措施,以保证填土具有足够的密实度。

3)混合填筑法

混合方式填筑路堤是下层用竖向填筑,上部用水平分层填筑,这样可使上部填土获得足够的密实度,如图 1-2-3 所示。

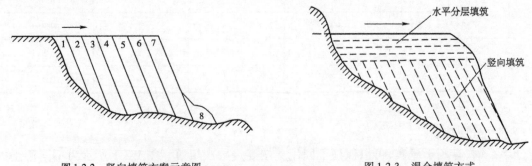

图 1-2-2　竖向填筑方案示意图　　　　　图 1-2-3　混合填筑方式

填筑土质路堤时应根据填料运距、填筑高度、工程量等进行施工机械的配置,确定作业方式。施工机械应尽量配套,以最大限度地发挥各种机械的工效。对于两侧取土,填土高度在 3m 以内的路堤,可用推土机从两侧推填,配合平地机整平,然后在最佳含水率下用压路机压实。对于填方量较集中的路堤填筑,当填料运距超过1km时,可用松土机翻松,用挖土机或装载机配合自卸汽车运输,料运到作业面后用平地机整平,配合洒水车和压路机压实。

二、土质路堑开挖

路堑由天然地层构成,开挖后边坡易发生变形和破坏,路基的病害常发生在路堑挖方地段,如滑坡、崩塌、落石、路基翻浆等。因此,施工方法与路堑边坡的稳定有密切关系,开挖方式应根据路堑的深度、纵向长度,以及地形、地质、土石方调配情况和机械设备条件等因素确定,以加快施工进度,提高工作效率。

1. 一般规定

路堑开挖前,应做好各项相应技术准备工作。由于路堑容易发生路基病害,为保证路堑边坡的稳定,在施工中应注意以下几个方面。

1)路堑排水

路堑区域施工时,应保证在施工过程中和竣工后能顺利排水,因此,应先在适当的位置开挖截水沟,并设置排水沟,以排除地面水和地下水。路堑设有纵坡时,下坡的坡段可以直挖到底,而上坡的坡段必须先挖成向外的斜坡,最后再挖去剩下的土方。路堑为平坡时,两端都要先挖成向外的斜坡,最后挖去余下的土方。

2)废方处理

路堑挖出的土方,除利用外,多余的土方应按设计的弃土堆进行废弃,并不得妨碍路基的排水和路堑边坡的稳定。同时,弃土应尽可能地用于改地造田、美化环境。

3)设置支挡工程

为了保证土方路堑边坡的稳定,应及时设置必要的支挡工程。开挖时,应按路堑设计边坡自上而下,逐层进行,以防边坡塌方,尤其在地质不良地段,应分段开挖,分段支护。

2. 开挖方案

土方路堑开挖根据路堑深度和纵向长度及施工方法的不同确定开挖方案,开挖方式可分为全断面横挖法、纵挖法及混合式开挖法3种。

1)全断面横挖法

对路堑整个横断面的宽度和深度从一端或两端逐渐向前开挖的方式,称为全断面横挖法。

2)纵向挖掘法

纵向挖掘法可分为分层纵挖法、通道纵挖法、分段纵挖法3种。

(1)分层纵挖法:沿路堑全宽以深度不大的纵向分层挖掘前进的作业方式称为分层纵挖法,如图1-2-4所示,适用于较长的路堑开挖。

(2)通道纵挖法:沿路堑纵向挖掘一通道,然后将通道向两侧拓宽,如图1-2-5所示。上层通道拓宽至路堑边坡后,再开挖下层通道,按此方法直至开挖到挖方路基顶面高程,称为通道纵挖法。

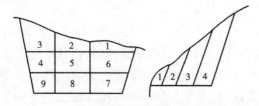

图1-2-4 分层纵挖法(图中数字表示开挖顺序号)

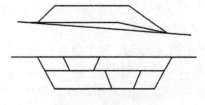

图1-2-5 通道纵挖法

(3)分段纵挖法:当路堑较长、开挖深度不大时,将开挖路堑横断面分成若干段,并沿纵向条形开挖,一般出土于两侧,若是傍山路堑,一侧堑壁不厚,选择一个或几个地方挖穿路堑壁出土。

3)混合式开挖法

将横挖法与通道纵挖法混合使用称为混合式开挖法。即先顺路堑方向挖通通道,然后沿横向坡面挖掘,以增加开挖坡面,每一开挖坡面应能容纳一个作业组成或一台机械,如图1-2-6所示。

三、填土压实与检查

1. 影响土质路基压实效果的主要因素

路基压实状况通常用压实度来表征。压实度是指土压实后的干密度与标准的最大干密度之比,用百分率表示,称相对密实度。所谓标准的最大干密度,是指用标准击实试验方法,在最佳含水率条件下得到的干密度。影响路基压实效果的因素是多方面的,有内因也有外因,但与施工作业有关的主要因素有以下几点。

1)土的含水率

任何有黏结力的土,在不同的湿度下,用同样压实功能来挤压将获得不同的密实度和不同的强度。如图1-2-7所示为压实土的密实度与土的形变模量、相对含水率的关系曲线。从图中可以看出土中水在压实过程中的作用。压实开始时,原状土相对湿度低,土颗粒之间的内摩阻力大,因而外力难以克服,故压实的干密度小,表现出土的强度高、密度低;当相对湿度缓慢增加时,水分在土粒间起润滑作用,压实的结果使被压材料(土粒)得以重新调整其排列位置,达到较紧密的程度,表现出密度增大,但与此同时,由于水的作用,内摩阻力有所减小,因而强度继续下降。当含水率继续增加,超过图1-2-7中曲线顶点等最优值时,水的润滑作用已经足够,水分过多,使起润滑作用以外多余水分进入土粒孔隙中,反而促使土粒分离而不易得到良好压实效果,从而降低了土的干密度;又由于土粒间距增大,内摩阻力与黏聚力减小,使土的强度也随之减小,在压实曲线中出现驼峰形式。

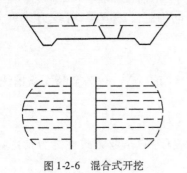

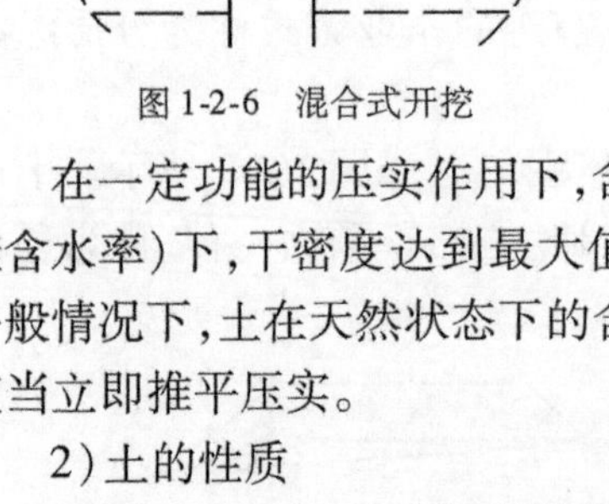

图1-2-6 混合式开挖

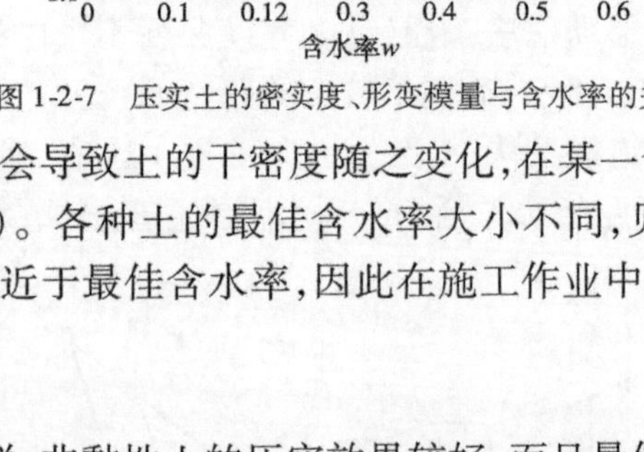

图1-2-7 压实土的密实度、形变模量与含水率的关系

在一定功能的压实作用下,含水率的变化会导致土的干密度随之变化,在某一含水率(最佳含水率)下,干密度达到最大值(最大密度)。各种土的最佳含水率大小不同,见表1-2-2。一般情况下,土在天然状态下的含水率值很接近于最佳含水率,因此在施工作业中,新卸填土应当立即推平压实。

2)土的性质

不同土质的压实性能差别较大。一般来说,非黏性土的压实效果较好,而且最佳含水率较小,最大干密度较大,在静力作用下,压缩性较小,在动力作用下,特别是在振动作用下很容易被压实。黏质土、粉质土等分散性土的压实效果较差,主要是由于这些细分散性的土颗粒的比表面大、黏聚力大、土粒表面水膜需水量大,最佳含水率偏高,而最大干密度反而偏小。

不同的最大干密度及最佳含水率的变化范围　　　　　　　　表1-2-2

土类名称	塑性指数	重型标准		轻型标准	
		最大干密度(g/cm^3)	最佳含水率(%)	最大干密度(g/cm^3)	最佳含水率(%)
S、SF	<1	1.94~2.02	7~11	1.80~1.989	8~12
SM	1~7	1.99~2.28	8~12	1.85~2.08	9~15
ML	1~7	1.77~1.97	15~19	1.61~1.80	16~22
SC、CLS	7~17	1.83~2.16	9~15	1.67~1.95	12~20
SCH、CHS、CH	>17	1.75~1.90	16~20	1.58~1.70	19~23

3) 压实功能

压实功能是由碾压(或锤击)的次数及其单位压力(或荷重)所决定的。土在不同压实功能作用下的压实性质,是决定压实工作量和选择机具、选择施工方法的依据。事实上,对任何一种土,当密实度超过某一限值时,欲继续提高它的密实度,降低含水率值,往往需要增加很大的压实功能。而过分加大压实功能,不仅密实度增加幅度小,还往往因所加荷载超过土的抵抗力,即土受压部位承受压力超过土的极限强度,而导致土体破坏,因此,对路基填土的压实,在工艺方法上要注意不使压实功能太大。

4) 碾压时的温度

在路基碾压过程中,温度升高可使被压土中的水黏滞度降低,从而在土粒间起润滑作用,易于压实。但气温过高时,又会由于水分蒸发太快而不利于压实。温度低于0℃时,因部分水结冰,产生的阻力更大,起润滑作用的水更少,因而也得不到理想的压实效果。因此,碾压过程中要注意温度的变化。

5) 压实土层的厚度

经实践证明,土所受的外力作用,随深度增加而逐渐减弱,当超过一定范围时,土的密实度将与未碾压时的相同,这个有效的压实深度(产生均匀变化的深度)与土质、含水率、压实机械的构造特征等因素有关,所以正确控制碾压层厚度,对于提高压实机械生产率和填筑路基质量十分重要。

6) 地基或下承层强度

在填筑路堤时,若地基没有足够的强度,路堤的第一层难以达到较高的压实度,即使采用重型压机或增加碾压遍数,也只能是事倍功半,甚至使碾压土层起"弹簧"。因此,对于地基或下承层强度不足的情况,填筑路堤时通常采取适当处理措施。

7) 碾压机具和方法

为了能以尽可能小的压实功获得良好压实效果,压实机械应先轻后重,以便能适应逐渐增长的土基强度;碾压速度宜先慢后快,以免松土被机械推走,形成不适宜的结构,影响压实质量,尤其是黏性土,高速碾压时,压实效果明显下降。通常压路机进行路基压实作业,行驶速度在4km/h以内为宜。施工中,要根据不同的土质来选择机具和确定压实遍数。

2. 土质路基压实标准

土质路基压实标准包括两个方面:一是确定采用标准干密度的方法;二是要求的压实度。关于标准干密度的确定方法,目前推行的主要是与国外公路压实要求相同的重型击实试验。

1)最大干密度

土的最大干密度是土压实的主要指标,与路基强度稳定性有密切的关系,一般作为压实质量评价的依据。在路基压实施工中,由于受各种因素的影响和限制(气候、土的天然含水率等),所施工的路基实际干密度不能达到室内的重型击实试验求得的最大干密度。但是为了保证压实质量的基本要求,必须规定压实后土基压实度范围。

2)压实度

压实度,是现场检查测得的土基干密度 ρ_d 与室内求得的最大干密度 ρ_{max} 之比,常用 K 表示。

$$K = \frac{\rho_d}{\rho_{max}} \times 100\% \tag{1-2-1}$$

3. 土质路基压实质量检测方法

土质路基压实质量检测方法有环刀法、灌砂法、灌水法(水袋法)或核子密度仪法。环刀法适用于细粒土,灌砂法适用于各类土。核子密度仪应与环刀法、灌砂法等进行对比标定后才可应用。

【工程实例】

某合同段路基填筑土石方176.2万 m^3,填料基本为路堑挖方和隧道出渣。填料石方大块需经过破碎机破碎,石块的最大粒径不大于150mm(用于路基顶面以下300mm范围内,最大粒径不大于100mm)。路基填筑按公路施工规范及原建设部《高密度大量土石方填筑工法》组织施工,其核心是:将土石方施工过程分为"三阶段"、"四区段"、"八流程"。三阶段为准备阶段、施工阶段、竣工阶段;四区段为填筑区、平整区、碾压区、检查区;八流程为施工准备、基底处理、分层填筑、摊铺整平、洒水或晾晒、机械碾压、检查签证、面层整修。

路基填方采用纵向分段、水平分层填筑法施工,填筑时按照横断面全宽分成水平层次,逐层向上填筑。地面不平时,由最低处分层填起,每填一层经过压实后再填下一层。填土利用推土机摊铺,平地机整平,重型压路机碾压。填石利用推土机摊铺,人工配合码砌,其压实度由试验确定的压实遍数控制。用核子密度仪和灌砂法进行压实结果检测。

1. 一般地段填筑施工方案

1)基底处理

将路基范围内的树木、杂草等进行砍伐和清理;用推土机清除原地面浮土、垃圾、有机质残渣及地面以下100~300mm以内的表土,并用压路机碾压;对经过水塘及水田地段的地基按设计要求进行清淤换填等处理。

2)分层填筑

分段按照路基横断面全宽分成水平层次,逐层向上填筑;如原地面不平,从低处分层填起,采用"纵向分层填筑法"逐层填压密实;不同性质的填料分别分层填筑,不得混填。

(1)当路堤在斜坡上填筑,其垂直路中线原坡陡于1:5时,将原地面按图纸或监理工程师的指示挖成台阶。台阶的宽度不小于1m,且向内侧倾斜2%,并用小型机具夯实。台阶所挖出的材料,可以用作填料时,同新路堤材料一起重新压实。

(2)当填土高度小于0.8m(包括零填)时,对原地表清理与挖除之后的土质基底,将地面翻松深0.3m,整平压实,压实度达到95%以上。

(3)摊铺时的最大松铺厚度不大于400mm,也不得少于100mm。每种填料层总厚度不小于0.5m。

(4)连接结构物的路堤工程,必须在结构物混凝土达到设计要求的强度后,采用适当的施工方法进行分层填筑,不能因路堤的填筑而影响结构的安全与稳定。

(5)路堤基底未经监理工程师检查验收,不能开始填筑;下一层填土未经监理工程师检验合格,上一层填土不得进行。

3)摊铺整平

采用推土机摊铺、平地机整平,先两侧后中间,达到路肩平直圆顺,层面平整,中间稍高形成横坡,便于雨天排水。

4)洒水或晾晒

填土含水率的波动范围控制在最佳含水率的±2%范围内,超出时洒水或晾晒。洒水采用洒水车喷洒,晾晒为自然晾晒及翻晒。

5)碾压成型

采用振动压路机、重型压路机,遵循"先轻后重、先慢后快、路线合理、均匀压实"的原则碾压。碾压时,横向接头轮迹重叠500mm,做到无漏压、无死角和碾压均匀;在直线段先边缘后中间,曲线碾压顺序为先内侧后外侧;路肩两侧各超填300mm,压后刷齐整平,以保证路基边缘有足够的压实度。

2. 横向半填半挖地段填方

(1)要重视半填部分路基的填筑,避免因填筑不当,引起横断面内不均匀沉降而出现纵向裂缝。

(2)认真清理半填断面的原地面,并尽可能有规划地划定半填半挖的交界面,以确保良好拼接。

(3)原地面横坡不陡于1:10时,在半填断面原地面表土翻松后过行分层填筑,地面横坡陡于1:10时,将原地面挖成不小于1m宽度的台阶,台阶顶面挖成2%~4%的内倾斜坡,再进行分层填筑。

(4)填筑时,必须从低往高处分层摊铺碾压,特别要注意填、挖交界处的拼接,碾压要做到密实无拼痕。

(5)半填半挖路段的开挖,必须待下半填断面原地面处理好,经监理工程师检验合格后,方准开挖上挖方断面。对挖方中非适用材料必须废弃,严禁填在半填断面内。

3. 纵向填挖交界地段填方

(1)要重视纵向填挖交界处的路基填筑,避免因填筑不当引起路基纵向的不均匀沉降而导致路基横向裂缝。

(2)要认真清理填挖交界处填方路段的原地面,清理长度不小于30m(可根据填土高度和原地面坡度酌定),并要有规则地挖出纵向填挖交界面,交界面尽可能与路基中心线垂直,以确保良好拼接。

(3)填挖交界处原地面纵向坡度不陡于1:10时,在翻松原地向表土后分层填筑;地而纵向坡度陡于1:10时,将原地面挖成不小于1.5m宽的台阶,台阶顶面挖成2%~4%的内倾斜坡,再进行分层填筑。

(4)填筑时必须从低往高处分层摊铺碾压,特别要注意填、挖交界处的拼接,碾压要做到密实无拼痕。

(5)纵向填挖交界处的开挖,必须待填方处原地面处理好,经监理工程师检验合格后,方准开挖挖方断面。对挖方中非适用材料必须废弃,严禁填在填方断面内。

(6)由于纵向填、挖交界处常伴随半填半挖断面,故在施工时,必须妥善安排,做到纵、横填筑均衡,碾压密实无拼痕。

4.高路堤填方

(1)要重视超过5m以上的高填土的填筑,避免因填筑不当,压实不足引起路基不均匀沉降而局部开裂、沉陷。

(2)高填土填筑除做好原地面的清理工作外,重点应抓住粒径、分层和压实3个主要环节,要严格控制石料的最大粒径,石料的最大粒径在底层(路床底面1.5m以下)不超过层厚的2/3;分层填筑,分层碾压,一层厚度不超过300～400mm。

(3)足够的碾压是消除路堤固结形变的最有效方法。提高压实能力,完善压实工艺,以高标准进行路基的压实是保证路基应有强度和稳定性的一项最经济有效的技术措施,在高路堤填筑中,制订详细的作业计划,报监理工程师批准后认真实施。

(4)高填方的岩渣路堤,宜利用雨季使其进一步密实和稳定。应抓住气候条件进行碾压,每一碾压层内部和表面石块之间的空隙,用碎石、石屑、砂砾和砂等材料填充,并用大功率的振动压路机碾压,以增加路基的密实度和稳定性。

第二节 石质路基施工

一、石质路堤的填筑

1.对石料的要求

用于填石路堤的石料强度不应小于15MPa,用于护坡的石料强度不应小于20MPa,填料最大粒径不大于500mm,并不宜超过分层压实厚度的2/3。石料性质差异较大时,不同性质的石料应分层或分段填筑。暴露在大气中风化速度较快的石块不应作填石路堤的填料;当必须用这种强风化石料或软质岩石填筑路堤时,应先检验其CBR值是否符合土质路堤的填土质量要求,CBR值符合要求的按土质路堤相关技术要求进行填筑,不符合要求的不得使用。高速公路和一级公路填石路堤路床顶面以下500mm范围内用符合路床要求的土填筑,土的最大粒径不得超100mm,分层压实。其他公路填石路堤路床顶面以下300mm范围内用符合路床要求的土填筑,填料粒径不大于150mm。

2.石质路基填筑方案

石质路堤的填筑施工方式有倾填(含抛填)和逐层填筑、分层压实两种。

由于石料是从高处自然落下,石料间难免重叠交错,空隙较大,故倾填路堤的压实、稳定等问题较多,因此,高速公路、一级公路和铺设高级路面的其他等级公路的石质路堤不宜采用倾填式施工,而应采用分层填筑、分层压实的方法。二级及二级以下且铺设低级路面的公路在陡峻山坡段施工特别困难或大量爆破以挖作填时,可采用倾填方式将石料填筑于路堤下部,但倾填路堤在路床底面下小于1.0m范围内仍应分层填筑压实。采用分层填筑方式施工,又可分为机械作业和人工作业两种方法。机械施工分层填筑时,高速公路及一级公路分层松铺厚度一般为500mm,其他公路为1 000mm。

3.注意事项

填石路堤应主要考虑石料性质、石块大小、填筑高度和边坡坡度,应逐层水平填筑,并夯压密实。用风化岩石填筑路堤时,石块应摆平、放稳,空隙用小石块或石屑填满铺平,边坡坡度同土质路堤;用不易风化的粒径在250mm以下的石块填筑路堤时,应分层铺填,当路堤高度不超过6m时,边坡要码砌1~2m厚,大面向下,小面向上,摆平靠紧,用小碎石填缝找平;用250mm以上的大石块填筑路堤时,可大致分层填铺,不必严格找平,尽量做到靠紧密实,边坡要码砌1~2m厚,如边坡码砌成台阶形时,上下层石块应错缝互相压住;土、石混合填筑路堤时,如土石易于分清时,易分开分段填筑;如不易分清时,应尽量按下述情况施工,不得乱抛乱填。

二、石质路堑的开挖

石方路堑的开挖应根据岩石的类型、风化程度、岩层产状、岩体断裂构造、施工环境等因素确定开挖方案。

爆破法施工是石质路基施工最有效的方法之一。此外,爆破还可以爆松冻土、爆除淤泥、开采石料等。山区公路路基石方工程量大且集中时,采用爆破法施工不但可以提高功效、缩短工期、节约劳动力,而且可以改善线形,提高公路使用质量。

1.炸药种类和起爆方法

为了爆破某一岩体,在其中或表面放置一定数量的炸药,称为药包,按其形状或集结程度的不同,可以分为集中药包、延长药包和分集药包3种。凡药包形状接近球形或立方体,以及高度不超过直径4倍的圆柱体和最长边不超过最短边4倍的直角六面体,均属于集中药包;相反,药包的长度或高度超过上述情况者,属于延长药包。分集药包是提高炸药有效能量利用率的新型装药方式,它是将一个集中药包分为两个保持一定距离集中的子药包,如图1-2-8所示。

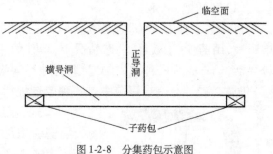

图1-2-8 分集药包示意图

1)炸药种类

炸药种类繁多,在爆破工程中常用的可分下列两类:

(1)起爆炸药

起爆炸药是一种爆炸速度极高的烈性炸药,爆速可达2 000~8 000m/s,用以制造雷管。起爆炸药又可分为正起炸药和副起炸药。正起炸药对热能和机械冲击能均具有强烈的敏感性;副起炸药须由正起炸药起爆,其爆速甚高,可加强雷管的起爆能量。

(2)主要炸药

用以对岩石或其他介质进行爆炸的炸药称为主要炸药,它的敏感性较低,要在起爆炸药强力的冲击下才能爆炸。道路工程中常用的炸药主要有TNT、黑火药、硝铵等。

2)起爆材料及起爆方法

(1)雷管

雷管是常用的起爆器材,黄色炸药和硝铵炸药一般用直接火花不能引起爆炸,而用雷管来引爆。按照引爆方式雷管分为火雷管和电雷管两种。火雷管也叫普通雷管,它是用导火索来引爆的。火雷管由雷管壳、正副装药、加强帽3部分组成,其管壳开口的一端留有15mm长的空隙,以便插入导火索,另一端做成窝槽状。电雷管是用电流点火引爆炸药的。电雷管的构造与火雷管的构造基本相同,不同的是在管壳上的一段有一个电气点火装置,通电时,电流通过电桥丝,灼热的电桥丝就能将引燃剂点燃,使起爆药爆炸。电雷管又可分为即发电雷管和迟发电雷管,即发电雷管用于同时点火同时起爆的电点火线路中;迟发电雷管用于同时点火,但不同时爆炸的电点火线路中。迟发电雷管构造与即发电雷管基本相同,只是在引火药与起爆药之间,装有燃烧速度相当准确的缓燃剂。

(2)起爆方法

(1)导火索及火花起爆法:导火索是点燃火雷管的配置材料,外形为圆形索线,索芯内装有黑火药,中间有纱导线,芯外紧缠着数层纱与防潮纸(或防潮剂)以防潮变质。对导火索的要求是燃烧完全,燃速恒定。根据使用要求,导火索的正常燃烧速度有两种规格,一种为10mm/s,另一种为5mm/s。

(2)电力起爆法:电雷管是用点火器,通过电爆导线通电发热燃爆起爆的。点火器即为产生电流的电源,如干电池组、蓄电池、手摇起爆机等。

(3)传爆线及传爆线起爆法:传爆线又称导爆线,其索芯用高级烈性炸药制成,内有双层棉织物,一层为防潮层,一层为缠绕着的纱线。为了与导火索区别,其表面涂成红色或红黄相间等色。我国制造的传爆线是用黑索金或泰安为索芯的,爆速为 6 800~7 200m/s。

2. 综合爆破方法

1)中小型爆破

(1)钢钎炮(眼炮)

在路基工程中,钢钎炮通常指炮眼直径和深度分别小于70mm和5m的爆破方法。因其炮眼浅、用药少、工效低,一般情况下,单独使用钢钎炮爆破石方是不大经济的,但是,由于其比较灵活,仍不失为一种重要的炮型,在地形艰险及爆破量较小地段(如打水沟、开挖便道、基坑等)仍属必需。在综合爆破中是一种改造地形,为其他炮型服务的辅助炮型。

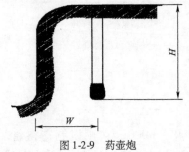

图 1-2-9　药壶炮

(2)药壶炮(烘膛炮)

药壶炮是指在深 2.5~3.0m 以上的炮眼底部用少量炸药经一次或多次烘膛,使眼底成葫芦形,将炸药集中装入药壶中以提高爆炸效果的一种炮型,如图 1-2-9 所示,用于 Ⅺ 级岩石以下,不含水分,阶梯高度(H)小于 10~20m,自然地面坡度在 70°左右的地段。

(3)猫洞炮(蛇穴炮)

猫洞炮系指炮洞直径为 0.2~0.5m,洞穴成水平或略有倾斜(台眼),深度小于5m,用集中药包在炮洞中进行爆炸的一种方法。其特点是充分利用岩体本身的崩塌作业,能用较浅的炮眼爆破较高的岩体,一般爆破可炸松 15~150m³。采用这种爆破方法,可以获得好的爆破效果。

2)大爆破

大爆破是指采用导洞和药室装药,用药量在 1 000kg 以上的爆破,主要用于石方大量集中,地势险要或工期紧迫路段。

3)洞室炮

为使设计断面内的爆破岩体大量抛掷(抛坍)出路基,减少爆破后的清方工作量,确保路基的稳定性,可根据地形和路基断面形式,采用以下不同性质的洞室炮爆破方法。

(1)抛掷爆破。当自然地面坡角小于15°,路基设计断面为拉沟路堑,且石质大多是软石时,为使石方大量扬弃到路基两侧,通常采用稳定的加强抛掷爆破。但此法在公路工程中采用很少。自然地面坡角在15°~50°之间,岩石也较松软时,可采用斜坡地形半路堑的抛坍爆破。

(2)抛坍爆破。当自然地面坡度大于30°,地形地质条件均较复杂,临空面大时,宜采用这种爆破方法。在陡坡地段,岩石只要充分被破碎,就可以利用岩石本身的自重坍滑出路基,从而可提高爆破效果。而且由于爆后路堑边坡稳定,单位耗药量降低,还可降低路基工程造价。

(3)多面临空地形爆破。路线通过波浪起伏的峡谷或鸡爪地形地段,因地形状况的限制,出现临空面较多,采用这种方法则有利于爆破。

(4)定向爆破。这是利用爆能将大量土石方按照指定的方向,搬移到一定的位置并堆积成路堤的一种爆破施工方法。它减少了挖、装、运、夯等工序,生产率极高。采用定向爆破,一次可形成百米至数百米路基。

(5)松动爆破。大型松动爆破主要用于不宜采用抛掷爆破的次坚石、软石路基,或配合机械化清方的地段。在坚石中,宜采用深孔炮。

4)微差爆破

两相邻药包或前后排药包以毫秒的时间间隔(一般为15~75ms)依次起爆,称为微差爆破,亦称毫秒爆破。其优点是可减振1/3~2/3左右,提高爆破效果,节省炸药20%,有利于挖掘机作业。

5)光面爆破和预裂爆破

光面爆破是在开挖限界的周边,适当排列一定间隔的炮孔,在有侧向临空面的情况下,用控制抵抗线和药量的方法进行爆破,使之形成一个光滑平整的边坡。预裂爆破是在开挖限界处按适当间隔排列炮孔,在没有侧向临空面和最小抵抗线的情况下,用控制药量的方法,预先炸出一条裂缝,使拟爆体与山体分开,作为隔振减振带,起保护和减弱开挖限界以外山体或建筑物的振动破坏作用。光面与预裂爆破后,在边坡壁上通常均留下半个炮孔的痕迹。

进行光面或预裂爆破时,应严格保持炮孔在同一平面内,炮孔间距和抵抗线之比应小于0.8。装药量应控制适当,并采用合理的药包结构,通常使炮孔直径大于药卷直径1~2倍,或采用间隔药包、间隔钻孔装药。

3.选用各种爆破方法的基本原则

为了充分发挥各种爆破方法的特点,利用微地形和地质的客观条件,在路基石方工程中采用综合爆破,组织炮群,有计划、有步骤地爆破拟开挖的石方是十分重要的。为此,石方工程的施工方案应按全面规划,重点设计;由路基面开挖,形成高阶梯,以增加爆破效果;综合利用小炮群,分段分批爆破的原则进行爆破。

【工程实例】

一、工程概况

深圳市某区北片区(××标段)石方爆破工程,石方爆破工程量约280万m^3,光面爆破约1万m^2。施工条件如下。

(1)地形条件:本标段东北侧约200m为明珠大道,东南方向是一片空地和集装箱堆场,距离约400m为沙盐公路,南邻二标段施工区,西侧约250m为石料堆场及临建,爆破施工深度为45m左右。为了确保道路、车辆及行人的安全,东北侧约200m的明珠大道需要交通管制。

(2)地质条件:本标段地表土层不厚,山体坡脚基岩已出露,地下水主要为大气降雨和少量基岩裂隙水补给。

(3)气候条件:工程正值跨雨季施工,为雨季爆破作业。

二、爆破方案选择

本工程爆破作业为连续高强度生产,工期紧、安全问题突出、环境保护要求高。要求施工组织严密、计划周全、爆破技术先进、人员设备充裕,确保工程任务按期完成。根据爆破工程量要求,综合考虑爆区地形、地质、环境条件、设备和技术条件,主要采用深孔台阶爆破法施工,孤石及部分超规格大块石采用液压岩石破碎机进行机械法破小。

三、爆破施工方法选择

石方爆破工作自上而下分台阶逐层进行。爆高小于5m时,用浅眼爆破法分层爆破,分层高度2~3m为一层;爆高5~15m时,用深孔爆破法一次爆破到设计高程,爆高超过15m时,分台阶进行深孔爆破。永久边坡采用光面爆破方法进行处理,工作台阶分层台阶高度定为15m。

四、主要爆破参数

1. 本工程作业要点

(1)爆破参数控制选择。

(2)爆破安全防护对爆破飞石、爆破振动进行严格的控制,采取有效的安全防护措施,控制爆破振动、飞石、冲击波等方面的危害影响,确保附近建(构)筑物的安全。

2. 主要爆破参数

(1)孔径 D:用 Y26 手持式风钻钻浅眼,$D=42mm$;

用阿特拉斯钻机钻深孔,$D=115m$ 和 $D=140mm$。

(2)孔深 L:浅眼爆破,$L<5.0m$;

深孔爆破,$L\geq5.0m$。

(3)底盘抵抗线 W_0:根据 $W_0=(25\sim40)d$

$\phi42mm:W_0=1.20m$;

$\phi115mm:W_0=3.50m$;

$\phi140mm:W_0=4.50m$。

(4)间距 a:根据 $a=(0.8\sim1.2)W_0$

$\phi42mm:a=1.20m$;

$\phi115mm:a=4.0m$;

$\phi140mm:a=5.0m$。

(5)排距 b:根据 $b=(0.8\sim1.0)a$

$\phi42mm:b=1.0m$;

$\phi115mm:b=3.5m$;

$\phi140mm:b=4.5m$。

(6)堵塞长度 L_2:

根据 $L_2=(1/2\sim1/3)L$,$\phi42mm:L_2=1.3m$。

当孔深为 15m 时：$\phi 115mm: L_2 = 5.0m$；
$\phi 140mm: L_2 = 5.0m$。

(7) 单耗 q：
根据施工现场岩石的硬度情况，q 取 $0.45 \sim 0.5 kg/m^3$。

(8) 装药量计算（单孔药量）：根据体积公式 $Q = qabH$，则
$H = 3.0m, \phi 42mm: Q = 1.8kg$；
$H = 15.0m, \phi 115mm: Q = 94.5kg$；
$H = 15.0m, \phi 140mm: Q = 151.9kg$。

(9) 根据施工现场的实际情况和以往的施工经验，爆破参数如表 1-2-3 所示。

爆 破 参 数 表　　　　　　表 1-2-3

参数名称	孔径 d (mm)	间距 a (m)	排距 b (m)	抵抗线 W (m)	台阶高度 H (m)	超深 h (m)	堵塞长度 L (m)	单孔装药量 (kg)	单耗 (kg/m³)
Y26 手风钻	42	1.2	1.0	1.0	3.0	0.3	1.3	1.8	0.50
潜孔钻	115	4.0	3.5	3.5	15.0	1.0	5.0	94.5	0.45
潜孔钻	140	5.0	4.5	4.5	15.0	1.5	5.0	151.9	0.45

以上爆破参数确定后，在具体施工时，将进行小规模试爆，寻求工程的具体特点同参数之间的内在联系，优化各参数组合使之完全适合本工程的特点。

(10) 光面（预裂）爆破。

本工程永久边坡采用光面（预裂）爆破施工，选用合适的炸药和装药结构，是取得良好爆破效果的重要因素。

光面爆破参数如下：
① 孔径：$D = 76mm$；
② 孔深：根据边坡的开挖高度选取；
③ 超深：$h = 1.0m$；
④ 炮孔倾角：沿设计边坡坡面布孔；
⑤ 最小抵抗线：$W_{min} = (10 \sim 20)d, W = 1.0m$；
⑥ 孔间距：$a = (0.6 \sim 0.8)W_{min}, a = 0.8m$；
⑦ 线装药密度：$Q_x = (0.25 \sim 0.35) kg/m$；
⑧ 装药结构：采用间隔不耦合装药，将炸药分段均匀绑在一条导爆索上；
⑨ 回填长度：$L_2 = 1.0m$；
⑩ 起爆顺序：主爆孔先爆、然后光爆孔同时起爆。

采用光面爆破时，应满足以下技术要求：
① 根据岩石特点，合理选择间距及最小抵抗线；
② 严格控制炮孔的线装药密度，来满足装药结构的要求；
③ 布置在同一平面上的光面孔，宜用导爆索连接并同时起爆。

五、爆破作业技术

根据本工程的特点和现场实际情况，爆破作业主要进行深孔台阶微差松动爆破和浅眼

爆破。

1. 深孔台阶微差松动爆破

深孔台阶微差松动爆破工艺流程框图如图1-2-10所示。

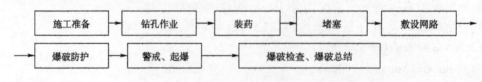

图1-2-10 深孔台阶微差松动爆破工艺流程框图

1）施工准备

首先对即将进行爆破作业的区域进行清理，采用反铲挖掘机或推土机使其能满足钻孔设备作业的需要。然后进行测量放线，确定钻孔作业的范围、深度。

2）钻孔作业

在爆破工程技术人员的指导下，严格按照爆破设计进行布孔、钻孔作业。布孔根据地形实际情况主要采用矩形布孔和梅花形布孔。布孔时特别注意确定前排孔抵抗线，防止前排孔抵抗线偏大或过小，偏大，将影响爆破质量，使坡角产生根底，影响铲装；偏小，会造成炮孔抛掷，容易出现爆破事故。在布孔时，还应特别注意孔边距不得小于2m，保障钻孔作业设备的安全。

在钻孔时，应该严格按照爆破设计中的孔位、孔径、钻孔深度、炮孔倾角进行钻孔。对孔口周围的碎石、杂物进行清理，防止堵塞炮孔。对于孔口周围破碎不稳固段，应进行维护，避免孔口形成喇叭状。

钻孔完成后，应对成孔进行验收检查，确定孔内有无积水、积水深度。

对不合格的应进行补孔、补钻、清孔，并将检查结果向爆破工程技术人员汇报，准备补钻计划。

3）装药

（1）爆破器材检查。装药前首先对运抵现场的爆破器材进行验收检查，看数量是否正确，质量是否完好，电雷管是否同厂、同批、同牌号，各电雷管的电阻值差是否符合规定值（康铜桥丝：铁脚线0.3Ω，铜脚线0.25Ω；镍铬桥丝：铁脚线0.8Ω，铜脚线0.3Ω），对不合格的爆破器材坚决不能使用。

（2）装药。装药作业应在爆破工程技术人员的指挥下，严格按照爆破设计进行。装药前应检查孔内是否有水，积水深度，有无堵塞等，检查合格后方能进行装药作业，并做好装药的原始记录，包括每孔装药量、出现的问题及处理措施。装药应用木制长杆或竹制长杆推进，控制其装药高度。装药过程中如发现堵塞时应停止装药并及时处理，严禁用钻具处理装药堵塞的炮孔。

4）堵塞

堵塞材料采用钻孔的石渣、黏土、岩粉等，堵塞长度严格按照爆破设计进行，不得自行增加药量或改变堵塞长度。如需调整，应征得现场技术人员和监理工程师的同意并做好变更记录。堵塞时应防止堵塞悬空，保证堵塞材料的密实，不得将导线拉得过紧，防止被砸断、破损。

5）爆破网路敷设

装药、堵塞完成后，严格按照爆破设计进行网路连接，防止漏接、错接，并用绝缘胶布包好结头。网路连好后，应检测总电阻，如总电阻与计算值相差8%以上，或阻值相差10Ω时，应查明原因,消除故障,并计算其电流量,达到设计要求时方能起爆。

6) 爆破防护

网路连接完成并检查合格后,方能按照爆破设计中的防护范围、防护措施进行防护。防护时应注意不要破坏电爆网路。确认爆破防护到位后,作业人员撤离爆区。

7) 设置警戒、起爆

严格按照爆破设计的警戒范围布置安全警戒。警戒时,警戒人员从爆区由里向外清场,所有与爆破无关的人员、设备撤离到安全地点并警戒。确认人员设备全部撤离危险区,具备安全起爆条件时,爆破工作领导人才能发出起爆信号。爆破员收到起爆信号后,才能进行爆破器充电并将主线接到起爆器上,充好电以后,进行起爆。爆破后,严格按照规定的等待时间,检查人员进入爆区进行检查,确认安全后,方准发出解除警戒信号。

8) 爆破检查、总结

每次爆破完成后,必须按照规定的等待时间进入爆破地点检查有无盲炮和其他不安全因素。如果发现有危石、盲炮等现象,应及时处理,未处理前应在现场设立危险警戒或标志。未用完的爆炸物品进行仔细清点、退库。

爆破结束后,爆破员应认真填写爆破记录,爆破工程技术人员应进行爆破总结:设计合不合理,并进行爆破安全分析,提出施工中的不安全因素和隐患以及防范办法,提出改善施工工艺的措施;对照监测报告和爆后安全调查,分析各种有害效应的危害程度及保护物的安全状况,如实反映出现的事故,处理方法及处理结果,总结经验和教训,指导下一步施工。爆破记录和爆破总结应整理归档。

2. 浅眼爆破

爆高小于5m时,用浅眼爆破法分层爆破,分层高度2~3m为一层。浅眼爆破的工艺流程框图与深孔台阶微差松动爆破相同。

六、爆破后安全检查

(1) 起爆点(站)应远离爆区,宜设坚固严密的人工掩体,其位置和方向应能防止飞石、空气冲击波、炮烟和边坡滑落、滚石的危害。

(2) 爆破后,必须按规定的等待时间进入爆破地点检查有无盲炮和其他不安全因素。

(3) 爆破检查员如果发现危石、盲炮等现象,应及时处理,未处理前应在现场设立危险警戒或标志。

(4) 各类盲炮的处理应按有关规定执行。经检查确认爆破地点安全后,经当班爆破班长同意,方准作业人员进入爆破地点。

(5) 每次爆破后,爆破员应认真填写爆区。

(6) 爆破结束后,爆破员应将剩余爆破器材仔细清点,如数及时直接交退给市公安局指定的市轻化公司爆破器材仓库。

第三节 路基排水施工

水是使路基产生病害的主要原因之一。路基内水分过多,会降低土基承载力。为了保证路基及边坡的加固与稳定,必须设置必要的排水设施,同沿线的桥梁、涵洞形成一个完好的排水系统。

一、地表排水设施施工

路基地表排水设施包括边沟、截水沟、排水沟、急流槽、拦水带、蒸发池等。施工排水设施应做到位置、断面、尺寸、坡度准确,所用材料符合设计文件及规范要求。

1. 边沟

为了排除降落在坡面和路面上的地表水,在挖方路段的边坡坡脚和填土高度小于边沟深度的填方边坡坡脚应设置边沟。边沟断面一般为梯形,边沟内侧坡度按土质类型取1:1.0~1:1.5。在较浅的岩石挖方路段,可采用矩形边沟,其内侧沟壁用浆砌片石砌成直立状。矩形和梯形边沟的底宽和深度不应小于0.4m。挖方路段边沟的外侧沟壁坡度与路堑下部边坡坡度相同。边沟的纵坡与路线纵坡保持一致,纵坡为最小值时应缩短边沟出水口间距。一般地区边沟长度不超过500m,多雨地区不超过300m,三角形边沟不超过200m。边沟横断面形式见图1-2-11。

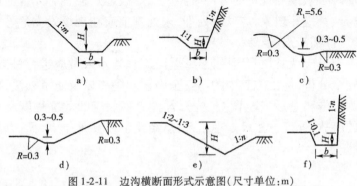

图1-2-11 边沟横断面形式示意图(尺寸单位:m)
a)、b)梯形;c)、d)流线型;e)三角形;f)矩形

施工边沟时,其平面位置、断面尺寸、坡度、高程及所用材料应符合设计文件和施工技术规范要求。修筑的边沟应线形美观、直线顺直、曲线圆滑,无突然转弯等现象;纵坡顺适、沟底平整、排水畅通,无冲刷和阻水现象,而且表面平整美观。土质边沟纵坡大于3%时,应采用浆砌片石、干砌片石、水泥混凝土预制块等进行加固。采用浆砌片石铺砌时,片石应坚固稳定,砂浆配合比符合设计要求,砌筑时片石间应咬扣紧密,砌缝砂浆饱满、密实,勾缝应平顺,无脱落且缝宽一致,沟身无漏水现象。采用干砌片石铺筑时,应选用有平整面的片石,砌筑时片石间应咬扣紧密、错缝,砌缝用小石子嵌紧,禁止贴砌、叠砌和浮塞。采用抹面加固土质边沟时,抹面应平整压光。

2. 截水沟

截水沟又称天沟。当路堑边坡上侧流向路基的地表径流流量较大,或者路堤上侧倾向路基的地面坡度大于1:2时,应在路堑或路堤上方设置截水沟,以拦截流向路基的地面径流。在坡面汇流长度大的山坡上,应酌情设置两道以上大致平行的截水沟。边坡稳定性差或有可能形成滑坡的路段,应考虑在滑坡周界外设置截水沟,以减轻水对坡面的渗透和冲刷等不利影响。截水沟应设置在路堑边坡顶5m以上或路堤坡脚2m以外,并结合地形和地质条件顺等高线合理布置,使拦截的坡面水顺畅地流向自然沟谷或排水渠道。截水沟长度以200~500m为宜。一般采用梯形断面,沟壁坡度为1:1.0~1:1.5,断面尺寸可按设计流量计算确定,但底宽和沟深不宜小于0.5m。路堑上方设置弃土堆时,截水沟的位置及横断面尺寸如图1-2-12所示。

截水沟的施工要求与边沟基本相同。在地质不良、土质松软、透水性较大、裂缝多及沟底纵坡较大的地段,为防止水流下渗和冲刷,应对截水沟及其出水口进行严密的防渗处理和加固。

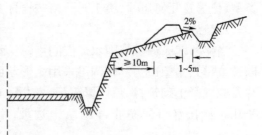

图1-2-12 挖方路段弃土堆与截水沟关系图

3.排水沟

由边沟出水口、路面拦水堤或开口式缘石泄水口通过路堤边坡上的急流槽排放到坡脚的水流,应汇集到路堤坡脚外1~2m处的排水沟内,再排到桥涵或自然水道中。深挖路堑或高填路堤设边坡平台时,若坡面径流量大,可设置平台排水沟,以减小坡面冲刷。排水沟的横断面,一般采用梯形,尺寸大小应经过水利水文计算确定。用于边沟、截水沟及取土坑出水口的排水沟,横断面尺寸应根据设计流量确定,底宽与深度不宜小于0.5m,土沟的边坡坡度约为1:1~1:1.5。

排水沟的断面形式和尺寸以及施工要求等与截水沟基本相同。

4.急流槽与跌水

在路堤、路堑坡面或从坡面平台上向下竖向排水,或者在截水沟和排水沟纵坡较大时,应设急流槽。急流槽的构造如图1-2-13所示。构筑急流槽后使水流与涵洞进出口之间形成一个过渡段,可减轻水流的冲刷。急流槽可由浆砌片石或水泥混凝土铺筑成矩形或梯形断面。浆砌片石急流槽的底厚为0.2~0.4m,施工时做成粗糙面,壁厚0.3~0.4m,底宽至少0.25m,槽顶与两侧斜坡齐平,槽底每隔5m设一凸榫,嵌入坡面土体内0.3~0.5m,以防止槽身顺坡面下滑。

在陡坡或深沟地段的排水沟,为避免其出口下游的桥涵、自然水道或农田受到冲刷,可设置跌水。跌水的构造如图1-2-14所示。跌水可带消力池,也可不带,按坡度和坡长不同可设成单级或多级跌水。不带消力池的跌水,台阶高度为0.2~0.4m,高度与长度之比应与原地面坡度吻合。带消力池的跌水,单级跌水墙的高度为1m左右,消力槛的高度宜为0.5m,消力池台面设2%~3%的外倾纵坡,消力槛顶宽不宜小于0.4m,槛底设泄水孔。跌水的槽身结构与急流槽相同。急流槽与跌水都属圬工砌体结构,石砌圬工与边沟的砌筑要求一致。水泥混凝土急流槽的施工与混凝土结构的施工要求一致。

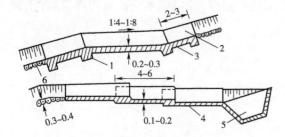

图1-2-13 急流槽构造示意图(尺寸单位:m)
1-耳墙;2-消力池;3-混凝土槽底;4-钢筋混凝土槽底;
5-横向沟渠;6-砌石护底

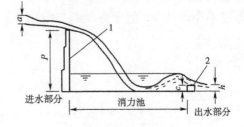

图1-2-14 跌水构造示意图
1-护墙;2-消力槛

二、地下排水设施施工

路基地下排水设施有暗沟、渗沟、检查井等,应根据工程地质和水文地质条件选择、确定其类型、位置及几何尺寸,施工时严格按设计文件和施工技术规范进行。

1. 暗沟

当路基基底遇有裂隙水或层间水时,无论水流量大或小均应设置暗沟将水引至路基坡脚以外或排入路堑边沟。暗沟可采用矩形断面,沟宽和沟深按出水口大小确定,沟壁应采用浆砌片石或混凝土砌筑,沟顶设置盖板,盖板上的填土厚度不应小于500mm。暗沟的纵坡不宜小于0.5%,出水口应防止冲刷填土边坡,引入边沟时,沟底高程应高出边沟常水位200mm以上。

暗沟应能保证通畅地排除影响路基的地下水,它的构造、位置、高程、断面形式和尺寸必须满足其功能要求。该种排水设施为圬工砌体结构,施工方法和质量要求与浆砌片石边沟和混凝土结构的施工一致。

2. 渗沟

渗沟用于降低地下水位或拦截地下水,设置在地面以下。渗沟分为填石渗沟、管式渗沟和洞式渗沟3种。

渗沟的各部位尺寸应根据埋设位置和排水需要确定,宜采用槽形断面,最小底宽0.6m,沟深大于3m时最小底宽1.0m。渗沟内部用坚硬的碎、卵石或片石等透水性材料填充。沟顶和沟底应设封闭层,用干砌片石层封闭顶部,并用砂浆勾缝;底部用浆砌片石做封闭层,出水口采用浆砌片石端墙式结构。渗沟应尽量布置成与渗流方向垂直。

渗沟沟壁应设置反滤层和防渗层。沟底挖至不透水层形成完整渗沟时,迎水面一侧设反滤层,背水面一侧设为防渗层。沟底设在含水层内时则形成不完整渗沟,两侧沟壁均设置反滤层,反滤层可用砂砾石、渗水土工织物或无砂混凝土板等。防渗层采用夯实黏土、浆砌片石或土工薄膜等防渗材料。管式渗沟的排水管采用带渗水孔的混凝土圆管,管径不宜小于200mm,管壁交错设渗水孔,间距不大于200mm,孔径可为15~20mm。洞式渗沟采用浆砌片石做沟洞,孔径大小根据设计流量定,洞顶用混凝土板搭盖,盖板间留缝隙,缝宽20mm。深而长的渗沟应设检查井以便检查维修。

3种结构形式渗沟的位置、断面形式和尺寸应符合设计规定,材料质量要求等均应严格按设计和上述构造要求精心施工。渗沟采用矩形断面时,施工应从下游向上游开挖,并随挖随支撑,以防坍塌。填筑反滤层时,各层间用隔板隔开,同时填筑,至一定高度后向上抽出隔板,继续分层填筑至要求高度为止。渗沟顶部用单层干砌片石覆盖,表面用水泥砂浆勾缝,再在上面用厚度不小于0.5m的土夯填到与地面齐平。

第三章 特殊路基施工技术

我国幅员辽阔,地质情况复杂多变,不良的地质条件给公路工程建设带来了较大的影响和隐患。因此应该结合工程现场实际,合理选择一种或几种组合的处理方法,使处理后的路基满足建设工程各项要求。

第一节 潮湿地段路基施工

一、潮湿和过湿路基的确定

路基的强度与稳定性同路基的干湿状态有密切关系,并在很大程度上影响路面结构设计。路基按其干湿状态不同,分为4类:干燥、中湿、潮湿和过湿。4种干湿类型以分界稠度 w_{c1}、w_{c2} 和 w_{c3} 来划分,见表1-3-1。为了保证路基路面结构的稳定性,一般要求路基处于干燥或中湿状态。潮湿或过湿状态的路基必须经处理后方可铺筑路面。

路基干湿类型的划分　　　　表1-3-1

路基干湿类型	路基平均稠度与分界相对稠度的关系	一 般 特 征
干燥	$\bar{w}_c < w_{c1}$	路基干燥稳定、路面强度和稳定性不受地下水和地表积水影响路基高度 $H > H_1$
中湿	$w_{c1} \leqslant \bar{w}_c < w_{c2}$	路基上部土层处于地下水或地表积水影响的过渡带区内,路基高度 $H_2 < H \leqslant H_1$
潮湿	$w_{c2} \leqslant \bar{w}_c < w_{c3}$	路基上部土层处于地下水或地表积水毛细影响区内,路基高度 $H_2 < H \leqslant H_3$
过湿	$\bar{w}_c \geqslant w_{c3}$	路基极不稳定,冰冻区春融翻浆,非冰冻区弹簧,路基经处理后方可铺筑路面、路基高度 $H < H_3$

二、潮湿地段路基施工

多雨潮湿地区进行路基施工时,应特别注意排水。机具停放地、库房、生活区域,都必须选在地势较高不易被水淹的地点,并有可靠的排水防洪设施,预防洪水造成危害。开工前场地准备工作应特别注意排除地面水。低洼地带沿用地两边应加大断面的纵向排水沟并引向出水口。在纵向排水沟之间应挖掘横向排水沟并互相贯通疏于地表,以达到地面不积水。

多雨潮湿地区,原地面含水率过大的潮湿土深度在2m以内时,可挖去湿土,换填适用的干土或挖方石渣、天然砂砾等,并分层压实达到标准。挖去淤泥后将上层湿土翻松耙碎掺

5%~10%的生石灰粉压实,其层厚以能达到规定压实度为准,使之成为稳定土加固层。当有非风化大块岩石可利用时,在挖去软湿土后铺筑厚500mm左右的石块层,嵌填石渣后,用重型压路机碾压成型,再于其上填筑路堤。二级以下公路可采用抛填片石挤淤,整理碾压成型后填筑路堤。

当天然稠度小于1.1、液限大于40、塑性指数大于18的黏质土用作高速公路、一级公路和二级公路上路床的填料时,应采用各种措施达到表1-3-2中规定的压实度;上述土用作下路床及上、下路堤的填料时,当进行处治或采用重型压实度确有困难时,可采用轻型压实标准。填料经翻拌晾晒分层压实后,压实度应符合表1-3-2所列标准。填料的天然稠度为0.9~1.0时,宜将土摊开翻拌晾晒,当含水率接近最佳含水率时即可碾压密实。填料的天然稠度在0.5~0.9时,宜在土中掺入生石灰等外掺剂拌和均匀后,分层填筑压实。

路基压实标准(轻型)　　　　　　　　　　　表1-3-2

填挖类型		路面底面计起的深度范围(mm)	压实度(%)	
			高速公路、一级公路	二级及二级以下公路
路堤	上路床	0~300	—	≥95
	下路床	300~800	≥98	≥95
	上路堤	800~1 500	≥95	≥90
	下路堤	>1 500	≥90	≥90
路堑路床		0~300	—	≥95

第二节　盐渍土地区路基施工

一、盐渍土的成因

盐渍土指包括盐土和碱土在内的,以及不同程度盐化、碱化土的统称。在公路工程中,按地表全层1m以内容易溶于水中的无机盐类(或称易溶盐类)含量平均达0.5%以上的土,称为盐渍土。盐渍土影响农作物的生长,地面表层显露盐水的痕迹,或者可见到一层薄薄的白色粉状的盐霜,有的是一层坚硬的盐壳。

盐渍土生成的原因是比较复杂的,是各种易溶盐类在土中不断聚集和积累的过程。而易溶盐类主要是地壳上原为海洋盐分沉积形成的岩石,受地质作用而上升,露出地面的岩石不断风化所致。它又受所处地理位置、地形地貌、地质土、地下水位、气候条件等的影响。

二、盐渍土路基施工

1. 路堤填料

路堤填料的含盐量不得超出规定允许值,不得夹有盐块和其他杂物。其容许含盐量见表1-3-3。对填料的含盐量及其均匀性应加强施工控制检测,路床以下每1 000m³填料、路床部分每500m³填料应至少做一组测试,每组取3个土样,取土不足上述数量时,亦应做一组试件。不符合规定不得使用。如当地无其他适用的填料,需用易溶盐含量超过规定值的土、砾等作填料时,应根据当地气候、水文地质等条件,通过试验决定填筑措施。用石膏土作填料时,应先破坏其蜂窝状结构。石膏含量一般不予限制,但应控制压实度。

盐渍土地区路基填料容许含盐量 表1-3-3

路面等级	填料容许含盐量(以质量百分数计)(%)		
	氯盐渍土及亚氯盐渍土	硫酸盐渍土及亚硫酸盐渍土	碳酸盐渍土
次高级路面	≤8	≤2	≤0.5
高级路面	≤5	≤1	≤0.5

2.季节对盐渍土的影响

盐渍土施工应考虑季节对盐渍土的影响,尽可能安排在不积水的枯水季节。在地下水位较高的地方,对黏质土的盐渍土宜于夏季施工;对砂类土的盐渍土以春末夏初季节为宜。在强盐渍土地区施工,应在表层土含盐量降低的春节施工为宜。在胶碱土地区以潮湿季节的春季或秋季施工较为容易。

3.含水率的控制

盐土地区路堤施工前应测定其基底(包括护坡道)表土的含盐量和含水率及地下水位,根据测得的结果,分别按设计规定进行处理。原基底土的含水率如超过液限的土层厚度在1m以内时,必须全部换填渗水性土;如含水率界于液限和塑限之间时,应铺100~300mm的渗水性立后再填黏性土;如含水率在塑限以下时,可直接填筑黏性土。

4.路基压实

盐渍土路堤应分层铺填分层压实,每层松铺厚度不大于200mm,砂类土松铺厚度不大于300mm。碾压时应严格控制含水率,不应大于最佳含水率1个百分点。雨天不得施工。碾压方式根据需要与可能合理选择。碾压时应先轻后重,先慢后快,先两侧后中间。

5.排水

施工中应及时合理地布置好排水系统,不应使路基及其附近有积水现象;路基一侧或两侧有取土坑时,取土坑底部距离地下水位不应小于150~200mm;底部应向路堤外有2%~3%排水横坡和不小于0.2%的纵坡;在排水困难地段或取土坑有被水淹没的可能时,应在路基一侧或两侧取土坑外设置高0.4~0.5m、顶宽1m的纵向护堤。盐渍土地区的地下排水管与地面排水沟渠,必须采取防渗措施。盐土地区不宜采用渗沟。

第三节 多年冻土地区路基施工

一、多年冻土的定义

凡温度为负温或零温并含有冰的各种土均称为冻土。冬季冻结、夏季全部融化的土层称为季节冻土。冬季冻结、一两年内不融化的土层称为隔年冻层。冻结状态持续3年以上的土层称为多年冻土。

在多年冻土地区,地表以下的一定深度内,每年夏季融化、冬季冻结的土层称为季节融化层。在该深度以下的土则终年处于冻结状态,称为多年冻土。这一深度称为季节融化层底板或多年冻土上限。从地表到达这一深度的距离即为季节融化层厚度或多年冻土上限的埋深。多年冻土层的底部称为多年冻土下限。下限以上为多年冻土,以下为融土。上限和下限之间的距离称为多年冻土厚度。多年冻土厚度是多年冻土的重要标志之一,它反映冻土的发育程度。多年冻土薄的在10m以下,最厚的多年冻土在大小兴安岭可超过100m。

二、多年冻土地区公路路基的主要病害

1. 融沉

融沉多发生在含冰量大的黏质土地段。当路基基底的多年冻土上部或路堑边坡上分布有较厚的地下冰层时,由于地下冰层埋藏较浅,在施工及使用过程中,因原来的自然环境条件发生变化,使多年冻土局部融化,上覆土层在土体自重力及外力的作用下产生沉陷,造成路基变形。融沉主要表现在路堤向阳侧路肩及边坡开裂、下滑,路堑边坡溜坍等。

融沉现象一般以较慢的速度下沉,但有时也会经过一段时间的慢速下沉后,有时突发大量的沉陷,并使两侧部分地基土隆起。产生的原因是路基基底由于含冰量大的黏质土融化后处于过饱和状态,几乎没有承载能力,又因路堤两侧融化深度不同,使得基底形成一个倾斜的冻结滑动面。在外荷载的作用下,过饱和的黏质土顺着冻结面挤出,路堤瞬间产生大幅度的沉陷,通常称为突陷。

2. 冻胀

冻胀多发生在季节冻结深度较大的地区及多年冻土地区,多年冻土地区较严重。发生的原因是地基土及填土中的水冻结时体积膨胀所致。水分的来源是地表水或地下水对路基土的浸湿。冻胀的程度与土质及土中的含水率高低有关。

3. 冰害

冰害主要是指在路堤上方出露地表的泉水,或开挖路堑后地下水自边坡流出,在隆冬季节随流随冻,形成积冰掩埋路基或边坡挂冰、堑内积冰等病害。

冰害在严寒的多年冻土地区尤为严重。对路基工程来说,路堑地段较路堤地段冰害更多,尤其发生在浅层地下水发育的低填浅挖及零填挖地段的冰害,危害程度更大。

三、多年冻土路基施工

(1)施工前应核查沿线冻土分布、类型、冻土上下限、冰层上限、地面水、地下水以及有无其他如热融(湖、塘)、冰丘、冰锥等不良地质地段。

(2)施工必须严格遵循保护冻土的原则,使路基施工后仍处于热学稳定状态。路基原则上均应采取路堤形式,尤其在冰厚发育地段,并尽可能避免零填或浅挖断面,以免造成严重热融沉陷等病害。

(3)路基排水与加固除满足水力和土力条件外,还应考虑由于施工因素如排水系统修筑等引起的热力变化,不导致多年冻土层上限的下降。

(4)填方路基施工应符合以下要求。

①排水:当路基位于永久冻土的富冰冻土、饱冰冻土或含土冰层地段时,必须保持路基及周围的冻土处于冻结状态。排水系统与路基坡脚应保持足够距离。高含冰量冻土集中地段,严禁坡脚滞水,路侧积水,边坡应及时铺填草皮。

在少冰与多冰冻土地段,也应避免施工时破坏土基热流平衡。排水沟与坡脚距离不应小于2m;沼泽湿地地段不应小于8m。饱冰冻土及含土冰层地段,应避免修建排水沟和截水沟,宜修建挡水埝(堰),距坡脚不应小于6m,若修建排水沟则不应小于10m。

②基底处理:填方基底为含冰过多的细粒土,且地下冰层不厚时,可挖除并用渗水性土回填压实,再填路基。当基底为排水困难的低洼沼泽地段时,其底部应设置毛细水隔离层。其厚

度宜在路堤沉落后至少高出水面 0.5m,并在其上铺设反滤层。泥沼地段路堤基底生长塔头草时,可利用其作隔温层。上述地段路堤应预加沉落度,并在修筑路面结构之前,路基沉降基本趋于稳定。

③路基高度:路基高度应达到防止翻浆与不超过路基冻胀值要求的最小填土高度。按保持冻结原则施工的路段,应同时满足冻土上限不下降的要求。

④取土:宜设置集中取土场。富冰冻土、饱冰冻土及含土冰层路段,确需就近解决部分土源时,应在路基坡脚 500m 以外取土。斜坡地表路堤,取土坑应设在上坡一侧。取土坑深度均不得超过当地多年冻土上限以上土层厚度的 80%,坑底应有坡度,积水应有出口,水能及时排出;同时取土坑的外露面,宜用草皮铺填。

⑤填料:填料应选用保温隔水性能均较好的细粒土。采用黏质土或透水性不良土填筑路堤时,要控制土的湿度,碾压时含水率不能超过最佳含水率 2%。不得用冻土块或草皮层及沼泽地含草根的湿土填筑路基。通过融湖(塘)路堤,水下部分必须用渗水良好的土填筑,并应高出最高水位 0.5m 以上。

⑥压实:压实检查应采用重型击实标准。成型后路床强度应符合设计要求,用不小于 20t 的压路机或等效碾压机械进行碾压 2~3 遍,无轮迹和软弹现象。

⑦侧向保护:靠近基底部位有饱冰冻土层且有可能融化时,宜设保温护道和护脚。保温材料宜就地取材。用草皮时,草根应向上一层一层叠铺,最外一层应带泥,以便拍实形成保护层。沿线两侧 20m 内植被和原生地貌应严加保护。

(5)挖方路基地下水发育地段,路基边沟均应有防渗措施。路堑坡顶避免设置截水沟或排水沟,宜修挡水墙并与坡顶距离不小于 6m。若必须修排水沟或截水沟,距挡水墙外距离不应小于 4m。土质边坡加固铺砌厚度应满足保温层要求。如用草皮铺砌,应水平叠砌,错缝嵌紧,缝隙用黏土或草皮填塞严密,连成整体。草皮要及时铺填。

第四章 涵洞施工技术

涵洞与路基共同承受车辆行驶的荷载,构成行车部分。单个涵洞工程量较小,但是对一整条公路来说,涵洞遍布全线,数量多,工程量占有较大的比重。涵洞施工的好坏,直接影响其使用性能,影响路基的承载能力和稳定性。

第一节 施工准备工作

一、涵洞施工注意事项

1. 现场核对

涵洞开工前,应根据设计资料,结合现场实际地形、地质情况,对涵洞位置、方向、孔径、长度、出入口高程以及与灌溉系统的连接等进行核对。核对时,还需注意农田排灌的要求,需要增减涵洞数量、变更涵型或孔径时,应向监理反映,按照合同有关规定办理。

2. 施工详图

若原设计文件、图纸不能满足施工需要时,例如地形复杂处的陡峻沟谷涵洞、斜交涵洞、平曲线或大纵坡上的涵洞、地质情况与原实际资料不符处的涵洞等,应先绘出施工详图或变更设计图,然后再依图放样施工。

3. 施工放样

涵洞中线和涵台位置的测定准确无误。

二、涵洞的施工放样

涵洞施工中的测量工作主要是测设涵洞中心桩位以及涵洞轴线方向。对于涵洞,设计资料一般会给出中心桩号、斜交角、涵长等,根据这些资料,可以测设涵洞中心桩以及轴线。

涵洞施工设计图表是施工放样的依据,根据设计中心里程,在地面上标定涵洞位置并设置涵洞纵向轴线。当涵洞位于路线的直线部分时,其中心应根据线路控制桩的方向和附近百米桩里程来测定;位于曲线部分时,应按曲线测设方法测定。

涵洞轴线确定后应量出上下游涵长,考虑出入水口是否顺畅,当无需改善时,用小木桩标定涵端,用大木桩控制涵洞轴线,并以轴线为基准测定基坑和基础在平面上的所有尺寸,用木桩标出,或者设置线板,在线板上以凹痕指出所有基础边沿及边墙在平面上的外形。线板在预定基坑范围以外 1.0~1.5m 处钉以水平的木桩,各木桩间距 2~3m,将线板固定在木桩上,如图 1-4-1 所示。

1. 涵洞中心桩的测定

涵洞中心桩测定通常可以利用离桥涵最近的已经测设的中桩位置,计算涵洞中心到前后中桩的距离，采用直接丈量的方法测定。

对于附近有可以利用的导线点时，也可利用路线附近的导线，根据计算的涵洞中心坐标，计算距离和夹角。采用极坐标的放样方法测设涵洞中心如图1-4-2所示，将经纬仪安置在导线点 A 上，后视导线点 B，然后将照准部旋转角 θ，即为涵洞中心所在方向，在此方向上从 A 点开始量取水平距离 L 所得就是要测定的涵洞中心。

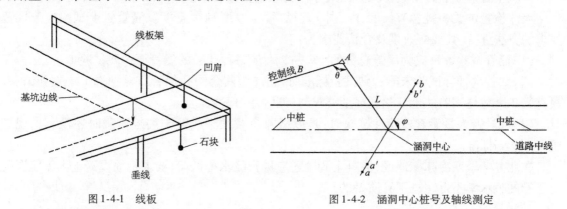

图1-4-1　线板　　　　　　　　图1-4-2　涵洞中心桩号及轴线测定

2. 涵洞轴线测量

根据涵洞轴线与路线方向是否垂直，涵洞分为正交涵洞与斜交涵洞。对于正交涵洞，其轴线垂直于路线中线。在涵洞中心位置确定以后，可利用方向架确定其轴线方向。或者将经纬仪架设在涵洞中心桩处，后视路线方向，盘左、盘右旋转90°（或270°），取其平均位置，即为涵洞轴线方向。为了方便在施工过程中恢复轴线，一般在轴线方向设立护桩。

对于斜交涵洞，可将经纬仪架设在涵洞中心桩处，后视路线方向，盘左、盘右旋转一个角度为斜交角 φ 中（或 $180-\varphi$），取其平均位置，即为涵洞轴线方向。

如果附近有导线点可以利用，也可根据设计资料，确定轴线上某两点 a 和 b（即确定涵洞中心沿轴线到 a、b 的距离，a、b 应在涵洞边线外侧）的坐标，则以 a（或 b）与两个导线点形成一个夹角，计算夹角和距离，然后可以用极坐标的方法测设 a 和 b 的实际位置，并设置护桩 a'、b'。

测量放样时，应注意涵洞长度、涵底高程的正确性。对位于曲线和陡坡上的涵洞应考虑加宽、超高和纵坡的影响。涵洞各个细部的高程，均用水准仪测定。对基础面的纵坡，当涵洞填土在2m以上时，应预留拱度，以便路堤下沉后仍能保持涵洞应有的坡度。此种拱度最好做成弧形，但应使进水口高程高于涵洞中心高程，以防积水。基础建成后，安装管节或砌筑涵身时均应以涵洞轴线为基准详细放样。

第二节　涵洞主体部分施工技术

一、圆管涵

公路工程中常见的圆管涵有混凝土圆管涵和钢筋混凝土圆管涵，目前我国公路工程中多采用钢筋混凝土圆管涵。公路圆管涵的施工多为预制成管节，每节长度多为1~2m，然后运往现场安装。

圆管涵的施工包括管节的预制、管节的运输与装卸及管涵的安装。

1. 涵管的预制和运输

1)涵管的预制

预制混凝土管可采用振动制管法、离心制管法、悬辊制管法和立式挤压制管法。鉴于公路工程中涵管一般为外购,为预制场制成成品,但涵管进场后必须对其质量进行检验。

混凝土管节成品的质量检验分为尺寸检验和强度检验。

尺寸检验主要检验管节长度、内(外)直径、管壁厚度和顺直度。涵管强度试验应按规范要求的方法进行,其抽样数量及合格要求为:

(1)涵管试验数量应为涵管总数的1%~2%,但每种孔径的涵管至少要试验1个。

(2)如首次抽样试验未能达到试验标准时,允许对其余同孔径管节再抽选1个重新试验。只有当2个重复试验的管节达到强度要求时,涵管才可验收。

(3)在进行大量涵管检验性试验时,是以试验荷载大于或等于裂缝荷载时还没有出现裂缝者为达到标准。

在北方冬季寒冷冰冻地区,混凝土涵管还应进行吸水率试验,要求钢筋混凝土和无筋混凝土涵管的吸水率不得超过干管质量的6%。

2)涵管的运输与装卸

管节运输与装卸过程中,应注意下列问题。

(1)待运的管节其各项质量应符合前述的质量标准,应特别注意检查待运管节设计涵顶填土高度是否符合设计要求,防止错装、错运。

(2)运输管节的工具,可根据道路情况和设备条件采用汽车、拖拉机拖车,不通公路地段可采用马车。

(3)管节的装卸可根据工地条件,使用各种起重设备如龙门吊机、汽车吊和小型起重工具、滑车、链滑车等。

(4)在装卸和运输过程中,应小心谨慎。运输途中每个管节底面宜铺以稻草,用木块圆木楔紧,并用绳索捆绑固定,防止管节滚动相互碰撞破坏。

(5)从车上卸下管节时,应采用起重设备;严禁由汽车上将管节滚下,造成管节破裂。圆管涵可分为单孔、双孔的有坞工基础和无坞工基础的圆管涵,其施工程序如下。

①单孔有坞工基础管涵施工程序:

a.挖基坑并准备修筑管涵基础的材料。

b.砌筑坞工基础或浇筑混凝土基础。

c.安装涵洞管节,修筑涵管出入口端墙、翼墙及涵底(端墙外涵底铺装)。

d.铺设涵管防水层及修整。

e.铺设涵管顶部防水黏土(设计需要时),填筑涵洞缺口填土及修建加固工程。

②单孔无坞工基础管涵施工程序:

a.在捣固夯实的天然土表层或矿砂垫层上,修筑截面为圆弧状的管座,其深度等于管壁的厚度。

b 在圆弧管座上铺设垫底的防水层,然后安装管节,管节间接缝宜留10mm宽,缝中填防水材料。

c.在管节的下侧再用天然土或砂砾垫层材料作培填料,并捣实至设计高程,并切实保证培填料与管节密贴。再将防水层向上包裹管节,防水层外再铺设黏质土,水平径线以下的一部分特殊填土,应立即填筑,以免管节下面的砂垫层松散,并保证其与管节密贴。在严寒地区这部分特殊填土必须填筑不冻胀土料。

d. 修筑管涵出入口端墙、翼墙及两端涵底和进行整修工作。

③双孔无圬工基础管涵施工程序：

a. 在捣固夯实的天然土表层或砂垫层上修筑圆弧状管座，其深度等于管壁的厚度。

b. 先安装右边管并铺设防水层，在左边一孔管节未安装前，在砂垫层上先铺设垫底的防水层，然后按同样的方法安装管节。管节间接缝尽量抵紧，管节内外接缝均以强度10MPa水泥砂浆填塞。

c. 在管节下侧用天然土或砂垫层材料作填料，夯实至设计高程处，并切实保证与管节密贴。左侧防水层铺设完后，用贫混凝土填充管节间的上部空腔，再铺设软塑状黏性土。

防水层及黏土铺设后，涵管两侧水平径线下的一部分填土应立即填筑，以免管节下面的砂垫层松散。在严寒地区此部分填土必须填筑不冻胀土料。

d. 修筑管涵出入口两端端墙、翼墙及涵底和整修工作。

2. 管涵基础修筑

1）地基土为岩石

管节下采用无圬工基础，管节下挖去风化层或软层后，填筑0.4m厚砂的垫层；出入口两端端墙、翼墙下，在岩石层上用C15混凝土做基础，其埋置深度至风化层以下0.15~0.25m并最小等于管壁厚度加50mm。风化层过深时，可改用片石圬工，最深不大于1m。管节下为硬岩时，可用混凝土抹成与管节密贴的垫层。

2）地基土为砾石土、卵石土或砂砾、粗砂、中砂、细砂或匀质黏性土

管节下一般采用无圬工基础，对砾、卵石土先用砂填充地基土空隙并夯实，然后填筑0.4m厚砂垫层；对于粗、中、细砂地基土表层应夯实；对于匀质黏性地基土应做砂垫层；出入口两端端墙、翼墙的圬工基础埋置深度，设计无规定时为1.0m；对于匀质黏性土，负温时的地下水位在冻结深度以上时，出入口两端端墙、翼墙圬工基础埋置深度为1.0~1.5m；当冻结土深度不深时，基础埋深宜等于冻结深度的0.7倍，当此值大于1.5时，可采用砂加卵石在圬工基础下换填至冻结深度的0.7倍。

3）地基土为黏性土

管节下应采用0.5m厚的圬工基础，出入口两端端墙、翼墙基础埋置深度为1.0~1.5m；当地下水冻结深度不深时，埋深应等于冻结深度；当冻结深度大于1.5m时，可在圬工基础下用砂夹卵石换填至冻结深度。

4）必须采用有圬工基础的管涵

(1) 管顶填土高度超过5m；

(2) 最大洪水流量时，涵前壅水高度超过2.5m；

(3) 河沟经常流水；

(4) 沼泽地区深度在2.0m以内；

(5) 沼泽地区淤积物、掘炭等厚度超过2.0m时，应按特别设计的基础施工。

5）严寒地区的管涵基础施工

常年最冷月份平均气温低于-15℃的地区称为严寒地区。

(1) 匀质黏性土和一般黏性土的基础均须采用圬工基础；

(2) 出入口两端端墙、翼墙基础应埋置在冻结线以下0.25m；

(3) 一般黏性土地区的地下水位在冻结深度以上时，管节下埋置深度应为$H/8$（H为涵底

至路面填土高度),但不小于0.5m,也不得超过1.5m。

6)基础砂垫层材料

可采用砂、砾石或碎石,但必须注意清除基底植物层。为避免管节承受冒尖石料的集中应力,当使用碎石、卵石作垫层时,要有一定级配或掺入一定数量的砂,并夯捣密实。

7)软土地区管涵地基处理

管涵地基土如遇到软土,应按软土层厚度分别进行处理。当软土层厚度小于2.0m时,可采取换填土法处理,即将软土层全部挖除,换填当地碎石、卵石、砂夹石、土夹石、砾砂、粗砂、中砂等材料并碾压密实,压实度要求94%~97%。如采用灰土(石灰土、粉煤灰土)换填,压实度要求93%~95%,换填土的干密度宜用重型击实试验法确定。碎石或卵石的干密度可取$2.2 \sim 2.4 t/m^3$。换填层上面再砌筑0.5m厚的圬工基础。

当软土层超过2m时,应按软土层厚度、路堤高度、软土性质做特殊设计处理。

3. 管节安装

管节安装应从下游开始,使接头面向上游;每节涵管应紧贴于垫层或基座上,使涵管受力均匀;所有管节应按正确的轴线和图纸所示坡度敷设。如管壁厚度不同,应使内壁齐平。在敷设过程中,要保持管内清洁无脏物、无多余的砂浆及其他杂物。

管节安装可根据地形及设备条件采用下列各种方法:

1)滚动安装法

如图1-4-3所示,管节在垫板上滚动至安装位置前,转动90°使其与涵管方向一致,略偏一侧。在管节后用木橇棍拨动至设计位置,然后将管节向侧面推开,取出垫板再滚回原位。

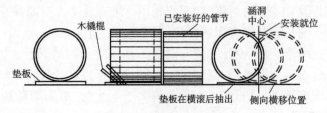

图1-4-3 涵洞滚动安装法

2)滚木安装法

先将管节沿基础滚至安装位置1m处,旋转90°,使与涵管方向一致。将薄铁板放在管节前的基础上,摆上圆滚木6根,在管节两端放入半圆形承托木架,以杉木杆插入管内,用力将前端撬起,垫入圆滚木,再滚动管节至安装位置,将管节侧向推开,取出滚木及铁板,再滚回来并以撬棍(用硬木护木承垫)仔细调整。

3)压绳下沉法

当涵洞基坑较深,需沿基坑边坡侧向将管滚入基坑时,可采用压绳下管法,如图1-4-4所示。

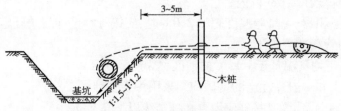

图1-4-4 涵管压绳下沉法

压绳下管法是侧向下管的方法之一,下管前,应在涵管基坑外 3～5m 处埋设木桩,木桩直径不小于 25m,长 2.5m,埋深最少 1m。桩为缠绳用。在管两端各套一根长绳,绳一端紧固于桩上,另一端在桩上缠两圈后,绳端分别用两组人或两盘绞车拉紧。下管时由专人指挥,两端徐徐松绳,管子渐渐由边坡滚入基坑内。大绳用优质麻制成,直径 50mm,绳长应满足下管要求。下管前应检查管子质量及绳子、绳扣是否牢固,下管时基坑内严禁站人。

管节滚入基坑后,再用滚动安装法或滚木安装法将管节准确安装于设计位置。

4) 龙门架安装法

这种方法适用于孔径较大管节的安装,移动龙门架时,可在柱脚下放 3 根滚杠,用撬棍拨移。

5) 吊车安装法

使用汽车或履带吊车安装管节甚为方便,但一般零星工点,机械台班利用率不高,宜在工作量集中的工点使用。

为了加快工程进度,保证管节安全就位,用吊车安装时可采用特殊吊钩,如图 1-4-5 所示。吊钩由支杠 1 和横梁 2 组成,支杠和横梁均用外径 102mm 和管壁厚 7mm 的钢管制成,套钩 3 用 3 号钢制成,厚 20mm,嵌入支杠 1 终端的槽内并焊上。套钩 4 厚 10mm 装在横梁 2 的套筒上也同样用电焊焊上。支杠 1 的两端挂着链条和钩子 5。

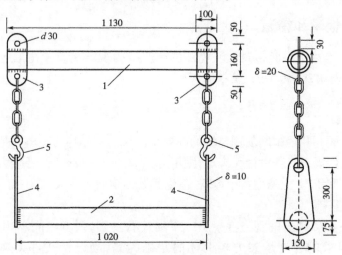

图 1-4-5　安装管节的钓钩架(尺寸单位:mm)
1-支杠;2-横梁;3-上套钩;4-下套钩;5-钩子

用吊车起吊管节时,将横梁 2 穿进管节,然后把套钩 4 挂在钩子 5 上,管节用吊车吊起并安装在涵管的基础上。在管节准确安装就位后,将钩子 5 与套钩 4 脱离并把横梁 1 取出。管节间的缝隙应小于 10mm。

4. 安装管节注意事项

(1) 应注意按涵顶填土高度取用相应的管节。对管节应检查合格后方可使用。

(2) 各管节应顺流水坡度安装平顺,当管壁厚度不一致时应调整高度使内壁齐平,管节必须垫稳坐实,管道内不得遗留泥土等杂物。

(3) 对于插口管,接口应平直,环形间隙应均匀,并应安装特制的胶圈或用沥青、麻絮等防水材料填塞,不得有裂缝、空鼓、漏水等现象;对于平接管,接缝宽度应不大于 10～20mm,禁止用加大接缝宽度来满足涵洞长度要求;接口表面应平整,并采用有弹性的不透水材料嵌塞密实,不得有间断、裂缝、空鼓和漏水等现象。

5.圆管涵施工注意事项

(1)有圬工基础的管座混凝土浇筑时应与管座紧密相贴,浆砌块石基础应加做一层混凝土管座,使圆管受力均匀;无圬工基础的圆管基底应夯填密实,并做好弧形管座。

(2)无企口的管节接头采用顶头接缝,应尽量顶紧,缝宽不得大于100mm,严禁采用因涵身长度不够,而将所有接缝宽度加大的方法来凑合涵身长度。管身周围无防水层设计的接缝,需用沥青麻絮或其他具有弹性的不透水材料从内、外侧仔细填塞。设计规定管身外围做防水层的,按前述施工程序施工。

(3)长度较大的管涵设计有沉降缝的,管身沉降缝应与圬工基础的沉降缝位置一致,缝宽为20~30mm,应用沥青麻絮或其他具有弹性的不透水材料从内、外侧仔细填塞。

(4)长度较大、填土较高的管涵应设预拱度。预拱度大小应按设计规定设置。

(5)各管节设预拱度后,管内底面应成平顺圆滑曲线,不得有逆坡相邻管节。如因管壁厚度不一致(在允许偏差内)产生台阶时,应凿平后用水泥环氧砂浆抹补。

材料填塞,不得有裂缝、空鼓、漏水等现象;对于平接管,接缝宽度应不大于10~20mm,禁止用加大接缝宽度来满足涵洞长度要求;接口表面应平整,并用有弹性的不透水材料嵌塞密实,不得有间断、裂缝、空鼓和漏水等现象。

二、拱涵、盖板涵和箱涵

混凝土和钢筋混凝土拱涵、盖板涵、箱涵的施工分为现场浇筑和在工地预制安装两大类。

1.就地浇筑(或砌筑)的拱涵、盖板涵

1)拱涵基础

(1)整体式基础

两座涵台的下面和孔径中间使用整块的混凝土浇筑的基础称为整体式基础。其地基土的承载力应满足设计文件规定。若设计无规定,则填方高 H 在1~12m时,必须大于0.2MPa;H 大于12m时必须大于0.3MPa。湿陷性黄土地基,不论其表面承载力多大,均不得使用整体式基础。

(2)非整体式基础

两座涵台的下面为独立的现浇混凝土或浆砌片石基础,两者之间不相连的称为非整体式基础。其地基土要求的容许承载力较上述的基础为高,当设计文件无规定时,一般应大于0.5MPa。

(3)板凳式基础

两座涵台下面的混凝土基础之间用较薄的混凝土或钢筋混凝土板在顶部连接,一起浇筑成似同板凳一样的基础,其地基土容许承载力的要求处于前两者之间,当设计文件无规定时,应为大于0.4MPa的砂类土或"中密"以上的碎石土。

上述地基土的承载力大小可用轻型动力触探仪进行测试。

根据当地材料情况,基础可采用C15片石混凝土或M5水泥砂浆砌片石,石料强度不得低于25MPa。

2)支架和拱架

就地浇筑的拱涵和盖板涵,宜采用组合钢模板,在缺乏钢木材料的情况下,可采用全部土胎。

(1)钢拱架和木拱架

钢拱架是用角钢、钢板和钢轨等材料在工厂(场)制成装配式构件,在工地拼装使用。

木拱架主要是由木材组合而成,拆装比较方便。但这种拱架浪费木材,应尽量不使用。

(2)土牛拱胎(土模)

在水流不大的情况下,小桥涵施工可以用土牛拱胎代替拱架,这种方法既能节省木料,又有经济、安全的特点。

全填土拱胎施工步骤如下:拱胎填土应在涵台砌筑砂浆或现浇混凝土强度达到设计强度的75%后,分层夯填,每层厚度宜为0.2~0.3m,土的压实度应在90%以上。

填土宽度在端墙外伸出0.5~1.0m,并保持1:1.5的边坡,填土将达拱顶时,分段用样板校正,每隔300mm挂线检查,如图1-4-6所示。

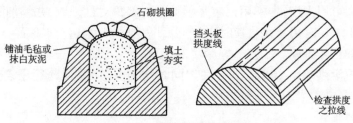

图1-4-6 全填土拱胎及检查法

若用土牛拱胎浇筑盖板涵,其土牛填至涵台顶面高程即可,施工方法与拱涵同。

当河沟中有少量流水而采用土胎施工时,除采用木排架土胎外,亦可根据水流大小,全填土土胎下设渗水沟,埋设钢筋混凝土管、瓦管或用木料做成三角形水孔。

施工时,在预计有洪水到来的河沟中,不能采用土牛拱胎法砌筑拱圈。

3)拱涵与盖板涵基础、涵台、拱圈、盖板的施工

上述构件施工时应按下列要求进行:

(1)涵洞基础

无论是圬工基础或砂垫层基础,施工前必须先对下卧层地基土进行检查验收,地基土承载力或密实度符合设计要求时,才可进行基础施工。对于软土地基应按照设计规定进行加固处理,符合要求后,才可进行基础施工。

对孔径较宽的拱涵、盖板涵兼作行人和车辆通道时,其底面应按照设计用圬工加固,以承受行人和车辆荷载及磨耗。

(2)圬工基础

圬工基础的施工工艺和技术要求可参照本书桥梁基础部分有关要求进行。

(3)砂垫层基础

砂垫层基础的施工工艺和技术要求可参照本节管涵基础部分进行。

(4)涵洞墩、台

涵洞墩、台的施工工艺和技术要求可参照本书桥梁墩台部分的有关要求进行。

(5)涵洞拱圈和钢筋混凝土盖板

拱圈和盖板浇筑或砌筑施工应注意:拱圈和出入口拱上端墙的施工,应由两侧拱脚向拱顶同时对称进行;钢筋混凝土、混凝土拱圈和盖板混凝土的现场浇筑施工,宜连续进行,避免施工接缝;当涵身较长时,可沿长度方向分段进行,每段应连续一次浇筑完成,接缝应设在涵身沉降缝处。

4)拱架和支架的安装和拆卸

(1)安装的一般要求

拱架和支架支立牢固,拆卸方便(可用木楔作支垫),纵向连接应稳定,拱架外弧应平顺。

拱架不得超越拱模位置，拱模不得侵入圬工断面。拱架和支架安装完毕后，应对其位置、顶部高程、节点联系纵横向稳定性进行检查，不符合要求者，应立即进行纠正。

(2)拆卸的一般要求

拱架和支架的拆除及拱顶填土的时间应符合下列条件：

拱圈砌筑砂浆或混凝土强度达到设计强度的75%时，方可拆除拱架，达到设计强度后，方可回填土。

在拱架未拆除的情况下，拱圈砌筑砂浆或混凝土强度达到设计强度的75%时，可进行拱顶填土，但在拱圈强度达到设计强度的100%后，方可拆除拱架。

拱涵拆除拱架可用木楔，木楔用比较坚硬的木料斜角对剖制成，并将剖面刨光。两块木楔接触面的斜度为1:6~1:10。在垫楔时应使上面一块的楔尖各伸出下面一块楔尾以外，这样在拆架时敲击木楔比较方便。木楔垫好后将两端钉牢。

拆卸拱架时应沿拱涵整个宽度上将拱架同时均匀降落，并从跨径中点开始，逐步向两边拆除。

2.就地浇筑的箱涵

箱涵与盖板涵的区别是：盖板涵的台身与盖板是分开浇筑的，台身还可以采用砌石圬工，成为简支结构。而箱涵是上顶板、底板与左、右墙身是连续浇筑的，成为刚性结构。

1)箱涵基础

涵身基础分为有圬工基础和无圬工基础两种。

2)涵身和底板混凝土的浇筑

箱涵身的支架、模板可参照现浇混凝土拱涵和盖板涵的支架、模板制造安装。浇筑混凝土时注意事项与浇筑拱涵与盖板涵相同。

3.装配式拱涵、盖板涵和箱涵

1)预制构件结构的要求

(1)拱圈、盖板、箱涵节等构件预制长度，应根据起重设备和运输能力决定，但应保证结构的稳定性和刚性，一般不小于1m，但亦不宜太长。

(2)拱圈构件上应设吊装孔，以便起吊。吊孔应考虑平吊及立吊两种，安装后可用砂浆将吊孔填塞。箱涵节、盖板和半环节等构件，可设吊孔，也可于顶面设立吊环。吊环位置、孔径大小和制环用钢筋应符合设计要求，并要求吊钩伸入吊环内和吊装时吊环筋不断裂。安装完毕，吊环筋应锯掉或气割掉。

(3)若采用钢丝绳捆绑起吊可不设吊孔或吊环。

2)构件运输

构件必须在达到设计强度后，经过检查质量和大小符合要求，才能进行搬运。搬运时应注意吊点或支承点的设置，务必使构件在搬运过程中保持平衡、受力合理，确保搬运过程中的安全。

常用的运输方法有：

(1)近距离搬运

在成品下面垫放托木及滚轴沿着地面滚移，用A形架运输或用摇头扒杆起吊，如图1-4-7所示。图中a)为平吊的千斤绳拴绑示意；图中b)为

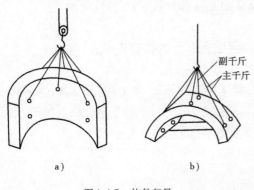

图1-4-7 构件起吊

立吊的千斤绳示意。立吊时由于靠近起拱线的4个吊孔（兼作平吊之用）在拱圈重心以下，故须另设一根副千斤绳从拱顶吊孔拉紧，以免拱圈翻身（拱顶副千斤绳只须收紧即可，吊重依靠主千斤绳）。

（2）远距离运输

可用扒杆或吊机将构件装上汽车、拖车或平板挂车运输。

3）施工和安装

（1）基础

根据地基土类别和基础类型与就地浇筑的涵洞基础施工方法相同。

（2）拱涵和盖板涵的涵台身

涵台身大多采用砌筑结构，可按照就地浇筑的涵台身施工方法施工。如采用装配式结构时，可按照装配式墩台相关的要求施工。

（3）上部构件的安装

构件可用扒杆、链滑车或汽车吊进行吊装，如图1-4-8所示。

预制拱圈和盖板的安装应注意下列事项：

①成品混凝土强度达到设计强度的70%时，方可搬运安装。

②成品安装前应再检查成品及拱座、墩、台的尺寸。

③安装后，成品拱圈和盖板上的吊装孔，应以砂浆填塞，如系吊环应锯掉。

图1-4-8 汽车吊吊装盖板

④拱座与拱圈、拱圈与拱圈的拼装接触面，应先拉毛或凿毛（沉降缝处除外），安装前应浇水湿润，再以M10水泥砂浆砌筑。

⑤构件砌缝宽度一般为10mm，拼装每段的砌缝应与设计沉降缝重合。

第三节 涵洞附属工程施工技术

涵洞主要附属工程除前面已专项列述的外，包括防水层、沉降缝、进出水口处理和涵洞缺口填土等，分述如下。

一、防水层

1. 防水层的作用和设置部位

涵洞的钢筋混凝土结构设置防水层的作用是防止水分侵入混凝土内，使钢筋锈蚀，缩短结构寿命。北方严寒地区的无筋混凝土结构也需要设置防水层，防止水分侵入混凝土内，因冻胀造成结构破坏。

防水层的材料多种多样。公路涵洞使用的主要防水材料是沥青，有些部位可使用黏土，以节省工料费用。

防水层的设置部位如下：

1）各式钢筋混凝土涵洞（不包括圆管涵）

此类涵洞的洞身及端墙，在基础以上凡被土掩埋部分，均须涂以热沥青两道，每道厚1～

1.5mm,不另抹砂浆。

2) 混凝土及石砌涵洞

此类涵洞的洞身、端墙和翼墙的被土掩埋部分,只需将圬工表面凿平,无凹入存水部分,可不设防水层。但北方严寒地区的混凝土结构仍需设防水层。

3) 钢筋混凝土圆管涵

此类管涵的防水层的管节接头采用平头对接,接缝中用麻絮浸以热沥青塞满,管节上半部从外往内填塞;下半部从管内向外填塞。管外靠接缝裹以热沥青浸透的防水纸8层,宽度150~200mm。包裹方法为:在现场用热沥青逐层黏合在管外壁上接缝处。外面再在全长管外裹以塑性黏土。

在交通量小的县、乡公路上,可用质量好的软塑状黏质土掺以碎麻,沿全管敷设200mm厚,代替沥青防水层(接缝处理仍照前述施工)。

4) 钢筋混凝土盖板明涵

此类涵洞的盖板部分表面可先涂抹热沥青两次,再于其上设20mm厚的防水水泥砂浆或40~60mm厚的防水混凝土。其上可按照设计铺设路面。涵、台身防水层按照上述方法办理。

2. 沥青麻絮、油毡、防水纸的浸制方法和质量要求

沥青麻絮(沥青麻布)可采用工厂浸制的成品或在工地用麻絮以热沥青浸制。浸制后的麻絮,表面应呈淡黑色,无孔眼、无破裂和褶皱,撕断面上应呈黑色,不应有显示未浸透的布层。对成卷布料,边部不应碎裂,不应互相粘连,布卷端头应平整。

油毡是用一种特制的纸胎(或其他纤维胎)用软化点低的沥青浸透制成,浸渍石油沥青的称石油毡,浸渍焦油沥青的称焦油沥青油毡。为了防止在储存过程中相互黏着,油毡表面应撒上一层云母粉、滑石粉或石棉粉。

防水纸(油纸)是用低软化点的沥青材料浸透原纸做成的,除沥青层较薄,没有防黏层外,其他性质与油毡相同。

油毡和防水纸可以从市场上采购,其外观质量应符合如下要求:

(1) 油毡和防水纸外表不应有孔眼、断裂、褶皱及边缘撕裂等现象,油毡的表面防黏层应均匀地撒布在油毡表面上。

(2) 毡胎或原纸内应吸足油量,表面油质均匀,撕开的断面应是黑色的,无未浸透的空白纸层或杂质,浸水后不起泡、不翘曲。

(3) 气温在25℃以下时,把油毡卷在20mm直径的圆棍上弯曲,不应发生裂缝和防黏层剥落等现象。

(4) 将油毡加热至80℃时,不应有防黏层剥落、膨胀及表面层损坏等现象。夏季在高温下不应黏在一起。

铺设油毡和防水纸所用粘贴沥青应和油毡、防水纸有同样的性能。煤沥青油毡和防水纸必须用煤沥青粘贴。同样,石油沥青油毡及防水纸,也一定要用石油沥青来粘贴,否则,过一段时间油毡和防水纸就会分离。

二、沉降缝

1. 沉降缝设置目的

结构物设置沉降缝的目的是避免结构物因荷载或地基承载力不均匀而发生不均匀沉陷,产生不规则的多处裂缝,而使结构物破坏。设置沉降缝后,可限定结构物发生整齐、位置固定

的裂缝,并可事先在沉降缝处予以处理;如有不均匀沉降,则将其限制在沉降缝处,有利于结构物的安全、稳定和防渗(防止管内水流渗入涵洞基底或路基内,造成土质浸泡松软)。

2. 沉降缝设置的位置和方向

涵洞洞身、洞身与端墙、翼墙、进出水口急流槽交接处必须设置沉降缝,但无圬工基础的圆管涵仅于交接处设置沉降缝,洞身范围不设。具体设置位置视结构物和地基土的情况而定。

1)洞身沉降缝

一般每隔4~6m设置1处,但无基础涵洞仅在洞身涵节与出入口涵节间设置。缝宽一般30mm,两端与附属工程连接处也各设置1处。

2)其他应设沉降缝处

凡地基土质发生变化、基础埋置深度不一、基础对地基的荷载发生较大变化处、基础填挖交界处、采用填石垫高基础交界处,均应设置沉降缝。

3)岩石地基上的涵洞

凡置于岩石地基上的涵洞,不设沉降缝。

4)斜交涵洞

斜交涵洞洞口正做的,其沉降缝应与涵洞中心线垂直;斜交涵洞洞口斜做的,沉降缝与路基中心线平行;但拱涵与管涵的沉降缝,一律与涵洞轴线垂直。

3. 沉降缝的施工方法

沉降缝的施工,要求做到使缝两边的构造物能自由沉降,又能严密防止水分渗漏。故沉降缝必须贯穿整个断面(包括基础)沉降缝具体施工方法如下:

1)基础部分

可将原基础施工时嵌入的沥青木板或沥青砂板留下,作为防水之用。如基础施工时,不用木板,也可用黏土填入捣实,并在流水面边缘以1:3水泥砂浆填塞,深度约150mm。

2)涵身部分

缝外侧以热沥青浸制的麻筋填塞,深度约50mm,内侧以1:3水泥砂浆填塞,深度约150mm,视沉降缝处圬工的厚薄而定。可以用沥青麻筋与水泥砂浆填满;如太厚,亦可将中间部分先填以黏土。

3)沉降缝的施工质量要求

沉降缝端面应整齐、方正,基础和涵身上下不得交错,应贯通,嵌塞物应紧密填实。

4)保护层

各式有圬工基础涵洞的基础襟边以上,均顺沉降缝周围设置黏土保护层,厚约200mm,顶宽约200mm。对于无圬工基础涵洞,保护层宜使用沥青混凝土或沥青砂胶,厚度100~200mm。

三、涵洞进出水口

涵洞进出水口工程是指涵洞端墙、翼墙(包括八字墙、锥坡、平行廊墙)以外的部分,如沟底铺砌和其他进出水口处理工程。

1. 平原区的处理工程

涵洞出入口的沟床应整理顺直,与上、下系统(天沟、路基边沟、排水沟、取土坑等)连接应圆顺、稳固,保证流水顺畅,避免损害路堤、村舍、农田、道路等。

2. 山丘区的处理工程

在山丘区的涵洞底纵坡超过5%时,除进行上述整理外,还应对沟床进行干砌或浆砌片石,翼墙以外的沟床当坡度较大时,也应铺砌防护。防护长度、砌石宽度、厚度、形状等,应按图纸施工。如设计图纸漏列,应按合同规定向业主提出,由业主指定单位做出补充设计。

四、涵洞回填

(1)建成的涵管、圬工强度达到设计要求的强度后,应及时回填。回填土要切实注意质量,严格按照有关施工规定和设计要求办理。

(2)填土路堤在涵洞每侧不小于两倍孔径的宽度及高出洞顶1m范围内,应采用非膨胀的土由两侧对称分层仔细夯实。每层厚度100～200mm,特殊情况亦可用与路堤填料相同的土填筑。管节两侧夯填土的密实度标准,高速公路和一级公路为95%;其他公路为93%。管节顶部其宽度等于管节外径的中间部分填土,其密实度要求与该处路基同。如为填石路堤,则在管顶以上1.0m的范围内应分三层填筑:下层为200mm厚的黏土,中层为500mm厚的砂卵石,上层为300mm厚的小片石或碎石。在两端的上述范围及两侧每侧宽度不小于孔径的两倍范围内,码填片石。

对于其他各类涵洞的特别填土要求,应分别按照有关的设计要求办理。

(3)用机械填筑涵洞缺口时,须待涵洞圬工强度达到容许强度后,涵身两侧应用人工或小型机具对称夯填,高出涵顶至少1m,然后再用机械填筑。不得从单侧偏推、偏填,使涵洞承受偏压。

(4)冬季施工时,涵洞缺口路堤、涵身两侧及涵顶1m内,应用未冻结土填筑。

(5)回填缺口时,应将已成路堤土方挖出台阶。

【工程实例】

一、工程概况

深圳市某大道××段市政工程(×××标段)箱涵工程,由箱涵地基处理、箱涵结构、检查井、跌水井及八字墙组成。本标段箱涵编号为XM,为双孔钢筋混凝土结构,净尺寸为$2 \times (5m \times 2m)$,长度为148m。

二、测量放线的施工方法

1. 测量放线使用的仪器和工具

测量放线使用的仪器主要有红外线测距仪、经纬仪和水准仪。测量放线使用的工具主要有50m钢尺、花杆、测钎、铝合金塔尺等。

2. 测量放线的准备工作

熟悉设计图纸资料,弄清排水箱涵平面布置和流水坡度等设计要求。

(1)熟悉施工现场情况,了解排水箱涵走向和现场的情况。

(2)接受业主和监理指定的测量标点和控制点,做好施测数据的计算整理,绘制测量放线方案图。

(3)明确排水箱涵中线和分段放线的控制点布设方案。

3. 排水箱涵平面定位

1)排水箱涵中心线测放

设计图中已分别给出排水箱涵中线的起点、终点的坐标值。根据上述各点的坐标值,依据业主提供的测量控制点，使用经纬仪测角定线，50m钢尺量距，即可完成排水箱涵的测设定位和放线。做出的控制点要用木桩标定，并将桩周围用混凝土围护固定，防止被破坏。在地面测定的各点也要使用木桩标定。

2）垫层面上中线的恢复

在排水箱涵垫层混凝土完成后，应在垫层面上测放排水箱涵中线。具体做法可依据已有的施工控制桩，用经纬仪和钢尺进行测放，测放后应用墨线进行标示。

3）分仓控制线测放

设计要求排水箱涵每隔25m设一道变形缝。根据确定的分仓位置在垫层的混凝土表面进行测放，以便作为绑扎钢筋和支设模板的依据和控制线。测放的分仓控制线应与中线相垂直，分仓控制线应使用墨线进行标示。

4. 高程控制测量

排水箱涵的高程控制，主要为排水箱涵内底高程及流水坡度的控制。为保证排水箱涵内底高程及流水坡度，在施工时主要控制混凝土垫层面高程。高程测量和高程控制主要使用DS3水准仪和5m铝合金塔尺。由业主（或监理工程师）指定的高程控制点进行引测。

三、排水箱涵土方开挖

排水箱涵挖土深度较大，挖土采用机械挖土和人工挖土相结合的方法进行。土方开挖采用斗容量为$1.0m^3$的反铲挖掘机。由反铲挖掘机为自卸汽车装土，由汽车将土方运送到业主指定的弃土场。机械挖土要控制挖土深度，在底部预留出深度为100mm左右，由人工进行挖土、清理和平整。

在挖土地过程中如出现地下水，采用在坑槽两侧挖排水沟和集水井。将水集中到井内，再使用潜水泵抽出外排。

箱涵基处理采用抛石碾压。将箱涵底下的淤泥层开挖后来，分层抛填开山石，并用重型振动压路机碾压，第一层为700mm，以后每层500mm，宽度符合设计要求，直至设计高程。抛石体要进行密度监测，用核子密度仪检测，箱涵底面层的干密度要达到$21kN/m^3$并用静荷载试验检测地基承载力，即经处理后箱涵底地基承载力大于150kPa，才能进行箱涵结构的施工。土方分段开挖达到高程并进行平整后，应报请监理工程师进行检查验收，经检查合格应尽快组织进行垫层的施工，防止坑槽底表土长时间暴露。

四、垫层施工

排水箱涵底部设厚度为100mm的C10混凝土垫层，垫层长度随排水箱涵分仓长度而分段。垫层混凝土使用预拌混凝土，由混凝土生产厂家使用混凝土搅拌车将混凝土运送到施工现场。

垫层混凝土的操作工艺为：基底清理→测高程、钉高程桩→铺设混凝土→振捣混凝土→表面找平→养护。

基底清理主要为人工清理平整坑槽内的表土，使基底的高程达到设计的要求。混凝土垫层高程钉桩主要为在准备浇筑的坑槽底表土上测出垫层面的高程，用短钢筋头钉在地表土上，做出高程标记。

将混凝土搅拌车送来的混凝土拌和料，用机动翻斗车或人力手推车倒运到浇筑作业地点，由人工用铁锹将混凝土摊开并基本整平，高度应略高于标桩，用平板振捣器将基层混凝土振捣密实，达到规范要求。混凝土经过振捣后，由人工用铁锹、铁抹子等工具将混凝土表面高的铲掉,凹处补平,并用刮杠按高程桩将混凝土表面刮平,最后用木抹子将混凝土表面搓平。垫层混凝土浇筑完毕12h后用麻袋覆盖并浇水养护,养护时间不少于7d。

五、钢筋施工

1. 钢筋配料

根据施工图纸,将各种规格的钢筋绘成所需形状和尺寸的加工图,并予以编号,分别计算出下料长度和数量,编制成配筋单,称之为钢筋配料。配料计算时,要考虑到钢筋的形状和加工尺寸,在满足设计要求的前提下要有利于加工安装。配料计算时要考虑到底板、顶板的双层钢筋所需要的上层钢筋支撑定位用的马凳用料,要考虑到侧墙双层钢筋所需要的钢筋定位支撑的用料。

2. 钢筋加工

钢筋加工使用的原材料表面应洁净。油渍、漆污和用锤击时能剥落的浮皮、铁锈等应在使用前消除干净,原材料应平直、无局部弯曲。钢筋加工的机具主要有钢筋弯曲机、钢筋切断机、钢筋加工台等。钢筋的下料和弯曲均应先画线,经检查无误后再加工。

3. 钢筋安装与绑扎

排水箱涵的每一个分仓段作为一个施工流水段组织钢筋的安装和绑扎。施工现场钢筋的安装与绑扎操作工艺为:成型钢筋验收→排水箱涵现场放线→倒运钢筋到作业点→安装和绑扎底板钢筋→安装和绑扎中墙钢筋→支设内膜→安装和绑扎外侧墙和顶板钢筋。

现场画钢筋位置线为按照施工图纸标明的钢筋间距,在混凝土垫层或以支设的模板上画出钢筋的实际位置线,以便钢筋就位和摆放。排水箱涵钢筋绑扎必须将钢筋的交叉点全部绑扎。底板和顶板由于采用双层钢筋,必须注意钢筋的位置。底板和顶板绑完下层钢筋后,必须摆放钢筋马凳或支架,间距以1m一个为宜。在马凳或支架上摆放上层钢筋纵横两个方向的定位筋,再进行其他钢筋的安装和绑扎。竖壁墙体的双层钢筋应加设定位支撑。底板和顶板的下层钢筋必须摆放保护层用的砂浆垫块,垫块厚度等于保护层的厚度,按1m间距,梅花形摆放。竖壁墙体的钢筋必须在靠近模板的一侧,绑扎吊挂预埋有细铁丝的砂浆垫块,以保证钢筋的保护层厚度,保证拆模后不出现漏筋现象。

4. 橡胶止水带的固定

用铅丝穿过止水带尾部特设的小孔与$\phi6$通长的附加纵筋绑扎在一起,然后另用铅丝固定此附加纵筋,使其与壁板的内外层钢筋或底板的上下层钢筋连接牢固。在支模、拆模及浇筑混凝土时,要注意保护止水带不受损伤,必要时加隔离保护措施。

六、模板施工

排水箱涵主体结构除了按设计要求留设的变形缝以外,底板一次浇筑完成,底板与涵壁的施工缝在涵壁下腋角以上150~200mm处,箱涵壁竖向一次浇到顶板腋角处,稍微沉降后再与箱涵顶板一次浇筑完成,只设一道施工缝。

1. 排水箱涵主体的模板设计

XM排水箱涵两侧墙及中隔墙厚为450mm,底板、顶板的厚度为450mm,孔内的四个角均有300mm×300mm的八字斜角。这样形成排水箱涵孔内的内侧模为两个斜角加中间一段长度为1000mm及1400mm的直线段,顶板的底模形成两个斜角中间为一段3500mm及4400mm的直线段。

拟采用SP-70的固定板块模数，模板厚度为18mm，再加以50mm×100mm的方木作为固定板带，可与斜角相匹配。上下两个斜角使用厚度为18mm的木夹板做模板，斜角配以三角板带块与SP-70的模板带连接在一起。底部设通长的压脚板，压脚板和底部歇脚模板一同固定在多边形的板带上，板带和SP-70模板带连接在一起。底部压脚板使用厚度为18mm的木夹板，宽度为100mm，通长配置，板底高程为底板混凝土面高程，压脚板的作用为在竖壁混凝土浇筑振捣时阻止拐角处的翻浆，能有效地防止底板和竖壁相交处的烂根和麻面。排水箱涵顶板底模利用SP-70模板的早拆功能。立两根早拆立柱，立柱两外侧使用早拆悬臂梁，再加上主梁和模板块，组成顶板的早拆系统。

100mm的方木作围楞，用短钢筋入土或方木短支撑固定。排水箱涵中墙的围楞使用两道双钢管，对穿螺杆进行拉结固定。外侧墙使用的对穿螺杆要加设止水片。内外墙模板悬空支设使用预先制作的支墩。支墩下部为混凝土块体120mm×120mm×120mm，块体上插直径为16mm的钢筋，钢筋中部加设厚度为8mm的60mm×60mm钢板止水片，钢筋顶部焊一块厚度为8mm的100mm×100mm钢板，作为模板的支点。

2.排水箱涵主体模板安装和支设

排水箱涵主体工程模板安装和支设的工艺为：垫层测量弹线→钢筋工绑扎底板→摆放模板支撑墩→铺设支撑体系的底板→安放高度调节器→安放立柱钢管→安放早拆柱头→安放模板主梁→安放模板块→安放侧壁内模→内模临时固定→钢筋工绑扎外墙和顶板钢筋→支设外侧模→模板体系整体调整和固定。

排水箱涵主体混凝土分两次浇筑，水平施工缝留置在侧墙上高出底板表面不少于200mm处。施工缝处设置橡胶止水带。涵壁下腋角吊模板则在底板钢筋工序完成后进行，在支设吊模的过程中要注意保护钢筋。墙壁腋角吊模的尺寸、位置要按照允许偏差严格控制，以确保与上部墙壁模板接茬的直顺。

3.排水箱涵主体模板拆除

混凝土浇筑24h后，拆除墙板的外侧模。混凝土浇筑72h后，拆除墙板内侧模、顶板的SP-70模板体系主梁和模板块，留下立柱继续支撑顶板。待混凝土达到设计强度后，再拆除立柱支撑系统。

七、混凝土施工

（1）排水箱涵使用C25预拌商品混凝土。混凝土的配合比试验由混凝土供应厂家进行，混凝土的原材料质量和搅拌质量由混凝土供应厂家负责保证。待中标后，邀请业主、监理工程师共同挑选信誉高、生产能力强和质量有保证的混凝土生产厂家为本工程提供预拌混凝土。

（2）箱涵底板一次浇筑完成，底板与涵壁的施工缝在涵壁下腋角以上150~200mm处，箱涵壁竖向一次浇到顶板腋角处，稍微沉降后再与箱涵顶板一次浇筑完成。

（3）混凝土采用混凝土搅拌车运送至现场，使用人力手推车倒运。为了便于人力手推车通行，在分仓排水箱涵主体上部搭设浇筑混凝土浇筑用的脚手架。脚手架使用卡扣式钢管满堂脚手架，脚手架要保证人力手推车的通行。

（4）箱涵底板混凝土分两层浇筑。第一次浇筑的厚度略高于止水带，以利于排出止水带下部的气泡与捣固密实。上层混凝土应进行二次振捣，变形缝的角部要用木抹、铁抹加强表面成活。混凝土浇筑应连续进行，尽量减少间歇时间，浇筑混凝土时用振捣器捣实到可能的最大实度，每一位置的振捣时间以混凝土不再显著下沉，不出现气泡，并开始泛浆时为准，并应避免振捣过度,凡无法使用振捣器的部位,应辅以人工捣固,并指定专人做试块待检。涵壁下腋角吊模部分的混凝土浇筑在底板平面混凝土浇筑 30min 后进行,防止接茬部分的混凝土由吊模下部底面压出后造成蜂窝麻面。

(5)涵壁根部混凝土强度达到 $2.5N/mm^2$ 以上时开始凿毛。凿毛用尖錾轻锤将混凝土的不密实表面及浮浆凿除,漏出新茬并清洗干净。

(6)混凝土浇筑 12h 后,拆除浇筑混凝土的脚手架,对混凝土顶板的混凝土表面使用麻袋覆盖并对排水箱涵主体的混凝土浇水养护,每日至少浇水 3 次,养护时间为 7d。

(7)变形缝的嵌缝处理的目的是保护止水带不被损坏,方法是:在变形缝止水带的两侧(30mm 宽的变形缝缝槽)填以嵌缝材料——低发泡聚乙烯嵌缝板,表面填塞 25mm 厚的低模量双组分聚硫密封胶。填筑聚硫密封胶的凹槽,用小木条稳固在模板上,待混凝土浇筑后拉出压条形成凹槽,要在结构混凝土完全干燥的条件下,填入嵌缝材料,与混凝土良好附着,形成密封。密封膏与嵌缝板之间用牛皮纸隔离开。

八、回填土施工

箱涵两侧回填土,位于线路内的分层密填石粉渣,位于线路外的分层密填砂质黏性土。回填土应在排水箱涵主体的混凝土强度达到设计强度后再进行。

回填土一般分两次进行。第一次对排水箱涵外侧分层回填石粉渣,要对称回填,一直填到顶面以上,使用打夯机进行夯实。第二次使用砂性土进行箱涵顶面上回填,分层夯实,每层的厚度不得大于 300mm。排水箱涵顶上覆土厚 1.5m 内严禁采用重型设备碾压。压实度系数大于 0.95。

九、八字墙砌筑

箱涵两端的八字出水口采用 M7.5 水泥砂浆砌、M40 片石,其砌筑方法在此不再叙述。

第二篇 路面施工技术

由于行车荷载对路面的作用随着深度而逐渐减弱,同时,路基的湿度和温度状况也会影响路面的工作状况。因此,从受力情况、自然因素等对路面作用程度不同以及经济的角度考虑,一般将路面分成面层、基层、底基层来铺筑。

第一章 路面基层、底基层施工技术

从路面力学特性出发,路面可分为下述两类:

1. 柔性路面

柔性路面是指刚度较小,抗弯拉强度较低,主要靠抗压、抗剪强度来承受车辆荷载作用的路面;它主要包括用各种基层(水泥混凝土除外)和各类沥青面层、碎(砾)石面层、块石面层所组成的路面结构。

2. 刚性路面

主要是指水泥混凝土做面层或基层的路面结构,刚性路面与柔性路面的主要区别在于路面的破坏状态和它分布荷载到路基上的状态有所不同。

此外,采用二灰(石灰和粉煤灰)或水泥稳定土或水泥处治砂砾基层,这些基层的特性是前期强度较低,但随着时间的推移其强度和刚度不断增大。我们把这类基层称为半刚性基层。而把含有这类基层的路面结构称为半刚性路面。

第一节 级配碎石基层、底基层施工

级配碎石、砾石基层是由各种粗细集料(碎石和石屑或砾石和砂)按最佳级配原理修筑而成级配碎石、砾石是用大小不同的材料按一定比例配合、逐级填充空隙、并借黏土黏结的经过压实后能形成密实的结构。级配碎石、砾石基层的强度是由摩阻力和黏结力构成,具有一定的水稳性和力学强度。

第一种[图 2-1-1a)]不含或含很少细料(指 0.075mm 以下的颗粒),主要依靠颗粒之间的摩阻力获得其强度和稳定性。不含或少含细料的混合料,其强度较低,但透水性好,不易冰冻。由于这种材料没有黏结性,施工时压实困难。

a)

b)

c)

图 2-1-1 混合料的 3 种状态

第二种[图2-1-1b)]含有足够的细料来填充颗粒间的空隙,它仍然能从颗粒接触中获得强度,其抗剪强度、密实度有所提高,透水性低,施工时易压实。

第三种[图2-1-1c)]含有大量细料而没有粗颗粒与粗颗粒的接触,集料仅仅是"浮"在细料之中,这类混合料施工时很易压实,但其密实度较低,易冰冻,难以透水,强度和稳定性受含水率影响很大。

一、级配碎、砾石基层(底基层)材料要求

1. 级配碎石

粗细碎石集料和石屑各占一定比例的混合料,当其颗粒组成符合密实级配要求时,称级配碎石。级配碎石可用未筛分碎石和石屑组成,缺乏石屑时,也可以添加细砂砾或粗砂,但其强度和稳定性不如添加石屑的级配碎石。也可以用颗粒组成合适的含细集料较多的砂砾与未筛分碎石配合成级配碎砾石,但其强度和稳定性不如级配碎石。

级配碎石用作基层时,在高速公路和一级公路上,碎石的最大粒径不应超过30mm(其他公路不应超过40mm);用作底基层时,碎石的最大粒径不应超过50mm。粒径过大,石料易离析,也不利于机械摊铺、拌和及整平。级配碎石(或级配碎砾石)所用石料的集料压碎值应不大于25%~35%,级配碎石(或级配碎砾石)基层的颗粒组成和塑性指数应满足表2-1-1的规定。同时,级配曲线应接近圆滑,没有同一种尺寸的颗粒过多或过少的情况。如塑性指数偏大时,塑性指数与0.5mm以下细土含量的乘积应符合下列规定:在年降雨量小于600mm的中干和干旱地区,地下水位对土基没有影响时,乘积不应大于120;在潮湿多雨地区,乘积不应大于100。

级配碎石基层的集料级配范围 表2-1-1

序号	通过下列筛孔(mm)的质量百分率(%)								液限(%)	塑性指数
	37.5	31.5	19.0	9.5	4.75	2.36	0.6	0.075		
1		100	85~100	52~74	29~54	17~37	8~20	0~7	<28	<6(9)
2	100	90~100	73~88	49~69	29~54	17~37	8~20	0~7	<28	<6(9)

注:1. 潮湿多雨地区的基层塑性指数不大于6,其他地区的基层塑性指数不大于9;
　　2. 对于无塑性的混合料,小于0.075mm的颗粒含量应接近高限,使压实后的基层透水性小。

未筛分碎石是指控制最大粒径后由碎石机轧制的未经筛分的碎石料。它的理论颗粒组成为0~0(0为最大粒径),并具有较好的级配,可直接用作底基层。其轧制碎石的材料可以是各种类型的坚硬岩石、圆石或矿渣,但圆石的粒径应是碎石最大粒径的3倍以上,矿渣应是已崩解稳定的,其干松密度和质量应比较均匀,干松密度不小于960g/m³。碎石中的扁平、长条颗粒的总量应不超过20%,且碎石中不应有黏土块及植物等有害物质。未筛分碎石用作底基层时,其颗粒组成和塑性指数应符合表2-1-2的规定。

未筛分碎石底基层级配范围 表2-1-2

序号	通过下列筛孔(mm)的质量百分率(%)									液限(%)	塑性指数
	53	37.5	31.5	19	9.5	4.75	2.36	0.6	0.075		
1	100	85~100	69~88	40~65	19~43	10~30	8~25	6~18	0~10	<28	<6(9)
2		100	83~100	54~84	29~59	17~45	11~35	6~21	0~10	<28	<6(9)

注:潮湿多雨地区的基层塑性指数不大于6,其他地区的基层塑性指数不大于9。

石屑或其他细集料是指碎石场的细筛余料,也可以利用轧制沥青表面处治和贯入式用石料时的细筛余料,或专门轧制的细碎石集料。其颗粒组成常为0~10mm,并具有良好的级配。天然

砂砾的颗粒尺寸一般合适,必要时应筛除其中的超尺寸颗粒。天然砂砾或粗砂应有好的级配。

2.级配砾石

粗细砾石集料和砂各占一定比例的混合料,当其颗粒组成符合密实级配要求时,称级配砾石。天然砂砾是常用的一种级配砾石。当天然砂砾符合规定的级配要求,且塑性指数在6(9)以下时,可以直接用作基层。级配不符合要求的天然砂砾,需要筛除超尺寸颗粒或掺加另一种砂砾或砂,使其符合级配要求。当砂砾中砂或土含量偏大时,可以用筛除一部分砂或土的办法,使其符合级配要求。塑性指数偏大的砂砾,有时可用无塑性的砂或石屑进行掺配,使其塑性指数降低到符合要求,或塑性指数与细土(小于0.5mm的颗粒)的乘积符合要求。如在天然砂砾中掺加部分碎石或轧碎砾石,可以提高混合料的强度和稳定性(天然砂砾掺加部分未筛分碎石组成的混合料称级配碎砾石,其强度和稳定性介于级配碎石和级配砾石之间)。

级配砾石用作基层时,砾石的最大粒径不应超过40mm;石料的集料压碎值应不大于30%~35%。用作底基层时,砾石的最大粒径不应超过50mm,且要求砾石颗粒中细长及扁平颗粒含量不应超过20%。形状不合格的颗粒含量过多时,应掺入部分符合规格的石料,使其颗粒组成和塑性指数满足表2-1-3的规定。同时,级配曲线应接近圆滑,没有同一种尺寸的颗粒过多或过少的情况。当塑性指数偏大时,塑性指数与0.5mm以下细土含量的乘积应符合下列要求:

(1)在年降雨量小于600mm的干旱地区,地下水位对土基没有影响时,乘积不应大于120。

(2)在潮湿多雨地区,乘积不应大于100。当级配砾石试件的干压实密度(在最佳含水率下制件)与工地规定达到的干压实密度相同时,浸水4d承载比值应不少于100%。

级配砾石基层的集料级配范围 表2-1-3

序号	通过下列筛孔(mm)的质量百分率(%)									液限(%)	塑性指数
	53	37.5	31.5	19.0	9.5	4.75	2.36	0.6	0.075		
1	100	90~100	81~94	63~81	45~66	27~51	16~35	8~20	0~7	<28	<6(9)
2		100	90~100	73~88	49~69	29~54	17~37	8~20	0~7	<28	<6(9)
3			100	85~100	52~74	29~54	17~37	8~20	0~7	<28	<6(9)

注:1.潮湿多雨地区的基层塑性指数不大于6,其他地区的基层塑性指数不大于9;

2.对于无塑性的混合料,小于0.075mm的颗粒含量应接近高限,使压实后的基层透水性小。

用作底基层的砂砾、砂砾土或其他粒状材料也应有好的级配,并符合表2-1-4的要求。

砂砾底基层的集料级配范围 表2-1-4

通过下列筛孔(m)的质量百分率(%)						液限(%)	塑性指数
53	37.5	9.5	4.75	0.6	0.075		
100	80~100	40~100	28~85	8~45	0~15	<28	<6(9)

当底基层集料在最佳含水率下制件,集料的干压实密度与工地规定达到的干压实密度相同时,浸水4d的承载比值应不小于40%(轻交通道路)~60%(中等交通道路)。

二、级配碎、砾石基层(底基层)施工

1.路拌法施工

1)准备下承层

(1)准备工作如下:

①基层的下承层是底基层及其以下部分,底基层的下承层可能是土基也可能还包括垫层。

下承层表面应平整、坚实,具有规定的路拱,没有任何松散的材料和软弱地点。

②下承层的平整度和压实度应符合规范的规定。

③土基不论路堤或路堑,必须用12~15t三轮压路机或等效的碾压机械进行碾压检验(压3~4遍)。在碾压过程中,如发现土过干、表层松散,应适当洒水;如过湿发生"弹簧"现象,应采取挖起晾晒、换土、掺石灰或粒料等措施进行处理。

④对于底基层,根据压实度检查;(或碾压检验)和弯沉测定的结果,凡不符合设计要求的路段,必须根据具体情况,分别采用补充碾压、加厚底基层、换填好的材料、挖开晾晒等措施,以达到标准。

⑤底基层上的低洼和坑洞;应仔细填补及压实,达到标准后,方能在上铺筑基层或底基层。

⑥逐一断面检查下承层高程是否符合设计要求。

⑦新完成的底基层或土基,必须按规范规定进行验收。凡验收不合格的路段,必须采取措施。

(2)测量过程如下:

①在下承层上恢复中线。直线段每15~20m,平曲线段每10~15m设一桩;两侧路面边缘外0.3~0.5m设指示桩。

②进行水平测量。在两侧指示桩上用红漆标出基层或底基层边缘的设计高程。

(3)材料用量如下:

①计算材料用量。根据各路段基层或底基层的宽度、厚度及预定的干压实密度,计算各段需要的干集料数量。对于级配碎石,分别计算未筛分碎石和石屑(细砂砾或粗砂)的数量,根据料场未筛分碎石和石屑的含水率以及所用运料车辆的吨位,计算每车料的堆放距离。

②在料场洒水加湿未筛分碎石,使其含水率较最佳含水率大1%左右,以减少运输过程中的集料离析现象(未筛分碎石的最佳含水率约为4%)。

③未筛分碎石和石屑可按预定比例在料场混合,同时洒水加湿,使混合料的含水率超过最佳含水率约1%,以减轻施工现场的拌和工作量以及运输过程中的离析现象(级配碎石的最佳含水率约为5%)。

(4)机具如下:

①汽车或其他运输车辆及平地机等摊铺、拌和机械。

②洒水车。洒水车利用就近水源洒水。

③压实机械。如轮胎式压路机、钢筒轮式压路机及振动压路机等。

④其他夯实机具。适于小范围处理路槽翻浆等。

2)运输和摊铺集料

(1)运输

①集料装车时,应控制每车料的数量基本相等。

②在同一料场供料的路段,应由远到近将料按要求的间距卸置于下承层上。卸料间距应严格掌握,避免料不够或过多,并且要求料堆每隔一定距离留一缺口,以便施工。当采用两种集料时,应先将主要集料运到路上,待主要集料摊铺后,再将另一种集料运到路上。如粗细两种集料的最大粒径相差较多,应在粗集料处于潮湿状态时,再摊铺细集料。

③集料在下承层上的堆置时间不宜过长,运送集料较摊铺集料工序只宜提前1~2d。

(2)摊铺

①摊铺前要事先通过试验确定集料的松铺系数(或压实系数,它是混合料的干松密度与干压实密度的比值)。人工摊铺混合料时,其松铺系数约为1.40~1.50;平地机摊铺混合料

时,其松铺系数约为1.25~1.35。

②用平地机或其他合适的机具将集料均匀地摊铺在预定的宽度上,当路的宽度大于22m,适合分条进行摊铺,要求表面应平整,并具有规定的路拱。同时摊铺路肩用料。

③检验松铺材料的厚度,看其是否符合预计要求。必要时应进行减料或补料工作。

④级配碎、砾石基层设计厚度一般为80~160mm;当厚度大于160mm时,应分层铺筑,下层厚度为总厚度的0.6倍,上层为总厚度的0.4倍。

3)拌和及整形

应采用稳定土拌和机拌和级配碎石、砾石。在无稳定土拌和机的情况下,也可采用平地机进行拌和。

(1)用稳定土拌和机拌和

拌和两遍以上。拌和深度应直到级配碎石、砾石层底。

(2)用平地机拌和

将铺好的集料翻拌均匀。作业长度一般为300~500m,拌和遍数一般为5~6遍,在拌和的过程中都应用洒水车洒足所需的水分,拌和结束时,混合料的含水率应该均匀,较最佳含水率大1%左右,避免粗细颗粒离析现象。

拌和均匀后的混合料要用平地机按规定的路拱,进行整平和整形,然后平地机或压路机在已初平的路段上快速碾压一遍,以消除潜在的不平整;再用平地机进行最终的整平和整形。在整形过程中,必须禁止任何车辆通行。

4)碾压

基层整形后,当混合料的含水率等于或略大于最佳含水率时,立即用压路机、振动压路机或轮胎压路机进行碾压。直线段由两侧路肩开始向路中心碾压;在有超高的路段上,由内侧路肩开始向外侧路肩进行碾压。碾压时,后轮必须超过两段的接缝处。碾压一直进行到要求的密实度为止。一般需碾压6~8遍。压路机的碾压速度,头两遍以采用1.5~1.7km/h为宜,以后用2.0~2.5km/h为宜。

级配碎石、砾石基层在碾压中还应注意下列事项:

(1)路面的两侧,应多压2~3遍。

(2)凡含天然级配碎石、砾石基层,都应进行滚浆碾压,直压到碎石、砾石层中无多余细土泛到表面为止。滚到表面的浆(或事后变干的薄层土)应予清除干净。

(3)碾压全过程均应随碾压随洒水,使其保持最佳含水率。洒水量可参考表2-1-5中数量并结合季节洒水,待表面晾干后碾压,但小于100mm时不宜摊铺后洒水,可在料堆上泼水,摊铺后立即碾压。碾压直到要求的密实度为止。

碎石、砾石基层不同厚度、不同季节洒水量　　　　表2-1-5

厚度(cm)	季节		说　　明
	春秋季(kg/m²)	夏季(kg/m²)	
100	6~8	8~12	1.天然级配砂、砾石含水率未计入,施工时应扣除天然含水率; 2.一般天然级配砂、砾石含水率约7%左右; 3.天然级配砂、砾石最佳含水率为5%~9%
150	9~12	12~16	
200	12~16	16~20	
250	15~20	20~28	

(4)开始时,应用轻型的压路机初压,初压两遍后,及时检测、找补,同时如发现砂窝或梅花现象应将多余的砂或砾石挖出,分别掺入适量的碎石、砾石或砂,彻底翻拌均匀,并补充碾压,不能采用粗砂或砾石覆盖处理。

(5)碾压中局部有"软弹"、"翻浆"现象,应立即停止碾压,待翻松晒干,或换含水率合适的材料后再行碾压。

(6)两作业段的衔接处应搭接拌和。第一段拌和后,留5~8m不进行碾压,第二段施工时,将前段留下未压部分,重新拌和,并与第二段一起碾压。

(7)对于不能中断交通的路段,可采用半幅施工的方法。接缝处应对接,必须保持平整密合。

2. 中心站集中拌和(厂拌)法施工

级配碎石混合料除上面介绍的路拌法外,还可以在中心站用稳定土厂拌设备进行集中拌和。

1)材料

宜采用不同粒级的单一尺寸碎石和石屑,按预定配合比在拌和机内拌制级配碎石混合料。

2)拌制

在正式拌制级配碎石混合料之前,必须先调试所用的厂拌设备,使混合料的颗粒组成和含水率都达到规定的要求。

图 2-1-2 集料摊铺

3)摊铺

(1)摊铺机摊铺。可用沥青混凝土摊铺机、水泥混凝土摊铺机或稳定土摊铺机摊铺碎石混合料,摊铺时,在摊铺机后面应设专人消除粗细集料离析现象,如图2-1-2所示。

(2)自动平地机摊铺。在没有摊铺机时,可采用自动平地机摊铺碎石混合料。

4)碾压

用振动压路机、三轮压路机进行碾压,碾压方法与要求和路拌法相同。

5)接缝处理

(1)横向接缝

用摊铺机摊铺混合料时,对于摊铺机当天未压实的混合料,可与第二天摊铺的混合料一起碾压,但应注意此部分混合料的含水率。必要时,应人工补洒水,使其含水率达到规定的要求。用平地机摊铺混合料时,每天工作缝的处理与路拌法相同。

(2)纵向接缝

应避免产生纵向接缝。如摊铺机的摊铺宽度不够,必须分两幅摊铺时,宜采用两台摊铺机一前一后,相隔约5~8m同步向前摊铺。在仅有一台摊铺机的情况下,可先在一条摊铺带上摊铺一定长度后,再开到另一条摊铺带上摊铺,然后一起进行碾压。

第二节 半刚性路面基层、底基层施工

无机结合料稳定类基层又称为半刚性基层或整体型基层,它包括水泥稳定类、石灰稳定类和综合稳定类。半刚性基层材料的显著特点是:整体性强、承载力高、刚度大、水稳性好,而且

较为经济。国外常采用水泥稳定粒料类、石灰粉煤灰稳定粒料类、碾压混凝土或贫水泥混凝土作为沥青路面的基层。在我国,半刚性材料已广泛用于修建高等级公路路面基层或底基层。

一、石灰稳定土基层

在粉碎的土和原来松散的土(包括各种粗、中、细粒土)中,掺入足量的石灰和水,经拌和压实及养生后得到的混合料,当其抗压强度符合规定的要求时,称为石灰稳定土。用石灰稳定土铺筑的路面基层和底基层,分别称石灰稳定土基层和石灰稳定土底基层,或分别简称石灰稳定基层和石灰稳定底基层,也可在基层或底基层前标以具体简名,如石灰土碎石基层、石灰土底基层等。

石灰稳定土具有良好的力学性能,并有较好的水稳性和一定的抗冻性,它的初期强度和水稳性较低,后期强度较高;但由于干缩、冷缩易产生裂缝。石灰稳定土可适用于各类路面的基层和底基层,但不宜用作高级路面的基层,而只用作底基层。

在石灰稳定土基层施工中,为避免该层受弯拉而断裂,并使在施工碾压时能压稳而不起皮,其层厚不宜小于100mm。为便于拌和均匀和碾压密实,用 12～15t 压路机碾压时;压实厚度不宜大于150mm;用 15～20t 压路机碾压时,压实厚度不应大于200mm,且采用先轻后重进行碾压(分层铺筑时,下层宜稍厚)。碾压后的压实度要求见表2-1-6 所列。石灰稳定土基层施工在最低气温0℃之前完成,并尽量避免在雨季施工。

石灰土基层(底基层)**压实度要求**(单位:%)　　　　表2-1-6

层　　次		高速公路和一级公路	其他公路
基层	石灰稳定中、粗粒土		≥97
	石灰稳定细粒土		≥93
底基层	石灰稳定中、粗粒土	≥96	≥95
	石灰稳定细粒土	≥95	≥93

1.路拌法施工

1)准备工作

(1)准备下承层。按规范规定对拟施工的路段进行验收,凡验收不合格的路段,必须采取措施,使其达到标准后,方能在上铺筑石灰稳定土层。

(2)测量。在底基层或土基上恢复中桩,直线段每 15～20m 设一桩;平曲线段每 10～15m 设一桩,并在对应断面的路肩外侧设指示桩。在两侧指示桩上用红漆标出石灰稳定土层边缘的设计高程。

(3)备料如下:

①集料。采备集料前,应先将树木、草皮和杂土清除干净,并在预定采料深度范围内自上而下采集集料,不宜分层采集,不应将不合格材料采集在一起。如分层采集集料,则应将集料分层堆放在一场地上,然后从前到后(上下层一起装入汽车),将料运到施工现场。料中的超尺寸颗粒应予筛除。

②石灰。石灰堆放在拌和场时,宜搭设防雨棚。石灰应在使用前 10d 充分消解。每吨石灰消解需水量一般为 500～800kg。消解后的石灰应保持一定的湿度,以免过于飞扬,但也不能过湿成团,应尽快使用。

③材料用量。根据各段石灰稳定土层的宽度、厚度及预定的压实度(换算为压实密度),

计算各路段需要的干集料量。根据料场集料的含水率和运料车辆的吨位,计算每车料的堆放距离。根据石灰稳定土层的厚度和预定的干重度及石灰剂量,计算每平方米石灰稳定土需用的石灰数量,并计算每车石灰的摊铺面积,如使用袋装生石灰粉,则计算每袋石灰的摊铺面积。

2)运输及摊铺

(1)运料。预定堆料的下层在堆料前应先洒水,使其湿润,不应过分潮湿而造成泥泞。集料装车时,应控制每车料的数量基本相等。在同一料场供料的路段,由远到近将料按计算的距离(间距)卸置于下承层中间或一侧。卸料距离应严格掌握,避免料不够或过多;料堆每隔一定距离应留一缺口;集料在下承层上的堆置时间不应过长。运送集料较摊铺集料工序宜提前1~2d。

(2)摊铺集料。通过试验确定集料的松铺系数(也可参考表2-1-7)。在摊铺集料前,应先在下承层上洒水使其湿润,但不应过分潮湿而造成泥泞。摊铺集料应在摊铺石灰的前一天进行。摊料长度应与施工日进度相同,以够次日摊铺石灰、拌和、碾压成型为准。

混合料松铺系数参考值　　　　　　　　　表2-1-7

材料名称	松铺系数	说　明
石灰土	1.53~1.58	现场人工摊铺土和石灰,机械拌和,人工整平
石灰土	1.68~1.70	路外集中拌和,运到现场人工摊铺
石灰土、砂砾	1.52~1.56	路外集中拌和,运到现场人工摊铺

用平地机将集料均匀摊铺在预定的宽度上,表面应力求平整,并有规定的路拱。摊铺过程中,应注意将土块、超尺寸颗粒及其他杂物去除。

(3)摊铺石灰。摊铺石灰时,如黏性土过干,应事先洒水闷料,使土的含水率略小于最佳值。细粒土宜闷料一夜;中粒土和粗粒土,视细土含量的多少,可闷1~2h。在人工摊铺的集料层上,用6~8t两轮压路机碾压1~2遍,使其表面平整,并有一定密实度。然后,按计算的每车石灰的纵横间距,将卸置的石灰均匀摊开。石灰摊铺完后,表面应没有空白位置。测量石灰的松铺厚度,根据石灰的含水率和松密度,校核石灰用量是否合适。

3)拌和与洒水

(1)集料应采用稳定土拌和机拌和,拌和深度应达到稳定层底。应设专人跟随拌和机,随时检查拌和深度并配合拌和机操作员调整拌和深度。拌和应适当破坏(约10mm左右,不应过多)下承层的表面,以利上、下层黏结。通常应拌和两遍以上。

(2)在拌和过程中,及时检查含水率。用喷管式洒水车补充洒水,使混合料的含水率等于或大于最佳值1%左右,洒水段应长些。拌和机械应紧跟在洒水车后面进行拌和,尤其在纵坡大的路段上更应配合紧密,以减少水分流失。拌和完成的标志是混合料色泽一致,水分合适均匀。

(3)拌和石灰加黏土的稳定碎石或砂砾时,应先将石灰土拌和均匀,然后均匀地摊铺在碎石或砂砾层上,再一起进行拌和。用石灰稳定塑性指数大的黏土时,由于黏土难以粉碎,宜采用两次拌和法。即第一次加70%~100%预定剂量的石灰进行拌和,闷放一夜,然后补足石灰用量,再进行第二次拌和。

4)整形与碾压

(1)整形。混合料拌和均匀后,先用平地机初步整平和整形。在直线段,平地机由两侧向路中进行刮平;在平曲线段,平地机由内侧向外侧进行刮平。需要时,再返回刮一遍。用平地机或轮胎压路机快速碾压1~2遍,然后根据测量结果平整,最后用平地机进行精平。每次整形都要按照规定的坡度和路拱进行,特别要注意接缝处的整平,接缝必须顺直平整。

(2)碾压。整形后,当混合料含水率处于最佳含水率左右1%范围时(如表面水分不足,应适当洒水),立即用12t以上压路机、重型轮胎压路机或振动压路机在路基全宽内进行碾压。直线段,由两侧路肩向路中心碾压;平曲线段,由内侧路肩向外侧路肩进行碾压。碾压一直进行到要求的密实度为止。在碾压过程中,石灰稳定土的表面应始终保持湿润。如表面水蒸发得快,应及时补洒少量的水。如有"弹簧"、松散、起皮等现象,应及时翻开重新拌和,或用其他方法处理,使其达到质量要求。

5)养生

(1)石灰稳定土在养生期间应保持一定的湿度,不应过湿。养生期一般不少于7d。如图2-1-3所示。在养生期间石灰土表层不应忽干忽湿,每次洒水后,应用两轮压路机将表层压实。

(2)如石灰稳定土分层施工时,下层石灰稳定土碾压完后,可以立即在上铺筑另一层石灰稳定土,不需专门的养生期。

(3)养生期结束后,应立即喷洒透层沥青,并在5~10d内铺筑沥青面层。

6)施工中应注意的问题

(1)接缝和"掉头"处的处理。两工作段的搭接部分,应采用对接形式。前一段拌和后,留5~8m不进行碾压,后一段施工时,将前段留下未压部分,一起再进行拌和,已拌和机械及其他机械不宜在已压成的石灰稳定土层上掉头。

图2-1-3 石灰稳定土养生

(2)纵缝的处理。石灰稳定土层的施工应尽可能避免纵向接缝。必须分两幅施工时,纵缝必须垂直相接;不应斜接。一般情况下,纵缝可按下述方法处理。在前一幅施工时,在靠中央一侧用方木或钢模板做支撑,方木或钢模板的高度与稳定土层的压实厚度相同。混合料拌和结束后,靠近支撑木(板)的一条带,应人工进行补充拌和,然后进行整形和碾压。在铺筑另一幅时,或在养生结束时,拆除支撑木(板)。第二幅混合料拌和结束后,靠近第一幅的一条带,应人工进行补充拌和,然后进行整形和碾压。

2. 中心站集中拌和(厂拌)法施工

石灰稳定土集中拌和有利于保证配料的准确性和拌和的均匀性。

(1)备料。集料的最大粒径和级配都应符合要求,必要时,应先筛除集料中不符合要求的颗粒。配料应准确,在潮湿多雨地区施工时,还应采取措施保护集料,特别是细集料(含土)和石灰免遭雨淋。

(2)拌制。在正式拌制稳定土混合料之前,必须先调试所用的厂拌设备,使混合料的颗粒组成和含水率都能达到规定的要求。集料的颗粒组成发生变化时,应重新调试设备。应根据集料和混合料的含水率,及时调整向拌和室中添加的水量,拌和要均匀。

(3)运输。已拌成的混合料应尽快运送到铺筑现场。如运距远、气温高,则车上的混合料应加以覆盖,以防水分过多蒸发。

(4)摊铺及碾压。下承层为石灰稳定土时,应先将下承层顶面拉毛,再摊铺混合料。摊铺应采用稳定土摊铺机、水泥混凝土摊铺机摊铺混合料。在没有以上摊铺机的情况下,可以用平地机摊铺混合料。用摊铺机摊铺时,拌和机与摊铺机的生产能力要相协调。摊铺后应用压路机及时进行碾压。

(5)横向接缝处理如下:

①用摊铺机摊铺混合料时,每天的工作缝应做成横向接缝。摊铺机应驶离混合料末端。

②人工将末端混合料处理整齐,紧靠混合料放两根方木,方木的高度与混合料的压实厚度相同,整平紧靠方木的混合料。

③方木的另一侧用砂砾或碎石回填约3m长,其高度应高出方木几厘米。

④将混合料碾压密实。

⑤在重新开始摊铺混合料之前,将砂砾(碎石)和方木除去,并将下承层顶面清扫干净和拉毛。

⑥摊铺机返回到已压实层的末端,重新开始摊铺混合料。

⑦如压实层末端未用方木做支撑处理,在碾压后末端成一斜坡,则在第二天开始摊铺新混合料之前,应将末端斜坡挖除,并挖成一横向(与路中心线垂直)垂直向下的断面。挖出的混合料洒水到最佳含水率拌匀后仍可使用。

(6)纵向接缝。应避免纵向接缝,如果摊铺机的摊铺宽度不够,必须分两幅摊铺时,宜采用两台摊铺机一前一后,相隔8~10m同步向前摊铺混合料,一起进行碾压。在仅有一台摊铺机的情况下,可先在一条摊铺带上摊铺一定长度后,再开到另一条摊铺带上摊铺,然后一起进行碾压,在不能避免纵向接缝的情况下,纵缝必须垂直相接,严禁斜接。

二、泥稳定土基层

在粉碎的或原来松散的土(包括各种粗、中、细粒土)中,掺入足量水泥和水,经拌和得到的混合料,在压实及养生后,其抗压强度符合规定的要求时,称为水泥稳定土。用水泥稳定土铺筑的路面基础和底基层,分别称水泥稳定(土)基层和水泥稳定(土)底基层。也可以在基层或底基层前标以具体名称,如水泥碎石基层、水泥土底基层等。

水泥稳定土有良好的力学性能和板体性,它的水稳性和抗冻性都较石灰稳定土好。水泥稳定土的初期强度高并且强度随龄期增长而增加,它的力学强度还可视需要进行调整。一般可适用于各种交通类别道路的基层和底基层。

水泥稳定土施工时,必须采用流水作业法,使各工序紧密衔接。特别是要尽量缩短从拌和到完成碾压之间的延迟时间。所以在施工时应做延迟时间对强度影响的试验以确定合适的延迟时间。

水泥稳定土基层的施工方法主要有路拌法和中心站集中拌和(厂拌)法两种。

1. 路拌法施工

水泥稳定土路拌法施工与石灰稳定土的施工相似。

1)准备工作

(1)准备下承层。当水泥稳定土用作基层时,要准备底基层;当水泥稳定土用作底基层时,要准备土基。无论底基层还是土基,都必须按规范进行验收,达到标准后,方可铺筑水泥稳定土层。

(2)测量。首先是在底基层或土基上恢复中线。直线段每隔20m设一桩;平曲线段每隔10~15m设一桩,并在对应断面路肩外侧设指示桩。其次进行水平测量。在两侧指示桩上用红漆标出水泥稳定土层边缘的设计高程。

(3)确定合理的作业长度。确定路拌法施工每一作业段的合理长度时,应考虑如下因素:水泥的终凝时间、延迟时间对混合料密实度和抗压强度的影响;施工机械和运输车辆的效率和数量;操作的熟练程度;尽量减少接缝;施工季节和气候条件等。一般宽7~8m 的稳定层,每一流水作业段以20m 为宜。如稳定层较宽,则作业段应再缩短。

(4)备料。在采备集料前,应先将料场的树木、草皮和杂土清除干净。采集集料时,应在预定采料深度范围内自上而下进行,不应分层采集,不应将不合格的集料采集在一起。在集料中超尺寸颗粒应予筛除。

(5)计算材料用量。方法同石灰稳定土。

2)集料运输与摊铺

方法与石灰稳定土施工基本相同。

3)拌和

(1)摊铺水泥。在人工摊铺的集料上,用6~8t 两轮压路机碾压一遍,使其表面平整。然后计算每袋水泥可以摊铺的纵横间距。水泥应当日用汽车直接送到摊铺路段,每袋水泥从汽车上直接卸在做标记的地点,检查有无遗漏和多余后,打开水泥袋,将水泥倒在集料层上。应注意使每袋水泥的摊铺面积相等,水泥摊铺完后,表面应没有空白,但也不过分集中;运水泥的车应有防雨设备。

(2)干拌:

①用稳定土拌和机拌和。拌和深度应达稳定层底。应设专人跟随拌和机,随时检查拌和深度,并配合拌和机操作员调整拌和深度。

②在没有专用拌和机械的情况下,也可用平地机进行拌和。先用平地机将铺好水泥的集料翻拌两遍,使水泥分布到集料中,但不翻拌到底,以防止水泥落到底部。第一遍由路中心开始,将混合料向路两侧翻拌,同时机械应慢速前进。第二遍相反,由两侧开始,将混合料向路中心翻拌,接着用平地机将底部料翻起。随时检查调整翻拌深度,使稳定土层全部翻透。

(3)洒水湿拌。干拌过程结束时,如果混合料含水率不足,常用洒水车洒水补充水分。在洒水工作中,洒水车不应使洒水中断,洒水距离应长些,水车起洒处和另一端掉头处都应超出拌和段2m 以上。洒水车不应在正进行拌和的或当天计划拌和的路段上掉头和停留,以防局部水量过大。洒水后,应再次进行拌和,使水分在混合料中分布均匀。拌和机械应紧跟在洒水车后面进行拌和,尤其在纵坡大的路段上应配合紧密,以减少水分流出。洒水及拌和过程中,应及时检查混合料的含水率,可采用含水率快速测定仪测定混合料的含水率。混合料的最佳含水率也可以在现场人工控制。最佳含水率时的混合料,在手中能紧握成团,落到地上能散开,并应参考室内击实试验最佳含水率的混合料的状态。水分宜略大于最佳值,应较最佳含水率大0.5%~2.0%,不应小于最佳值,以补偿施工过程中水分的蒸发,并有利于减轻延迟时间的影响。

4)整形与碾压

方法同石灰稳定土。

5)接缝和"掉头"处的处理

(1)当天两工作段的衔接处,应搭接拌和。第一段拌和后,留5~8m 不进行碾压;第二段施工时,前段留下未压部分,要再加部分水泥重新拌和,并与第二段一起碾压。当天其余各段的接缝都可这样处理。

(2)应特别注意每天最后一段末端缝(工作缝)的处理。在已碾压完成的水泥稳定土层末端沿稳定土挖一条宽约300mm的槽,直挖到下承层顶面。此槽与路的中心线垂直,靠稳定土一面应切成直线,而且应垂直向下。将两根方木(长度为水泥稳定土层宽的一半,厚度与其压实厚度相同)放在槽内,并紧靠着已完成的稳定土,以保护其边缘,不致遭第二天工作时的机械破坏。

(3)工作缝也可按下述方法处理:在水泥稳定土混合料拌和结束后,在预定长度的末端,按前述方法挖一条横贯全路宽的槽,槽内放两根与压实厚度等厚的方木,方木的另一侧用素土回填至30~50mm长,然后进行整形和碾压。第二天,邻接的作业段拌和结束后,除去顶木,用混合料回填,靠近顶木未能拌和的一小段,应人工进行补充拌和。

(4)纵缝的处理。水泥稳定土层的施工应该避免纵向接缝,在必须分两幅施工时,纵缝必须垂直相接,不应斜接。

2. 中心站集中拌和(厂拌)法施工

水泥稳定土可以在中心站用厂拌设备进行集中拌和,其施工方法与石灰稳定土厂拌法施工基本相同,不再赘述。但应该注意的是:在摊铺过程中,如中断时间已超过2~3h,又未按横向接缝方法处理,则应将摊铺机附近及其下面未经压实的混合料铲除,并将已碾压密实且高程和平整度符合要求的末端,挖成一横向(与路线垂直)垂直向下的断面,然后再摊铺新的混合料。

3. 养生及路线处理

1)养生

水泥稳定土基层每一段碾压完成并经压实度检查合格后,应立即开始养生,不应延误。但如水泥稳定土分层施工时,下层水泥稳定土碾压完后,过一天就可以铺筑上层水泥稳定土,不需经过7d养生期。但在铺筑上层稳定土之前,应始终保持下层表面湿润。为增加上、下层之间的黏结性,在铺筑上层稳定土时,宜在下层表面撒少量水泥或洒水泥浆。此外,如水泥稳定土用作水泥混凝土路面板的基层,且面板是用小型机械施工的,则基层完成后不需养生就可铺筑混凝土面层。

2)水泥稳定土基层养生方法

(1)用不透水薄膜或湿砂进行养生。用砂覆盖时,砂层厚70~100mm,砂铺匀后应立即洒水,并保持在整个养生期间砂的潮湿状态。也可以用潮湿的帆布、粗麻布、草帘或其他合适的材料覆盖,但不得用湿黏土覆盖。养生结束后,必须将覆盖物清除干净。

(2)采用沥青乳液进行养生。乳液应采用沥青含量约35%的慢裂沥青乳液,使其能透入基层几毫米深。沥青乳液的用量1.2~1.4kg/m^2,宜分两次喷洒。乳液分裂后,直撒布3~8mm或5~10mm的小碎(砾)石,小碎石约撒布60%的面积(不完全覆盖,但均匀覆盖60%的面积,露黑)。养生结束后,沥青乳液相当于透层沥青。也可以在完成基层上立即做下封层,利用下封层进行养生。

(3)无上述条件时,可用洒水车经常洒水进行养生,每天洒水的次数应视气候而定。整个养生期间应始终保持稳定土层表面潮湿,不应时干时湿。洒水后,应注意表层情况,必要时,用两轮压路机压实。

除采用沥青养生外,养生期不宜少于7d,如养生期少于7d就已做上承层,则应注意勿使重型车辆通行。若养生期间未采用覆盖等措施,除洒水车外,应封闭交通。

养生期结束后,应立即喷洒透层沥青或做下封层,并在5~10d内铺筑沥青面层。在喷洒透层沥青后,应撒3~8mm或5~10mm的碎(砾)石。如喷洒的透层沥青能透入基层,且运料车辆和面层混合料摊铺机在上行驶时不会破坏沥青膜时,可以不撒粒径小的碎(砾)石。如面层为水泥混凝土时,也不宜让基层长期暴晒开裂。

三、石灰工业废渣基层

工业废渣包括粉煤灰、煤渣、高炉矿渣、钢渣(已经过崩解达到稳定)、其他冶金矿渣及煤渣。

路用工业废渣一般用石灰进行稳定,故通常称石灰稳定工业废渣(简称石灰工业废渣)。它包括两大类:一是石灰粉煤灰类,又可分为石灰粉煤灰、石灰粉煤灰土、石灰粉煤灰砂、石灰粉煤灰砂砾、石灰粉煤灰碎石、石灰粉煤灰矿渣及石灰粉煤灰煤矸石等。这些材料分别简称二灰、二灰土、二灰砂、二灰砂砾、二灰碎石、二灰矿渣及二灰煤矸石等。二是石灰其他废渣类,可分为石灰煤渣、石灰煤渣土、石灰煤渣碎石、石灰煤渣砂砾、石灰煤渣矿渣及石灰煤渣碎石土等。用石灰工业废渣铺筑的路面基层和底基层,分别称石灰工业废渣基层和石灰工业废渣底基层。也可以在基层或底基层前标以具体简名,如二灰砂砾基层、二灰土底基层等。石灰工业废渣,特别是二灰材料,具有良好的力学性能、板体性、水稳性和一定的抗冻性,其抗冻性较石灰土高得多。石灰工业废渣的初期强度低,但随龄期的增长幅度大。二灰土中粉煤灰用量越多,初期强度越低。在二灰中加入粒料、少量水泥或其他外加剂可提高其早期强度。由于干缩、冷缩,易产生裂缝。石灰工业废渣可适用于各种交通类别道路的基层和底基层,但二灰和二灰土不宜用作高级沥青路面的基层,而只用作底基层。

1. 路拌法施工工艺

1)施工准备

(1)准备下承层

当石灰工业废渣用作基层时,要准备底基层;当石灰工业废渣用作底基层时要准备土基。对下承层总的要求是平整、坚实,具有规定的路拱,没有任何松散的材料和软弱地点。因此,对底基层或土基,必须按规范规定进行验收,达到标准后方能在其上铺筑石灰工业废渣层。

(2)测量

测量的主要内容是在底基层或土基上恢复中线。直线段每15~20m设一桩;平曲线段10m设一桩,并在两侧边缘外0.3~0.5m设指示桩,然后进行水平测量;在两侧指示桩上用红漆标出石灰工业废渣边缘的设计高程。

(3)备料

①粉煤灰运到路上、路旁或厂内场地后,通常露天堆放。此时,必须使粉煤灰含有足够的水分(含水率为15%~20%),以防飞扬。特别在干燥和多风季节,必须使料堆表面保持潮湿,或者覆盖。如在堆放过程中,部分粉煤灰凝结成块,使用时应将灰块打碎。

②土或粒料的准备。采备集料前,应先将树木、草皮和杂土清除干净。集料中的超尺寸颗粒应予筛除。应在预定采料深度范围内自上而下采集集料,不应分层采集,不应将不合格的集料采集在一起。对于黏性土,可视土质和机械性能确定土是否需要过筛。

③石灰的准备。石灰宜选在公路两侧宽敞而邻近水源且地势较高的场地集中堆放。预计堆放时间较长时,应用土或其他材料覆盖封存。石灰应在使用前7~10d充分消解。消解后的石灰应保持一定的湿度,以免过于飞扬,但也不能过湿成团。

(4)其他

①如路肩用料与石灰工业废渣层用料不同,应采取培肩措施,先将两侧路肩培好。路肩料

层的压实厚度应与稳定土层的压实厚度相同。

②计算材料用量。根据各路段石灰工业废渣层的宽度、厚度及预定的干压实密度,计算各路段需要的混合料数量。根据混合料的配合比、材料的含水率以及所用运料车辆的吨位,计算各种材料每车料的堆放距离。

2）运输和摊铺集料

集料运输和摊铺的方法和步骤如下：

(1)预定堆料的下承层在堆料前应先洒水,使其表面湿润。

(2)材料装车时,应控制每车料的数量基本相等。

(3)采用二次混合料时,先将粉煤灰运到路上；采用二灰土时,先将土运到路上；采用二灰粒料时,先将粒料运到路上。在同一料场供料的路段内,由远到近按计算的距离卸置于下承层中间或一侧。卸料距离应严格掌握,避免料不够或过多。

(4)料堆每隔一定距离应留一缺口,材料在下承层上的堆置时间不应过长。

(5)应事先通过试验确定各种材料及混合料的松铺系数。

(6)采用机械路拌时,应采用层铺法。即将先运到路上的材料摊铺均匀后,再往路上运送第二种材料,将第二种材料摊铺均匀后,再往路上运送第三种材料。在摊铺集料前,应先在未堆料的下承层上洒水,使其表面湿润。然后再用平地机或其他合适的机具将料均匀地摊铺在预定的宽度上。表面应力求平整,并具有规定的路拱。粒料应较湿润,必要时先洒少量水。第一种材料摊铺均匀后,宜先用两轮压路机碾压1～2遍,然后再运送并摊铺第二种材料。在第二种材料层上,也应先用两轮压路机碾压1～2遍,然后再运送并摊铺第三种材料。

3）拌和及洒水

(1)应采用稳定土拌和机拌和。具体拌和方法是用稳定土拌和机拌和两遍以上。拌和深度应深至稳定层底。应设专人跟随拌和机,随时检查拌和深度。

(2)用洒水车将水均匀地喷洒在干拌后的混合料上,洒水距离应长些。洒水车不应在正进行拌和或当天计划拌和的路段上调头和停留,防止局部水量过大。

(3)拌和机械应紧跟在洒水车后面进行拌和。洒水及拌和过程中,应及时检查混合料的含水率。水分宜略大于最佳含水率1%～2%。尤其在纵坡大的路段上应配合紧密。拌和过程中,要及时检查拌和深度,要使石灰工业废渣层全深都拌和均匀。拌和完成的标志是混合料色泽一致,水分合适和均匀。对于二灰粒料,应先将石灰和粉煤灰拌和均匀,然后均匀地摊铺在粒料层上,再一起进行拌和。

4）整形与碾压

(1)整形过程如下：

①混合料拌和均匀后,先用平地机初步整平和整形。在直线段,平地机由两侧向路中心进行刮平；在平曲线段,平地机由内侧向外侧进行刮平。需要时,再返回刮一遍。

②平地机或轮胎压路机快速碾压1～2遍,以暴露潜在的不平整。

③再用平地机如前述那样进行整形,并用上述机械再碾压一遍。

④用新拌的二次混合料进行找补整平。再用平地机整形一次。

⑤每次整形都要按照规定的坡度和路拱进行。特别要注意接缝处的整平。

在整形过程中,必须禁止任何车辆通行。初步整形后,检查混合料的松铺厚度。必要时应进行补料或减料。机械拌和及机械整形时,松铺系数为1.2～1.4。

(2)碾压过程如下：

整形后,当混合料的含水率等于或略大于最佳含水率时,立即进行碾压。其压实方法、压实厚度与压实度要求与水泥稳定土相同。

5)其他

(1)接缝处理

接缝处理与水泥稳定土相同。

(2)养生及交通管理

①石灰工业废渣层碾压完成后的第二天或第三天开始养生。通常采用洒水养生法。每天洒水的次数视气候条件而定,应始终保持表面潮湿或湿润。养生期一般为7d。也可借用透层沥青或下封层进行养生。

②在养生期间,除洒水车外,应封闭交通。

③养生期结束,应立即铺筑面层或做下封层。其要求与石灰稳定土相同。

④石灰工业废渣分层施工时,下层碾压完毕后,可以立即在上铺筑另一层,不需专门的养生期。

2. 中心站集中拌和(厂拌)法施工

石灰工业废渣混合料可以在中心拌和站用厂拌法进行集中拌和。集中拌和时,必须掌握下列各个要点:土块、粉煤灰块要粉碎;配料要准确;含水率要略大于最佳值,使混合料运到现场、摊铺后碾压时的含水率能接近最佳值;拌和要均匀等。混合料的拌和、摊铺、碾压、养生及其他问题的处理与石灰稳定土相同。

【工程实例】

一、二灰土底基层

1. 施工方案

××路线桥桥头路基二灰土厚200mm,一层全幅施工。开始施工前,在验收合格的路基上做100~150m的试验段,确定各种填料的松铺系数。

2. 材料要求

1)石灰

石灰要满足Ⅲ级以上的标准,石灰于使用前7~10d,充分消解。

2)粉煤灰

粉煤灰$SiO_2 + Al_2O_3 + Fe_2O_3$总含量大于70%,烧失量小于20%,比表面积大于2 500cm/g。含水率不超过35%,使用时,将凝固的粉煤灰块打碎或过筛,清除有害杂质。

3)土

使用塑性指数为12~20的黏性土,土块颗粒不大于15mm,有机质含量不大于10%。

4)水

使用的水为饮用水。

3. 施工工艺

(1)准备下承层。路床填筑完毕,配合监理按照路床顶面技术标准进行验收,合格后即开始进行二灰土施工。

(2)施工放样。在路槽上恢复中线,进行水平测量,每10m间距用钢筋做标示桩标出二灰土边缘的高程。

（3）上土。用石灰线在路基画 10m×10m 的格子，根据室内试验的配合比、土的含水率和松铺系数，计算每格用土量，用自卸汽车运土，专人指挥卸料，间距大致均匀。推土机摊铺大致平整，用铧犁配合旋耕机翻拌晾晒，降低含水率。含水率降至较最佳含水率大 3 个百分点左右时，用推土机整平，用平板压路机稳压一遍，人工挂线指挥平地机将土整平，测定虚铺厚度，基本均匀。

（4）上粉煤灰。土整平后，用石灰线画 10m×10m 的格子，根据室内试验的配合比、粉煤灰的含水率和松铺系数，计算每格粉煤灰量，用自卸汽车运至现场，专人指挥卸料，间距大致均匀，用人工挂线指挥平地机摊铺均匀，用压路机稳压一遍，测定其虚铺厚度，基本均匀。

（5）上石灰。同样采用打格子方法根据室内试验的配合比、石灰的含水率和松铺系数，计算每格石灰量，人工配合将石灰撒布均匀。

（6）拌和。用宝马路拌机拌和，略破坏（约 10m 左右）路床顶面，专人跟踪检查拌和深度，拌和好的混合料的含水率控制在超过最佳含水率 1~2 个百分点。

宝马路拌机进行路拌作业时，设专人跟随拌和机，每 20m 一个断面，分左中右挖坑检查三处，随时检查拌和深度，并配合拌和机操作员调整拌和深度。对拌和机的转弯掉头部位，新旧接茬部位等容易发生漏拌的隐患部位，多拌和几遍。拌和完成后，混合料色泽一致，无灰条、灰团和花面现象。拌和过程中检测含水率、灰剂量，并取样做无侧限抗压强度试件。

（7）整型。混合料拌匀后整型，用平板压路机静压一遍，然后根据试铺段测定混合料的压实系数，人工挂线指挥平地机整型。低洼处把原有混合料挖松，再补充上配合比相同、含水率相当的二灰土，一次找够，宁多勿少，宁高勿低。

（8）碾压。含水率应处于较最佳含水率大 1~2 百分点时开始碾压。平板碾压路机静压一遍，振动碾压 3 遍，用 18~21t 静压 3 遍。碾压过程中，压路机走向顺直，中途不停车，不倒退。每次重轮重叠一半。碾压结束后，用 20t 胶轮压路机光面，如表面干燥，光面前应适当洒水。碾压时直线段先两边后中间，曲线段先内侧后外侧，先静压后振动，先轻后重。

（9）接头处处理。同日施工的两段衔接处，采用搭接，前一段整形后，留 5~8m 不碾压，后一段施工时前段留下来的未压部分，与后一段一起重新拌和碾压。两相邻路段在不同时间填筑，将先施工段接头处的松散全部挖掉，接头断面厚度达到设计要求，并与线路中心线垂直。

（10）检测。按照《公路工程质量检验评定标准》要求检测二灰土的各项技术指标，自检合格后，向监理工程师报验。

（11）养护。底基层报验合格后，根据天气情况，保持表面在养生期内经常处于湿润状态，随时风干随时洒水，确保强度的形成。为了减少洒水工作量，表面洒水后用彩条布覆盖，其保水效果明显。养生时间不少于 7d，同时，坚持封闭交通。

二、二灰碎石基层

1. 施工方案

路线桥桥头路基二灰碎石厚 300mm，分两层全幅施工，每层厚 150mm。铺筑道路为二级以下标准，且数量较小，采用路拌法施工。

2. 材料要求

（1）石灰。石灰要满足 Ⅲ 级以上的标准，石灰于使用前 7~10d，充分消解。

(2)粉煤灰。$SiO_2 + Al_2O_3 + Fe_2O_3$ 总含量大于70%，烧失量小于20%，比表面积大于25 000mm/g。含水率不超过35%，使用时，将凝固的粉煤灰块打碎或过筛，清除有害杂质。

(3)碎石。最大粒径不超过31.5mm，压碎值不大于26%，针片状颗粒含量不超过20%，级配满足规范要求。

(4)水。使用的水为饮用水。

3. 施工工艺

(1)准备下承层。底基层养护结束后，用平板压路机稳压两遍，人工对二灰土表面整理。

(2)施工放样。在底基层上恢复中线，路基两侧用钢筋桩每10m标出二灰碎石边缘的高程。

(3)摊铺粉煤灰。用石灰线在底基层上画10m×10m的格子，根据室内试验的配合比、粉煤灰的含水率和松铺系数，计算每格粉煤灰量，用自卸汽车运至现场，专人指挥卸料，间距大致均匀，用人工挂线指挥平地机摊铺均匀，用压路机稳压一遍，测定其虚铺厚度，基本均匀。

(4)摊铺石灰。同样采用打格子方法根据室内试验的配合比、石灰的含水率和松铺系数，计算每格石灰量，人工配合将石灰撒布均匀。然后用路拌机翻拌一遍，用平板压路机稳定一遍，人工挂线指挥平地机整平。

(5)摊铺碎石。同样采用打格子方法根据室内试验的配合比、石灰的含水率和松铺系数，计算每格用碎石用量，用自卸汽车运至现场，专人指挥卸料，间距大致均匀。推土机摊铺大致平整，用推土机稳压一遍，人工挂线指挥平地机整平，测定虚铺厚度，基本均匀。

(6)拌和。用宝马路拌机拌和，略破坏(约10mm左右)底基层顶面，专人跟踪检查拌和深度，拌和好的混合料的含水率控制在超过最佳含水率1~2个百分点。宝马路拌机进行路拌作业时，设专人跟随拌和机，每20m一个断面，分左中右挖坑检查三处，随时检查拌和深度，并配合拌和机操作员调整拌和深度。对拌和机的转弯掉头部位，新旧接茬部位等容易发生漏拌的隐患部位，多拌和几遍。拌和完成后，混合料色泽一致，无灰条、灰团和花面现象。拌和过程中检测含水率、灰剂量，并取样做无侧限抗压强度试件。

(7)整型。混合料拌匀后整型，用平板压路机静压一遍，然后根据试铺段测定混合料的压实系数，人工挂线指挥平地机整型。低洼处把原有混合料挖松，再补充上配合比相同、含水率相当的混合料，一次找够，宁多勿少，宁高勿低。

(8)碾压。含水率应处于较最佳含水率大1~2百分点时开始碾压。平板碾压路机静压1遍，振动碾压2遍，用18~21t静压3遍。碾压过程中，压路机走向顺直，中途不停车，不倒退。每次重轮重叠一半。碾压结束后，用20t胶轮压路机光面，如表面干燥，光面前应适当洒水。碾压时直线段先两边后中间，曲线段先内侧后外侧，先静压后振动，先轻后重。

(9)接头处处理。同日施工的两段衔接处，采用搭接，前一段整形后，留5~8m不碾压，后一段施工时前段留下来的未压部分，与后一段一起重新拌和碾压。两相邻路段在不同时间填筑，将先施工段接头处的松散全部挖掉，接头断面厚度达到设计要求，并与线路中心线垂直。

(10)检测。按照《公路工程质量检验评定标准》要求检测二灰碎石的各项技术指标，自检合格后，向监理工程师报验。

(11)第一层施工完成后，养生7d后进行第二层的施工。

(12)养护。第一层施工完毕后，根据天气情况，保持表面在养生期内经常处于湿润状态，随时风干随时洒水，确保强度的形成。为了减少洒水工作量，表面洒水后用彩条布覆盖。养生时间不少于7d，同时，坚持封闭交通。第二层施工完毕后，采用沥青乳液进行养生(0.8~

1.0kg/m²),分两次喷洒,第一次喷洒沥青含量约35%的慢裂沥青乳液,使其能稍透入基层表层,第二次喷洒浓度较大的沥青乳液。

注意的事项:

(1)加强与当地气象部门的联系,收听天气预报,掌握气候变化情况,以利组织施工生产。

(2)每个施工作业段,在晴天抓紧完成各道工序,力争当天成型,在雨前采用彩条布全断面覆盖。对施工时遇雨可采取临时稳压,减少雨水渗入。

(3)石灰要求有一定的含水率,不过湿成团也不扬尘,人工布灰禁止在大风天气进行,有风时不能迎风布撒,工人要戴口罩和手套。

(4)由于现场掺石灰用换算为体积控制,要随时注意装载机装灰基本均匀。

(5)石灰要求堆放于高处,临近水源且利于排水的地方,使用前7~10d充分消解,雨天时,石灰用彩条布进行覆盖。

(6)严禁压路机在已完成的或正在碾压的路段上掉头或紧急制动,并将路面两侧多压两遍。

(7)粉煤灰运工地后,先堆高沥水,必要时用挖机翻开晾晒,将粉煤灰的含水率降至35%以下。

第二章　水泥混凝土路面面层施工技术

水泥混凝土路面具有承载能力大、稳定性好、使用寿命长、日常养护费用少等优点,是高等级、重交通公路路面的主要类型之一。

水泥混凝土路面,主要包括素混凝土、钢筋混凝土、连续配筋混凝土、预应力混凝土、装配式混凝土及钢纤维混凝土等面层板和基(垫)层所组成的路面。目前采用最广泛的是就地浇筑的素混凝土路面,即除接缝区和局部范围(边缘和角隅)外不配置钢筋的混凝土路面。与其他类型路面相比,水泥混凝土路面具有以下特点:

(1)刚度大、强度高、板体性好。因而具有较高的承载能力和扩散荷载的能力。

(2)稳定性好。水泥混凝土的水稳定性和温度稳定性均优于沥青混凝土,而且,其强度能随时间而增长,不存在沥青路面的"老化"现象。水泥混凝土路面应用于气候条件急剧变化的地区时,不易出现沥青路面的某些稳定性不足的损坏(如车辙等)。

(3)耐久性好。由于混凝土路面强度和稳定性好,抗磨耗能力强,所以耐疲劳特性好。在保证设计和施工质量的情况下,可使用20～40年以上,而且它能通行包括履带式车辆在内的各种运输工具。

(4)抗侵蚀能力强。水泥混凝土对油、大多数化学物质不敏感,有较强的抗侵蚀能力。

(5)养护费用少。在正常设计、施工和养护条件下,水泥混凝土路面的养护工作量和养护费用均比沥青路面小,约为后者的1/4～1/3。

(6)抗滑性能好。混凝土路面由于表面粗糙度好,能保证车辆有较高的安全行驶速度,特别在下雨时虽然路面潮湿,仍能保持较高的粗糙度而使车辆不滑行,从而提高车辆行驶的稳定性。

(7)有利于夜间行车。混凝土路面色泽鲜明,能见度好,对夜间行车有利。

(8)接缝多。接缝是混凝土路面的薄弱处,一方面增加了施工和养护的复杂性;另一方面在施工和养护不当时易导致唧泥、错台和断裂等现象。同时,接缝也容易引起行车跳动,影响行车的舒适性。

(9)对超载敏感。水泥混凝土是脆性材料,一旦作用荷载超出了混凝土的极限强度,混凝土板便会出现断裂。

(10)不能立即开放交通。除碾压混凝土外,其他混凝土路面需要一定的养生期,以获得足够的强度增长。因而铺筑完工后需要隔一定时期(14～21d以上)才能开放交通。如需提早开放交通,则需采取特殊措施。

(11)修复困难。混凝土路面出现损坏后,修补工作较沥青路面困难,且影响交通,修补后路面质量不如原来的整体强度高。

(12)噪声大。混凝土路面使用的中、后期,由于接缝、变形(缝隙增大、错台等)而使平整度降低,车辆行驶时的噪声较大。

第一节 水泥混凝土路面施工机械简介

一、滑模摊铺机械配备

1. 滑模摊铺机选型

高速公路、一级公路施工，宜选配能一次摊铺 2～3 个车道宽度（7.5～12.5m）的滑模摊铺机；二级及以下公路路面的最小摊铺宽度不得小于单车道设计宽度。硬路肩的摊铺宜选配中、小型多功能滑模摊铺机，并宜连体一次摊铺路缘石。滑模摊铺机可按表 2-2-1 的基本技术参数选择。

滑模摊铺机的基本技术参数表　　　　表 2-2-1

项 目	发动机功率（kW）	摊铺宽度（m）	摊铺厚度（mm）	摊铺速度（m/min）	空驶速度（m/min）	行走速度（m/min）	履带数（个）	整机自重（t）
三车道滑模摊铺机	200～300	12.5～16.0	0～500	0～3	0～5	0～15	4	57～135
双车道滑模摊铺机	150～200	3.6～9.7	0～500	0～3	0～5	0～18	2～4	22～50
多功能单车道滑模摊铺机	70～150	2.5～6.0	0～400 护栏高度 800,1900	0～3	0～9	0～15	2～4	12～27
路缘石滑模摊铺机	≤80	<2.5	<450	0～5	0～9	0～10	2,3	≤10

滑模摊铺机可按特大、大、中、小四个级别的基本技术参数选择。无论是哪种设备，首先必须满足施工路面、路肩、路沿石和护栏等的基本施工要求；其次摊铺机本身的工作配置件要齐全，应配备螺旋或刮板布料器、松方高度控制板、振动排气舱、夯实杆或振动搓平梁、自动抹平板、侧向打拉杆及同时摊铺双车道的中部打拉杆装置，如图 2-2-1 所示。

2. 布料设备选择

滑模摊铺路面时，可配备 1 台挖掘机或装载机辅助布料。采用前置钢筋支架法设置缩缝传力杆的路面、钢筋混凝土路面、桥面和桥头搭板时，应选配下列适宜的布料机械：

(1) 侧向上料的布料机。
(2) 侧向上料的供料机。
(3) 带侧向上料机构的滑模摊铺机。
(4) 挖掘机加料斗侧向供料。
(5) 吊车加短便桥钢凳，车辆直接卸料。
(6) 吊车加料斗起吊布料。

3. 抗滑构造施工机械

可采用拉毛养生机或人工软拉槽制作抗滑沟槽。工程规模大、日摊铺进度快时，宜采用拉毛养生机。高速公路、一级公路宜采用刻槽机进行硬刻槽，其刻槽作业宽度不宜小于 500mm，所配备的硬

图 2-2-1　滑模摊铺机

刻槽机数量及刻槽能力应与滑模摊铺进度相匹配。

4. 切缝机械

滑模摊铺混凝土路面的切缝,可使用软锯缝机、支架式硬锯缝机和普通锯缝机。配备的锯缝机数量及切缝能力应与滑模摊铺进度相适应。

5. 滑模摊铺系统配套

滑模摊铺系统机械配套宜符合表 2-2-2 的要求。选配机械设备的关键一是按工艺要求配齐全、缺一不可;二是生产稳定可靠,故障率低。

滑模摊铺机施工主要机械和机具配套表　　　　表 2-2-2

工作内容	主要施工机械设备	
	名称	机型及规格
钢筋加工	钢筋锯断机、折弯机、电焊机	根据需要确定规格和数量
测量基准线	水准仪、经纬仪、全站仪	根据需要确定规格和数量
	基准线、线桩及紧线器	300 个桩、5 个紧线器、3 000m 基准线
搅拌	强制式搅拌楼	≥50(m^3/h),数量由计算确定
	装载机	2~3m^3
	发电机	≥120kW
	供水泵和蓄水池	≥250m^3
运输	运输车	4~6m^3 数量由匹配计算确定
	自卸车	4~24m^3 数量由匹配计算确定
摊铺	布料机、挖掘机、吊车等布料设备	根据需要定规格和数量
	滑模摊铺机 1 台	
	手持振捣棒、整平梁、模板	根据人工施工接头需要定
抗滑	拉毛养生机 1 台	与滑模摊铺机同宽
	人工拉毛齿耙、工作桥	根据需要定规格和数量
	硬刻槽机刻槽宽度≥500mm,功率≥7.5kW	数量与摊铺进度匹配
切缝	软锯缝机	根据需要定规格和数量
	常规锯缝机或支架锯缝机	根据需要定规格和数量
	移动发电机	12~60kW,数量由施工需要定
磨平	水磨石磨机	需要处理欠平整部位时
灌缝	灌缝机或插胶条工具	根据需要定规格和数量
养生	压力式喷洒机或喷雾器	根据需要定规格和数量
	工地运输车	4~6t,按需要定数量
	洒水车	4.5~8t,按需要定数量

注:可按装备、投资、施工方式等不同要求选配。

滑模摊铺前台设备配套有重型和轻型之分,重型配置前台有布料机、摊铺机和拉毛养生机,重型设备的优点是施工钢筋混凝土路面和桥面很便捷,缺点是前台设备越多,出故障的概率越高。国内大部分为轻型配置,只有一台摊铺机,其缺点是人工辅助工作量大,且需其他设备辅助施工钢筋混凝土桥面,但实践证明,轻型设备也能施工优质混凝土路面;国内滑模施工最快日进度和最高的平整度均是在轻型装备上实现的。

二、三辊轴机组铺筑设备选择与配套

1. 三辊轴整平机

三辊轴整平机的主要技术参数应符合表 2-2-3。板厚 200mm 以上宜采用直径 168mm 的辊轴；桥面铺装或厚度较小的路面可采用直径为 219mm 的辊轴。轴长宜比路面宽度长出 600~1 200mm。振动轴的转速不宜大于 380r/min。

辊轴整平机的主要技术参数　　　　　　表 2-2-3

型号	轴直径（mm）	轴速（r/min）	轴长（m）	轴质量（kg/m）	行走机构质量（kg）	行走速度（m/min）	整平轴距（mm）	振动功率（kW）	驱动功率（kW）
5001	168	300	1.8~9	65±0.5	340	13.5	504	7.5	6
6001	219	300	5.1~12	77±0.7	568	13.5	657	17	9

图 2-2-2　三辊轴整平机

三辊轴整平机实质上属于小型机具的改造形式，是将小型机具施工时的振动梁和滚杠合并安装在有驱动力轴的设备上，如图 2-2-2 所示。所以，在高等级公路施工中，仅靠三辊轴整平机是不能保证面板中下部路面混凝土振捣密实的。因此必须同时配备密集排式振捣机施工。

2. 振捣机

三辊轴机组铺筑混凝土面板时，必须同时配备一台安装插入式振捣棒组的排式振捣机，该机是在密集排振的观点指导下开发的配套设备。目前振捣机有仅安装一排振捣棒的形式；也有同时安装有辅助摊铺的螺旋布料器和松方控制刮板的形式。振捣棒的直径宜为 50~100mm，间距不应大于其有效作用半径的 1.5 倍，并不大于 500mm。插入式振捣棒组的振动频率可在 50~200Hz 之间选择，当面板厚度较大和坍落度较低时，宜使用 100Hz 以上的高频振捣棒。现行相关施工规范推荐采用同时配备螺旋布料器和松方控制刮板，并具备自动行走功能。

3. 振捣梁

桥面铺装时（厚度不超过 150mm）可使用振捣梁。振捣频率宜为 50~100Hz，振捣加速度宜为 4~5 倍重力加速度。

4. 拉杆插入机

在摊铺双车道路面时，拉杆插入机是在中间纵缝中插入拉杆的专用装置。当一次摊铺双车道路面时应配备纵缝拉杆插入机，并配有插入深度控制和拉杆间距调整装置。

5. 工艺流程

工艺流程为：布料→密集排振→拉杆安装→人工补料→三辊轴整平→（真空脱水）→精平饰面→拉毛→切缝→养生→（硬刻槽）→填缝。

三辊轴机组的施工工艺流程与小型机具施工接近。不同之处有两点：一是使用排式振捣机代替手持式振捣棒；二是将振动梁与滚杠两步工序合成为三辊轴整平机一步。三辊轴机组施工时，推荐使用真空脱水工艺和硬刻槽来保证表面的耐磨性和抗滑性。

三、轨道摊铺机铺筑机械选型与配套

1. 轨道摊铺机的选型

应根据路面车道数或设计宽度按表2-2-4的技术参数选择,最小摊铺宽度不得小于单车道3.75m。

轨道摊铺机的基本技术参数表　　　　　　　　　　表2-2-4

项　目	发动机功率（kW）	最大摊铺宽度（m）	摊铺厚度（mm）	摊铺速度（m/min）	整机质量（t）
三车道轨道摊铺机	33～45	11.75～18.32	50～600	1～3	13～38
双车道轨道摊铺机	15～33	7.5～9.0	250～600	1～3	7～13
单车道轨道摊铺机	8～22	3.5～4.5	250～450	1～4	≤7

2. 轨道摊铺机按布料方式

轨道摊铺机按布料方式可选用刮板式、箱式和螺旋式;刮板式、箱式适用于摊铺连续配筋或钢筋水泥路面,如图2-2-3所示。

图2-2-3　轨道摊铺机

四、小型铺筑机具选型与配套

小型机具性能应稳定可靠,操作简易,维修方便,机具配套应与工程规模、施工进度相适选配的成套机械、机具应符合表2-2-5的要求。

小型机具施工配套机械、机具配置　　　　　　　　表2-2-5

工作内容	主要施工机械机具	
	机械机具名称、规格	数量、生产能力
钢筋加工	钢筋锯断机、折弯机、电焊机	根据需要确定规格和数量
测量	水准仪、经纬仪	根据需要确定规格和数量
架设模板	与路面厚度等高3m长槽钢模板固定钢钎	数量不少于3d摊铺用量
搅拌	强制式搅拌楼,单车道≥25m³/h 双车道≥50m³/h	总搅拌产生能力及搅拌楼数量根据施工规模和进度由计算确定
	装载机	2～3m³
	发电机	≥120kW
	供水泵和蓄水池	单车道≥100m³,双车道≥200m³
运输	5～10t自卸车	数量由匹配计算确定
振实	手持振捣棒,功率≥1.1kW	每2m宽路面不少于1根
	平板振动器,功率≥2.2kW	每车道路面不少于1个
	振捣整平梁,刚度足够 2台振动器功率≥1.1kW	每车道路面不少于1台振动器 每车道路面不少于1根振动梁
	现场发电机功率≥30kW	不少于2台

续上表

工作内容	主要施工机械机具	
	机械机具名称、规格	数量、生产能力
提浆整平	提浆滚杠直径15~20mm表面光滑 无缝钢管壁厚≥3mm	长度适应铺筑宽度,一次摊铺 单车道路面1根,双车道路面2根
	叶片式或圆盘式抹面机	每车道路面不少于1台
	3m刮尺	每车道路面不少于2根
	手工抹刀	每米宽路面不少于1把
真空脱水	真空脱水机有效抽速≥15L/s	每车道路面不少于1台
	真空吸垫尺寸不小于1块板	每台吸水机应配3块吸垫
抗滑构造	工作桥	不少于3个
	人工拉毛齿耙、压槽器	根据需要确定数量
切缝	软锯缝机	根据需要确定数量
	手推锯缝机	根据进度确定数量
磨平	水磨石磨机	需要处理欠平整部位时
灌缝	灌缝机具	根据需要确定规格和数量
养生	洒水车4.5~8.0t	根据需要确定数量
	压力式喷洒机或喷雾器	根据需要确定规格和数量
	工地运输车4~6t	根据需要确定数量

第二节 混凝土路面面层铺筑

一、滑模机械铺筑

滑模摊铺技术在我国自1991年开始,经过多年研究和推广应用,已成为我国在高等级公路水泥混凝土路面施工中广泛采用的工程质量最高、施工速度最快、装备最现代化的高新成熟技术。

1. 滑模摊铺工艺流程

滑模摊铺混凝土路面的拉线设置与沥青路面非常接近,可以有几种摊铺基准设置方式:拉线、滑靴、铝方管和多轮支架等,我国仅规定使用拉线方式,它与沥青路面摊铺上面层和中面层不同的是上基层的平整度达不到路面的严格要求;国外采用除拉线以外的方式施工是有条件的,就是基层必须经过精整机铣刨过。我国目前的基层施工,一是未用精整机,二是基层规范规定的平整度为8mm。在这种条件下,要保证滑模摊铺水泥混凝土路面的高平整度,原则上不得采用其他简易基准设置方式。

1)基准线设置形式

滑模摊铺混凝土路面的施工应设置基准线。基准线设置形式有下述单向坡双线式、单向坡单线式和双向坡双线式3种。

(1)单向坡双线式。所摊铺的混凝土面板横向坡度为单向坡,而拉线位于摊铺机两侧(双线),这种拉线形式称为单向坡双线式。两条拉线间反映路面横坡。顺直段平面上两条拉线相等并平行。

(2)单向坡单线式。所摊铺的混凝土面板横向坡度为单向坡,而拉线仅位于摊铺机其中一侧(单线),已铺筑好的一侧不拉线。这种拉线形式称为单向坡单线式。这种拉线形式在路面分多幅(或两幅)摊铺的情况下,于后幅摊铺时采用。这时,修筑好的路面、边沟或缘石可作为摊铺机的不拉线一侧的平面参考系。

(3)双向坡双线式。所摊铺的混凝土面板横向坡为双向坡,而拉线位于摊铺机两侧(双线)。这种拉线形式为双向坡双线式。顺直段上两条拉线完全平行,并对应高层相等,拉线上没有横坡。

2)基准线宽度

基准线宽度除应保证摊铺宽度外,尚应满足两侧650~1 000mm横向支距的要求。

3)基准线桩纵向间距

直线段不应大于10m,竖、平曲线路段视曲线半径大小应加密布置,最小2.5m。

4)线桩固定

线桩固定时,基层顶面到夹线臂的高度宜为450~750mm。基准线桩夹线臂夹口到桩的水平距离宜为300mm。基准线桩应钉牢固。

5)基准线长度

单根基准线的最大长度不宜大于450m。

6)基准线拉力

基准线拉力不应小于1 000N。

7)基准线设置精确度

基准线的设置精确度应符合表2-2-6规定。

基准线设置精确度要求　　　　　表2-2-6

项 目	中线平面偏位 (mm)	路面宽度偏差 (m)	面板厚度(mm)		纵断高程偏差 (mm)	横坡偏差 (%)	连接纵缝高差 (mm)
			代表值	极值			
规定值	≤10	≤15	≥-3	≥-8	±5	±0.10	±1.5

注:在基准线上单车道一个横断面测3点、双车道5点测定板厚,其平均值为该断面平均板厚。断面平均板厚不应薄于其代表值;极小值不应薄于极值。每200m10个断面除以其均值为该路段平均板厚,路段平均板厚不应小于设计板厚。不满足上述要求的,不得摊铺面板。

8)基准线保护

基准线设置后,严禁扰动、碰撞和振动。施工应缩小基准线桩间距。一旦碰撞变位,应立即重新测量纠正。多风季节基准线是为摊铺机上的4个水平传感器两个方向传感器提供一个精确的与路面平行的水平(横坡)和直线(转弯)方向平面参考系。路面摊铺的几何精度和平整度很大程度上取决于基准线的测设精度。水平参考系的精度一般是由测桩水平面与基准线之间保持相同的距离来控制和保证。所以,基准线是滑模施工混凝土路面的"生命线"。准确安装设置基准线对于滑模摊铺极其重要。

2.摊铺现场准备

1)设备和机具

所有施工设备和机具均应处于良好状态,试运转正常并全部就位。

2)基层与封层表面处理

基层、封层表面及履带行走部位应清扫干净。摊铺面板位置应洒水湿润,但不得积水。热天高温条件下,有沥青封闭层或老沥青路面加铺时,可喷洒白色石灰膏降温。基层上的降温和保湿措施是为了使面板底部正常凝结硬化,提供设计所需要的弯拉强度。

3)连接纵缝处理

横向连接摊铺时,前次摊铺路面纵缝溜肩胀宽部位应切割顺直。侧边拉杆应校正扳直,缺少的拉杆应钻孔锚固植入。纵向施工缝的上半部缝壁应满涂沥青,这些是保证纵缝顺直及防水密封措施。

4)板厚检查

板厚控制必须在摊铺前的拉线上进行,并要求场站监理认可。否则摊铺后不合格很难弥补。板厚偏薄的处置,以往的方法是铣刨基层,但是,事实上铣刨基层的效果并不好,一是基层表面损伤有微裂缝,而且,基层厚度不足;二是铣刨后的基层部位与平整基层对面板的摩阻力相差过大,会造成路面运行的前两年内断板的可能性大大增加。因此,必须严格控制基层高程;同时,在面板高程误差范围内,可适当调整面板(拉线)高程,但应在30m以上长度内调整。

3.布料

1)布料高度

无论采用哪种布料方式,滑模摊铺机前的正常料位高度应控制在螺旋布料器叶片最高点以下,亦不得缺料。卸料、布料应与摊铺速度相协调。

2)松铺系数控制

当坍落度在10~50mm时,布料松铺系数宜控制在1.08~1.0之间施工距离宜控制在5~10m。

3)布料机与滑模摊铺

摊铺钢筋混凝土路面、桥面或搭板时,严禁任何机械开上钢筋网、胀缝支架。防止将钢筋网压变形、变位或贴底。

4.滑模摊铺机的施工参数设定及校准

摊铺开始前,应对摊铺机进行全面性能检查和正确的施工部件位置参数设定。摊铺机各工作机构施工位置的正确设定是滑模摊铺技术中最关键的技术环节之一,也是摊铺机调试当中的最主要的内容。实际上,工作参数设置得不正确,是无论如何也摊铺不出高质量的路面来的,必须透彻了解振动黏度理论和严格遵循设计师所使用的摊铺机工艺设计原理,使下述每项工作参数都设定在正确摊铺位置。

1)振捣棒位置

振捣棒下缘位置应在挤压板最低点以上,振捣棒的横向间距不宜大于450mm,均匀排列;两侧最边缘振捣棒与摊铺边沿距离不宜大于250mm。振捣棒位置是保证面板不产生纵向收缩裂缝的关键,振捣棒随滑模摊铺机拖行时,将粗集料推开,形成其中无粗集料的砂浆暗沟,砂浆的干缩量是混凝土的20倍。所以主要振捣棒掉下来,摊铺后的路面留有发亮的砂浆条带,路面必纵向开裂无疑。在所有公路路面摊铺时的振捣棒的最低点位置必须设置在路表面以上。也有很深的厚面板,如广州新白云机场跑道420mm厚度,除了缩窄一倍加密振捣棒的横向间距外,一半振捣棒安装在表面,另一半隔条振捣棒是插入板中的。公路路面没有这么厚的面板,均必须设置在路表面以上,以防止开裂。

2）前倾角

挤压底板前倾角宜设置为3°左右。提浆夯板位置宜在挤压底板前缘以下5~10mm之间。挤压底板前倾角大小和提浆夯板深度与滑模摊铺机的推进阻力与挤压力大小关系很大,也是横向拉裂与否的关键要素。必须设定在最佳位置,方可正常摊铺。

3）超铺角及搓平梁

两边缘超铺高程根据拌和物稠度宜在3~8mm间调整。搓平梁前沿宜调整到与挤压板后沿高程相同,搓平梁的后沿比挤压底板后沿低1~2mm,并与路面高程相同。

4）首次摊铺位置校准

滑模摊铺机首次摊铺路面,应挂线对其铺筑位置、几何参数和机架水平度进行调整和校准,正确无误后,方可开始摊铺。

5）复核测量

在开始摊铺的5m内,应在铺筑行进中对摊铺出的路面高程、边缘厚度、中线、横坡度等参数进行复核测量,且必须对所摊出的路面高程、厚度、宽度、中线、横坡度等技术参数进行仪器测量。机手应根据测量结果及时微调摊铺机上传感器、挤压板、拉杆打入深度及压力、抹平板的压力及侧模边缘位置。侧模的边缘位置是在方向传感器一侧用钢尺测量其到拉线距离来确定的,摊铺中线误差的消除是通过在行进中调整方向传感器横杆距离实现的,所有这些调整都必须是在摊铺行进中逐渐缓慢地进行调整,严禁停机调整,以防止路面出现剧烈调整的棱槽。如果出现了严重影响平整度的棱槽,必定要丢弃部分路面重做。

5. 铺筑作业技术要领

摊铺过程中滑模摊铺机与其他工艺不同的是必须一遍铺成,以达到振动密实、排气充分、挤压平整、外观规矩之目的,因此,不可倒车重铺。要实现此目标,既不能漏振、欠振,造成麻面或拉裂,也不得过振、提浆过厚,形成塌边或溜肩现象,为此振捣频率必须达到与速度和料稠度最优匹配。

1）摊铺速度

操作滑模摊铺机应缓慢、匀速、连续不间断地作业。严禁料多追赶,然后随意停机等待,间歇摊铺。停机次数越多,摊铺机挤压底板静止压力造成影响平整度的横向槽越多。这些原则规定与沥青摊铺机基本相同。国外最新型的滑模摊铺机,停机时,为了防止静压横槽,挤压底板后部能够自动抬起5mm,摊铺机启动后,再回归原位,然而目前国内还没有这种不怕停机的滑模摊铺机。摊铺速度应根据拌和物稠度、供料多少和设备性能控制在0.5~3.0m/min之间,一般宜控制在1m/min左右。拌和物稠度发生变化时,应先调振捣频率,后改变摊铺速度。

2）松方控制板

应随时调整松方高度板控制进料位置,开始时宜略设高些,以保证进料。正常摊铺时应保持振捣仓内料位高于振捣棒100mm左右,料位高低上下波动宜控制在±30mm之内。为了摊铺高平整度的路面,挤压底板的料与振捣仓内的混凝土之间,应始终维持相互间压力的均衡,才不至于使压力忽大忽小而影响平整度。我国现有的滑模摊铺机松方控制板均需要机手操纵;最新型的滑模摊铺机,松方控制板是通过振捣仓设置的超声传感器反馈自动控制的,其平整度会更高。

3）振捣频率控制

正常摊铺时，振捣频率可在 6 000～11 000r/min 之间调整，宜采用 9 000r/min 左右的频率。应防止混凝土过振、欠振或漏振。应根据混凝土的稠度大小，随时调整摊铺的振捣频率或速度。摊铺机起步时，应先开启振捣棒振捣 2～3min，再缓慢平稳推进。摊铺机脱离混凝土后，应立即关闭振捣棒组。这里根据混凝土的稠度给出了振捣频率的控制范围和停机等料时间过长的处置办法。

4）纵坡施工

滑模摊铺机满负荷时可铺筑的路面最大纵坡为：上坡5%，下坡6%。上坡时，挤压底板前仰角宜适当调小，并适当调轻抹平板压力，坡度较大时，为了防止摊铺机过载，推不动，宜适当调整挤压底板前仰角。下坡时，前仰角宜适当调大，并适当调大抹平板压力。板底不小于3/4长度接触路表面时抹平板压力适宜。

5）弯道施工

滑模摊铺机施工的最小弯道半径不应小于50m；最大超高横坡不宜大于7%。滑模摊铺弯道和渐变段路面时，如果摊铺单向横坡，应使滑模摊铺机跟线摊铺，并随时观察和调整抹平板内外侧的抹面距离，防止压垮边缘。摊铺中央路拱时，在计算机控制条件下，输入弯道、渐变段边缘及拱中几何参数，使计算机自动控制生成路拱；在手控条件下，机手应根据路拱消失和生成的几何位置，在给定路段范围内分级，逐渐消除和调成路拱。进出渐变段时，要保证路拱的生成和消失、弯道和渐变段路面几何尺寸的正确性。

6）插入拉杆

摊铺单车道路面，应视路面的设计要求配置一侧或双侧打入纵缝拉杆的机械装置。侧向打拉杆装置的正确插入位置应在挤压底板的下中间或偏后部。拉杆打入分手推、液压、气压几种方式，压力应满足一次打（推）到位的要求，不允许多次打入或人工后打。滑模摊铺是没有固定模板的快速施工方式，在毫无支撑的软混凝土路面边侧或中间打拉杆，造成塌边和破坏是显而易见的。同时摊铺两条以上车道时，除侧向打拉杆的装置外，还应在假纵缝位置中间配置1个以上中间拉杆自动插入装置，该装置有机前插和机后插两种配置。前插时，应保证拉杆的设置位置；后插时，要消除插入上部混凝土的破损缺陷，应有振动搓平梁或局部振动板来保证修复插入缺陷，以保证其插入部位混凝土的密实度。带振动搓平梁和振动修复板的滑模摊铺机应选机后插式；其他滑模摊铺机可使用机前插入式。打入的拉杆必须处在路面板厚中间位置。中间和侧向拉杆打入的高低、误差均不得大于±20mm；前后误差不得大于±30mm。

7）控制表面砂浆厚度

机手应随时密切观察所摊铺的路面效果，注意调整和控制摊铺速度、振捣频率、夯实杆、振动搓平梁和抹平板位置、速度和频率。软拉抗滑构造表面砂浆层厚度宜控制在 4mm，硬刻槽路面的砂浆表层厚度宜控制在 2mm 左右。

8）履带上已铺路面的时间

连接摊铺时，滑模摊铺机一侧履带上前次水泥混凝土路面的养护时间应控制在7d以上，最短不得少于5d。同时，钢履带底部应铺橡胶垫或使用有挂胶履带的滑模摊铺机。防止履带损伤前幅路面。纵向连接摊铺路面时，应对连接纵缝部位进行人工修整，连接纵缝的横向平整度应符合表不同公路等级的要求。连接摊铺后幅路面的纵缝横向平整度：高速公路、一级公路平均不应大于2mm、极值不应大于3mm。二、三级公路平均不应大于3mm、极值不应大于5mm

的要求。用钢丝刷刷干净黏附在前幅路面上的砂浆,应刷出粗细抗滑构造。

6. 滑模摊铺路面修整

滑模摊铺过程中应采用自动抹平板装置进行抹面。对少量局部麻面和明显缺料部位,应在挤压板后或搓平梁前补充适量拌和物,由搓平梁或抹平板机械修整。滑模摊铺的混凝土面板在下列情况下,可用人工进行局部修整,如图2-2-4所示。

(1)用人工操作抹面抄平器,精整摊铺后表面小缺陷,但不得在整个表面加薄层修补路面高程。

(2)对纵缝边缘出现的倒边、塌边、溜肩现象,应顶侧模或在上部支方铝管进行边缘补料修整。

(3)在起步和纵向施工接头处,应采用水准仪抄平并采用大于3m的靠尺边测边修整。

图2-2-4 滑模摊铺路面修整

7. 滑模摊铺结束后,必须及时做好下述工作

清洗滑模摊铺机,并进行当日保养、加油加水、打润滑油等,并宜在第二天硬切横向施工缝,也可当天软作施工横缝。应丢弃端部的混凝土和摊铺机振动仓内遗留下的纯砂浆。设置施工缝端模,并用水准仪测量面板高程和横坡。为使下次摊铺能紧接着施工缝开始,两侧模板应向内各收进20~40mm,收口长度宜比滑模摊铺机侧模板略长。施工缝部位应设置传力杆,并应满足路面平整度、高程、横坡和板长要求。在开始摊铺和施工接头时,应做好端头和结合部位的平整度,防止工作缝结合部低洼跳车。接头宁高勿低,高了可以磨低,而低了则无法补救。

二、三辊轴机组铺筑作业

1. 卸、布料

设专人指挥车辆均匀卸料。布料应与摊铺速度相适应,不适应时应配备适当的布料机械。坍落度为10~40mm的拌和物,松铺系数为1.12~1.25。坍落度大时取低值,坍落度小时取高值。超高路段,横坡高侧取高值,横坡低侧取低值。

2. 密排振实

混凝土拌和物布料长度大于10m时,可开始振捣作业。有间歇插入振实与连续拖行振实两种,密排振捣棒组间歇插入振实时,每次移动距离不宜超过振捣棒有效作用半径的1.5倍,并不得大于500mm,振捣时间宜为15~30s。排式振捣机连续拖行振实时,作业速度宜控制在4m/min以内。具体作业速度视振实效果,振实要领在于必须首先使拌和物振捣为连续介质,然后将拌和物中的气泡排除干净。振捣速度应缓慢而均匀,连续不间断行进。排式振捣机应匀速缓慢、连续不间断地振捣行进。其作业速度以拌和物表面不露粗集料,液化表面不再冒气泡,并泛出水泥浆为准,如图2-2-5所示。

图2-2-5 三辊轴机组铺筑作业

3. 拉杆安装

面板振实后,应随即安装纵缝拉杆。单车道摊铺的混凝土路面,在侧模预留孔中应按设计要求插入拉杆;一次摊铺双车道路面时,除应在侧模孔中插入拉杆外,还应在中间纵缝部位,使用拉杆插入机在1/2板厚处插入拉杆,插入机每次移动的距离应与拉杆间距相同。

4. 三辊轴整平机作业

(1)三辊轴整平机按作业单元分段整平,作业单元长度宜为20~30m,振捣机振实与三辊轴整平两道工序之间的时间间隔不宜超过15min。

(2)三辊轴滚压振实料位高差宜高于模板顶面5~20mm,过高时应铲除,过低应及时补料。

(3)三辊轴整平机在一个作业单元长度内,应采用前进振动、后退静滚方式作业,宜分别进行2~3遍。最佳滚压遍数应经过试铺确定。

三辊轴机组施工最关键的是料位高差和振动滚压遍数的控制。料位高差与坍落度、整平机的质量和振捣烈度有关,坍落度大,高差小;整平机质量大或振捣烈度大,高差大,反之亦是。另一方面,振动滚压遍数并非越多越好,一般需要2~3遍。

(4)在三辊轴整平机作业时,应有专人处理轴前料位的高低情况,过高时,应辅以人工铲除,轴下有间隙时,应使用混凝土找补。

(5)滚压完成后,将振动辊轴抬离模板,用整平轴前后静滚整平,直到平整度符合要求、表面砂浆厚度均匀为止。

(6)表面砂浆厚度宜控制在4mm±1mm。

5. 精平饰面

辊轴整平机前方表面过厚、过稀的砂浆必须刮除丢弃,应采用3~5m刮尺,在纵、横两个方向进行精平饰面,每个方向不少于两遍,也可采用旋转抹面机密实精平饰面两遍。刮尺、刮板、抹面机、抹刀饰面的最迟时间不得迟于规定的铺筑完毕允许最长时间。

使用三辊轴机组摊铺时,饰面相当重要,若无饰面工具,可用刮尺和刮板人工纵横向认真反复刮平。直接使用三辊轴整平机滚过的表面,实践证明平整度是达不到3m尺不大于3mm要求的。因此,必须配备饰面工具认真操作,精心施工。

三、轨道摊铺机铺筑作业

从国内外的水泥混凝土路面大型机械化施工技术的发展看,轨道摊铺机铺筑方式明显有被滑模摊铺机取代的趋势,凡是可使用轨道摊铺机的场合,均可使用滑模摊铺机。轨道摊铺机在发达国家已基本不使用,主要用户是亚非拉发展中国家。轨道摊铺机的优点是可以倒车反复做路面,缺点是轨模板过重,轨模板安装劳动强度大。

1. 布料

(1)使用轨道摊铺机前部配备的螺旋布料器或可上下左右移动的刮板布料,料堆不得过高过大,亦不得缺料,可使用挖掘机、装载机或人工辅助布料。螺旋布料器前的拌和物应保持在面板以上100mm,布料器后宜配备松铺高度控制刮板,如图2-2-6所示;也可使用有布料箱的轨道摊铺机精确布料。箱式轨道摊铺机的料斗出料口关闭时,装进拌和物并运到布料位置后,轻轻打开料斗出料口,待拌和物堆成"堤状"后,再左右移动料斗布料。

(2)轨道摊铺时的适宜坍落度按振捣密实情况宜控制在20~40mm之间。不同坍落度时的松铺系数k可参考表2-2-7,并按此计算出松铺高度。

(3)当施工钢筋混凝土路面时,宜选用(两台)箱形轨道摊铺机分两层两次布料,可在第一层布料完成后,将钢筋网片安装好,再进行表面第二层布料,然后一次振实;也可两次布料两次振实,中间安装钢筋网。采用双层两遍摊铺钢筋混凝土路面时,下部混凝土的布料与摊铺长度应根据钢筋网片长度和第一层混凝土凝结情况而定,且不宜超过20m。

图 2-2-6 轨道摊铺机铺筑

松铺系数 k 与坍落度 S 的关系　　　　表 2-2-7

坍落度 S(mm)	5	10	20	30	40	50	60
松铺系数 k	1.30	1.25	1.22	1.19	1.17	1.15	1.12

2. 振实作业

(1)轨道摊铺机振捣棒组应配备超高频振捣棒,最高 11 000 次/min,工作频率 6 000～10 000 次/min。如果配备的是手持式振捣棒,其振捣频率仅 1 500～3 000 次/min,则优越性不大,若不能用超高频振捣来激发水泥的活性,就只有三辊轴和小型机具的弯拉强度。

振捣方式有斜插连续拖行及间歇垂直插入两种,当面板厚度超过 150mm、坍落度小于 30m 时,必须插入振捣;连续拖行振捣时,宜将作业速度控制在 0.5～1.0m/min 之间,并随着坍落厚度的大小而增减。间歇振捣时,当一处混凝土振捣密实后,将振捣棒组缓慢拔出,再移动到下一处振实,移动距离不宜大于 500mm。

(2)轨道摊铺机应配备振动板或振动梁对混凝土表面进行振捣和修整,振动梁的振捣频率宜控制在 3 000～6 000 次/min(50～100Hz)之间,偏心轴转速调节到 2 500～3 500r/min。经振捣棒组振实的混凝土,宜使用振动板振动提浆,并密实饰面,提浆厚度宜控制在 4mm±1mm。

3. 整平饰面

(1)往复式整平滚筒前的混凝土堆积物应涌向横坡高的一侧,以保证路面横坡高端有足够的料找平。

(2)及时清理因整平推挤到路面边缘的余料,以保证整平精度和整平机械在轨道上的作业行驶。

(3)轨道摊铺机上宜配备纵向或斜向抹平板。纵向抹平板随轨道摊铺机作业行进可左右贴表面滑动并完成表面修整;斜向修整抹平板作业时,抹平板沿斜向左右滑动,同时随机身行进,完成表面修整。

4. 精平饰面

精平饰面操作要求与三辊轴机组要求相同。

四、小型机具铺筑作业

小型机具施工工艺是水泥混凝土路面施工方式中最古老而传统的施工方式,大致在20世纪30年代手持振捣棒发明后即开始应用此工艺了,此前的水泥混凝土路面均采用干硬性路面夯实方式施工。实践证明,小型机具方式应用得好,振捣密实时,同样可建造出相当经久耐用的水泥混凝土路面,如美国上吉尼斯纪录的使用寿命达90年的水泥混凝土路面。我国抗战时期修建的水泥混凝土路面有的也使用了70年,这些使用寿命最长的水泥混凝土路面因当时并没有先进的施工工艺,均采用小型机具施工。事实上,这些路面上的交通量与轴载均很小,而现代高等级公路上,交通量与轴载均很大,车速很高,实践证明此工艺已经不能适用,国内外均逐渐将其淘汰了,但是小型机具施工在中、轻交通的低等级水泥路面仍可使用,它技术成熟,施工便捷,不需要大型设备。

目前我国明显有一种用三辊轴机组代替小型机具工艺的发展趋势,原因之一是三辊轴机组是小型机具的改进,是将平板振捣器与滚杠结合改进为三辊轴机,将手持振捣棒改为排式振捣机;二是三辊轴机组的施工设备同样相当便宜;三是使用三辊轴机组施工工人的劳动强度略小一些,而使人为影响质量的因素降低;四是凡架设模板,能够采用小型机具施工的公路路面均可采用三辊轴机组施工工艺。因此,这种用三辊轴机组代替小型机具是必然的,也是我们所提倡的。

1. 摊铺

(1)在混凝土拌和物摊铺前,应对模板的位置及支撑稳固情况,传力杆、拉杆的安设等进行全面检查;修复破损基层,并洒水润湿,待用厚度标尺板全面检测板厚与设计值相符后方可开始摊铺。

(2)专人指挥自卸车尽量准确卸料。

(3)人工布料应用铁锹反扣,严禁抛掷及耧耙。人工摊铺混凝土拌和物的坍落度应控制在5~20mm之间,拌和物松铺系数宜控制在1.10~1.25之间。料偏干时,取较高值;反之,取较低值。

(4)因故造成1h以上停工或达到2/3初凝时间,致使拌和物无法振实时,应在已铺筑好的面板端头设置施工缝,并废弃不能被振实的拌和物。

2. 插入式振捣棒振实

(1)在待振横断面上,每车道路面应使用两根振捣棒,组成横向振捣棒组,沿横断面连续振捣密实,并应注意路面板底、内部和边角处不得欠振或漏振。

(2)振捣棒在每一处的持续时间,应以拌和物全面振动液化、表面不再冒气泡和泛水泥浆为准,不宜过振,也不宜少于30s。振捣棒的移动间距不宜大于500mm;至模板边缘的距离不宜大于200mm,应避免碰撞模板、钢筋、传力杆和拉杆。

(3)振捣棒插入深度宜离基层30~50mm,振捣棒应轻插慢提,不得猛插快拔,严禁在拌和物中推行和拖拉振捣棒振捣。

(4)振捣时,应辅以人工补料,应随时检查振实效果、模板、拉杆、传力杆和钢筋网的移位、变形、松动、漏浆等情况,并及时纠正。

3. 振动板振实

(1)在振捣棒已完成振实的部位,可开始用振动板纵横交错两遍全面提浆振实,每车道路面应配备1块振动板。

(2)振动板移位时,应重叠 100~200mm,振动板在一个位置的持续振捣时间不应少于 15s。振动板必须由两人提拉振捣和移位,不得自由放置或长时间持续振动。移位控制以振动板底部和边缘泛浆厚度 3mm±1mm 为限。

(3)缺料的部位,应辅以人工补料找平。

4. 振动梁振实

(1)每车道路面宜使用 1 根振动梁。振动梁应具有足够刚度和质量,底部应焊接或安装深度 4mm 左右的粗集料压实齿,保证 4mm±1mm 的表面砂浆厚度。

(2)振动梁应垂直路面中线沿纵向拖行,往返 2~3 遍,使表面泛浆均匀平整。在振动梁拖振整平过程中,缺料处应使用混凝土拌和物填补,不得用纯砂浆填补;料多的部位应铲除。

5. 整平饰面

整平饰面包括滚杠提浆整平、抹面机压浆整平饰面、精整饰面 3 道工序,这里需强调的是 3 道整平工序缺一不可。

(1)每车道路面应配备 1 根滚杠。振动梁振实后,应拖动滚杠往返 2~3 遍提浆整平。第一遍应短距离缓慢推滚或拖滚,以后应较长距离匀速拖滚,并将水泥浆始终赶在滚杠前方。多余水泥浆应铲除。

(2)拖滚后的表面宜采用 3m 刮尺,纵横各 1 遍整平饰面,或采用叶片式或圆盘式抹面机往返 2~3 遍压实整平饰面。抹面机配备每车道路面不宜少于 1 台。

(3)在抹面机完成作业后,应进行清边整缝,清除黏浆,修补缺边、掉角。应使用抹刀将抹面机留下的痕迹抹平,当烈日暴晒或风大时,应加快表面的修整速度,或在防雨篷遮阴下进行。整平饰面后的面板表面应无抹面印痕,致密均匀,无露骨,平整度应达到规定要求。

【工程实例】

一、工程概况

深圳市××区××路东段市政工程,起点桩号 K0+040,终点桩号 K1+401.84,全长 1 361.84m。道路总宽 43.0m;车行道采用双向四车道,宽度为 15.0m;两侧人行道各宽 4.0m(含 1.5m 树池);两侧城市绿化带各宽 10.0m。

本工程中车行道结构形式为:240mm 厚 C35 水泥混凝土面层,200mm 厚 6% 水泥稳定石粉渣基层,200mm 厚 4% 水泥稳定石粉渣基层,总厚 640mm。人行道路面结构形式为:C35 机制水泥混凝土面板(250mm×250mm×50mm),20mm 厚 1:4 水泥砂浆抹平,10mm 厚 4% 水泥稳定石粉渣基层,总厚 220mm。

其中道路工程中主要工程量有路基挖方 94 761m^3,填方 70 092m^3,4% 水泥稳定石粉渣底基层 4 713.03m^3,6% 水泥稳定石粉渣基层 4 713.03m^3,C35 水泥混凝土路面 23 570m^2。

二、路面基层施工

1. 施工准备

认真检查成型土基的高程、平整度,核对密实度、回弹模量检测结果是否符合要求,不合格处重新施工,同时清除表面杂物。

2. 材料准备

1）石粉渣

石粉渣最大粒径不应大于8mm,小于0.07mm,颗粒含量不应大于10%,具有适当级配、洁净,污土块等杂质。

2）水泥

水泥选用终凝时间较长(宜在6h以上)的水泥。快硬水泥、早强水泥,以及已经受潮变质的水泥严禁使用。石粉渣必须坚硬、清洁、无风化、无杂质。

3）水泥剂量

水泥质量占石屑干质量的百分率底基层为4%,基层为6%。

3. 水泥稳定石粉渣基层施工

基层设计有3种形式：

车行道:6%水泥稳定石粉渣基层200mm,4%水泥稳定石粉渣基层200mm；

人行道:1:4水泥砂浆卧底20mm,4%水泥稳定石粉渣基层150mm；

施工时采用分段流水作业,一个流水段控制在200m以内。其主要工序施工方法及注意事项如下：

（1）施工测量:测量出基层施工的边桩和摊铺石粉渣的高程。

（2）摊铺石粉渣、水泥:摊铺集料前,先在基层上洒水,使其表面湿润,但要不过分潮湿而造成泥泞,然后用推土机和平地机将集料均匀地摊铺在基层上,摊铺宽度比设计宽0.2~0.3m,以保证整段稳定层碾压密实；摊铺厚度做到均匀一致,压实厚度为150~200mm,一般考虑1.3左右的松铺系数；同时检查集料的含水率,必要时洒水闷料,再将整段石粉渣分块,按设计计算每块的水泥用量,摊铺在每块石粉渣上。

（3）机械拌和:施工中水泥、石粉渣在最佳含水率下摊铺压实,摊铺至碾压时间不超过3h,派专人在路拌机后检查翻拌深度和翻拌是否均匀,并同时检查水泥石粉渣的含水率是否合适,必要时适当洒水。

（4）整形:用轻型压路机先静压一遍,自路边至路中每次重叠轮宽1/2,以暴露不平之处,再用人工或平地机进行整形。严禁用薄层贴补的办法进行找平。

（5）碾压:用12t以上振动压路机碾压至设计密实度,同时注意找平,压路机在碾压时,不得在已完成或正在碾压的路段上掉头和紧急制动,以免表面受破坏,且除施工车辆外,禁止一切机动车辆通行。

（6）养生:碾压检验合格后,立即覆盖或洒水养生,洒水次数以表面湿润为准,养生期不少于7d,水泥稳定石屑基层达到强度后即进行检测,检测结果为:抗弯拉强度0.6MPa,回弹模量(E)350MPa,底基层抗压强度3.0~4.0MPa,基层抗压强度≥1.5MPa。

三、车行道水泥混凝土面层施工

本工程中车行道路面是水泥混凝土路面,其混凝土等级为C35,厚度为240mm,施工时采用商品混凝土。路面分块长度为4.5m,宽度为3.75m。

1. 施工准备

检查基层的宽度、路拱和高程、表面平整度是否符合要求,如有不符之处,予以整修。摊铺前,对基层表面洒水润湿,以免混凝土底部水分被干燥的基层吸去,以致产生细裂缝。待水泥石粉渣的密实度及回弹模量等检测合格后再进行面层的施工。

2. 安装模板

模板采用定型钢模,立模前精确定出板块分界线(即纵缝),立模时挂线保证模顶平顺,侧模两侧用铁杆打入基层以固定位置,模板顶面用水准仪检查其高程,不符合予以调整。模板的平面位置和高程控制都很重要,施工时要经常校验,严格控制。模板内侧要涂刷废机油或其他润滑剂,以便于拆模。

3. 传力杆安设

模板安装好后,即在需要位置设置传力杆的胀缝或缩缝位置上安设传力杆,混凝土板连续浇筑时则在嵌缝板上预留圆孔以便传力杆穿过,胀缝传力杆采用 $\phi 25$ 钢筋。对连续浇筑的混凝土设置传力杆,则在嵌缝板上设木制或铁板压缝板条,其旁再设一块胀缝模板,按传力杆的位置和间距,在胀缝板下部挖成倒 U 形槽,使传力杆由此通过,传力杆两端固定在钢筋支架上,支架脚插入基层内。对于混凝土不连续浇筑时设置的胀缝,宜用顶头模固定传力杆的安装方法。同时安设纵缝拉杆,利用预制混凝土块支撑,采用 $\phi 16$ 钢筋。水泥混凝土路面与桥头搭板或沥青路面相接处,在端部设置三条胀缝,并在板内设 $12\phi 10$ 钢筋网两层进行加强,搭接长度 $>30d$,保护层为 50mm。

4. 摊铺和振捣

将混合物运达摊铺地点后,充分利用混凝土运输车的活动槽,使混凝土均匀地卸落到规定范围内,并利用人工挖高补低,找平均匀。严禁抛洒使混合料产生离析,摊铺时还应注意考虑混凝土振捣后的沉降量,虚高可高于设计厚度约 10% 左右。摊铺时还应注意角边及模板处应补实,防止蜂窝麻面。在人工初平后,放置横向缩缝传力杆 $\phi 25$ 钢筋,在需要放置防裂筋及角隅钢筋的地方按设计要求放置钢筋。振捣的应用平板振捣器、插入振捣器和振动梁配套作业。振捣应根据混凝土的厚度分两次进行,先用插入振动棒振捣,然后用平板振捣器从模板上沿纵边振动压平。压振过程中,多余的混合物将随着振动梁的滑移而被刮去,低陷处应随时补足。随后用直径 75mm 的无缝钢管,两端设在侧模上,沿纵向滚压一遍。摊铺工作一定要在分缝处结束,不能在一块内有接茬。因故停工,在半小时内可用湿麻布盖上,恢复工作时把此处混凝土耙松后,再继续摊铺,在停工半小时以上而又达到初凝时间则作施工缝处理。在摊铺或振捣混合料时,不要碰撞麻布和传力杆及角隅钢筋,更严禁用脚踩,以避免移位变形。

5. 真空吸水

在初步振捣并整平的混合料的表面铺设气垫薄膜,光面朝上,半球面凸头部分朝下,以构成真空腔及水流通道。气垫薄膜通过过滤布压于混凝土表面上。作业面处于负压状态,然后安装吸头,衔接吸垫与机组,起动真空泵,使真空度控制在 $60\sim 75$ kPa 即满足真空作业要求。真空时间(以 min 计)约为面板厚(以 mm 计)的 $0.1\sim 0.15$ 倍。当吸水完毕,停机前先将吸垫掀开一角,然后再关机,以免波纹管内的存储水倒流入混凝土表面。在完成吸水作业的混凝土面层上,为增加其密实度,提高混凝土强度,再用振动梁二次振捣找平。

6. 表面整修及拉毛

振捣完成后混凝土面层过多的泥浆必须刮掉,要求原浆抹面。采用机械抹面,用小型电动抹面机进行粗光。再结合人工抹面,要求凹凸不超过 3mm,不合格即返工。抹面结束后,可用拖光带横向轻轻拖拉几次,撸边是在板体初凝后,用小角抹子站在混凝土板四周仔细压撸切割,然后用 L 形抹子仔细撸实,使板边呈现光滑、密实、有清晰美观的棱角边缘。拉毛是用金属丝梳子顺横向在抹平后的表面上轻轻梳成 $1\sim 2$mm 的横槽,要求纹迹均匀,且与路中线垂直。

7. 养护与切缝

混凝土抹面2h后,当表面硬度达到用手指轻压不出现痕迹时即可开始养护。用氯橡胶养护剂进行养护,养护剂喷洒必须均匀,纵横方向不小于两遍,切缝工作宜在混凝土初步结硬后(混凝土强度达到8～12MPa,一般湿度状态在混凝土摊铺后20h)及时进行。切缝采用切割机切割。填缝前,首先将缝隙内泥沙杂物清除干净,然后浇灌填缝料。填料不宜填满缝隙深,最好在浇灌填料前先用柔性材料填塞缝底,然后再加填料。

拆模时间可在混凝土达到设计强度的75%～85%时进行,拆模时必须注意避免碰伤混凝土的边角。混凝土强度必须达到设计强度的90%以上时,方能开放交通。路面施工时要做好雨季施工准备,预备好防护雨棚等用具,以保证施工质量。

第三章 沥青混凝土路面施工技术

沥青路面是采用沥青材料作为结合料,黏结矿料或混合料修筑面层的路面结构。沥青路面由于使用了黏结力较强的沥青材料作结合料,不仅增强了矿料颗粒间的黏结力,而且提高了路面系列的技术品质,使路面具有平整、耐磨、不扬尘、不透水、耐久等优点。由于沥青材料具有弹性、黏性、塑性,在汽车通过时,振动小、噪声低、略有弹性、平稳舒适,是高等级公路的主要面层。沥青路面的缺点是易被履带车辆和尖硬物体所破坏;表面易被磨光而影响安全,温度稳定性差,夏天易软、冬天易脆并产生裂缝。此外,铺筑沥青面层受气候和施工季节的限制。雨天不宜铺筑各种沥青面层,冰冻地区在气温较低时铺筑沥青面层也难以保证质量。

沥青路面属于柔性路面,其力学强度和稳定性主要依赖于基层与土基的特性。为了保证路面的各项技术要求,最好铺筑在用结合料处治过的整体性基层上。由于沥青路面的抗弯拉能力较低,要求基础有足够的强度和稳定性,因此翻浆路段的土基必须事先处理,强度不足的路段要预先补强。在有冻胀现象的地区通常需设置防冻层,以防止路面冻胀产生裂缝。修筑沥青路面后,由于隔绝了土基与大气间气态水的流通,路基路面内部的水分可能积聚在沥青结构层下,使土基和基层变软,导致路面破坏,因此必须强调基层的水稳定性。对交通量较大的路段,为使沥青路面具有一定的抗弯拉和抗疲劳开裂的能力,宜在沥青面层下设置沥青混合料封层。采用较薄的沥青面层时,特别是在旧路面上加铺面层时,要采取措施(如设置黏层)加强面层与基层之间的黏结,以防止水平力作用而引起沥青面层的剥落、推挤、拥包等破坏。

修筑沥青路面一般要求使用等级高的矿料,等级稍差的矿料借助于沥青的黏结作用也可用来修路面。当沥青与矿料之间黏附不好,在水分作用下会逐步剥落,因此在潮湿地区修筑沥青路面时,应采用碱性矿料,或采取一定的技术措施,以提高矿料与沥青间的黏结力。

沥青路面施工时要求温暖的气候条件,各工序要紧密配合。沥青路面完工后通常要求有一定的成型期。例如对于沥青贯入式路面与沥青表面处治路面,要在交通滚压的情况下逐步成型。在成型期内必须加强初期养护。在整个使用期间,沥青路面均需及时维修和保养。同时,由于新的路面材料一般均能很好结合,使得沥青路面在使用初期容易修补。因此沥青路面适宜分期修建。

沥青路面的主要形式有表面处治、贯入式、沥青碎石、沥青混凝土等。这几种沥青路面按施工工艺的不同可分为层铺法和拌和法两种形式。所需的施工机械主要有沥青洒布机、沥青混凝土拌和机、沥青混凝土摊铺机和压实机械等。

第一节 沥青路面施工机械简介

一、沥青加热设备

沥青加热设备的作用是将沥青储仓(罐)中的固体沥青加热,使其熔化、脱水并达到要求的工作温度。

储仓(罐)内沥青的加热方式可分为蒸气加热式、火力加热式、电加热式、导热油加热式、太阳能加热式和远红外线加热式等几种,目前国内外广泛使用导热油加热式。导热油加热式是利用经加热至较高温度的高闪火点矿物油作为热介质,使其在导管和蛇形管中循环流动来加热管外的沥青。这种方法优点是所使用的导热油加热器结构紧凑,使用方便,加热柔和,热效率高,易于自动控温,对沥青加热升温均匀速度快。

二、沥青洒布机

沥青洒布机是一种黑色路面机械,它是公路、城市道路、机场和港口码头建设的主要设备。当用贯入法和表面处治法修筑、修补沥青(渣油)路面时,沥青洒布机可以用来完成高温液态沥青(渣油)的储存、转运和洒布工作。

沥青洒布机主要是由储料箱和洒布设备两大部分组成。储料箱的作用是储存高温液态的沥青,并且具有一定的保温作用;洒布设备的作用是洒布沥青。沥青的加温是由专门的熔化锅进行的。高温液态沥青向储料箱的注入或由储料箱向洒布设备的输出均靠沥青泵来完成。

沥青洒布机大致可分三类:即手动式、机动式和自行式。

手动式沥青洒布机是将储料箱和洒布设备都装在一辆人力挂车上,利用人工手摇沥青泵或手压活塞泵泵送高温液态沥青,通过洒布软管和喷油嘴来进行沥青洒布作业。洒布管是手提的,储料箱较小(容积为200~400L)。这种洒布机的结构较简单,但劳动强度较大,工作效率低,一般只宜用于养路修补工作。

图 2-3-1 自行式沥青洒布机

机动式沥青洒布机是利用发动机的动力来驱动沥青泵,即以发动机动力取代人力,从而提高了洒布能力,它们的洒布方法与手动相同。

自行式沥青洒布机是将储料箱和洒布设备等都装在汽车底盘上,由于行动灵活、工作效率高、洒布质量好,故使用很广泛。目前这种沥青洒布机多用于新建路面工程或高等级公路路面的养护工程中,特别适用于沥青熔化基地距施工工地较远的工程中,如图 2-3-1 所示。

三、沥青混凝土搅拌设备

沥青混凝土搅拌设备按生产能力分为大型、中型和小型 3 种。大型的生产率为 400t/h 以上,都为固定式,适用于集中工程及城市道路工程,如图 2-3-2 所示;中型的生产率为 30~350t/h,可以是固定式或半固定式。半固定式是将设备设置在几个拖车上,在施工地点拼装,适用于工程量大且集中的公路施工;小型的生产率为 30t/h 以下,多为移动式。即设备全部组成部分都设置在一辆半挂车或大型特制式汽车底盘上,可随施工地点转移,适用于工程量小的公路施工工程或一般养路作业。

四、沥青混合料摊铺机

沥青混合料摊铺机是用来将拌和好的沥青混合料(沥青混凝土或黑色粒料)按一定的技

术要求（厚度和横截面形状）均匀地摊铺在已整好的路基或基层上，并给以初步捣实和整平的专用设备，如图 2-3-3 所示。使用摊铺机施工，既可大大地加快施工速度、节省成本，又可提高所铺路面的质量。

图 2-3-2 大型沥青混凝土搅拌设备

图 2-3-3 沥青混合料摊铺机

另外，现代沥青混合料摊铺机还适用于摊铺各种材料的基层和面层、防护墙、铁路路基、RCC 基础层材料和稳定土等，是修筑一般公路与高速公路不可缺少的关键设备。

现代沥青混合料摊铺机采用全液压驱动和电子控制、中央自动集中润滑、液压振动和液压无级调节摊铺宽度等新技术，自动化程度高，操作简单方便，视野好，并设有总开关、自动找平装置、卸载装置及闭锁装置，保证了摊铺路基、路面的平整度和摊铺质量。

此外，由于机械化摊铺的速度快，且摊铺机上有可以加热的熨平装置，因此它在进行**摊铺**时，对气温的要求比人工摊铺时要低，所以可在较冷的气候条件下施工。

沥青混合料摊铺机的类型较多。按行走方式分为拖式和自行式；按行走装置分为轮胎式、履带式和轮胎履带组合式；按传动方式分为机械式和液压式等。

沥青混合料摊铺机主要是由基础车（发动机与底盘）、供料设备（料斗、输送装置和闸门）、工作装置（螺旋摊铺器、振捣器和熨平装置）及控制系统等部分组成。混合料从自卸汽车上卸入摊铺机的料斗中，经由刮板输送后转送到摊铺室，在那里再由螺旋摊铺器横向摊开。随着机械的行驶，这些被摊开的混合料又被振捣器初步捣实，接着再由后面的熨平板（或振动熨平板）根据规定的摊铺层厚度，修整成适当的横断面，并加以熨平（或振实熨平）。

自卸汽车在卸料给摊铺机时，应倒退到使其后轮碰及摊铺机的前推滚，然后将变速器放置空挡，升起车厢，由摊铺机推着汽车一边前进一边卸料。卸料完毕，汽车驶离，更换另一辆汽车按同样方法卸料。

混合料进入摊铺器的数量可由装在刮板输送器上方的闸门来控制，或由刮板输送器的速度来控制。摊铺层的厚度由两侧臂牵引点的油缸和上下调整螺旋来调整。

轮胎式摊铺机的前轮为一对或两对大型实心小胶轮，这样既可增强其承载能力，又可避免因受载变化而发生变形。后轮多为大尺寸的充气轮胎。履带式摊铺机的履带大多装有橡胶垫块，以免对地面造成履刺的压痕，同时降低了对地面的单位压力。

轮胎式摊铺机的优点是行驶速度高（可达 20km/h），可自动转移工地，费用低，机动性和操纵性能好，对单独的小面积不平整适应性好，不致过分影响铺层的平整度，弯道摊铺质量好，结构简单，造价低。其缺点是接地面积较小，牵引力较小，料斗内的材料多少会改变后驱动轮胎的变形量，从而影响铺层的质量。为了避免这种现象，自卸汽车应分次卸料，但这又会影响汽车的周转。

履带式摊铺机的优点是接地面积大,对地面的单位压力小,牵引力大,能充分发挥其动力性,对路基的不平度不太敏感,尤其对有凹坑的路基不影响其摊铺质量。其缺点是行驶速度低,不能很快地自行转移工地,对地面较高的凸起点适应能力差,机械传动式的摊铺机在弯道上作业时会使铺层边缘不整齐。此外,其制造成本较高。

由于履带式摊铺机有上述优点,所以目前世界各国使用得较多,尤其是大型机械,由于大型工程不需频繁转移工地,其行驶速度低的缺点也就不明显了。

第二节 沥青路面面层施工

一、施工前的准备工作

施工前的准备工作主要有:确定料源及进场材料的质量检验、施工机具检查、修筑试验路段、确定料源及进场材料的质量检验。

1. 沥青材料

目前,我国高等级公路路面所用的沥青大部分从国外进口,如京津塘高速公路、广佛高速公路、西三一级公路、济青一级公路等主要采用新加坡的壳牌、埃索及 DP 等公司的沥青或阿尔巴尼亚沥青。有一些工程,如沪嘉高速公路、沈大高速公路则采用国产的基本满足重交通道路沥青技术要求的稠油沥青。近几年来,对国产稠油沥青在高等级公路工程中的应用研究及工程实践表明,用满足重交通道路石油沥青技术要求的单家寺、欢喜岭、克拉玛依稠油沥青铺筑的高级沥青路面平整、坚实、无明显车辙,早期的裂缝基本消除或大大减少,路用性能达到或超过进口沥青,因而可以取代进口沥青。

国产沥青目前也还有不少问题需要解决,如包装及运输等,有的品种质量也不稳定。在全面了解各种沥青料源、质量及价格的基础上,无论是进口沥青还是国产沥青,均应从质量和经济两方面综合考虑选用。对进场沥青,每批到货均应检验生产厂家所附的试验报告,检查装运数量、装运日期、订货数量、试验结果等。对每批沥青进行抽样检测,试验中如有一项达不到规定要求时,应加倍抽样做试验,如仍不合格,则退货并索赔。

沥青材料的试验项目有针入度、延度、软化点、薄膜加热、蜡含量和密度等。有时根据合同要求,可增加其他非常规测试项目。

2. 矿料

矿料的准备应符合下列要求:

(1)不同规格的矿料应分别堆放,不得混杂,在有条件时宜加盖防雨顶棚。

(2)各种规格的矿料到达工地后,对其强度、形状、尺寸、级配、清洁度、潮湿度等进行检查。如尺寸不符合规定要求时,应重新过筛。若有污染时,应用水冲洗干净,待干燥后方可使用。

选择集料料场是十分重要的,对粗集料料场,重要是检查石料的技术标准能否满足要求,如石料等级、饱水抗压强度、磨耗率、压碎值、磨光值及石料与沥青的黏结力,以确定石料料场。

实际中,有些石料虽然达到了技术标准要求,但不具备开采条件,在确定料场时也应慎重考虑。

对各个料场采取样品,制备试件进行试验,并考虑经济性后确定。碎石受石料本身结构与加工设备的影响较大,应先试轧,检验其有关指标,以防止不合格材料入场。

细集料的质量是确定料场的重要条件。进场的砂、石屑及矿粉应满足规定的质量要求。

3. 施工机械检查

沥青路面施工前对各种施工机械应作全面检查,并应符合下列要求:

(1)沥青洒布机应检查油泵系统、洒油管道、量油表、保温设备等有无故障,并将一定数量沥青装入油罐,在路上先试洒、校核其洒油量。

(2)沥青混合料拌和与运输设备的检查。拌和设备在开始运转前要进行一次全面检查,注意连接的紧固情况,检查搅拌器内有无积存余料,冷料运输机是否运转正常,仔细检查沥青管道各个接头,严禁吸沥青管有漏气现象,注意检查电气系统。对于机械传动部分,还要检查传动链的张紧度。检查运输车辆是否符合要求,保温设施是否齐全。

(3)摊铺机应检查其规格和主要机械性能,如振捣板、振动器、熨平板、螺旋摊铺器、离合器、刮板送料器、料斗闸门、振捣熨平系统、自动找平装置等是否正常。

(4)压路机应检查其规格和主要机械性能(如转向、启动、振动、倒退、停驶等方面的能力)及振动轮表面的磨损情况,振动轮表面如有凹陷或坑槽不得使用。

4. 铺筑试验路段

高等级公路在施工前应铺筑试验段,铺筑试验段是不可缺少的步骤。

其他等级公路在缺乏施工经验或初次使用重大设备时,也应铺筑试验段。当同一施工单位在材料、机械设备及施工方法与其他工程完全相同时,经主管部门批准,也可利用其他工程的结果,不再铺筑新的试验路段。试验段的长度应根据试验目的确定,宜为100～200m,太短了不便施工,得不出稳定的数据。试验段宜在直线段上铺筑。如在其他道路上铺筑时,路面结构等条件应相同。路面各层的试验可安排在不同的试验段。

热拌热铺沥青混合料路面试验段铺筑分试拌及试铺两个阶段,应包括下列试验内容:

(1)根据沥青路面各种施工机械相匹配的原则,确定合理的施工机械、机械数量及组合方式。

(2)通过试拌确定拌和机的上料速度、拌和数量与时间、拌和温度等操作工艺。

(3)通过试铺确定以下各项:

①透层沥青的标号与用量、喷洒方式、喷洒温度;

②摊铺机的摊铺温度、摊铺速度、摊铺宽度、自动找平方式等操作工艺;

③压路机的压实顺序、碾压温度、碾压速度及碾压遍数等压实工艺;

④确定松铺系数、接缝方法等。

(4)验证沥青混合料配合比设计结果,提出生产用的矿料配合比和沥青用量。

(5)建立用钻孔法及核子密度仪法测定密实度的对比关系。确定粗粒式沥青混凝土或沥青碎石面层的压实标准密度。

(6)确定施工产量及作业段的长度,制定施工进度计划。

(7)全面检查材料及施工质量。

(8)确定施工组织及管理体系、人员、通信联络及指挥方式。

在试验段的铺筑过程中,施工单位应认真做好记录,监理工程师或工程质量监督部门应监督、检查试验段的施工质量,及时与施工单位商定有关结果。铺筑结束后,施工单位应就各项试验内容提出试验总结报告,并取得主管部门的批复,作为施工依据。

二、层铺法沥青路面施工

1. 沥青表面处治路面

沥青表面处治是用沥青和细粒料按层铺或拌和方法施工的厚度不超过3cm的薄层路面面层。由于处治层很薄,一般不起提高强度作用,其主要作用是抵抗行车的磨耗和大气作用,增强防水性,提高平整度,改善路面的行车条件。

沥青表面处治通常采用层铺法施工。按照洒布沥青及铺洒矿料的层次多少,沥青表面处治可分为单层式、双层式和三层式3种。单层式为洒布一次沥青,铺撒一次矿料,厚度为10~15mm,一般用作交通量为300~500辆/d的道路面层和原沥青路面的防滑层。双层式为洒布二次沥青,铺撒二次矿料,厚度为20~25mm,一般用作交通量为500~1 000辆/d的道路面层和损坏较轻的沥青面层加固(或改善和恢复已老化的沥青面层)。三层式为洒布三次沥青,铺撒三次矿料,厚度为25~30mm,一般用作交通量为1 000~2 000辆/d的道路面层。

1)施工工序及要求

层铺法沥青表面处治施工,有先油后料和先料后油两种方法,其中以前者使用较多,现以三层式为例说明其工艺程序。

三层式沥青表面处治路面施工程序为:

备料→清扫基层、放样和安装路缘石→浇洒透层沥青→洒布第一次沥青→撒铺第一次矿料→碾压→洒布第二层沥青→铺撒第二层矿料→碾压→洒布第三层沥青→铺撒第三层矿料→碾压→初期养护。

单层式和双层式沥青表面处治的施工程序与三层式相同,仅需相应地减少两次或一次布沥青、铺撒矿料与碾压工序。

(1)清扫基层

在表面处治层施工前,应将路面基层清扫干净,使基层矿料大部分外露,并保持干燥。对有坑槽、不平整的路段应先修补和整平,若基层整体强度不足,则应先予补强。

(2)浇洒透层沥青

透层是为使沥青面层与非沥青材料基层结合良好,在基层上浇洒乳化沥青、煤沥青或液体沥青而形成透入基层表面的薄层。沥青路面的级配砂砾、级配碎石基层及水泥、石灰、粉煤灰等无机结合料稳定土或粒料的半刚性基层上必须浇洒透层沥青。

透层应紧接在基层施工结束表面稍干后浇洒。当基层完工后时间较长,表面过分干燥时应在基层表面少量洒水,并待表面稍干后浇洒透层沥青。

透层沥青应采用沥青洒布车喷洒。

在无机结合料稳定半刚性基层上浇洒透层沥青后,应立即撒铺用量为$2~3m^3/km^2$的石屑或粗砂。在无结合料粒料基层上浇洒透层沥青后,当不能及时铺筑面层,并需开放施工车辆通行时,也应撒铺适量的石屑或粗砂,此种情况下,透层沥青用量宜增加10%。撒布石屑或粗砂后,应用6~8t钢筒式压路机稳压一遍。

透层洒布后应尽早铺筑沥青面层。

(3)洒布第一次沥青

在透层沥青充分渗透后,或在已做透层并已开放交通的基层清扫后,即可洒布第一次沥青。沥青的洒布温度根据施工气温及沥青标号选择。沥青洒布的长度应与矿料铺撒相配合,应避免沥青洒布后等待较长时间才铺撒矿料。

如需分两幅洒布时,应保证接茬搭接良好,纵向搭接宽度宜为 100~150mm。洒布第二次、第三次沥青,搭接缝应错开。

(4)铺撒第一次矿料

洒布第一次沥青后(不必等全段洒完),应立即铺撒第一次矿料。其数量按规定一次撒足。局部缺料或过多处,用人工适当找补,或将多余矿料扫出。两幅搭接处,第一幅洒布沥青后应暂留 100~150mm 宽度不撒矿料,待第二幅洒布沥青后一起铺撒矿料。

无论机械或人工铺撒矿料,撒料后应及时扫匀,普遍覆盖一层,厚度一致,不应有沥青露出。

(5)碾压

铺撒一段矿料后(不必等全段铺完),应立即用 6~8t 钢筒双轮压路机或轮胎压路机碾压,如图 2-3-4 所示。

碾压时应从路边逐渐移至路中心,然后再从另一边开始压向路中心。每次轮迹重叠宽度宜为 30cm,碾压 3~4 遍。压路机行驶速度开始不宜超过 2km/h,以后可适当增加。

(6)第二层、第三层施工

第二层、第三层的施工方法和要求与第一层相同。但可采用 8~10t 压路机压实。

图 2-3-4 钢筒双轮压路机碾压

(7)初期养护

除乳化沥青表面处治应待破乳后水分蒸发并基本成形后方可通车外,其他处治碾压结束后即可开放交通。通车初期应设专人指挥交通或设置障碍物控制行车,使路面全部宽度获得均匀压实。成型前应限制行车速度不超过 20km/h。

在通车初期,如有泛油现象,应在泛油地点补撒与最后一层矿料规格相同的养护料并仔细扫匀。过多的浮动矿料应扫出路面外,以免搓动其他已经黏着在位的矿料。

2)施工要求

沥青表面处治施工时,应符合下列要求:沥青表面处治宜选择在一年中干燥和较炎热的季节施工,并宜在日最高温度低于 15℃到来以前半个月结束;各工序必须紧密衔接,不得脱节,每个作业段长度应根据压路机数量、洒油设备等来确定,当天施工的路段应当天完成,以免产生因沥青冷却而不能裹覆矿料和尘土污染矿料等不良后果;除阳离子乳化沥青外不得在潮湿的矿料或基层上洒油。当施工中遇雨时,应待矿料晾干后才能继续施工。

2. 沥青贯入式路面

沥青贯入式路面是在初步碾压的矿料(碎石或碎砾石)上,分层洒布沥青,撒布嵌缝料,或再在上部铺筑热拌沥青混合料层,经压实而成的沥青路面,其厚度一般为 40~80mm(乳化沥青贯入式路面厚度应小于 50mm)。适用于二级及二级以下道路的面层,也可作为沥青混凝土路面的联结层。

沥青贯入式路面具有较高的强度和稳定性,其强度的构成主要依靠矿料的嵌挤作用和沥青材料的黏结力。由于沥青贯入式路面是一种多孔隙结构,为了防止路表水的浸入和增强路段的水稳定性,其面层的最上层必须加铺拌和层或封层(沥青贯入式作为基层或联结层时,可不做此封层),同时,做好路肩排水,使雨水能及时排除出路面结构。

1)施工程序

沥青贯入式面层的施工程序为:

备料→放样和安装路缘石→清扫基层→浇洒透层或黏层沥青→铺撒主层集料→第一次碾压→洒布第一次沥青→铺撒第一次嵌缝料→第二次碾压→洒布第二次沥青→铺撒第二次嵌缝料→第三次碾压→洒布第三次沥青→铺撒封面集料→最后碾压→初期养护→封层。

其中:备料、放样和安装路缘石、清扫基层、初期养护等工序与沥青表面处治路面相同,这里就其余工序分述如下:

(1)浇洒透层或黏层沥青

浇洒透层沥青前面已经介绍,这里介绍黏层沥青。黏层是使新铺沥青面层与下层表面黏结良好而浇洒的一种沥青薄层,黏层沥青宜用沥青洒布车喷洒,喷洒黏层沥青应注意:

①要均匀洒布;

②路面有杂物、尘土时应清除干净。当沾有土块时,应用水刷净,待表面干燥后浇洒;

③当气温低于10℃或路面潮湿时,不得浇洒黏层沥青;

④浇洒黏层沥青后,严禁除沥青混合料运输车外的其他车辆和行人通过。

(2)铺撒主层集料

摊铺集料应避免大、小颗粒集中,并应检查其松铺厚度。应严禁车辆在铺好的矿料层上通行。

(3)第一次碾压

主层矿料摊铺后应先用6~8t的压路机进行初压,速度宜为2km/h,碾压应自路边线逐渐移向路中心,每次轮迹重叠值为300mm,接着应从另一侧以同样方法压至路中心。碾压一遍后应检验路拱和纵向坡高,当有不符合要求时应找平再压,应使石料基本稳定,无显著推移为止。然后应用10~12t压路机(厚度大的贯入式路面可用12~15t压路机)进行碾压,每次轮迹应重叠1/2以上,碾压4~6遍,直至主层矿料嵌挤紧密,无显著轮迹为止。

(4)洒布第一次沥青

主层矿料碾压完毕后,即应洒布第一次沥青。其作业要求与沥青表面处治相同。

(5)铺撒第一次嵌缝料

主层沥青洒布后,应立即趁热铺撒第一次嵌缝料,铺撒应均匀,铺撒后应立即扫匀,个别不足处应找补。当使用乳化沥青时,石料撒布必须在乳液破乳前完成。

(6)第二次碾压

嵌缝料扫匀后应立即8~12t压路机进行碾压,轮迹重叠1/2左右,随压随扫,使嵌缝料均匀嵌入,宜碾压4~6遍,如因气温高在碾压过程中发生蠕动现象时,应立即停止碾压,待气温稍低时再继续碾压。

碾压密实后,可洒布第二次沥青,铺撒第二次嵌缝料,第三次碾压,洒布第三次沥青,铺撒封层料,最后碾压,施工要求向上。最后碾压采用6~8t压路机,碾压2~4遍即可开放交通。

如果沥青贯入式路面表面不撒布封层料,加铺沥青混合料拌和层时,应紧跟贯入层施工,使上下成为一整体。贯入部分采用乳化沥青时,应待其破乳、水分蒸发且成形稳定后方可铺筑拌和层。当拌和层与贯入部分不能连续施工,又要在短期内通行施工车辆时,贯入层与贯入部分的第二遍嵌缝料应增加用量2~3m³/km²。在摊铺拌和层沥青混合料前,应清除贯入层表面的杂物、尘土以及浮动石料,再补充碾压一遍,并应浇洒黏层沥青。

2)施工要求

对沥青贯入式路面施工要求与沥青表面处治基本相同。适度的碾压在贯入式路面施工极为重要。碾压不足会影响矿料嵌挤稳定,且易使沥青流失,形成层次,上、下部沥青分布不均。但过度的碾压,则矿料易于压碎,破坏嵌挤原则,造成空隙减少,沥青难以下渗,形成泛油。因此,应根据矿料的等级、沥青材料的标号、施工气温等因素来确定每次碾压所使用的压路机质量和碾压遍数。

3)封层施工

封层是指在路面上或基层上修筑的一个沥青表面处治薄层,其作用是封闭表面空隙、防止水分浸入面层(或基层)、延缓面层老化、改善路面外观等。封层分为上封层和下封层两种。沥青贯入式作面层时,应铺上封层(在沥青面层以上修筑的一个薄层);沥青贯入式作沥青混凝土路面的联结层或基层时,应铺下封层(在基层上修筑的一个薄层)。

上封层适用于在空隙较大的沥青面层上,有裂缝或已进行填缝及修补后的旧沥青路面。下封层适用于在多雨地区采用空隙较大的沥青面层的基层上,在铺筑基层后,因推迟修筑沥青面层,且须维持一段时间(2~3个月)交通时。

(1)层铺法沥青表面处治铺筑上封层的集料质量应与沥青表面处治的要求相同,下封层矿料质量可酌情降低。

(2)拌和法沥青表面处治铺筑上封层及下封层,应按热拌沥青混合料的方法及要求进行。

(3)采用乳化沥青稀浆封层作为上封层(不宜作新建的高速、一级公路的上封层)及下封层时,稀浆封层的厚度值为3~6mm。稀浆封层混合料的类型及矿料级配可根据处治目的、道路等级选择;铺筑厚度、集料尺寸及摊铺用量按规范选用。

稀浆封层施工时应注意以下事项:

①应在干燥情况下进行施工,且施工时气温不应低于10℃;

②应用稀浆封层铺筑机施工时,铺筑机应具有储料、送料、拌和、摊铺和计量控制等功能。摊铺时应控制好集料、填料、水、乳液的配合比例。当铺筑过程中发现有一种材料用完时,必须立即停止铺筑,重新装料后再继续进行。搅拌形成的稀混合料应符合质量要求,并有良好的施工和易性;

③稀浆封层铺筑机工作时应匀速前进,以达到厚度均匀、表面平整的要求;

④稀浆封层铺筑后,必须待乳液破乳、水分蒸发、干燥成形后方可开放交通。

三、热拌沥青混合料路面施工

热拌沥青混合料是由矿料与沥青在热态下拌和而成的混合料的总称。热拌沥青混合料在热态下铺筑施工成形的路面,即称热拌沥青混合料路面。

1. 施工准备及要求

施工前的准备工作主要有下承层准备与施工放样、机械选型与配套、拌和厂选址等项工序。

1)拌和设备的选型及场地布置

(1)拌和设备选型

通常根据工程量、工期来对拌和设备的生产能力、移动方式进行选型,同时要求其生产能力和摊铺能力相匹配,不应低于摊铺能力,最好高于摊铺能力5%左右。高等级公路沥青路面施工,应选用拌和能力较大的设备。

一般来说,生产能力增大1倍,设备的价格不会超过其原价的1/3。如果一台生产能力大的设备使用寿命按10年计算(10年折旧完),在这10年使用期中,仅节约燃料一项就可补偿购买大型设备所增加的投资及因此所付的利息。但是如果生产能力超过原材料的供应能力和摊铺机的摊铺能力,搅拌设备不能满负荷工作,也会造成浪费。

(2)拌和厂的选址与布置

沥青混合料拌和设备是一种由若干个能独立工作的装置所组成的综合性设备。因此,不论哪一类型拌和设备,其各个组成部分的总体布置都应满足紧凑、相互密切配合又互不干扰各自工作的原则。

2)施工机械组合

高等级公路路面的施工机械应优先选择自动化程度较高和生产能力较强的机械,以摊铺、拌和为主导机械并与自卸汽车、碾压设备配套作业,进行优化组合,使沥青路面施工全部实现机械化。目前常见的问题是摊铺与拌和生产能力不配套,不能保证摊铺机连续作业,从而影响施工进度和质量。特别是摊铺能力远大于拌和能力,使摊铺机频繁停机,影响了摊铺质量。运输车辆的数量确定可根据装料、运料、卸料、返回等工作环节所用时间确定。压实机械的配套,先根据碾压温度及摊铺进度确定合理的碾压长度,然后配备压实机具。表2-3-1为汕汾高速公路汕头海湾大桥北引道沥青混合料路面工程施工时,沥青混合料路面施工机械配套情况。

沥青混合料路面施工机械配套示例　　　　　　　　　表2-3-1

机 械 名 称	能 力	用 途
沥青混合料拌和设备(1台)	间歇式120t/h	拌和沥青混合料
沥青混合料摊铺机(2台)	最大摊铺宽8.5m	摊铺沥青混合料
自卸汽车(若干)	载质量15t	运输沥青混合料
6~8t压路机(1台)	自重6t,加载8t	初压沥青混合料
双钢轮振动压路机(2台)	工作质量10t,激振力60/120	复压沥青混合料
轮胎压路机	10t	终压沥青混合料
沥青洒布机	3.5t	洒黏层

3)下承层准备与施工放样

(1)下承层准备

沥青路面的下承层是指基层、联结层或面层下层。下承层完成之后,虽已进行过检查验收,但在两层施工的间隔,很可能因下雨、施工车辆通行等而使其发生程度不同的损坏。如基层可能出现软弹和松散或表面浮尘等,需对其进行维修。沥青类联结层下层表面可能泥泞,需将其进行清洗干净。下承层表面出现的任何质量问题,都会影响到路面结构的层间结合以至路面整体强度。对下承层缺陷处理后,即可洒透层、黏层或封层。

(2)施工放样

施工放样包括高程测定与平面控制两项内容。高程测定的目的是确定下承层表面高程与原设计高程相差的准确数值,以便在挂线时纠正到设计值或保证施工层厚度。根据高程值设置挂线标准桩,用以控制摊铺厚度和高程。

高程放样应考虑下承层高程差值(设计值与实际高程值之差)、厚度和本层应铺厚度,综合考虑后定出挂线桩顶的高程,再打桩挂线。

2. 拌和与运输

1)拌和与运输一般要求

(1)试拌

沥青混合料宜在拌和厂(场)制备。在拌制一种新配合比的混合料之前,或生产中断了一段时间后,应根据室内配合比进行试拌。通过试拌及抽样试验确定施工质量控制指标。

(2)沥青混合料的拌制

根据混合料配合比进行,严格控制各种材料用量及其加热温度。拌和后的沥青混合料应均匀一致,无花白、离析和结团成块等现象。每班抽样做沥青混合料性能、矿料级配组成和沥青用量检验。每班拌和结束时,清洁拌和设备,放空管道中的沥青。做好各项检查记录,不符合技术要求的沥青混合料禁止出厂。

(3)沥青混合料的运输

沥青混合料用自卸汽车运至工地,车厢底板及周壁应涂一薄层油水(柴油∶水=1∶3)混合液。运输车辆应覆盖,运至摊铺地点的沥青混合料温度不宜低于规定值,运输中尽量避免紧急制动,以减少混合料离析。

2)生产组织管理

沥青混合料的生产组织包括矿料、沥青供应和混合料运输两方面,任何方面组织不好都会引起停工。

(1)拌和

①材料供给。所用矿料符合质量要求,储存量应为平均日用量的5倍,堆料场应加遮盖,以防雨水。研究表明:矿料含水率的多少对设备生产能力的影响很大,矿料的含水率大则意味着烘干与加热时,拌和设备生产能力降低,燃料消耗率增加。例如干燥滚筒生产能力为50～80t/h时,含水率为5%～8%的矿料,含水率每增加1%,干燥能力下降约10%,每吨产品的燃油消耗率将增加10%。矿粉和沥青储量应为平均日用量的两倍。

②拌和设备运行。用装载机将不同规格的矿料投入相应的冷料仓,在拌和设备运行中要经常检查料仓储料情况。如果发现各斗内的储料不平衡时,应及时停机,以防满仓或储料串仓。

(2)运输

沥青混合料成品应及时运往工地。开工前应查明施工位置、施工条件、摊铺能力、运输路线、运距和运输时间以及所需量、混合料的种类和数量等。拌和设备时开时停会造成燃料的浪费,并影响混合料的质量。车辆数量必须满足拌和设备连续生产的要求,不因车辆少而临时停工。

要组织好车辆在拌和设备处装料和工地卸料的顺序,尤其要计划好车辆在工地卸料时的停置地点。装料时必须按其载重装足,安全检查后再启动。

为了精确控制材料,载运料汽车出厂时应进行称量,常用磅秤或使用拌和厂的自动称量系统。为了不因特殊事故或其他原因而使设备停工,拌和设备应有足够的混合料成品储仓。

3)拌和质量检测

(1)拌和质量的直观检查

质检人员必须在运料汽车装料过程中和开离拌和厂前往摊铺工地途中经常进行目测,发现混合料中是否存在某些严重问题。

沥青混合料生产的每个环节都应特别强调温度控制,这是质量控制的首要因素。目测可以发现沥青混合料的温度是否符合规定,运料汽车装载的混合料中冒黄烟往往表明混合料过热。若混合料温度过低,沥青裹覆不匀,装车将比较困难。此外,如运料汽车上的沥青混合料能够堆积很高,则说明混合料欠火,或混合料中沥青含量过低。反之,如果热拌混合料在运料汽车中容易坍平(不易堆积),则可能是因为沥青过量或矿料湿度过大所致。

(2)拌和质量测试

①温度测试。直观检验固然很重要,但检验人员必须进行测定。沥青混合料的温度常在运料汽车装料这一环节结束后测出。

②沥青混合料的取样和测试。沥青混合料的取样与测试是拌和厂进行质量控制最重要的两项工作。取样和测试所得到数据,可以证明成品是否合格。因此,必须严格遵循取样和测试程序,确保试验结果能够真实反映混合料的质量和特性。作为称职的检验人员,必须能采集有代表性的样品,进行现场试验室试验,并解释试验数据。

③检测记录。检测人员必须保留详细的检验记录。这些记录是确定沥青混合料是否符合规范要求,能否付款的依据。因此,记录必须清楚、完整和准确。这些记录还将成为施工和工程用量的历史记录。所以,检测记录也就成为日后研究和评价该项工程的依据。

为了能够反映实际情况,这些记录和报告必须在进行所规定的试验或测量的当时抓紧时间填写。每项工程都必须记日志,记录工程编号、拌和厂位置、拌和设备的类型和型号、原材料来源、主要工作人员姓名以及其他数据,还应记录日期和当天的气象情况及拌和厂的主要活动和日常工作。对异常情况,特别是对沥青混合料可能产生不利影响的情况必须进行说明。

④拌和质量缺陷及原因分析。

3.摊铺作业

摊铺时应先检查摊铺机的熨平板宽度和高度是否适当,并调整好自动找平装置。有条件时,尽可能采用全路幅摊铺,如采用分路幅摊铺,接茬应紧密、拉直,并宜设置样桩控制厚度,如图2-3-5所示。双层式沥青混凝土面层的上下层铺筑宜在当天内完成,如间隔时间较长,下层受到污染的路段铺筑上层前应对下层进行清扫,并浇洒黏层沥青。

摊铺时,沥青混合料温度不应低于规定值。摊铺厚度应为设计厚度乘以松铺系数,沥青混合料的松铺系数通过试铺碾压确定,也可按沥青混凝土混合料(1.15~1.35)和沥青碎石混合料(1.15~1.30)取值,细粒式沥青混合料取上限,粗粒式混合料取下限。

摊铺后应检查平整度及路拱,发现问题及时修整。如在局部边角或支线、岔道等处需采用人工摊铺时,沥青混合料宜卸在铁板上,摊铺时应采取扣锹摊铺,不得扬锹远抛,同时应边摊铺边用刮板整平,如图2-3-6所示。

气温在5℃以下或气温虽然在5℃以上,但有大风时,应对摊铺机熨平板进行加热。

4.碾压成型

压实是沥青路面施工的最后一道工序,良好的路面质量最终要通过碾压来体现。若采用了优质的筑路材料、精良的拌和与摊铺设备及良好的施工技术,可摊铺出较理想的混合料层,但碾压中出现任何质量缺陷,仍将前功尽弃。因此,必须高度重视压实工作。

压实的目的是提高沥青混合料的强度、稳定性以及抗疲劳特性。

压实工作的主要内容包括碾压机械的选型与组合、压实温度、速度、遍数、压实方式的确定及特殊路段的压实(弯道与陡坡)等。

1）常用沥青路面压实机械

（1）静力光轮压路机

静力光轮压路机可分为双轴三轮式（一般为8～12t、12～15t）和双轴双轮式。三轮式后面有两个较大的驱动轮，前面是一个较小的从动轮，常用于沥青混合料的初压，如图2-3-7所示。

图2-3-5 摊铺作业

图2-3-6 沥青混合料宜卸在铁板上

双轮式压路机的结构与三轮压路机的结构比较，具有更好的压实适应性，能在摊铺层上横向碾压，产生更均匀的密实度。

三轮二轴式压路机有三个等宽的碾压滚轮，该种压路机大多为重型，适用于压实沥青混凝土路面，且在作业时可以随被压层表面的不平度自动地重新分配各滚轮上的负荷，压平料层的凸起部分，主要用于要求平整度高的高等级公路路面的压实作业。

（2）轮胎压路机

轮胎压路机可用来进行接缝处的预压、弯道预压、消除裂纹及薄摊铺层的压实作业，如图2-3-8所示。

图2-3-7 静力光轮压路机

图2-3-8 轮胎压路机

（3）振动压路机

振动压路机分为自行式单轮振动压路机、串联振动压路机及组合式振动压路机3种，如图2-3-9所示。

①自行式单轮振动压路机。自行式单轮振动压路机常常用于平整度要求不高的辅道、匝道、岔道等路面作业。

②自行式双钢轮振动压路机。沥青混合料的压实度要求较高时，常使用这种类型的压路机。它分为单轮振动和双轮振动，并且大型双钢轮振动压路机有较多的频率和振幅。

2）选择与组合

结合工程实际,选择压路机种类、大小和数量应考虑摊铺机的生产率、混合料特性、摊铺厚度和施工现场的具体条件等因素。

图 2-3-9　振动压路机

摊铺机的生产率决定了需要压实的能力,从而影响压路机大小和数量的选用,而混合料的特性则为选择压路机的大小、最佳频率与振幅提供了依据。如混合料矿料含量的增加或最大尺寸的增大都会使其工作能力下降,要达到要求的密实度就需要较大压实能力的压路机。沥青稠度高时,也是如此。选择压路机质量和振幅应与摊铺层厚度相适应,摊铺层厚度小于60mm,最好使用振幅为0.35～0.60mm的中、小型振动压路机(2～6t),这样可避免材料出现堆料、波浪、压坏集料等现象。在压实较厚的摊铺层(大于100mm)时,使用高振幅(可高达1.00mm)的大型、中型振动压路机(6～10t)。压路机的选择必须考虑施工现场的具体情况。若有陡坡、转弯的路段,应考虑压路机操作的机动灵活性。

压路机的需要量可根据合同范围来确定,但在工程开始时,难以得知压实遍数。因为混合料的冷却速率及其他因素难以确定。因此,只有在摊铺初期通过仔细观察、测量和试验才能得出,一般要求压路机尽可能尾随摊铺机。在混合料温度、厚度、下承层温度变化的条件下,研究混合料冷却速率表明:利用温度参数可以相当准确地估算有效压实时间。所谓有效压实时间是指混合料从摊铺后的温度冷却至最低压实温度所需的时间,这种有效时间的估计可帮助工地工程技术人员确定需要多少台压路机。

【工程实例】

一、工程概况

深圳市某大道工程位于深圳市某区前海,是深圳港西部(蛇口、妈湾、赤湾、海星等)港区的主要对外疏港道路,也是深圳市快速干道的一部分。大道全长 3 107.92m,路幅宽度为110m,近期为双向六车道,预留远期扩宽为双向八车道的用地。路面结构设计采用沥青混凝土路面结构,自上而下组合如下:

40mm 厚沥青玛蹄脂碎石混合料(SMA-16);
60mm 厚中粒式沥青混凝土(AC-20I);
一层玻纤网合成材料;
70mm 厚粗粒式沥青混凝土(AC-30I);
250mm 厚6%水泥稳定石粉渣(将由其他施工单位完成后移交);
250mm 厚4%水泥稳定石粉渣(同上)。

二、施工方案

1. 材料采备和控制

主要生产材料包括:沥青(含改性沥青)、碎石、砂、矿粉、矿物(木质)纤维等。原材料采购前要求供应商提供由有资格的试验、检测机构出具的项目齐全、质量符合标准的试验资料。在此基础上,施工方还将从材料场(厂)取有代表性的样品做试验,进一步验证,如果没有问题方可采购。此外在运输和储存过程中应加强管理,使材料不会变质、不被污染。

2. 沥青混凝土配合比设计

1) 目标配合比

根据图纸设计及规范要求,经试验确定目标配合比。

2) 生产配合比

按目标配合比及所选用的材料进行试拌,以二次筛分后进入沥青拌和楼各热料仓的材料取样进行筛分,重新合成材料配比以达到较优曲线,以此确定各热料仓的材料比例,干拌和成料后进行筛分验证,同时反复调整冷料仓进料比例,以达到供料均衡,由此确定生产配合比。

取目标配合比设计最佳油石比及最佳油石比 ±0.3% 三个油石比进行试拌,再以各种试拌沥青混合料做马歇尔试验,绘制密度、稳定度、流值、空隙率、饱和度等同沥青用量关系图,综合选定满足规范各项指标要求的生产用油石比。

按生产配合比进行试拌,铺筑试验段,并用拌和的沥青混合料进行马歇尔试验及路上钻取的芯样试验,由此确定生产用的标准配合比。

3. 施工准备

对基层进行验收,复测其高程及其他各项参数,对不满足设计要求的及时向业主和监理汇报。

对各种施工机具进行全面检修,应经调试并使其处于良好的性能状态。应配备有足够的机械,施工能力需配套,重要机械宜有备用设备。

4. 施工放样

各结构层的纵断面高程(厚度)采用悬挂钢丝基线来控制,横坡由摊铺机的熨平板控制。每间隔5m设一基准线立柱,按高程悬挂钢丝。为保证钢丝绷紧,在两端紧线器上安装测力器,以保证钢丝拉力不小于800N。钢丝基准线悬挂完成后,对基准线进行复测。摊铺过程中随时对基准线进行检测。在路缘石及中央侧石(或防撞墙)侧面按设计高程弹出墨线作为摊铺厚度的监测线。在水泥稳定层的表面撒出控制摊铺机行走方向的灰线,保证摊铺机始终沿灰线行走。

5. 沥青混凝土的拌和及运输

1) 拌和

沥青混凝土由沥青厂拌和,采用间歇式拌和机。每盘沥青混凝土的用料(沥青、矿料等)、拌和温度,根据标准配合比人工设定,拌和机自动记录用量。

沥青及矿料的加热温度根据材料型号差别,采取不同的温度。拌和时间由试拌确定。混合料应拌和均匀,所有矿料颗粒应全部裹覆沥青结合料。每锅拌和时间宜为30~50s,其中干拌时间不得少于5s。

沥青混凝土出料后,现场检测人员立即进行取样检测,不合格的产品坚决不予出厂。

2) 运输

沥青混凝土采用15t自卸汽车运输,装料前对车厢进行清扫、喷油(柴油与水的比例为1:3),防止与沥青混凝土黏结,每辆车均需配有防雨、保温篷布。沥青混凝土运到现场的温度不得低于120~150℃,对低于120℃的沥青混凝土坚决废弃。

6. 沥青混凝土的摊铺及碾压

施工前对水泥稳定石粉层进行彻底地清扫。清扫干净后,在稳定层表面少量洒水,待表面稍干后,用沥青洒布车喷洒透层沥青。透层沥青应洒布均匀、不流淌、无油膜,洒布机无法洒布的地方用人工进行补洒。透层沥青洒布后应立即封闭交通,并报监理进行检验认可。

1)摊铺

采用两台摊铺机梯队作业,联合摊铺,两台摊铺机前后相距10～20m,纵向接缝重叠100mm。

在摊铺机起步50m采用基准线控制摊铺,调整好铺筑厚度和横坡,并对自动找平梁进行校正,50m后采用找平梁控制摊铺。摊铺机调整好虚铺厚度、横坡,采用两次加热对熨平板进行预热。

至少6辆运料车在摊铺机前按序排列等候,装料后摊铺机开始摊铺,运料车始终保持在摊铺机前200～300mm处卸料,由摊铺机接住,推向前行,并有专人跟踪检测高程、横坡和厚度,及时进行校核与调整。

控制摊铺机的行驶速度在2～3m/min,使之与拌和站的拌和能力相匹配,保持摊铺过程中摊铺机匀速前进,不得中途变速,同时控制混合料摊铺温度在110～130℃,并不超过165℃。

为了保证碾压温度满足要求,尽可能缩短碾压时间,因此施工中摊铺机熨平必须采用强压,以尽可能减少碾压遍数。这样,虚铺系数一般为1.15。

在摊铺中粒式沥青混凝土之前铺设玻纤网合成材料,每幅搭接长度10cm左右。玻纤网铺设后,应尽量避免汽车和其他机械设备在上面转弯、制动等,以免将其损坏。

2)碾压

碾压按照紧跟、慢压、高频、低幅的原则进行。压路机紧跟在摊铺机后面碾压,在终压温度前消除全部轮迹,达到要求的压实度后立即停止压路机作业,以免过振。

初压:采用轻型钢轮压路机(时速控制在1.5～2km/h)静压一遍。从断面低的一侧向高一侧逐步碾压,温度控制在120℃以上。

复压:初压完成后即刻进行,采用振动压路机振动碾压4遍,复压速度为4～5km/h。温度最低不低于90℃。

终压:紧跟复压进行,采用轻型钢轮压路机时速控制在2～3km/h,静压一遍,以消除轮迹为止,在70℃前完成。碾压完成后,用核子仪现场测试压实度供参考。

碾压过程中严禁过压,为了使压路机不黏轮,利用压路机洒水装置向碾压轮洒少量水。采用振动压路机碾压时,压路机轮迹重叠宽度不超过200mm,采用静压时,压路机轮迹重叠宽度不少于20cm。

碾压时压路机不得在新铺的沥青混合料上转向、掉头、左右移动位置或突然制动停在温度高于70℃已经压过的混合料上。不得先起振后起步,不得先停机后停振。

7. 接缝处理

施工中的纵接缝全部为热接缝,碾压时应先由两边压起,再碾压缝中线部分。施工中的横接缝采用45°角的斜接缝,各层的横接缝应错开,在下次摊铺前,先用摊铺机熨平板对横接缝端部进行预热,再进行摊铺。对横缝处用人工进行修整,用钢轮压路机对横缝进行横向静压,并检查平整度,不符规范要求时进行修衬直至达到规范要求。

8. SMA路面的施工特点

沥青玛蹄脂碎石混合料(SMA)与沥青混凝土在原料和生产工艺上有一定的差别,故施工工艺也有所不同,以下主要针对SMA混合料施工的不同点,相同点不再赘述。

1)SMA混合料的拌制与运输

拌和SMA混合料时,集料的烘干温度一般要提高到20℃以上。拌和好的混合料储存时间不得超过24h。

纤维投入采用机械投入,每拌和一锅,自动称量一斗。

混合料在运输过程中必须加盖篷布,防止表面结硬。

2)SMA混合料的摊铺

SMA层采用摊铺层前后保持相同高差的雪橇式摊铺厚度控制方式。

SMA混合料往往同时使用改性沥青,黏度较高,摊铺温度高,摊铺阻力要比普通混合料大。当下层沥青混凝土未硬化时,不宜接摊铺SMA面层,以免摊铺机轮胎刨开下面层。

混合料的可压实余地很小,松铺系数要比普通混合料小得多,一般不超过1.05。摊铺、碾压要一气呵成,在尽可能高的温度下进行,所有的施工工序必须在温度下降至100℃以前全部结束。

3)SMA路面的碾压成型

(1)SMA必须采用刚性碾碾压,不容许采用轮胎压路机。

(2)碾压SMA必须密切注意压实度的变化,过度碾压是大忌。一般初压用10t钢碾紧跟在摊铺机后面1~2遍,复压用钢碾静压3~4遍,或振动压路机振动碾2~3遍,最后用较宽的钢性碾终压一遍即可结束。

(3)由于SMA的结构组成的特点,初压的痕迹极小,压路机碾压过程中,前轮不会发生明显的堆拥。如果产生堆拥现象,说明粗集料没有充分嵌挤好,或者嵌挤作用没有充分发挥,对这种混合料必须废弃。

4)SMA路面的接缝

纵缝:两台摊铺机成梯队同时进行摊铺,相距在10m以内,使纵缝始终保持在热接缝状态。

横缝:为了提高平整度,一般采用切割成垂直平面的方法,由于改性沥青混合料的切割比较困难,要在每天施工结束,尚未完全冷却之前,就切割好,并用水将接缝隙部刷干净,第二天涂刷黏层油,即可接着铺新混合料。

9.养护

在施工结束后,应封闭交通,以保证路面不被污染、压坏。如有意外造成路面破损,应及时用路面综合养护车修补。待摊铺层完全自然冷却后,方可开放交通。

三、施工(生产)工艺

通过铺筑试验段选出最佳的生产配合比,拌和过程中精确控制油石比及各个环节的温度,发现问题及时调整。施工时严格按规范及施工组织设计操作,对运输、摊铺、碾压及养护等工序,均制订相应的质量检测标准,在施工过程中跟踪检测。

四、机械性能

尽量选用先进的机械设备,并做好维修与保养工作,使得在运行中保持良好的状态,充分发挥其应有的作用。拌和厂和工地各设一个机械维修小组,并配备足够、适用的机具和易损零配件。漏油、漏渣的机械、车辆不得使用,避免给路面造成污染或损坏。

五、现场防护

在施工过程中及施工结束后,应封闭交通,以保证路面不被污染、压坏。如有意外造成路面破损,应及时用路面综合养护车修补。待摊铺层完全自然冷却后,方可开放交通。

第三篇 桥梁下部施工技术

桥梁上部承受的各种荷载,通过桥台或桥墩传至基础,再由基础传至地基。基础是桥梁下部结构的重要组成部分,因此,基础工程在桥梁结构物的设计与施工中,占有极为重要的地位,它对结构物的安全使用和工程造价有很大的影响。

桥梁基础按施工方法可分为明挖基础施工、钻孔灌注桩基础施工、沉井基础施工、承台及系梁施工。

第一章 基础施工

第一节 明挖基础施工

明挖基础是将基础底板设在直接承载地基上,来自上部结构的荷载通过基础底板直接传递给承载地基。其施工方法通常是采用明挖的方式进行的,是一种直接敞坑开挖就地灌注的浅基础形式。由于施工简便、造价低,只要在地质和水文条件许可的情况下,都应优先选用。明挖基础适用于无水、少水或浅水河流的基础工程,可采用人工开挖或机械开挖。明挖基础施工重点需解决的问题是敞坑边坡稳定及开挖过程中的排水。

明挖基础适用于浅层土较坚实,且水流冲刷不严重的浅水地区,施工中坑壁的稳定性是必须特别注意的问题。由于它的构造简单,埋深浅,施工容易,加上可以就地取材,故造价低廉,广泛用于中小桥涵及旱桥。我国赵州桥就是在亚黏土地基上采用了这种桥基。

明挖基础也称扩大基础,系由块石或混凝土砌筑而成的大块实体基础,其埋置深度可较其他类型基础浅,故为浅基础。它的构造简单,由于所用材料不能承受较大的拉应力,故基础的厚宽比要足够大,使之形成所谓刚性基础,受力时不致产生挠曲变形。为了节省材料,这类基础的立面往往砌成台阶形,平面将根据墩台截面形状而采用矩形、圆形、T形或多边形等。建造这种基础多用明挖基坑的方法施工。在陆地开挖基坑,将视基坑深浅、土质好坏和地下水位高低等因素,来判断是否采用坑壁支持结构——衬板或板桩。在水中开挖则应先筑围堰。基坑开挖时应注意以下事项:

(1)基坑开挖对邻近建筑物或临时设施有影响时,应提前采取安全防护措施。

(2)基坑顶面应提前做好地面防、排水设施。

(3)基坑开挖时,不得采用局部开挖深坑及从底层向四周掏土。

(4)基坑顶有动荷载时,坑口边缘与动载间的安全距离应根据基坑深度、坡度、地质和水文条件及动载大小等情况确定,且不应小于1.0m。

(5)在土石松动地层或在粉、细砂层中开挖基坑时,应先做好安全防护;当基坑开挖需要爆破时,应执行现行国家相行《爆破安全规程》中的有关规定;土质松软层基坑开挖必须进行支护。

(6)基坑开挖时,应观测坡面稳定情况。当发现坑沿顶面出现裂缝、坑壁松塌或遇涌水、涌砂时,应立即停止施工,加固处理后,方可继续施工。

明挖基础施工的主要内容包括基础的定位放样、基坑开挖、基坑排水、基底处理以及砌筑(浇筑)基础结构物等。

一、基础的定位放样

在基坑开挖前,先进行基础的定位放样工作,以便正确地将设计图上的基础位置准确的设置到桥址上。放样工作系根据桥梁中心线与墩台的纵横轴线,推出基础边线的定位点,再放线画出基坑的开挖范围。基坑各定位点的高程及开挖过程中高程检查,一般用水准测量的方法进行。

二、基坑开挖

基坑开挖的主要工作有:挖掘、出土、支护、排水、防水、清底以及回填等。施工时,应根据地质条件、水文条件、基坑开挖深度、开挖所采用的方法和机具等,采用不同的开挖工艺。

基坑在开挖前通常需完成下列准备工作:施工场地的清理,地面水的排除,临时道路的修筑,供电与供水管线的敷设,临时设施的搭建,基坑的放线等工作。

场地清理包括拆除房屋、古墓,拆迁或改建通信设备、电力设备、上下水道以及其他建筑物、迁移树木等工作。

场地内低洼地区的积水必须排除,同时应注意雨水的排除,使场地保持干燥,以便基坑开挖。

地面水的排除一般采用排水沟、截水沟、挡水土坝等措施。应尽量利用自然地形来设置排水沟,使水直接排至基坑外,或流向低洼处,再用水泵抽走。主排水沟最好设置在施工区域的边缘或道路的两旁,其横断面和纵向坡度应根据最大流量确定。一般排水沟的横断面不小于$0.5m \times 0.5m$,纵向坡度一般不小于3‰。平坦地区,如出水困难,其纵向坡度不应小于2‰,沼泽地区可降至1‰。在基坑开挖过程中,要注意排水沟保持畅通,必要时应设置涵洞。

1. 土方边坡及其稳定

1)土方边坡

为了防止塌方,保证施工安全,在开挖深度超过一定限度时,均应在其边沿做成一定坡度的边坡。

土方边坡坡度是以其高度 H 与宽度 B 之比表示。图3-1-1所示为 $1:m$,即

$$土方边坡坡度 = \frac{H}{B} = \frac{1}{B/H} = 1:m$$

根据各层土质以及土体所受的压力,土方边坡可做成直线形、折线形和台阶形。合理地选择基坑边坡是减少土方量的有效措施。

2)边坡的稳定

基坑边坡的稳定,主要是由于土体内土颗粒之间存在摩擦阻力和内聚力,使土体具有一定

的抗滑力来保持稳定。当土体的下滑力大于抗滑力,边坡就会失去稳定而发生滑动,这种滑动一般是在一定范围内整体沿某一滑动面向下和向外移动。一旦土体失去平衡,土体就会塌方,不仅会造成人身安全事故、影响工期,有时还会危及邻近建筑物的安全。

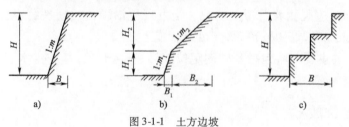

图 3-1-1 土方边坡
a)直线形;b)折线形;c)台阶形

基坑边坡的失稳往往是在外界不利因素影响下触发和加剧的。这些外界不利因素往往会导致土体剪应力的增加或抗剪强度的降低。

引起土体剪应力增加的因素主要有:
(1)坡顶上堆积物、行车等荷载。
(2)雨水或地面水渗入土中使土中的含水率增加而造成土的自重增加。
(3)地下水的渗流产生一定的动水压力。
(4)土体的竖向裂缝中的积水产生侧向静水压力。
(5)边坡过陡,土体本身稳定性不够。

引起土体抗剪强度降低的因素主要有:
(1)土质本身较差或因气候影响使土质松软。
(2)体内含水率增加使土体内聚力降低、产生润滑作用。
(3)饱和的细砂、粉砂因受振动而液化等。

2.基坑开挖的方式

基坑开挖的方式与基础的埋置深度、地质土的性质、施工周期的长短有关。可分为直立壁开挖、放坡开挖、支护开挖。按其基坑所处的环境可分为陆地基坑开挖和水中基础的基坑开挖两种。

1)陆地基坑开挖

基坑大小应满足基础施工要求,对有渗水土质的基坑坑底开挖尺寸,需按基坑排水设计(包括排水沟、集水井、排水管网等)和基础模板设计而定,一般基底尺寸应比设计平面尺寸各边增宽 0.5~1.0m。基坑可采用垂直开挖、放坡开挖、支撑加固或其他加固的开挖方法,具体应根据地质条件、基坑深度、施工期限与经验,以及有无地表水或地下水等现场因素来确定。

(1)坑壁不加支撑的基坑

对于在干涸无水河滩、河沟中,或有水经改河或筑堤能排除地表水的河沟中;在地下水位低于基底,或渗透量少,不影响坑壁稳定;以及基础埋置不深(一般在 5m 以内),施工期较短,挖基坑时不影响临近建筑安全的施工场所,可考虑选用坑壁不加支撑的基坑。

不加支护的基坑开挖时,坑壁依靠土体本身的抗剪强度,或采取适量放坡的方式来解决边坡的稳定问题。

基坑开挖时,坑壁的形式有直坡式,斜坡式和踏步式等,如图 3-1-2 所示。

①直坡坑壁基坑

当基础土质均匀,地下水位低于基坑,基坑顶边缘无荷载,土体处于半干硬或硬塑状态时,可采用坑壁不加支护而垂直开挖的方法。

如果坑壁垂直开挖超过挖深限值时,可采取踏步式坑壁开挖法或考虑放坡开挖以及做成直立壁加支撑。

②斜坡坑壁基坑

在天然土层上挖基坑,若深度在5m以内,施工期较短,基底处于地下水位以下,且土的湿度正常,构造均匀时,可采用放坡开挖。

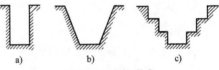

图 3-1-2　基坑形式
a)直坡式;b)斜坡式;c)踏步式

如果基坑开挖通过不同的土层时,可按土层分层选定边坡坡度,并留出至少0.5m宽的台阶。若土的湿度过大,可能引起坑壁坍塌时,坑壁坡度应采用该湿度下土的天然坡度。

③施工注意事项

a. 在无水土质基坑底面,基坑平面尺寸每边放宽0.5~1.0m或模板施工要求的宽度。对有水基坑底面,应预留四周开挖排水沟或汇水井的位置,每边放宽0.8~1.2m。但如果采用坑壁为土模灌注混凝土时,基底尺寸为基础轮廓。

b. 坑顶边缘应留有护道,避免在此范围内加载,以保持顶边稳定。静载距坑缘不小于0.5m,动载距坑缘不小于1.0m。在垂直坑壁坑缘顶面的护道还应适当增宽,荷载距坑缘距离应满足不使土体坍塌为限。

c. 基坑应尽量安排在枯水或少雨季节施工。基坑开挖不宜间断,应连续施工并进行基础混凝土的灌注施工。

d. 基坑宜用原土及时回填,对桥台及有河床铺砌的桥墩基坑,均应分层夯实。

(2)坑壁有支撑的基坑

当基坑壁坡不易稳定并有地下水渗入,或放坡开挖场地受到限制,或基坑较深、放坡开挖工程数量较大,不符技术经济要求时,可视具体情况,采用以下的加固坑壁措施,如挡板支撑、钢木结合支撑、混凝土护壁及锚杆支护等。常用的坑壁支撑形式有:直衬板式坑壁支撑、横衬板式坑壁支撑、框架式支撑及其他形式的支撑(如锚桩式、锚杆式、锚碇板式、斜撑式等)。

常用的支撑方法有:

①横撑式支撑

分为水平式支撑和垂直式支撑,如图3-1-3所示。

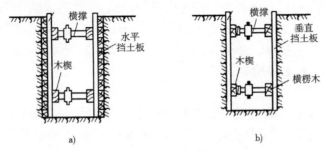

图 3-1-3　横撑式支撑
a)水平式支撑;b)垂直式支撑

a. 水平式支撑,断续或连续的挡土板水平放置。断续式水平挡土板支撑,适于能保持直立壁的干土或天然湿度的黏土,深度在3m以内的基坑。连续式水平挡土板支撑,适于较潮湿的或散粒的土,深度在5m以内的基坑。

b.垂直式支撑,断续或连续的挡土板垂直放置。适于土质较松散或土的湿度很高、地下水较少、深度不限的基坑。

②锚拉支撑

水平挡土板支在柱桩的内侧,柱桩一端打入土中,另一端用拉杆与锚桩拉紧,锚桩必须设在土的破坏范围以外,在挡土板内侧回填土。适用于开挖面积较大、深度不大的基坑或使用机械挖土的基坑,如图3-1-4所示(φ为土的内摩擦角)。

③短柱横隔支撑

打入短木桩,部分打入土中,部分露出地面,钉上水平挡土板,在背面填土。适于开挖宽度大的基坑,当部分地段下部放坡不够时使用。

④钢板桩支撑

挖土之前在基坑的周围打入钢板桩或钢筋混凝土板桩,板桩入土深度及悬臂长度应经计算确定,如基坑深度较大,可加水平支撑。它适用于在一般地下水位较高的黏性或砂土层中应用,如图3-1-5所示。

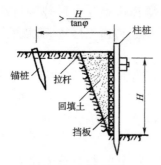

图3-1-4 锚拉式支撑

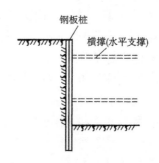

图3-1-5 钢板桩支撑

⑤大型钢构架横撑

在开挖的基坑周围打钢板桩或钢筋混凝土桩,在柱位置上打入暂设的钢柱,在基坑中挖土,每下挖3~4m,装上一层钢构架支撑体系,挖土在钢构架网格中进行,亦可不预先打下钢柱,随挖随接长支柱。适于在饱和软弱土层中开挖较大、较深基坑,钢板桩刚度不够时采用。

⑥钢筋混凝土灌注桩支撑

在开挖的基坑周围,现场灌注钢筋混凝土桩,达到强度后,在基坑中间用机械或人工挖土,下挖1m左右装上横撑,在桩背面装上拉杆与已设锚桩拉紧,然后继续挖土至要求深度。桩间土方挖成外拱形,使之起土拱作用。如基坑深度小于6m,或邻近有建筑物,亦可不设锚拉杆,采取加密桩距或加大桩径处理。适于开挖较大、较深(>6m)基坑,临近有建筑物,不允许支护,背面地基有下沉、位移时采用。

⑦土层锚杆支护

沿开挖基坑边坡每2~4m设置一层水平土层锚杆,直到挖土至要求深度。适于在较硬土层中或破碎岩石中开挖较大、较深基坑,如邻近有建筑物,必须保证边坡稳定时才可采用。

⑧地连墙加锚杆支护

在基坑周围现浇地下连接墙,开挖土方至锚杆部位,用锚杆钻机在要求位置钻孔,放入锚杆,进行灌浆,待达到强度,装上锚杆横梁,或锚头垫座,然后继续下挖至要求深度。根据需要,锚杆可设2~3层,每挖一层装一层,采用快凝砂浆灌浆。适于开挖放大、较深(>10m)、不允许内部设支撑、有地下水的大型基坑。

2）水中基础的基坑开挖

桥梁墩台基础大多位于地表水位以下，有时水流还比较大，施工时都希望在无水或静止水条件下进行。桥梁水中基础最常用的施工方法是围堰法。围堰的作用主要是防水和围水，有时还起着支撑施工平台和基坑坑壁的作用。公路桥梁常用的围堰的类型有：土石围堰、木笼围堰或竹笼围堰、钢板桩围堰、套箱围堰。

围堰必须满足以下的要求：

（1）围堰顶高宜高出施工期间最高水位700mm，最低不应小于500mm，用于防御地下水的围堰宜高出水位或地面200~400mm。

（2）围堰的外形应适应水流排泄，大小不应压缩流水断面过多，以免壅水过高危害围堰安全，以及影响通航、导流等。围堰内形应适应基础施工的要求，并留有适当的工作面积。堰身断面尺寸应保证有足够的强度和稳定性，使基坑开挖后，围堰不至发生破裂，滑动或倾覆。

（3）围堰要求防水严密，应尽量采取措施防止或减少渗漏，以减轻排水工作。对围堰外围边坡的冲刷和筑围堰后引起的河床的冲刷均应有防护措施。

（4）围堰施工一般应安排在枯水期间进行。

三、基坑排水

基坑坑底一般多位于地下水位以下，地下水会经常渗进坑内，因此必须设法把坑内的水排除，以便利施工。要排除坑内渗水，首先要估算涌水量，方能选用相当的排水设备。桥梁基础施工中常用的基坑排水方法如下。

1. 集水坑排水法

除严重流沙外，一般情况下均可采用。基坑坑底一般多位于地下水位以下，而地下水会经常渗进坑内，因此必须设法将坑内的水排除，以便于施工。集水坑（沟）的大小，主要根据渗水量的大小而定，排水沟底宽不小于0.3m，纵坡为1%~5%。如排水时间较长或土质较差时，沟壁可用木板或荆笆支撑。

2. 井点排水法

当土质较差有严重流沙现象，地下水位较高，挖基较深，坑壁不易稳定，用普通排水的方法难以解决时，可用井点排水法。井点排水法因需要设备较多，施工布置复杂，费用较大，应进行技术经济比较后采用。在桥涵基础中多用于城市内挖基、防护。集水坑一般设在下游位置，坑深应大于进水笼头高度，并用笆、竹篾、编筐或木围护，以防止泥沙阻塞吸水笼头。

井点排水适用于渗透系数为0.5~150m/d的土，尤其在2~50m/d的土中效果最好；降水深度一般可达4~6m，二级井点可达6~9m。超过9m应选用喷射井点或深井点法，具体可视土层的渗透系数、要求降低地下水位的深度及工程特点等条件，选择适宜的井点排水法和所需设备。

轻型井点排水法适用于土层渗透系数为0.1~80m/d的情况。轻型井点排水法是由带有滤管的井点管和集水管等所组成的管路系统与泵辅系统（包括离心泵和真空泵等）共同作用，完成人工降低地下水位的重要方法之一，并获得广泛使用。

电渗井点法排水适用于土层渗透系数<0.1m/d的情况。其原理：用两根电极插入土中，分别通过正负直流电以后，土粒向阳电极移动，水分子向阴电极移动，由此将水汇集于管中，用水泵抽出地面。

3. 其他排水法

对于土质渗透较大、挖掘较深的基坑可采用板桩法或沉井法。此外,视现场条件、工程特点及工期等因素,还可采用帷幕法,即将基坑周围土用硅化法、水泥灌浆法、沥青灌浆法以及冻结法等处理成封闭的不透水的帷幕。这种方法除自然冻结法外,其余均因设备多、费用大,在桥涵基础施工时较少采用。

四、基底检验处理

1. 基底检验

基坑已挖至基底设计高程,或已按设计要求加固、处理完毕后,须经过基底检验,方可进行基础结构施工。

基坑施工是否符合设计要求,在基础浇筑前应按规定进行检验。其目的在于:确定地基的容许承载力的大小、基坑位置与高程是否与设计文件相符,以确保基础的强度和稳定性,不致发生滑移等病害。基底检验的主要内容包括:检查基底平面位置、尺寸大小,基底高程;检查基底土质均匀性,地基稳定性及承载力等;检查基底处理和排水情况;检查施工日志及有关试验资料等。

为使基底检验及时,以免因等候检验、基底暴露时间过久而风化变质,施工负责人应提前通知检验人员,安排检验。

1)检验内容

(1)检查基坑的平面位置、坑底尺寸、高程是否符合设计要求,偏差是否在现行有关规定允许范围以内。

(2)检验基坑底面土质及其均匀性、稳定性,坑壁坡面是否平顺稳定,有无排水措施,容许承载力能否满足设计要求。

(3)检查基坑和地基加固、处理过程中的有关施工记录和试验等资料。

(4)检查基底地基经加固、处理后的效果是否达到设计要求。

2)检验方法

(1)小桥和涵洞基底的地基检验

①一般经过直观或触探器确定土质与设计要求符合时,即可签认进行浇砌基础。

②经过直观或触探对土质有疑问时,应取土样做土的物理力学性能试验,如颗粒分析、天然密度、天然含水率、天然孔隙比、液限、塑限、密度、可塑性、压缩性和抗剪强度等,以鉴定土的容许承载力,或钻探2~4m以上,检查下卧层土质。

③特殊设计的小桥涵对地基沉降有严格要求,当属于下列不良土质情况时,宜进行荷载试验。

a. 风化颇重的岩层;

b. 松散砂类土的相对密实度 $D_r \leq 0.33$;

c. 黏质土的天然孔隙比超过下列限度时:黏土质砂(SC) $e_0 > 0.7$,低液限黏土(CL) $e_0 > 1$,高液限黏土(CL) $e_0 > 1.1$;

d. 含有大量有机物的吹填土或砂土、黏土;

e. 含有大块杂质(尤其是多量碎砖瓦等)的填筑土。

f. 对经过加固处理的地基,应根据不同加固方法的质量要求采用相应的检验方法,包括量测加固范围、桩位偏差和桩体垂直度偏差;用环刀法取样或灌砂法测定压实度或干密度;用静力触探或动力触探检验加固处理后的效果。

(2)大、中桥和填土在12m以上涵洞基底的地基检验

①一般由检验人员用直观、触探、挖试坑或钻探(钻探至少4m以上)试验等方法确定土的容许承载力,确认符合设计要求后,即可进行基础施工。

②在地质特别复杂,或在设计文件中有特殊要求必须做荷载试验时,才做荷载试验。必要时还应做土工试验,与荷载试验核对。

③在特殊地基上已经加固处理又经触探、密实度检验后,尚有疑问时,则应再做荷载试验。确认符合设计要求后,才能进行基础圬工的施工。

(3)检验注意事项

①地基经检验后,需要做大的加固处理时,应由施工单位邀请建设单位及设计单位共同研究确定。加固处理完毕,应再经检验合格后,方可进行基础施工。

②桥涵地基检验,除了进行平面尺寸和地基变形观测外,检验方法主要有静力触探、动力触探、标准贯入试验,土压力、孔隙水压力及土位移测试,荷载试验、旁(横)压试验,排水固结法加固的地基有时还需做十字板剪切试验。无论何种测试方法都有一定的局限性,故宜采用多种方法进行综合评价。现场测试要辅以取样,做室内土工试验,如加固设计已规定有检验项目和检验方法的,按设计规定办理。

③为了有较好的可比性,加固前后两次的测试项目应力求对应,甚至最好由同一组织、用同一仪器按同一标准进行。

④检验后按规定格式填写"地基检验表",由参加检验人员会签,作为竣工验收的原始资料。

2. 基底处理

天然地基上的基础是直接靠基底土来承担荷载的,故基底土状态的好坏,对基础及墩台、上部结构的影响极大,不能仅检查土的名称与容许承载力大小,还应为土更有效地承担荷载创造条件,即要进行基底处理工作。

1)未风化岩石基底

对未风化岩层开挖至岩层面后,应清除岩面松碎石块,凿出新鲜岩面,并用水冲洗干净,岩面不得存有淤泥、苔藓等表面附着物。岩面倾斜时,应将岩面基本凿平或凿成台阶。对基坑内岩面有部分破碎带时,应会同设计人员研究处理,采用混凝土封填或设混凝土拱等方法进行处理,以满足承载力的要求。

2)风化岩层基底

岩石的风化程度对其承载力影响很大。在开挖至风化岩层时,应会同设计人员认真观察其风化程度,检查基底是否符合设计承载力要求。按设计要求适当凿去风化表层,或清理到新鲜岩面,将基坑填满封闭,防止岩层继续风化。

3)碎石或砂类土层

将基底修理平整并夯实,砌筑基础混凝土时,应先铺一层20mm厚水泥砂浆。

4)黏土基底

基坑开挖时,留200~300mm深度不挖,以防止地面、地下水渗流至基面,浸泡基面,降低强度。砌筑前,再用铁锹加以铲平。如基底原状土含水率较大或在施工中浸水泡软,可在基坑中夯入100mm以上厚度的碎石,但碎石顶面不得高于设计高程。当基底土质不均,部分软土层厚度不大时,可挖除后换填砂土,并分层夯实。

5）湿陷性黄土

湿陷性黄土地基开挖时，必须保持基坑不受水浸泡，并尽量避免在雨季施工，否则应有专门的防洪排降水设施，并应按设计要求采用重锤夯实、换填或挤密桩法进行加固。

6）软土层

软土地基应按设计要求进行加固，可采用换土、砂井、砂桩或其他软土地基处理方法。在软土地基上修建桥梁时，应按设计预留沉降量。采用砂井加固的软土地基，按设计要求采取预压。桥涵主体必须分期均匀施工。在砌筑墩台、填土和架梁工程中，随时观测软土地基的沉降量，用以控制施工进度，使软土地基缓慢平均受载，防止发生剧烈变化或不均匀下沉。

7）泉眼

对于泉眼，应用堵塞或导流的方法处理。泉眼水流较小时，可用木塞、速凝水泥砂浆、带螺帽钢管等堵塞泉眼。堵眼有困难时，采用竹管、塑料管或钢管引流，待基础圬工灌注完后，向管内压浆将其封闭，也可在基底以下设置暗沟或盲沟，将水引至基础施工以外的汇水井中抽排，施工完后用水泥砂浆封闭。

8）溶洞地基处理

在地基下出现溶洞时，应会同设计部门研究处理，一般采取以下加固措施进行处理：

(1) 首先用勘测方法探明溶洞的形态、深度和范围，以便采取相应的处理方法。

(2) 当溶洞埋深较浅时，可用高压射水清除溶洞中的淤泥，灌注混凝土进行填充；当溶洞较深且狭窄、洞内土不易清除时，可在洞内打入混凝土桩。

(3) 当洞处在基础底面，溶洞窄且深时，可用钢筋混凝土板盖在溶洞上面，跨越溶洞。

(4) 当埋藏较深，溶洞内有部分软黏土时，可用钻机钻孔，从孔中灌入砂石混合料，并压灌水泥砂浆封闭。

五、基础圬工浇筑

基础施工分为无水浇筑、排水浇筑和水下浇筑3种情况。

排水施工的要点是：确保在无水状态下砌筑圬工；禁止带水作业及用混凝土将水赶出模板外灌注方法；基础边缘部分应严密隔水；水下部分圬工必须待水泥砂浆或混凝土终凝后才允许浸水。

水下浇筑混凝土只有在排水困难时采用。基础圬工的水下灌注分为水下封底和水下直接灌筑基础两种。前者封底后仍要排水再砌筑基础，封底只是起封闭渗水作用的作用，其混凝土只作为地基而不作为基础本身，适用于板桩围堰开挖的基坑。浇筑基础时，应做好与台身、墩身的接缝联结，一般要求是：

(1) 混凝土基础与混凝土墩台身的接缝，周边应预埋直径不小于16mm的钢筋或其他铁件，埋入与露出的长度不应小于钢筋直径的20倍。

(2) 混凝土或浆砌片石墩台身的接缝，应预埋片石作，片石厚度不应小于150mm，片石的强度要求不低于基础或墩台身混凝土或砌体的强度。

第二节　钻孔灌注桩基础施工

就地灌注桩系指采用不同的钻（挖）孔方法，在土中形成一定直径的井孔，达到设计高程后将钢筋骨架（笼）吊入井孔中，灌注混凝土形成为桩基础。这种成桩工艺大约于20世纪40

年代初期在欧洲已开始使用。我国公路桥梁上使用钻孔灌注桩基础始于20世纪50年代末期,从河南省用人力转动锥头钻孔开始,逐渐在我国发展到冲抓锥、冲击锥、正反循环旋转钻、潜水电钻等各种钻孔工艺。钻孔直径从250mm发展到2 000mm以上,桩长从十余米发展到百米以上。

一、钻孔方法和机具设备

钻孔灌注桩的关键是钻孔。钻孔的方法可归纳为如下3种类型:

(1)冲击法。用冲击钻机或卷扬机带动冲锥,借助锥头自重下落产生的冲击力,反复冲击破碎土石或把土石挤入孔壁中,用泥浆浮起钻渣,或用抽渣筒或空气吸泥机排出而形成钻孔。

(2)冲抓法。用冲抓锥靠自重产生冲击力,切入土层或破碎土层,叶瓣抓土、弃土以形成钻孔。

(3)旋转法。用钻机通过钻杆带动锥或钻头旋转切削土壤,用泥浆浮起并排出钻渣形成钻孔。

以上每种方法因动力与设备功能的不同而分为多种。图3-1-6所示为钻孔方法的施工布置;图3-1-7所示为常用的钻孔用钻头形式。

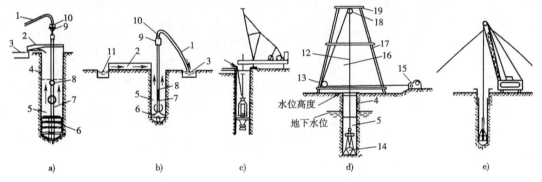

图3-1-6 几种钻孔方法的施工布置
a)正循环旋转钻;b)反循环旋转钻;c)潜水工程钻;d)冲抓钻;e)冲击钻
1-胶管;2-流槽;3-沉淀池;4-护筒;5-钻孔;6-钻头;7-钻杆;8-接头;9-旋转活接头;10-水龙头;11-泥浆池;12-吊起钢丝绳;13-转向滑轮;14-冲抓锥;15-双筒卷扬机;16-开合钢丝绳;17-钻架;18-天滑轮;19-横梁

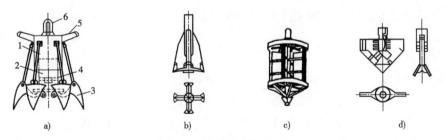

图3-1-7 常用的钻头形式
a)六瓣双索冲抓锥;b)冲击锥;c)圆笼鱼尾钻;d)鱼尾钻
1-外套;2-内套;3-叶瓣;4-内套滑轮;5-导向圈;6-挂环

二、钻孔灌注桩的施工工艺流程

钻孔灌注桩施工因成孔方法的不同和现场情况各异,施工工艺流程不会完全相同。在施工前,要安排好施工计划,编制具体的工艺流程图,作为安排各工序施工操作和进度的依据。参照各地实践经验,钻孔灌注桩的工艺流程一般如图3-1-8所示。

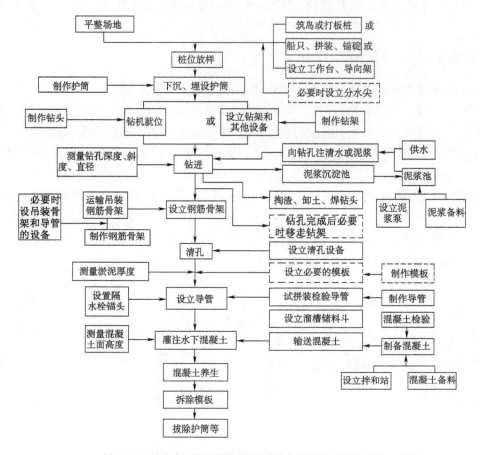

图 3-1-8　钻孔灌注桩工艺流程图(虚线表示有时采用的工序)

当同时有几个桩位施工时,要注意相互的配合,避免干扰,并尽可能做到均衡地使用机具与劳动力,既要抓紧新钻孔的施工,也要做好已成桩的养护和质量检验工作。

钻孔灌注桩施工的主要工序包括:准备场地、埋设护筒、制备泥浆、钻孔、清底、钢筋笼制作与吊装以及灌注混凝土等。下面就其要点简略介绍。

1. 准备场地

钻孔前要进行准备工作,其内容包括:

(1)场地为旱地时,应该除杂物,换除软土,整平夯实。

(2)场地为陡坡时,可用枕木、型钢等搭设工作平台。

(3)场地为浅水时,宜采用筑岛施工,筑岛面积应根据钻孔方法、设备大小等要求确定。

(4)场地为深水或淤泥较厚时,可搭设工作平台,平台必须牢固稳定,能承受工作时所有静、动荷载,并考虑施工机械能安全进出。

如水流平稳,水位升降缓慢,全部工序可在船舶或浮箱上进行,但必须锚固稳定,桩位准确。如流速较大,但河床可以整理平顺时,可采用钢桩或钢丝网水泥薄壁运沉井,就位后灌水下沉至河床,然后在其顶部搭设工作平台,在其底部安设护筒;在某些情况下,可在钢板桩围堰内搭设钻孔平台。

2. 埋设护筒

钻孔成败的关键是防止孔壁坍塌。当钻孔较深时,地下水位以下的孔壁土在静水压力下会向孔内坍塌,甚至发生流沙现象。钻孔内若能保持比地下水位高的水头,增加孔内静水压力,就能稳定孔壁、防止坍孔。护筒除起到这个作用外,同时还有隔离地表水、保护孔口地面、固定桩孔位置和起到钻头导向等作用。

制作护筒的材料有木、钢、钢筋混凝土3种。护筒要求坚固耐用,不漏水,其内径应比钻孔直径大(比旋转钻约大200mm;比潜水钻、冲击锥或冲抓锥约大400mm),每节长度2~3m。一般常用钢护筒,在陆上与深水中均能使用,钻孔完成,可拔出重复使用。其底部和周围一定范围内,应夯填黏土,借助黏土压力及其隔水作用,保持护筒稳定,保护孔口地面。在深水中埋设护筒时,先打入导向架,再用锤击或振动加压沉入护筒,护筒入土深度视土质与流速而定。护筒平面位置的偏差不得大于50mm,倾斜度不得大于1%。

3. 泥浆制备

钻孔泥浆由水、黏土(膨润土)和添加剂组成。具有浮悬钻渣、冷却钻头、润滑钻具、增大静水压力,并有在孔壁形成泥膜、隔断孔内外渗流、防止坍孔的作用。调制的钻孔泥浆及经过循环净化的泥浆,应根据钻孔方法和地层情况采用不同的性能指标。泥浆稠度应视地层变化或操作要求,灵活掌握。泥浆太稀,排渣能力小,护壁效果差;泥浆太稠,会削弱钻头冲击功能,降低钻进速度。

通常采用塑性指数大于25、粒径小于0.002mm、颗粒含量大于50%的黏土,通过泥浆搅料机或人工调和,储存在泥浆池内,再用泥浆泵输入钻孔内。泥浆泵应有足够的流量,以免影响钻进速度。大直径深孔采用正循环旋转法施工时,泥浆泵应经过流量和泵压计算来选择。对孔深百米以内的钻孔,一般可采用不小于2MPa的泵压。

4. 钻机就位

测量放样,在护筒周边放出桩位中心十字线,并用红油标识,采用泵吸式反循环成孔工艺成孔。采用钻机本身的动力就位。开始之前注意桩的钻孔和开挖应在中距5m内的任何桩的混凝土浇注24h才能开始,以避免干扰邻桩或钻孔过程。钻孔开钻后,要连续作业,根据钻孔和地质层合理选择钻进速度;遇地下水后开始向孔内注浆,孔内水头高度保证2m以上。钻头使用三翼圆笼钻锥,用优质泥浆护壁,桩的钻孔应保证各桩之间无影响,成孔前应检查孔的中心位置,垂直度和泥浆指标,钻进过程要经常检查孔径、垂直度、泥浆指标、垂直度和成孔速度。如有偏差,及时调整,保证桩基的成孔质量。

5. 成孔

就地灌注混凝土桩的成孔方法不胜枚举,至少也有几十种之多。国内常用的有如下方法:

(1) 正循环旋转法。利用钻具旋转切削土体钻进,泥浆泵将泥浆压进泥浆笼头,通过钻杆中心从钻头喷入钻孔内,泥浆挟带钻渣沿钻孔上升,从护筒顶部排浆孔排出至沉淀池,钻渣在此沉淀而泥浆流入泥浆池循环使用。其特点是钻进与排渣同时连续进行,在适用的土层中钻进速度较快,但需设置泥浆槽、沉淀池等,施工占地较大,且机具设备较复杂。

(2) 反循环旋转法。与正循环不同的是泥浆输入钻孔内,然后从钻头的钻杆下口吸进,通过钻杆中心排出至沉淀池内。其钻进与排渣效率较高,但接长钻杆时装卸麻烦,钻渣容易堵塞管路,另外因泥浆是从上向下流动,孔壁坍塌的可能性较正循环法大,为此需用较高质量的泥浆。

(3) 潜水电钻法。系统旋转电动机及变速装置均经密封后安装在钻头与钻杆之间,潜入水下作业。其特点是钻具简单轻便、易于搬运、噪声小,钻孔效率较高,操作条件亦有所改善。

但钻机在水中工作,较易发生故障。

(4)冲抓锥法。冲抓锥不需钻杆,钻进与提锥卸土均较推钻快。由于锥瓣下落时对土层有一股冲击力,故适用的土质较广。但该法不能钻斜孔;钻孔深度超过20m后。其钻孔进度大为降低;当孔内遇到漂石或探头石时冲抓较困难,需改用冲击锥钻进。

(5)冲击锥法。本法适用于各类土层。实心锥适用于漂、卵石和软岩层;空心锥(管锥)适用于其他土层。在冲击锥下冲时有些钻渣被挤入孔壁,起到加强孔壁并增加土层与桩间的侧摩阻力作用。但该法不能钻斜孔;钻普通土层时,进度比其他方法都慢;钻大直径孔时,需采用先钻小孔逐步扩孔的办法(分级扩孔法)。

近年来,基岩钻孔技术特别是钻机的进步是令人惊喜的,过去只能用爆破法、高压水射流才可钻进的硬质岩层已能够采用机械钻进法,拓宽了钻孔灌注桩的应用范围。

6.终孔检查与孔底清理

钻孔的深度、直径、位置和孔形直接关系到成桩质量与桩身曲直。为此,除了钻孔过程中密切观测监督外,在钻孔达到设计要求深度后,应对孔深、孔位、孔形、孔径等进行检查。确认满足设计要求后,填写"终孔检查证"。

孔底清理后,要检查泥浆沉淀。现行规范规定:设计未作规定时,对于摩擦桩,直径≤1.5m时,要求在灌注水下混凝土前沉渣厚度不大于200mm;当直径>1.5m或长度>40m或孔壁容易坍塌时,沉渣厚度不大于300mm。

对于柱桩,要求沉渣厚度不大于50mm。清孔方法视使用的钻机不同而灵活应用,通常可采用正循环旋转钻机、反循环旋转钻机、真空吸泥机以及抽渣筒等清孔。

7.钢筋骨架的制作、安装、入孔、固定

钢筋骨架采用在场内制作,现场安装分节成型(预留接头钢筋长度)现场用吊车吊起,分节入孔的方法施工。施工中骨架第一节入孔后,用支撑杆固定骨架于井口中心位置,吊起另一节骨架与第一节骨架相接,接头采用电弧焊以单面焊的工艺进行焊接。焊接采用几台电焊机同时搭接单面焊,以减少混凝土浇筑前焊接所占用的时间。放钢筋骨架前,先在孔口加设4根导向钢管,以保证钢筋骨架在吊装过程中尽量对中,不伤孔壁及控制保护层厚度。钢筋骨架就位后,采取四点固定,以防止掉笼和混凝土浇筑时骨架上浮现象发生。支撑系统对准中线防止钢筋骨架倾斜和移动。钢筋骨架上焊接控制钢筋骨架与孔壁净距的护壁筋,以确保钢筋骨架在孔中的位置、保护层的厚度。钢筋骨架在孔内的高度位置用引笼拉筋固定在孔口位置,如图3-1-9所示。

图3-1-9 安装钢筋骨架

8.灌注钻孔桩水下混凝土

采用导管直开法灌注水下混凝土。

1)导管的形式和连接方法

导管做成直径300~400mm,壁厚4~6mm,中段每节长2 000mm,底节做成6 000~8 000mm长,余节段用1 000mm及500mm的管节找零,导管之间采用法兰连接;吊装之前要将导管连接,做水密性试验和接头承拉试验,保证连接紧密不漏水,入孔时导管尽量位于孔口中央,导管底端至孔底面距离约为300mm,且导管要进行升降试验,以保证不碰撞钢筋骨架。

2）灌注水下钻孔桩混凝土

钢筋骨架入孔校正完毕,导管入孔固定后,经监理工程师验收钢筋工序及孔内沉淀层厚度、泥浆指标后,开始浇筑孔内水下混凝土。

浇注混凝土前再次检测孔底沉淀层厚度,如大于规范要求时应再次抽渣清孔;混凝土拌和物运至灌注地点时检查和易性和坍落度,符合要求后方可使用;灌孔进行不得间断。灌注首批混凝土后,导管埋入混凝土中的深度不小于1m,随着混凝土的不断灌注,不断提开导管,始终保持导管在混凝土中埋置深度在4～6m,灌注的桩顶高程高出设计高程0.5～1.0m。灌注过程中应经常量测孔内混凝土面层的高程,及时调整导管排泄端与混凝土表面相应位置,并始终严密监视导管在无空气和水进入的状态下填充。灌注混凝土时溢出的泥浆引流至适当地点处理,以防污染。混凝土应连续灌注直至灌注到设计的混凝土顶面,以保证截切面以下的全部混凝土具有优良质量,如图3-1-10所示。

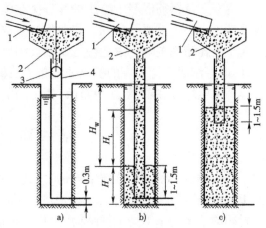

图3-1-10 灌注水下混凝土
1-进料口;2-漏斗;3-隔水栓;4-导管

三、钻孔灌注桩基础施工注意事项

(1)钻孔机械就位后,应对钻机及配套设备进行全面检查。

(2)钻机安设必须平稳、牢固;钻架应加设斜撑或缆风绳。

(3)冲击钻孔,选用的钻锥、卷扬机和钢丝绳等,应配置适当;钢丝绳与钻锥用绳卡固接时,绳卡数量应与钢丝绳直径相匹配。

(4)冲击过程中,钢丝绳的松弛度应掌握适宜。正、反循环钻机及潜水钻机使用的电缆线要定期检查,接头必须绑扎牢固,确保不漏水、不漏电;对经常处于水、浆浸泡处应架空搭设。

(5)挪移钻机时,不得挤压电缆线及风水管路。潜水钻机钻孔时,一般在完成一根钻孔桩时要检查一次电机的封闭状况。钻进速度应根据地质变化加以控制,以保证安全运转。

(6)采用冲抓或冲击钻孔,当钻头提到接近护筒底缘时,应减速、平稳提升,不得碰撞护筒和钩挂护筒底缘。

(7)钻孔使用的泥浆,宜设置泥浆净化系统,并注意防止或减少环境污染。

(8)钻机停钻,必须将钻头提出孔外,置于钻架上,不得滞留孔内。

(9)对于已埋设护筒但尚未开钻或已成桩护筒尚未拔除的,应加设护筒顶盖或铺设安全网遮罩。

四、钻孔事故及处理

常见的钻孔(包括清孔时)事故有坍孔、钻孔偏斜、掉钻落物、糊钻、扩孔与缩孔,以及出现梅花孔、卡钻、钻杆折断、钻孔漏浆等。遇到事故时,要冷静分析事故原因,及时果断地采取补救措施。

五、挖孔灌注混凝土桩

挖孔灌注桩系用人工和小型爆破,配合简单工具挖掘成孔,灌注混凝土形成桩基,适用于无水或水较少的较实的各类土层。桩径(或边长)不宜小于1.2m,孔深一般不宜超过20m。在实际施工中挖孔桩有一定的适用范围,其特点是投资少、进度快,可多点同步作业且需要机具设备少,成孔后可直接检查孔内土质状况,基桩质量有可靠保证。对于挖深过深(超过15~20m),或孔壁可能坍塌及渗水量稍大等情况,应慎重选择施工工艺,增加护壁措施和通风条件,以确保施工安全。

混凝土及钢筋混凝土灌注桩是直接在施工现场装桩位上成孔,然后孔在内安放钢筋笼,浇筑混凝土成桩。按成孔的方法有泥浆护壁成孔灌注桩、干作业成孔灌注桩、爆扩成孔的灌注桩及人工挖孔灌注桩等。灌注桩与预制桩相比,可节约钢材、木材和水泥,且施工工艺简单、成本低,同时可制成不同长度的桩以适应持力层的起伏变化。其缺点是施工操作要求较严,稍有疏忽容易发生缩颈、断裂等质量事故,技术间隔时间较长,不能立即承受荷载。

第三节 沉井施工

在修建负荷较大的建筑结构物时,其基础应该坐落在坚固、有足够承载力的土层上,当这类土层距地表较深、采用天然基础和桩基础受水文地质条件限制时,需用一种上、下开口就位后封闭的结构物来承受上部结构的力,这种结构物被称为沉井。沉井是基础组成部分之一,其形状大小根据工程地质状况由设计而定,通常用混凝土或钢筋混凝土制成。它一般由井壁、刃脚、隔墙、井孔、预埋冲刷管、封底混凝土、顶盖板组成。

沉井基础又称开口沉箱基础,由开口的井筒构成的地下承重结构物。一般为深基础,适用于持力层较深或河床冲刷严重等水文地质条件,具有很高的承载力和抗震性能。这种基础系由井筒、封底混凝土和预盖等组成,其平面形状可以是圆形、矩形或圆端形,立面多为垂直边,井孔为单孔或多孔,井壁为钢筋、木筋或竹筋混凝土,甚至由刚壳中填充混凝土等建成。若为陆地基础,它在地表建造,由取土井排土以减少刃脚土的阻力,一般借自重下沉;若为水中基础,可用筑岛法,或浮运法建造。在下沉过程中,如侧摩阻力过大,可采用高压射水法、泥浆套法或井壁后压气法等加速下沉。

沉井基础是一种古老而且常见的深基础类型,它的刚性大,稳定性好,与桩基相比,在荷载作用下变位甚微,具有较好的抗震性能,尤其适用于对基础承载力要求较高,对基础变位敏感的桥梁,如大跨度悬索桥、拱桥、连续梁桥等。

沉井是用混凝土或钢筋混凝土制成的井筒(下有刃脚,以利于下沉和封底)结构物。施工时,先按基础的外形尺寸,在基础的设计位置上的制造井筒;然后在井内挖土,使井筒在自重(有时需配重)作用下,克服土的摩阻力缓慢下沉,当第一节井筒顶下沉接近地面时,再接第二节井筒,继续挖土,如此循环往复,直至下沉到设计高程;最后浇筑封底混凝土,用混凝土或砂砾石充填井孔,在井筒顶部浇筑钢筋混凝土顶板,即成为深埋的实体基础。沉井基础即是结构基础,又是施工时的挡土、防水围堰结构物,其埋深深度大、整体性强、稳定性好、刚大度,能承受较大的上部荷载,且施工设备和施工技术简单,节约场地,所需净空高度小。沉井可在墩位筑岛制造,井内取土靠自重下沉,也可采用辅助下沉措施,如采用泥浆润滑套、空气幕等方法,以便减小下沉时井壁摩阻力和井壁厚度等。脚刃在井壁最下端,形如刀刃,在沉井下沉时起切入土中的作用。井筒是沉井的外壁,在下沉过程中起挡土的作用,同时还需要有足够的重量克服筒壁与土之间的摩阻发力和刃脚底部的土阻力,使沉井能在自重作用下逐步下沉。

在施工沉井时要注意均衡挖土、平稳下沉,如有倾斜则及时纠偏。

沉井划分一般有3种方法,其划分种类如下。

(1)按制造情况可分为:就地浇注混凝土或钢筋混凝土下沉沉井;浮式沉井,该种沉井多是钢壳井壁,另外有空腔钢丝网水泥薄壁沉井、钢筋混凝土薄壁沉井。

(2)按竖向剖面形状可分为:柱形、锥形、阶梯形。

(3)按横截面形状可分为:圆形、矩形、圆端形、椭圆形、菱形。

一、沉井基础构造

沉井是用混凝土或钢筋混凝土制成的井筒(下有刃脚,以利于下沉封底)结构物。施工时,先按基础的外形尺寸,在基础的设计位置上制造底节井筒;然后在井内挖土,使井筒在自重(有时须压重)作用下,克服土的摩擦力缓慢下沉,当第一节沉井顶下接近地面时,再接高第二节井筒,继续挖土,如此循环往复,直至下沉到设计高程;最后浇注封底混凝土,用混凝土或砂砾石填充井孔,在井筒顶部浇注钢筋混凝土顶板,即成为深埋的实体基础。在浅水或岸滩上可以就地制造的混凝土沉井基础;在深水条件下可以采用浮运沉井基础,即先将底节沉井浮运就位,再接高下沉。

沉井基础既是结构基础,又是施工时的挡土、防水围堰结构物,其埋置深度大、整体性强、稳定性好、刚度大,能承载较大的上部荷载,且施工设备和施工技术简单,节约场地,所需净空高度小。沉井基础可在地层地基土的容许承载力低,地面下深处有较好的持力层时;或山区河流中由于冲刷大,以及河流中有较大的卵石不便于采用桩基时;或岩层表面较为平坦,覆盖层不厚,但河水较深时,根据经济分析比较而采用。

沉井一般采用钢筋混凝土制成,少量用混凝土或钢制成,沉井可在墩位筑岛制造,井内取土靠自重下沉,也可采用辅助下沉措施,如泥浆润滑套、空气幕等,以减少下沉时井壁摩擦阻力和井壁厚度等。目前国内最大的沉井尺寸为20.2m×24.9m,深度达53.5m,国外最大平面尺寸为64m×75m,深度可达70m以上。

二、沉井基础施工

1. 沉井制作

沉井的制作应根据沉井施工方法而确定,在沉井施工前,应对沉井入土地层及其基地岩石地质资料详细掌握,并依次制订沉井下沉方案;对洪汛、凌汛、河床冲刷、通航及漂浮物等作好调查研究,并制定必要的安全、技术措施,以确保沉井下沉。避免沉井周围土体破坏范围过大,但内侧阶梯会影响取土机具的工作,一般较少采用。

沉井的制作可分为就地制作沉井和浮式沉井两种方案。

1)就地制作沉井

沉井位于浅水或可能被水淹没的岸滩时,宜采用筑岛沉井;在无被水淹没可能的岸滩上,可就地整平夯实制作沉井;在地下水位较低的岸滩,土质较好时可开挖基坑制作沉井。就地制作的沉井分为干旱滩岸沉井浇筑法和水中筑岛沉井浇筑法两种。

干旱滩岸沉井浇筑就是墩台基础位于干旱地而制作沉井,施工时沉井就地下沉。若土质松软时,应在场地平整并夯实后,在其上铺垫300~500mm的砂垫层,铺以垫木,垫木之间用砂填平,且不允许在垫木下垫塞木块、石块来调整顶面高程,以防压重(也称配重)后产生不均匀沉降。

模板及支撑应具有较好的刚性。内隔墙与井壁连接处的垫木应互相搭接连成整体,底模支撑应支于垫木上。

筑岛沉井适用于水深3~4m、流速较小的情况。围堰筑岛时,其岛面、平台面和坑底高程,应比施工时最高水位高出500~700mm,当有流冰时还应适当加高。底层沉井的制作包括场地平整夯实、铺设垫木、立沉井模板及支撑、钢筋焊扎、浇筑混凝土等。

在支垫上立模制作沉井时,应符合下列要求:

(1)支垫布置应满足设计要求及抽垫方便。

(2)支垫顶面应与钢刃脚底面紧贴,使沉井重力均匀分布于各支垫上。

(3)模板及支撑应具有足够的强度和较好的刚性。内隔墙与井壁连接处支垫应连成整体,底模应支承于支垫上,以防不均匀沉陷;外模与混凝土面贴接一侧应平直并光滑。

刃脚部分采用土模制作时,应符合下列要求:

(1)刃脚部分的外模应能承受井壁混凝土的重力在刃脚斜面上产生的水平分力;土模顶面的承载力应满足设计要求,土模顶面一般宜填筑至沉井隔墙底面。

(2)土模表面及刃脚底面的地面上,均应铺筑一层20~30mm的水泥砂浆,砂浆层表面应涂隔离剂。

(3)应有良好的防水、排水设施。

由于沉井是分节制作,分节沉入土中,沉井分节制作的高度应既能保证其稳定,又能有重力下沉。因此,底节沉井的最小高度应能抵抗拆除垫木或挖去土模(当刃脚为土模时)时的竖向挠曲强度,当挖土条件许可时应尽量高,一般情况下每节高度不宜小于3m,并应处理好接缝。在沉井接高时,注意各节沉井的竖向中轴线与第一节沉井重合,且外壁应竖直平整。

2)浮式沉井制作

浮式沉井是把沉井底节制造成空体结构,或采取其他方法使之漂浮于水中,用船只拖运到设计位置,逐步用混凝土或水灌注,增大自重,在水中徐徐下沉,直达河底。这种方法适用于水深流急、筑岛困难的沉井基础。

(1)钢丝网水泥薄壁沉井

钢丝网水泥薄壁由骨架、钢丝网、钢筋网和水泥砂浆等组成,并由30mm钢丝水泥薄壁隔成空腹壳体,入水后能浮于水中,浮运就位后向空腹壳体内灌水,使之下沉落于河床上,再逐格对称地灌注水下混凝土,从而使薄壁空腹沉井变成普通的重力式沉井。钢丝网水泥薄壁沉井由于钢丝网均匀分布在砂浆中,增加了砂浆的内聚力和握裹力,从而提高了砂浆的抗拉强度和韧性,使钢丝网水泥薄壁具有很大的弹性和抗裂性,能抵抗一定程度的冲击。它具有结构薄而轻,有足够的强度和刚度,节省材料,操作简单,多点平行施工作业,且施工时无需模板,可节省模板和支撑等特点。当河流宽度超过200m时,可采用半通航措施,用钢绳牵引沉井入水,因而浮运就位方法简单,设备简便。

钢丝网水泥薄壁沉井的制作程序:

①预制场地的选择。为了保证浮运沉井安全地进行水上浮运,预制场地的选择应结合水下方案综合考虑。

②刃角踏面大角钢成型。成型的方法可在弯曲机上进行,也可用人工弯曲成型,但应注意掌握角钢的翘曲变形,并随时整平。

③沉井骨架的架设。沉井骨架是由刃脚踏面角钢、竖面骨架角钢与内外箍筋焊接而成。首先是焊好刃脚踏面,其次是架设竖面骨架,待其就位后,用支撑、缆绳予以临时固定,正位后即可加箍筋焊成整体沉井骨架,为了增强角钢刚度,在横隔板及横撑骨架间设置刃脚加撑

骨架。

④铺网。铺网工作是沉井制作的关键，要求铺网平整，否则会产生波浪形甚至高低不平，而造成抹灰砂浆的保护层厚薄不均，使沉井受力不利。铺网时内外井壁和刃脚部分同时进行。铺刃脚钢丝网时，由刃脚斜面向刃脚立面铺设；铺井壁钢丝网时，由上至下铺设，先铺内层钢丝网，其次铺纵筋，接着铺横筋，最后铺外层钢丝网。

⑤抹水泥砂浆。当铺网工作结束后，即可进行抹灰工作。抹灰所用水泥宜采用强度等级不小于42.5的普通硅酸盐水泥，砂宜采用粗砂或中砂，水泥与砂的配比为1:1.5，水灰比为0.4。抹灰时由下至上进行，先将砂浆从沉井腔内用力向外挤压，直到透过外层钢丝网为止，待砂浆初凝后再抹腔外，并将沉井外壁外缘面抹光。

(2) 钢筋混凝土薄壁沉井

钢筋混凝土薄壁沉井的内外井壁及隔墙均采用钢筋混凝土薄壁轻型结构，具有良好的强度和刚度，刃脚也具有足够抵抗侧土压力的强度。

(3) 装配式钢筋混凝土薄壁沉井

装配式钢筋混凝土薄壁沉井是近年来采用的一种深水墩基础形式，其沉井分层依次叠装，然后浇筑水下混凝土形成井壁，最后抽水、清基、填心而成。基本构件由纵贯上下的梯形导杆(4根)、每层1m的井壳(圆头2块、直线段2块)和与井壳等高的支撑梁壳(4块)装配而成。

①梯形导杆：断面呈工字形，外形呈梯形，设于圆头井壳与直线井壳衔接处，长度随层次而异，单元质量约1.8t。其作用是在拼装和沉放底层井壳时起支撑和承重作用；在安装其余层次时起导向和连接作用，将通过导杆分层安装的各层井壳在浇筑混凝土前连成整体。

②井壳：井壳分圆头和直线两种，直线段又分为底节和中节。井壳构件高1m，宽1.1m，内外壁厚100mm，中间空腔900mm，内外壁间设有横隔。井壳不仅是浇筑混凝土的模板，而且本身是井壁的组成部分。

③支撑梁壳：支撑梁壳与井壁等高，宽620mm，设有横隔，在浇筑混凝土时作为模板，而浇完混凝土后便形成支撑梁，借以加强抽水时井壁承受水压的能力。

3) 泥浆润滑套沉井

泥浆润滑套沉井是在沉井外壁与土层间设置泥浆隔离层，以减少土体与井壁的摩擦力，从而减轻沉井自重，加大下沉速度，提高下沉效率。泥浆润滑套沉井刃脚踏面宽度宜小于100mm，以利于减少下沉的摩擦力。沉井外壁应做成单台阶形，为防止泥浆通过沉井侧壁而渗透到沉井内，对直径小于8m的圆形沉井，台阶位置在距刃脚底面2~3m处；对面积较大的沉井，台阶位置在底节与第二节接缝处。台阶的宽度应为泥浆套宽度，一般为100~200mm。

2. 沉井下沉方法

沉井下沉是通过井内除土，清除刃脚正面阻力和沉井内壁阻力后，依靠沉井自重而下沉。井内除土的方式有排水开挖和不排水开挖。在稳定的土层中，渗水量不大时，可以排水开挖使沉井下沉，即排除井内水后再进行开挖，使沉井下沉。在有涌水翻砂不宜采用排水下沉的地层，应用不排水法开挖。不排水开挖采用抓土、吸泥等方法使沉井下沉，必要时辅以压重、高压射水、降低井内水位而减小浮力增加沉井的自重、泥浆润滑套等方法。

1) 拆除垫木

抽垫工作是沉井的开始工作，也是整个沉井下沉工作中极为重要的工序之一。拆除垫木，必须在沉井混凝土达到设计强度等级后方可进行。

(1) 抽垫应分区、依次、对称、同步地进行。

(2)抽垫前应将井孔内的所有杂物清除干净,准备工作全部就绪后,方可进行抽垫。

(3)抽垫时,先挖垫木下的填砂,再抽垫木,垫木宜从外侧抽出。垫木抽出后,应回填土,开始几组可不做回填,当抽出几组垫木出现空当后,即应回填。回填材料可用砂、砂夹碎石,回填时应分层洒水夯实,每层厚度为200~300mm,但回填料不允许从沉井内或筑岛材料中获取,以防沉井歪斜。回填高度应使最后分配的定位垫木重量不致压断垫木以及垫木下土体承压应力不超过岛面极限承压应力为准,必要时可加高回填高度,甚至在隔墙下进行回填,以满足要求。

(4)抽垫时的定位垫木的位置,应按设计确定。若设计无规定时,对于圆形沉井应安排在周边上相隔90°的4个支点上;对于矩形沉井应对称布置在长边,每边两个,当沉井长短边之比为$1.5 \leqslant L/B < 2$(L为长边长,B为短边长)时,长边两承垫间的距离为$0.7L$,当比值$L/B \geqslant 2$时,距离为$0.6L$。

(5)当抽垫抽至垫木的2/3时,沉井下沉较为均匀,下沉量小,回填时间较为充分,便于较好地抽垫和回填。当继续抽垫时,下沉量逐步加大,回填也较困难,甚至出现下沉太快以至于回填时间不足,造成垫木压坏或间断。因此,抽垫开始阶段宜缓慢进行,以便有足够时间充分回填夯实,力求尽量改变最后阶段下沉快、沉降量大、断垫现象。

2)排水开挖下沉

在稳定的土层中,渗水量不大(每平方米沉井面积渗水量小于$1m^3/h$)时,可采用排水开挖下沉。从地脉内或岛面开始挖土下沉,应将抽垫时在刃脚内侧的回填土分层挖去,其开挖顺序原则上与抽垫顺序相同,定位承垫处的土最后挖除。当一层全部挖完后,再挖第二层,如此循环往复。开挖的方法为:当土质松软时,分层挖除回填土,沉井逐渐下沉,当沉井刃脚下沉至沉井中部与土面大致平齐时,即可在中部先向下开挖400~500mm,并向四周均匀开挖,距刃脚约1m处时,再分层挖除刃脚内侧的土台。当土质较坚实时,可从中部向下挖400~500mm,并向四周均匀扩挖,使沉井平稳下沉。当土质坚硬时,可参见抽垫顺序分段掏空刃脚,每段掏空后随即回填砂砾,待最后几段掏空并回填后,再分层分次序逐步挖去回填土,使沉井下沉,直到下沉至岩层。

开挖刃脚下土体时,可采用跳槽法,即沿刃脚周长等分若干段,每段长约1m,先隔一段挖一段,然后挖去剩余的各段,最后挖定位承垫处的岩石。开挖时,下沉速度应根据沉井大小、入土深度、地层情况而定。一般而言,平均下沉速度为$0.5 \sim 10 m/d$。

3)不排水开挖下沉

不排水开挖时的下沉基本要求:

(1)沉井内除土深度应根据土质而定,最深不应低于刃脚2m;土质特别松软时不应直接在刃脚下除土。

(2)应尽量加大刃脚对土的压力。当沉井通过粉砂、细砂等松软地层时,不宜以降低沉井内水位而减少浮力的方法,促使沉井下沉,而是应保持沉井内水位高于沉井外水位$1 \sim 2m$,以防止流沙现象的发生,引起沉井歪斜,增加吸泥工作量。

(3)除纠正沉井倾斜外,沉井内的土应由各沉井均匀清除,其土面高差不应超过500mm。

(4)当沉井入土较深,井壁阻力较大时,应根据具体情况而采取有效的下沉方法,如采取抓土、吸泥、射水交替联合作业,必要时还需辅以降低沉井内水位,以增加沉井质量,或在沉井底放炮振动,或用在沉井顶压重的方法,使沉井至设计高程。

不排水开挖下沉常采用抓土下沉。单孔沉井时,抓斗挖掘井底中央部分的土,形成锅底状。

在砂或砾石类土体中,一般当锅底比刃脚低 $1\sim1.5m$ 时,沉井即可靠自重下沉,并将刃脚下的土挤向中央锅底;在黏性土中,由于四周土不易向锅底坍落,应辅以高压水松土。多孔沉井时,最好在每个井孔上配置一套抓土设备,可同时均匀除土,减少抓斗倒孔时间,使沉井均匀下沉。

为了使抓斗能在沉井孔内靠边的位置抓土,在沉井顶面井孔周围预埋挂钩。偏抓时,先将抓斗落至孔底,将钢丝绳挂在井孔周边的挂钩上进行抓土,可以达到偏抓的目的。

4) 辅助下沉措施

(1) 高压射水:当局部地点难以由潜水员定点定向射水掌握操作时,在一个沉井内只可同时开动一套射水设备,并不得进行除土或其他起吊作业。射水水压应根据地层情况、沉井入土深度等因素确定,可取 $1\sim2.5MPa$。

(2) 抽水助沉:不排水下沉的沉井,对于易引起翻砂、涌水地层,不宜采用抽水助沉方法。

(3) 压重助沉:沉井圬工尚未接高浇筑完毕时,可利用接高浇筑圬工压重助沉,也可在井壁顶部用钢铁块件或其他重物压重助沉。除为纠正沉井偏斜外,压重应均匀对称旋转。采用压重助沉时,应结合具体情况及实际效果选用。

(4) 炮震助沉:一般不宜采用炮震助沉方法。在特殊情况下必须采用时,应严格控制用药量。在井孔中央底面放置炸药起爆助沉时,可采用 $0.1\sim0.2kg$ 炸药,具体使用应视沉井大小、井壁厚度及炸药性能而定。同一沉井每次只能起爆一次,并应根据具体情况适当控制炮震次数。

(5) 利用空气幕下沉。

5) 沉井接高

接高上节沉井模板时,不得直接支撑于地面。接高时应均匀加重,防止沉井突然下沉和倾斜。接高后的各节沉井中轴线应为一直线。混凝土施工接缝应按设计要求布置接缝钢筋,清除浮浆并凿毛。

(1) 沉井接高前,应尽量纠正倾斜,接高各节的竖向中轴线应与前一节的中轴线相重合。

(2) 水上沉井接高时,井顶露出水面不应小于 $1.5m$;地面上沉井接高时,井顶露出地面不应小于 $0.5m$。

(3) 接高前不得将刃脚掏空,避免沉井倾斜,接高加重应均匀、对称地进行。

沉井下沉时,如需在沉井顶部设置防水或防土围堰,围堰底部与井顶应连接牢固,防止沉井下沉时围堰与井顶脱离。

6) 沉井纠偏

(1) 纠偏前,应分析原因,然后采取相应措施,如有障碍物应首先排除。

(2) 纠正倾斜时,一般可采取除土、压重、顶部施加水平力或刃脚下支垫等方法进行。对空气幕沉井可采取偏侧局部压气纠偏。

(3) 纠正位移时,可先除土,使沉井底面中心向墩位设计中心倾斜,然后在对侧除土,使沉井恢复竖直,如此反复进行,使沉井逐步移近设计中心。

(4) 纠正扭转时可在一对角线两角除土,在另外两角填土,借助于刃脚下不相等的土压力所形成的扭矩,可使沉井在下沉过程中逐步纠正其扭转角度。

7) 沉井清基和封底

(1) 沉井清基

清基是指沉井下沉到位后,清除基底的松散土层及杂质,以保证封底混凝土直接支承在持力土层上。

①沉井下沉至设计高程后,基底面地质应符合设计要求,如有不符需作处理时,应征得设计单位同意,必要时取样鉴定。

②清理后的基底面距隔墙底面的高度及刃脚斜面露出的高度,必须满足设计要求的最小高度。

③基底浮泥或岩面残存物均应清除,使封底混凝土与基底间不产生有害夹层。

④隔墙底部及封底混凝土高度范围内井壁上的泥污应予以清除。

(2)沉井清基方法

①排水清基

排水清基时,施工人员可进入井底施工,比较简单,主要问题是防止沉井在清基时倾斜和处理从刃脚下涌入井内的流沙等。

②不排水清基

不排水清基可采用高压射水将刃脚及隔墙下的土破坏,然后用吸泥机除渣。高压射水一般使用直径75~86mm的钢管,下端配有单孔锥型射水嘴,出水孔直径为13~20mm。沉井沉至设计高程后,应检验基底的地质情况是否与设计相符,排水下沉时可直接检验、处理;不排水下沉时应进行水下检验、处理,必要时取样鉴定。

(3)封底

基底检验合格后,应及时封底。对于排水下沉的沉井,在清基时,如渗水量上升速度小于或等于6mm/min,可按普通混凝土浇筑方法进行封底;若渗水量大于上述规定时,宜采用水下混凝土进行封底。

沉井封底,当井内可以排水时,按一般混凝土施工;不能排水时采用导管法灌注水下混凝土。

用刚性导管法进行水下混凝土封底时,应满足如下要求:

①混凝土材料可参照钻孔灌注桩水下混凝土有关规定,混凝土的坍落度宜为150~200mm。

②浇筑封底水下混凝土时,需要的导管间隔及根数,应根据导管作用半径及封底面积确定。

③用多根导管浇筑时的顺序,应进行设计,防止发生混凝土夹层。若同时浇注,当基底不平时,应逐步使混凝土保持大致相同的高程。

④每根导管开始浇筑时所用的混凝土坍落度宜采用下限,首批混凝土需要量应通过计算确定。

⑤在浇筑过程中,导管应随混凝土面升高而徐徐提升,导管埋深应与导管内混凝土下落深度相适应,一般不宜小于表3-1-1的规定。用多根导管浇筑时,导管埋深不宜小于表3-1-2的规定。

不同浇筑深度导管的最小埋深 表3-1-1

浇筑深度(m)	≤10	10~15	15~20	>20
导管的最小埋深(m)	0.6~0.8	1.1	1.3	1.5

导管不同间距的最小埋深 表3-1-2

导管间距(m)	≤5	6	7	8
导管最小埋深(m)	0.6~0.9	0.9~1.2	1.2~1.4	1.3~1.6

⑥在浇筑过程中,应注意混凝土的堆高和扩展情况,正确地调整坍落度和导管埋深,使每盘混凝土浇筑后形成适宜的堆高和不陡于1:5的流动坡度,抽拔导管应严格使导管不进水。混凝土面的最终浇筑高度,应比设计值高出不小于150mm,待浇筑混凝土强度达到设计要求后,再抽水凿除表面松弱层。

沉井封底,若为水下压浆混凝土时,应按设计要求施工。

沉井基础的质量应符合下列规定:

①混凝土的强度应符合设计要求。

②沉井刃脚底面高程应符合设计要求。

③底面、顶面中心与设计中心的偏差应符合设计要求,当设计无要求时,其允许偏差纵横方向为沉井高度的1/50(包括因倾斜而产生的位移)。对于浮式沉井,允许偏差值增加250mm。

④沉井的最大倾斜度为1/50。

⑤矩形、圆端形沉井的平面扭转角偏差,就地制作的沉井不得大于1°,浮式沉井不得大于2°。

沉井制作允许偏差如表3-1-3所示。

沉井制作允许偏差　　　　　　　　　　　　　　　表3-1-3

项　目		允许偏差
沉井平面尺寸	长度、宽度	±0.5%,当长、宽大于24m时为±120mm
	曲线部分的半径	±0.5%,当半径大于12m时为±60mm
	两对角线的差异	对角线长度的±1%,最大±180mm
沉井井壁厚度	混凝土、片石混凝土	+40mm,-30mm
	钢筋混凝土	±15mm

注:1.对于钢沉井及结构构造、拼装等方面有特殊要求的沉井,其平面尺寸允许偏差值应按照设计要求确定;
　　2.井壁的表面要平滑而不外凸,且不得向外倾斜。

第四节　承台和系梁的施工

一、承台施工

1. 桩头破除

待桩基混凝土强度达到规范规定的设计强度时,将浇筑桩顶0.5~1.0m掺杂有泥浆或其他杂物的多余混凝土部分用空压机带风镐凿除。凿除时应注意不能损坏接桩钢筋,凿除至承台底面以上15mm时停止凿除,清理桩头表面,使其表面平整。

2. 重新测量放样

当基底经测量找平、监理工程师验收合格后,利用筑岛顶面测设出的横纵中心线用经纬仪测设到基底上,用墨线弹出横纵中线,然后用经纬仪、钢尺精确放出承台基础结构大样,用墨线弹出边缘线大样。

3. 钢筋安装用常规方式进行

钢筋安装采用在场地预制成型,用车运至施工现场,采用常规方式进行。

钢筋安装时应注意墩台身钢筋直接预埋在承台混凝土里;墩台身钢筋的施工方法同常规

施工方法。施工中可采用钢管施工脚手架作为操作平台,脚手架用钢管支架形成;预埋墩台身钢筋应注意测设的墩台身的位置必须精确,预埋后墩台身钢筋的固定用地锚拉线进行找正和固定。钢筋安装结束后,经监理工程师验收,交给下一道工序,如图3-1-11所示。

4. 清理承台底面,浇筑承台混凝土

当承台及墩台身钢筋钢筋安装结束,经监理工程师验收后,方可开始浇筑承台混凝土。

混凝土施工采用混凝土集中搅拌站拌和,混凝土输送泵进行水平和垂直运输直接入模,人工手持振捣棒均匀振捣,草袋覆盖、洒水保湿养生的方法施工;施工时应注意浇筑高程,用水平仪观测承台混凝土浇筑顶面,且墩台身预埋筋范围内的混凝土进行拉毛处理。

图3-1-11 承台施工

二、系梁施工

1. 施工工艺流程

测量放样→铺设底模→钢筋安装→模板安装→混凝土浇筑→养护→模板拆除。

2. 具体施工工艺方法

(1)铺设底模:按墩身系梁位置进行底模铺设。

(2)钢筋安装:钢筋在加工场地预制成型,运至施工现场,采用常规方法进行焊接、安装。在进行主筋(水平筋)接头时,将预埋筋按单面焊的搭接长度进行搭接,并满足同一搭接长度区段内接头错开50%,焊接标准执行施工规范的要求。安装时应注意预埋盖梁预埋钢筋。

(3)模板安装:模板找正采用经纬仪跟踪测量,水平仪测量顶面高程的方法控制,模板支立前涂刷优质脱模剂,以保证混凝土外观质量及拆模便利之用。

(4)混凝土浇筑:系梁混凝土采用集中搅拌站拌和,人工手持振捣棒分层浇筑振捣,塑料布覆盖洒水保湿养生的方法施工。

(5)拆模:待混凝土强度达到设计规定强度再行拆模,采用人工配合吊车扶模拆卸。拆模时应注意不能损坏台体混凝土。

【工程实例】

一、工程概况

松花江大桥8号墩位于松花江南岸江中,基坑深度12m,降水高度9m,9号墩位于松花江北岸岸边,基坑深度7m,降水深度4m。两塔墩处水文地质条件如下:表面为第四纪地层,上部以中、细砂为主,并有砂砾粗砂沉积和淤泥夹层。地处北温带大陆性季风气候,为北寒带气候条件,冬季漫长达5个月,年温差超过70℃,最大冻深1.78~2.05m。

二、承台基坑施工

1. 挖基

1)基坑开挖尺寸的确定

8号墩承台顶面高程为111.85m,底面高程为106.85m,承台外形尺寸为54.5m×15.0m×5.0m。主墩承台施工时的水位为115.00m。

8号墩原筑岛岛面高程为118.5m,为减少基坑开挖量及有利于降水,在基坑开挖前先将原岛面平均下推至116.0m,然后在此高程处进行基坑开挖和降水工作。

由于基坑处为砂性土,且基坑边缘有动荷载,因此开挖时按1:1.5放坡。基坑底高程控制在106.75m,超挖的100mm用水泥砂浆找平,以利承台施工。由于基坑升挖深度为9.15m,为保持边坡稳定并方便施工作业,在111.50m处设置4m宽的工作平台。为防止坑壁坍塌,于基底四周各留1m空间进行防护;为方便承台施工,留1m空间作为施工作业区。

综合上述因素,确定8号墩承台基坑尺寸为:坑底平面尺寸58.5m×19.0m,高程106.75m;平台宽4m,高程111.50m;坑壁坡度1:1.5;坑顶平面尺寸98.25m×54.75m,高程116.0m。同样,9号墩承台基坑具体尺寸为:坑底平面尺寸58.5m×19.0m,高程111.45m;平台宽4m,高程5.45m;坑壁坡度1:1.5;坑顶平面尺寸87.65m×48.15m,高程118.5m。

2)基坑开挖

基坑开挖以机械开挖为主,人工配合,由于基坑深度超过了挖掘机的作业深度,在基坑深度一半处设4m宽的工作平台,采用两台挖掘机"接力传递"的方法将土方运至地面。开挖时,挖掘机在基坑位置由一侧向另一侧倒退开挖,挖除的土方随时由自卸汽车运走,在倒退的方向上由挖掘机自行设置坡道,用以挖掘机和自卸汽车的进出,在挖至距离承台底面高程300mm时,停止挖掘,由人工进行最后的清除和平整基坑底面。

2.防护

承台基坑处为砂性土,且基坑边缘有动荷载作用,所以开挖时按1:1.5放坡。开挖后的边坡由于风吹日照,地层的水分不断蒸发,会产生沿坡向下流干砂现象,我们采取在坑底坡脚处用草袋围堰结合挡板支撑的方法解决了这一问题。此方法同时有效地预防了由于荷载产生的主动土压力导致坑壁坍塌的问题,取得了很好的效果。

在基坑挖到高程后即进行坡角防护,草袋错缝堆码,柱桩使用木桩,直径为150mm,长4m,打入地下2m,间距600mm。

3.基坑降水

由于主墩基坑处土质不稳定,地下水位较高,综合考虑施工的可行性,经多种方案比较,施工时采用井点降水方式进行8号墩和9号墩的承台基坑的开挖。

1)8号墩承台基坑的降水

依据8号墩承台底高程和地下水位,采用深井泵井点进行8号墩承台基坑的施工。

首先根据地质状况和基坑尺寸按无压完全井对8号墩承台基坑进行水计算:基坑涌水量$Q=9962m^3/d$;计算单根井点出水量$q=665m^3/d$;井管埋深$h=15.5m$;井点管数量$n=17$根。然后根据计算结果确定,深井泵井点的具体形式:深井泵的孔径为600mm,井点管采用$\phi 400mm$的钢管,厚140mm,长12m。滤管长3m,孔径400mm,其构造采用无缝钢管。制作滤管的方法为:在钢管表面钻滤孔,其面积为滤管表面积的25%,滤孔直径为19mm,孔距为30mm。滤管外面的防滤设施是:先用$\phi 3.2mm$铁丝缠绕成螺旋形,间距20mm,外面包100目的铜丝网2层,用$\phi 1.6mm$的铁丝缠绕捆扎,间距20mm,外面再用2~3层棕皮包扎,以$\phi 3.2mm$钢丝捆扎,间距20mm。

最后进行了深井井点施工。深井井点施工程序为:井位放样→做井口、安护筒→钻机就位、钻孔→回填井底碎石垫层→吊放井点→回填管壁与井壁之间的过滤层→安装抽水控制电路→试抽→降水井正常工作。

井底碎石垫层→吊放井点→回填管壁与井壁间的过滤层→安装抽水控制电路→试抽→降水井正常工作。

钻孔深度应根据井泵安设的深度加上抽水期内沉淀物可能沉淀的高度,再加深3m,实际钻孔深度应为18m。

钢井管外与井壁的空隙用小碎石填充,其粒径应大于滤管网的孔径。滤管底与井底之间填较大粒径的碎石和卵石。

2) 9号墩承台基坑降水

首先根据地质状况和基坑尺寸按无压非完全井对9号墩承台基坑进行水计算:基坑涌水量 $Q = 7\,494.7 \text{m}^3/\text{d}$;计算单根井点出水量 $q = 227 \text{m}^3/\text{d}$;井点管数量 $n = 30$ 根;井管埋深 $h = 14.65 \text{m}$。

然后根据计算结果进行了基坑水位复核,结果符合要求,从而确定了管井井点的具体形式:管井井身采用 $\phi 250\text{mm}$ 钢管,单个井管长14m,滤水管部分采用钢筋焊接骨架,长2m,内径250mm,外包孔眼为2mm的镀锌钢丝网,钢丝网焊接在骨架上,外面再包两层棕皮。

吸水管用直径为100mm的胶皮管(与水泵配套),其底部(即进水口处)装有逆止阀,上端装设带法兰盘的矩钢管一节。吸水管插入滤水井管,长度大于水泵抽吸高度,插入滤水井管底500mm处。

最后进行了管外井点施工:用钻机成孔,孔径为 $\phi 500\text{mm}$,清孔后将滤水井管放置于孔中心,井管底口木塞堵住,滤水井管与土壁间用3~15mm的砾石填充,作为过滤层,滤管底与井底之间填充较大粒径的碎石和卵石,地面下0.5m范围内用黏土填充并夯实。

在实际施工过程中由于施工水位的变化以及渗透系数选取的偏差,造成8号墩承台基坑实际涌水量要大于计算涌水量,导致17个井点无法满足降水需要,因此做了及时调整,井点增至30个,从而顺利完成了基坑开挖。

三、承台冬季施工

哈尔滨地区的气候特点是冬季漫长,长达5个月之久,气温较低,因此无法进行正常的全年施工,为了保证松花江大桥按期竣工,根据总体计划安排,进行了承台的冬季施工。施工期在10月下旬至12月中下旬。根据气象统计资料,哈尔滨市11月份的平均气温为 -6.2℃左右,12月中旬平均气温 -15℃,因此必须采取保温措施。

1. 保温

1) 总体施工方案

根据现场实际情况和大体积混凝土承台施工的特点,施工时采用的是暖棚蓄热、蒸汽锅炉加热的施工方法。具体做法是:

(1) 为保证混凝土的浇筑温度,搅拌站、砂石料场、承台基坑处均搭设保温大棚。

(2) 搅拌站用水采用蒸汽加热,承台大棚采用暖气排管加热,砂石料加热采用热地垄的方法。

(3) 混凝土运输采用泵送的方式,输送泵管道用防寒毡包裹保温。

2) 混凝土生产区暖棚布置

8号墩混凝土生产区由于料场和搅拌站相距较近,所以搭设一个整体大棚,面积为 $51\text{m} \times 41\text{m}$。大棚的结构形式为在地面砌筑2m高砖墙,然后再沿砖墙内设两排 $\phi 50\text{mm}$ 的钢管,两排钢管间距1m,用同样的钢管横向连接,形成框架,暖棚四周用棉苫布进行围挡,顶棚用两层聚乙烯塑料密封。顶棚骨架用钢管弯制成弓形,并用角钢在上下弦之间加三角形支撑。

散装水泥罐四周用棉毡布围绕,里面插入橡胶软管通以蒸汽。

9号墩混凝土生产区设置5个暖棚。其中,料场一个、拌和站两个、水泥库两个。料场暖棚面积为50m×45m,两个水泥库暖棚面积分别为10m×10m、9m×7m。拌和站的两个暖棚面积均为15m×15m。其结构形式同8号墩一样。

由于保温大棚的体积和面积较大,为防止大棚在风荷载作用下倾覆,大棚四周均须加设坚固的风缆。

3) 承台暖棚布置

8号、9号墩承台暖棚面积为62.5m×23m,沿两个长边方向分别铺设两排枕木,间距1m,枕木放入事先挖好的沟槽内。在枕木上支立$\phi 50mm$的钢管,高度方向上每隔1m用同样的钢管连成框架,其余设置同混凝土生产区大棚。

4) 热工计算

混凝土的入模温度控制在5℃,砂、石、水泥温度控制在5℃。混凝土温度主要由施工用水水温来调节,通过热工计算得出搅拌用水需要加热到28.6℃。

冬季施工耗热量主要由承台和生产区的基本耗热量、风力等自然因素产生的附加耗热量、输热管道热量损失以及加热搅拌用水需热量四大部分构成。通过热工计算得出总需用蒸汽量$W=5.8220kW/h$,实际施工中我们选用4台20kW锅炉,每小时可生产蒸汽60kW(蒸汽利用率75%)。

2. 大体积混凝土配合比设计

主墩承台尺寸为$5.45m×15m×5m$,混凝土强度等级为C20,混凝土用量为$3674.5m^3$,属于大体积混凝土。为了确保工程质量,进行了松花江大桥承台大体积混凝土配合比设计:根据大体积混凝土的施工特点及冬季施工环境温度低、混凝土输送方式采用泵送等实际情况,首先进行原材料选取,并将水泥用量、粉煤灰用量、砂率、缓凝剂掺量4个因素做了水平正交试验,然后进行级差分析,确定了合理的混凝土配合比。为了做到万无一失,施工前进行了大体积混凝土温度模拟实测,对边长为0.5m、1m、1.5m、2m的立方体试件进行了温升模拟试验,从而确定承台大体积混凝土实际施工时的合理方案以及最佳配合比。

1) 原材料确定

水泥采用哈尔滨水泥厂产天鹅牌P·O32.5水泥;细集料采用哈尔滨港务局产中砂;粗集料采用哈尔滨玉泉采石场产碎石;外掺料采用阿城热电厂产I级增钙粉煤灰;外掺剂采用黑龙江省寒地院产LNC-52型外加剂。

2) 混凝土配合比设计

原材料确定后,对水泥用量、粉煤灰用量、砂率、缓凝剂掺量4个因素进行水平正交试验,绘制了水平正交试验结果曲线,根据曲线确定了最佳配合比水泥用量为$310kg/m^3$,粉煤灰掺量占水泥质量的35%,砂率为36%,缓凝剂掺量占水泥质量的0.25%。

3) 施工前大体积混凝土温度模拟实测

施工前分别对边长为0.5m、1m、1.5m、2m的立方体试件进行了温升模拟试验。通过对模拟试验数据的分析可知,采用此最佳配合比,可有效地推迟水化热温升峰值的出现,同时大大降低了水化热峰值,这对于保证大体积混凝土不产生温度裂缝是极其有利的。

第二章 墩台身及盖梁施工

第一节 墩、台身施工

一、整体式墩台施工要点

1. 混凝土及钢筋混凝土墩、台施工要求

混凝土墩、台施工要点：

(1) 墩台施工前应在基础顶面放出墩、台中线和墩、台内、外轮廓线的准确位置。

(2) 现浇混凝土墩、台钢筋的绑扎应和混凝土的灌筑配合进行。在配置垂直方向的钢筋时应有不同的长度，以使同一断面上的钢筋接头能符合《公路桥涵施工技术规范》(JTG/T F50—2011)的有关规定。水平钢筋的接头也应内外、上下互相错开。

(3) 注意掌握混凝土的浇筑速度。

(4) 若墩、台截面积不大时，混凝土应连续一次浇筑完成，以保证其整体性。若墩、台截面积过大，应分段分块浇筑。

(5) 在混凝土浇筑过程中，应随时观察所设置的预埋螺栓、预埋支座的位置是否移动，若发现移位应及时校正。浇筑过程中还应注意模板、支架情况，如有变形或沉陷应立即校对并加固。

(6) 高大的桥台，若台身后仰，本身自重力偏心较大，为平衡台身偏心，施工时应在填筑台身四周路堤土方的同时砌筑或浇筑台身，防止桥台后倾或向前滑移。未经填土的台身施工高度一般不宜超过4m，以免偏心引起基底不均匀沉陷。

(7) V形、Y形和X形桥墩的施工方法与桥梁结构体系有密切关系。通常把这种桥梁划为V形墩结构、锚跨结构和挂孔部分3个施工阶段。其中V形墩是全桥施工重点，它由两个斜腿和其顶部主梁组成倒三角形结构。

2. 片石混凝土或片石混凝土砌体墩、台施工要点

在浇筑实体墩台和厚大无筋或稀配筋的墩台混凝土时，为节约水泥，可采用片石混凝土或混凝土砌体。

(1) 当采用片石混凝土时，混凝土中允许填充粒径大于150mm的石块(片石或大卵石)，并应遵守下列规定。

① 填充石块的数量不宜超过混凝土结构体积的25%。

② 应选用无裂纹、夹层和未煅烧过的并具有抗冻性的石块。

③ 石块的抗压强度应符合《公路桥涵施工技术规范》(JTG/T F50—2011)的有关规定，与对碎石、卵石的要求相同。

④ 石块在使用前应仔细清扫，并用水冲洗干净。

⑤ 石块应埋入新灌筑的捣实的混凝土中一半左右。受拉区混凝土不宜埋放石块；当气温

低于0℃时,应停埋石块。

⑥石块应在混凝土中分布均匀,两石块间的净距不应小于100mm,以便捣实其间的混凝土。石块距表面(包括侧面与顶面)的距离不得小于150mm,具有抗冻要求的表面不得小于300mm,并不得与钢筋接触和碰撞预埋件。

(2)当采用片石混凝土砌体时,石块含量可增加到砌体体积的50%~60%,石块净距可减为40~60mm,其他要求与片石混凝土相同。

二、装配式桥墩的施工要点

装配式桥墩主要采用拼装法施工。它用于预应力混凝土、钢筋混凝土薄壁墩、薄壁空心墩或轻型桥墩。拼装式桥墩主要由就地浇筑实体部分墩身和基础与拼装部分墩身组成。实体墩身与基础采用就地现浇施工时,在浇筑实体墩身与基础时应考虑其与拼装部分的连接、抵御洪水和漂流物的冲击、锚固预应力筋、调节拼装墩身的高度等问题。

装配部分墩身由基本构件、隔板、顶板和顶帽组成,在工厂制作,运到桥位处拼装成桥墩。装配部分墩身的分块,要根据桥墩的结构形式、吊装、起重工具和运输能力决定。要尽可能使分块大、接缝小,按照设计要求定型生产为宜。加工制作出来的拼装块件要质量可靠、尺寸准确、内外壁光洁度高。拼装要根据施工现场的地形、水文、运输条件以及墩的高度、起吊设备等具体情况拟定施工细则,认真组织实施。决定拼装方法时应注意预埋件的位置,接缝处理要牢固密实,预留孔道要畅通。

预应力混凝土空心墩的主要施工工艺流程为:

(1)浇筑桥墩基础。

(2)浇筑实体墩身(包括预埋锚固件和连接件)。

(3)安装预制的墩身块件,包括以下内容:

①预制构件分块;

②模板制作及安装(在工厂进行);

③制孔(在工厂进行);

④预制构件浇筑(在工厂进行);

⑤预制构件运输至桥位;

⑥安装墩身预制块件。

(4)施加预应力。

(5)孔道压浆。

(6)封锚。

三、高桥墩施工要点

随着交通事业的不断深入发展和公路等级不断提高,新桥型不断推出,高强度混凝土的不断推广应用,高桥墩(塔)也不断出现。但随着桥墩高度的增加,其施工难度及技术要求也相应增大和提高。目前比较成熟的方法有提升模板法、滑动模板法和预制拼装法。

1. 提升模板施工法

1)单面整体提升模板法

单面整体提升模板可分为拼装式模板和自制式模板。索塔施工时,应分节段支模和浇筑混凝土,每节段的高度应视索塔尺寸、模板数量和混凝土浇筑能力而定,一般宜为3~6m。用倒链或吊机吊起大块模板,安装好第一节段模板。在浇筑第一节段混凝土时,应在塔身内预埋螺栓,以支承第二节段模板和安装脚手架,如图3-2-1、图3-2-2所示。

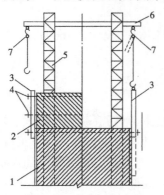
图3-2-1 单面整体提升模板
1-已浇索塔;2-待浇节段;3-模板;4-对拉螺栓;5-钢架立柱;6-横梁;7-倒链

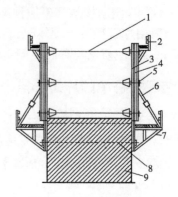
图3-2-2 拼装式模板
1-拉杆;2-上脚手;3-模板;4-立柱;5-横肋;6-可调斜撑;7-下脚手;8-预埋螺栓;9-已浇索塔

2) 翻模法

这种模板系统依靠混凝土对模板的黏着力自成体系,且制造简单、构件种类少,模板的大小可根据施工能力灵活选用,混凝土接缝较易处理,施工速度快。但模板本身不能提升,要依靠塔吊等起重设备提升。施工程序为先安装第一层模板(接缝节+标准节+接缝节),浇筑混凝土,完成一个基本节段的施工;以已浇混凝土为依托,拆除最下一层的接缝节和标准节(顶节接缝节不拆),向上提升,将标准节接于第一层的顶节接缝节上,并将拆下的接缝节立于标准节上,安装对拉螺杆和内撑。完成第二层模板安装,如图3-2-3所示。

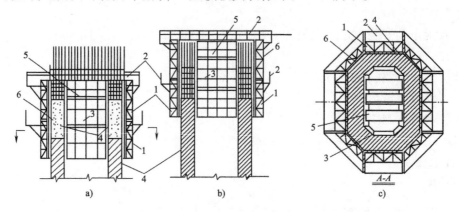
图3-2-3 多节模板交替提升示意图
a)浇筑混凝土、安装钢筋;b)模板交替提升;c)A-A剖面
1-模板桁架;2-工作平台;3-内模板;4-已浇混凝土;5-内模平台;6-外模板

3) 爬模法

爬模按提升设备不同可分为倒链手动爬模、电动爬架拆翻模和液压爬升模。

(1) 倒链手动爬模

此种装置一般由钢模、提升桁架及脚手架3部分组成,其中模板由背模、前模及左、右侧模组成。其施工要点是:利用提升架上的起重设备,拆除下一节钢模,将其安装到上一节钢模上,浇筑上节钢模内的混凝土并养生;同时绑扎待浇筑节段的钢筋,待混凝土达到规定强度后,用倒链将提升架沿背模轨向上提升(倒链的数量、起吊力的选择一定要依据可提升物的重力等考虑足够的安全系数,并考虑做保险链),再拆除最下节钢模。如此循环操作,全部施工设备随塔柱的升高而升高,具体步骤如图3-2-4所示。

（2）电动爬架拆翻模

此种装置由模架、模板、电动提升系统和支承系统四部分组成,如图3-2-5所示。其施工步骤为模架爬升、模板拆除、钢筋安装和混凝土施工。

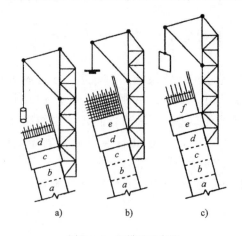

图3-2-4 爬模施工步骤
a)浇筑混凝土;b)养生、绑扎钢筋;c)爬升模架、安装模板

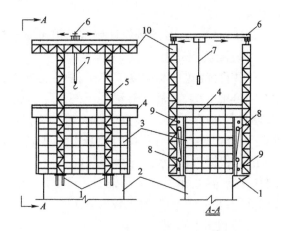

图3-2-5 电动爬架拆翻模示意图
1-支承系统;2-索塔;3-模板;4-工作平台;5-钢立柱;6-桁车;7-电动葫芦;8-提升系统;9-导向轮;10-模板桁架

（3）液压爬升模

此种装置由模板系统、网架主工作平台、液压提升系统等组成。当一个节段的混凝土已浇筑并达到规定强度后,即可进行模板的爬升。先将上爬架的4个支腿(爬靴)收紧以缩小外廓尺寸,然后操作液压控制台开关,两顶升油缸活塞杆支承在下爬架上,两缸体同时向上顶升,并通过上爬架、外套架带动整个爬模向上爬升。待行程达到要求的高度时,停止爬升,调节专门杆件,伸出4个支腿,并使就位爬靴支在爬升支架上,然后操纵液压控制台,使活塞杆收回,带动下爬架、内套架上升就位,并把下爬架支腿支撑好。爬升就位后,拆下一节模板,同时绑扎钢筋,并将拆下的模板立在上一节模板顶部,再进行下一个节段的施工。

2.滑动模板法

1）基本原理

滑动模板系将板悬挂在工作平台的围圈上,沿着所施工的混凝土结构截面的周界组拼装配,并随着混凝土的灌筑由千斤顶带动向上滑升。

2）基本构造

滑动模板的构造,由于桥墩类型、提升工具的类型不同而稍有差异,但其主要部件与功能则大致相同。一般主要由工作平台、内外模板、混凝土平台、工作吊篮和提升设备等组成。

3）提升工艺

（1）螺旋千斤顶提升工艺。

（2）液压千斤顶提升工艺。

4)施工工序要点

(1)滑模组装

①在基础顶面搭枕木垛,定出桥墩中心线;

②在枕木垛上先安装内钢环,并准确定位,再依次安装辐射梁、外钢环、立柱、顶杆、千斤顶、模板等;

③提升整个装置,撤去枕木垛,再将模板落下就位,随后安装余下的设施。内外吊架待模板滑至一定高度时,及时安装。模板在安装前,表面需涂润滑剂,以减小滑升时的摩擦阻力。

组装完毕后,必须按设计要求及组装质量标准进行全面检查,并及时纠正偏差。

(2)浇筑混凝土

滑模宜浇筑低流动度或半干硬性混凝土,浇筑时应分层、分段地对称进行,分层厚度以 200~300mm 为宜,浇筑后混凝土表面距模板上缘宜有 100~150mm 的距离;混凝土入模时,要均匀分布,应采用插入式振动器捣固,振捣时应避免触及钢筋模板,振动器插入一层混凝土的深度不得超过 50mm;脱模时混凝土强度应为 0.2~0.5MPa,以防在其自重压力下坍塌变形。为此,可根据气温、水泥强度等级经试验后选定一定量的早强剂掺入,以加强提升;脱模后 8h 左右开始养生,用吊在下吊架上的环绕墩身的带小孔的水管来进行。养生水管一般设在距模板下缘 1.8~2.0m 处效果较好。

(3)提升与收坡

整个桥墩浇筑过程可分为初次滑升、正常滑升和末次滑升 3 个阶段。从开始浇筑混凝土到模板首次试升为初次滑升阶段,初灌混凝土的高度一般为 600~700mm,分 3 次浇筑,在底层混凝土强达到 0.2~0.4MPa 时即可试升。将所有千斤顶同时缓慢提升 50mm,以观察底层混凝土的凝固情况。现场鉴定可用手指按刚脱模的混凝土表面,基础按不动,但留有指痕,砂浆不沾手,用指甲划过有痕,滑升时能耳闻"沙沙"的摩擦声,这些表明混凝土已具备 0.2~0.4MPa 的脱模强度,可以开始再缓慢提升 200mm 左右。初升后全面检查设备,即可进入正常滑升阶段,即每浇筑一层混凝土,滑模提升一次,使每次浇筑的厚高与每次提升的高度基本一致。在正常气温条件下,提升时间不宜超过 1h。末次滑升阶段是混凝土已经浇筑到需要高度,不再继续浇筑,但模板尚需继续滑升的阶段。灌完最后一层混凝土后,每隔 1~2h 将模板提升 50~100mm,滑动 2~3 次后即可避免混凝土与模板胶合。滑模提升时应做到垂直、均衡一致,顶架间高差不大于 20mm,顶架模梁水平高差不大于 5mm;并要求三班连续作业,不得随意停工。

(4)接长顶杆、绑扎钢筋

模板每提升至一定高度后,就需要穿插进行顶杆、绑扎钢筋等工作。为不影响提升的时间,钢筋接头均应事先配好,并注意将接头错开。对预埋件及预埋的接头钢筋,滑模抽离后,要及时清理,使之外露。

(5)混凝土停工后的处理

在整个施工过程中,由于工序的改变或发生意外事故,使混凝土的浇筑工作停止较长的时间,即需要进行停工处理。例如,每隔半小时左右稍微提升模板一次,以免黏结;停工时在混凝土表面要插入短钢筋等,以加强新老混凝土的黏结;复工时还需要将混凝土表面凿毛,并用水冲走残渣,湿润混凝土表面,灌注一层厚度为 20~30mm 的 1:1 水泥砂浆,然后再浇筑原配合比的混凝土,继续滑模施工。

第二节 盖梁施工

一、墩台帽施工

1. 放样

墩、台混凝土浇筑或砌石砌至离墩、台帽下缘约 300~500mm 高度时，即需测出墩、台帽纵横中心轴线，并开始竖立墩、台帽模板，安装锚栓孔或安装预埋支座垫板，绑扎钢筋等。桥台台帽放样时，应注意不要以基础中心线作为台帽背墙线。模板立好后，在浇筑混凝土前应再次复核，以确保墩、台帽中心、支座垫石等位置、方向和高程不出差错。

2. 模板

1) 混凝土和钢筋混凝土墩、台帽模板

墩、台帽系支承上部结构的重要部分，其位置、尺寸和高程的准确度要求较严，墩、台身混凝土浇筑至墩、台帽下约 300~500mm 处就应停止浇筑，以上部分待墩、台帽模板立好后一次浇筑，以保证墩、台帽底有足够厚度的紧密混凝土。

台帽背墙模板应特别注意纵向支承或拉条的刚度，防止浇筑混凝土时发生鼓肚，侵占梁端空隙。

2) 桩柱墩帽模板

桩柱墩帽亦称盖梁，除装配式的以外，需要现场立模浇筑。盖梁圬工体积小，有条件利用钢筋混凝土桩柱本身作模板支承。其方法是用两根木梁将整排柱用螺栓相对夹紧，上铺横梁，横梁间衬以方木调节间距，也可用螺栓隔桩柱成对夹紧，在横梁上直接安装底模板。两侧模板借助于横梁、上拉杆和一对三角撑所组成的方框架来固定。所有框架、榫眼及角撑均预先制好，安装时只用木楔楔紧框构四周，就能迅速而正确地使模板定位，如图 3-2-6 所示。

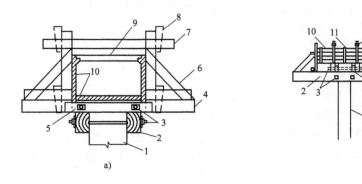

图 3-2-6 桩柱墩帽模板
1-钢筋混凝土桩柱；2-木梁；3-螺栓；4-横梁；5-衬木；6-角撑；7-拉杆；8-木楔；9-内模；10-模板；11-肋木

3. 钢筋网、预埋件、预留孔等的安装

1) 钢筋网的安装

梁桥墩、台帽支座处一般均布设 1~3 层钢筋网。当墩、台帽为素混凝土或虽为配筋混凝土但钢筋网未设置架立钢筋时，施工时应根据各层钢筋网的高度安排墩、台帽混凝土的浇筑程序。为了保证各层钢筋网位置正确，应在两侧板上画线，并加设钢筋网的架立钢筋和定位钢筋，以免振捣混凝土时钢筋网发生位移。

2）墩、台的预埋件的种类

（1）支座预埋件，有以下几类：

①平面钢板支座的下锚栓及下垫板；

②切线式支座的下锚栓及垫板；

③摆柱式支座的锚栓及垫板；

④盆式橡胶支座的固定锚栓。

（2）防振锚栓。

（3）装配式墩、台帽的吊环。

（4）供运营阶段使用的扶手、检查平台和护栏等。

（5）供观测用的标尺。

（6）防振挡块的预埋钢筋。

预埋件施工应注意下述各点：

①为保证预埋件位置准确，应对预埋件采取固定措施，以免振捣混凝土时发生移动。

②预埋件下面及附近的混凝土应注意振捣密实，对具有角钢筋的预埋件尤应注意加强捣实。

③预埋件在墩、台帽上的外露部分要有明显标识，浇至顶层混凝土，要注意外露部分尺寸准确。

④在已埋入墩、台帽内的预埋件上施焊时，应尽量采用细焊条、小电流、分层施焊，以免烧伤混凝土。

3）预留孔的安装

墩、台帽上的预留锚栓孔须在安装墩、台帽模板时，安装好锚栓留孔模板，在绑扎钢筋时注意将预留孔位置留出。预留孔应该下大上小，其模板可采用拼装式。模板安装时，顶面可比支座垫石顶面约低 5mm，以便垫石顶面抹平。带变钩的锚栓的模板安装时应考虑钩的方向。为便于安装锚栓后灌实锚栓孔，可在每一锚栓孔模板的外侧三角木块部分预留进浆槽。

二、附属工程施工

1．桥台翼墙、锥坡施工要点

1）翼墙、锥体护坡（简称锥坡）的作用和构造

翼墙、锥坡是用来连接桥台和路堤的防护建筑物，它的作用是稳固路堤，防止水流的冲刷。

设翼墙的桥台称为八字形桥台。翼墙设于桥台两侧，在平面上形成"八"字；立面上为一变高度的直线墙，其坡度变化与台后路堤边坡的坡度相适应；翼墙的竖直截面为梯形，翼墙顶设帽石。翼墙一般为浆砌片石或浆砌块石结构。根据地基情况，翼墙基础采用浆砌片石或片石混凝土。

锥坡一般为椭圆形曲线，锥体坡面沿长轴方向与路基边坡相同，一般为 1：1.5，沿短轴方向为 1：1，锥体坡顶与路基外侧边沿同高。当台后填土高度大于 6m，路堤边坡采用变坡时，锥坡也应做相应变坡处理以相配合，如图 3-2-7 所示。

锥坡内部用砂土或卵砾石填筑夯实，表面用片石干砌或浆砌，一般砌筑厚度为 200~350mm。坡脚以下根据地基情况及流速大小设置基础，或将坡脚伸入地面以下一段，并适当加厚趾部，如图 3-2-8 所示。

在受水流冲刷影响的地方，锥体可以考虑采用铺盖草皮或干砌片石网格代替满铺的片石

铺砌,也可以将锥坡的下段用片石满铺,但上段铺草皮,以节约圬工数量。

2)锥坡施工要点

(1)锥体填土应按设计高程及坡度填足,砌筑片石厚度不够时再将土挖去,不允许填土不足,临时边砌石边补填土。锥坡拉线放样时,坡顶应预先放高约20~40mm,使锥坡随锥体填土沉降后,坡度仍符合设计规定。

(2)砌石时放样拉线要张紧,表面要平顺,锥坡片石背后应按规定做碎石倒滤层,防止锥体土方被水浸蚀变形。

(3)锥坡与路肩或地面的连接必须平顺,以利排水,避免砌体背后冲刷或渗透导致坍塌。

(4)在大孔土地区,应检查锥坡基底及其附近有无陷穴,并彻底进行处理,保证锥坡稳定。

(5)干砌片石锥坡,用小石子砂浆勾缝时,应尽可能在片石护坡砌筑完成后间隔一段时间,待锥体基础稳定后再进行勾缝,以减少灰缝开裂。

(6)锥体填土应分层夯实,填料一般以黏土为宜。锥坡填土应与台背填土同时进行,并应按设计宽度一次填足。

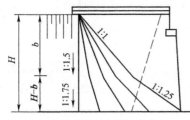

图3-2-7 锥坡护坡的变坡处理($H>6\text{m}$)

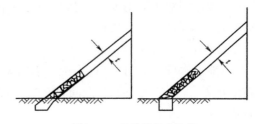

图3-2-8 护坡及基础处理

2. 台后填土要求

(1)台后填土应与桥台砌筑协调进行。填土应尽量选用渗水土,如黏土含量较少的砂质土。土的含水率要适量,在北方冰冻地区要防止冰胀。如遇软土地基,为增大土抗力,台后适当长度内的填土可采用石灰土(掺5%石灰)。

(2)填土应分层夯实,每层松土厚200~300mm,一般应夯2~3遍,夯实后的厚度为150~200mm,使密实度达到85%~90%(拱桥要求达到90%~98%),并作密实度测定。靠近台背处的填土打夯较困难时,可用木棍、拍板打紧捣实,与路堤搭接处宜挖成台阶形。

(3)石砌圬工桥台台背与土接触面应涂抹沥青或用石灰三合土、水泥砂浆胶泥做不透水层,作为台后防水处理。

(4)拱桥台后填土必须与拱圈施工的程序相配合,使拱的推力与台后土侧压力保持一定的平衡。

一般要求拱桥台背填土可在主拱圈安装或砌筑以前完成。梁式桥的轻型桥台台后填土应在桥面完成后,在两侧平衡地进行。

(5)台背填土顺路线方向的长度,一般应自台身起,底面不小于桥台高度加2m,顶面不小于2m;拱桥台背填土长度一般不应小于台高的3~4倍。

3. 台后搭板的施工要点

(1)设置搭板是解决台后错台跳车的重要工程措施,其效果与搭板之下的路堤压缩程度和搭板长度有密切关系。日本高速公路规定使用期内台后错台高度须小于20mm。

(2)桥头搭板应设置一个较大的纵坡i_1,若路线纵坡为i_2,则搭板纵坡应符合$10\% \leqslant i_2 - i_1 \leqslant 15\%$,以保证在台后长度方向上的沉降分布较均匀,并逐渐减小。搭板的末端顶面应与路基顶面平齐,搭板前端顶面应留有路面面层的厚度。

(3)台后填土应严格遵守压实要求。应先清理基坑,使其尺寸符合要求。接着进行基底压实,如使用压路机困难可用小型手推式电动振动打夯机压实,并用环刀法测定压实度。基底之上填筑并压实岩渣,其最大粒径应小于120mm,含泥量应小于8%,压实后的干密度应不小于20MPa。达到规定高程后,便可填筑并压实二灰碎石,一般可用120~150kN压路机压实,每层碾6~8遍。对于边角部位可用小型打夯机补压。在填压达到搭板顶部的高程,压实或通行车辆一段时间后,再挖开浇筑搭板和枕梁。分层压实的厚度一般不大于200mm。

(4)进行上述填筑台后路堤材料有困难时,至少应选用透水性良好的砂性土,或掺用40%~70%的砂石料。分层厚度200~300mm,压实度不小于95%。靠近后墙部位(1.5m宽)可用小型打夯机,也可填筑块片石及级配砂砾石,用振捣器振实。用透水性材料填筑时,应以干容重控制施工质量。

(5)台背填筑前应在土基上或某一合适高度设置排水管或盲沟,并注意将排水管及盲沟引出路基之外。

(6)钢筋混凝土箱形通道的搭板可水平设置,但其上应留出路面面层的厚度。路堤填筑的施工要求与台后搭板相同。

4. 台后排水盲沟施工

(1)地下水较小时,排水盲沟以片石、碎石或卵石等透水材料砌筑,并按坡度设置。沟底用黏土夯实,盲沟应建在下游方向,出口处应高出一般水位0.2m。平时无水的干河沟应高出地面0.3m。

(2)当桥台在挖方内,横向无法排水时,排水盲沟可在下游方向的锥体填土内折向桥台前端排水,在平面上呈"L"形。

(3)盲沟施工时应注意事项:

①盲沟所用各类填料应洁净、无杂质,含泥量应不大于2%。

②各层的填料要求层次分明,填筑密实。

③盲沟应分段施工,当日下管、填料一次完成。

④盲沟滤管一般采用无砂混凝土管或有孔混凝土管,也可用短节混凝土管代替。但应在接头处留10~20mm间隙,供地下水渗入。

⑤盲沟滤管基底应用混凝土浇筑,并与滤管密贴,纵坡应均匀,无反向坡;管节应逐节检查,否则不得使用。

三、支座安设

目前国内桥梁上使用较多的是橡胶支座,包括板式橡胶支座、聚四氟乙烯橡胶支座和盆式橡胶支座3种。前两种用于反力较小的中小跨径桥梁,后一种用于反力较大的大跨径桥梁。

1. 板式橡胶支座的安设

板式橡胶支座在安装前的全面检查和力学性能检验,包括支座长、宽、厚、硬度(邵氏)、容许荷载、容许最大温差以及外观检查等,如不符合设计要求,不得使用。如设计未规定,其力学性能可参考下列数值:硬度 $HRC=55°\sim60°$;压缩弹性模量 $E=6\times10^2$ MPa;允许压应力 $[\sigma]=10$ MPa;剪切弹性量 $G=1.5$ MPa;允许切角 $\tan\gamma=0.2\sim0.3$。支座中心尽可能对准梁的计算支点,必须使整个橡胶支座的承压面上受力均匀。为此,应注意以下几点。

(1)安装前应将墩、台支座支垫处和梁底面清洗干净,去除油垢,用水灰比不大于0.5的

1∶3水泥砂浆仔细抹平,使其顶面高程符合设计要求。

(2)支座安装尽可能安排在接近年平均气温的季节里进行,以减少由于温差过大而引起的剪切变形。

(3)梁、板安放时,必须细致稳妥,使梁、板就位准确且与支座密贴,勿使支座产生剪切变形。就位不准时必须吊起重放,不得用撬杠移动梁、板。

(4)当墩台两端高程不同,顺桥向或横桥向有坡度时,支座安装必须严格按设计规定办理。

(5)支座周围应设水坡,防止积水,并注意及时清除支座附近的尘土、油脂与污垢等。

特别值得一提的是,在目前板梁支座施工中常见支座"淘空"现象。出现支座"淘空"的原因有:

(1)板梁底与墩帽不在同一个平面上。

(2)板梁在预制时其四角不在同一平面内。

其处理方法主要是采用垫钢板,对此作重点检查。

2.盆式橡胶支座的安设

盆式橡胶支座顶、底面积大,支座下埋设在桥墩顶的网垫板面积亦较大,钢板的滑动面和密封在钢盆内的橡胶垫块,两者都不能有污物和损伤,否则容易降低其使用寿命,增大摩擦系数。盆式橡胶支各部件组装应满足的要求:在支座底面和顶面(埋置于墩顶和梁底面)的钢垫板必须埋置密实,垫板与支座间平整密贴,支座四周不得有0.3mm以上的缝隙;支座中线、水平位置偏差不大于2mm;活动支座的聚四氟乙烯板和不锈钢板不得有刮伤、撞伤;氯丁橡胶板块密封在钢盆内,安装时应排除空气、保持密封;支座组拼要保持清洁。施工时应注意下列事项:

(1)安装前应将支座的各相对滑移面和其他部分用丙酮或酒精擦拭干净。

(2)支座顶面和底面可用焊接或锚固螺栓栓接在梁体底面和墩台顶面的预埋钢板上;采用焊接时,应防止烧坏混凝土;安装锚固螺栓时,其外露螺杆的高度不得大于螺母的厚度;上、下支座安装顺序,宜先将上座板固定在大梁上,然后确定底盆在墩台的位置,最后予以固定。

(3)安装支座的高程应符合设计要求,平面纵横两个方向应水平,支座承压≤5 000kN时,其四角高差不得大于1mm;支座承压>5 000kN时,不得大于2mm。

(4)安装固定支座时,其上下各个部件纵轴线必须对正;安装纵向活动支座时,上下各部件纵轴线必须对正,横轴线应根据安装时的温度与年平均的最高、最低温差,由计算确定其错位距离。支座上下导向挡块必须平行,最大偏差的交叉角不得大于5°。

3.其他支座的安设

对于跨径小(10m左右)的钢筋混凝土梁、板,可采用油毡、石棉垫或铅板支座。安设这类支座时,应先检查墩台支承面的平整度和横向坡度是否符合设计要求,否则应修凿平整并以水泥砂浆抹平,再铺垫油毡、石棉垫或铅板。梁板就位后梁板与支承间不得有空隙和翘动现象,否则将发生局部应力集中的现象,使梁、板受损,也不利于梁、板的伸缩与滑动。

第四篇 桥梁上部施工技术

第一章 装配式预应力混凝土简支梁桥施工

预应力混凝土结构以其良好的实用性能被广泛的应用。目前公路上预应力混凝土简支梁的跨径已做到 50～70m。我国编制了后张法装配式预应力混凝土简支梁桥的通用设计图,跨径为 20m、25m、30m、35m、40m,这就有利于在工厂内或工地上广泛采用工业化施工,组织大规模预制生产,采用装配式的施工方法。近年来对于中小跨径的桥梁,绝大部分均采用装配式的预应力混凝土简支梁桥。

第一节 预应力混凝土简支梁的制造

预应力混凝土简支梁桥的横截面类型基本上与钢筋混凝土梁桥相似,通常也做成 T 形、Π形、T 形和箱形。

一、先张法预应力混凝土简支梁施工

先张法的制梁工艺是在浇筑混凝土前张拉预应力筋,将其临时锚固在张拉台座上,然后立模浇筑混凝土,待混凝土达到一定强度(约为设计强度的 75% 以上,以保证具有足够的黏结力)时,逐渐将预应力筋放松,通过预应力筋的弹性回缩产生的与混凝土之间的黏结作用,使混凝土获得预压应力。

1. 台座

台座是先张法施工的主要设备之一,承受预应力钢筋的全部张拉力,它应有足够的强度和稳定性,以免台座变形、倾覆、滑移而引起预应力损失,如图 4-1-1 所示。台座由一个框架(两根固定横梁和两根受压柱构成)和两根活动横梁组成,固定和活动横梁间设置千斤顶,预应力钢筋两端用工具锚在活动横梁的锚固板上。千斤顶顶起活动横梁使预应力筋受张拉。全部张拉力由框架承受。

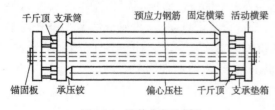

图 4-1-1 张拉台座示意图

压柱的承压形式可为中心受压或偏心受压。前者省料但作业不方便,后者则相反。一般用偏心受压。

2. 模板工程

预制梁的模板是施工过程的临时结构,它不仅关系到预制梁尺寸的精度,而且对工程质量、施工进度和工程造价有直接的影响。

预制梁的模板通常按材料分类,有钢模板、木模板、土木组合模、土模以及钢木组合模等数种。预制工厂常采用钢模板和钢木结合的模板。

模板在制作时,应保证表面平整,转角光滑,连接孔配合准确。对于钢模要考虑焊缝收缩对长度的影响,对于木模要在构造上采取措施以防漏浆。模板的组装可在工作平台上进行,底模在制作时需考虑预制梁的预拱度。

模板的安装应与钢筋工作配合进行。在底模整平以及钢筋骨架安装后,安装侧模板和端模板;也可先安装端模板,后安装侧模板。模板安装的精度要高于预制梁的精度要求。每次模板安装完成后需通过验收合格后,方可进入下一道工序。

模板有底模、侧模、端模和内模之分。底模支承在底座上或设置在流水台车上,可用12~16mm厚的钢板制成。将先张台座的混凝土底板作为预制构件的底模,要求地基不产生非均匀沉陷,底板制作必须平整光滑、排水畅通,预应力筋放松,梁体中段拱起,两端压力增大,梁位端部的底模应满足强度要求和重复使用的要求。底模在构造上应注意设置底模与侧模、底模与端模以及底模接长的联系构件。此外,还应在底模与台座之间设置减振垫。

侧模由侧板、水平加劲肋、斜撑等构件组成。钢侧模板一般采用4~8mm厚钢板,采用L50~L100加劲角钢。侧模板在构造上应考虑悬挂振捣器的构件,要加强侧模间的连接构造,并需设置拆模板的设施。先张法制作预应力板梁,预应力钢筋放松后板梁压缩量为1‰左右。为保证梁体外形尺寸,侧模制作要增长1‰。

端模设置在梁的两端,安装时连接在侧模上,用于形成梁端形状。端模预应力筋孔的位置要准确,安装后与定位板上对应的力筋孔要求均在一条中心线上。由于施工中实际上存在偏差,力筋张拉时的筋位有移动,制作时端模力筋孔径可按力筋直径扩大2~4mm,力筋孔水平向还可做成椭圆形。

内模是空心截面梁、板的预制关键。其结构形式直接影响到制作是否经济、拆装是否方便、周转率高低等问题。

3. 预应力筋的张拉

预应力钢筋通常采用高强钢丝,钢绞线和精轧螺纹钢筋。

预应力混凝土预制梁制造过程中,张拉预应力筋、对梁施加预应力是一项十分重要的工作。施加预应力过多或不足都会影响梁的预制质量,必须按设计要求,准确地施加预应力。

先张法梁的预应力筋是在底模整理后,在台座上张拉已加工好的预应力筋。先张法梁通常采用一端张拉,另一端在张拉前要设置好固定装置或安放好预应力筋的放松装置。张拉前,应先在端横梁上安装预应力筋的定位钢板,同时检查其孔位和孔径是否符合设计要求。之后在台座安装预应力筋,穿钢筋应注意不能刮碰掉台面上的隔离剂。安装张拉设备时,应使张拉力的作用线与钢筋中心线一致。张拉时应采用应力与伸长值双控制,如发现伸长值异常,应停止张拉,查明原因。此外,在张拉过程中要十分重视施工安全。

为了减少张拉过程中的预应力损失,可以采用超张拉的方法。若设计无规定时,其张拉程序可根据预应力筋的种类按以下规定进行。

(1)对于钢筋,其张拉程序为:0→初应力→$1.05\sigma_{con}$(持荷5min)→$0.9\sigma_{con}$→σ_{con}(锚固)。

(2)对于钢丝和钢绞线(夹片式具有自锚性能的锚具),其张拉程序为:

①普通松弛筋:0→初应力→$1.03\sigma_{con}$(锚固);

②低松弛力筋:0→初应力→σ_{con}(持荷5min 锚固)。

其中,σ_{con}为张拉时的锚下控制应力。

钢筋在超张拉时,其张拉值不得大于钢筋的屈服强度,或钢丝、钢绞线抗拉强度的75%。为施工安全,应在超张拉后将控制应力放松至85%,尔后进行安装预埋件、模板和钢筋等工作。

4. 预应力混凝土的配料与浇筑

混凝土工程质量好坏是保证混凝土能否达到设计强度等级的关键,将直接影响钢筋混凝土结构的强度和耐久性。

1)预应力混凝土配料

预应力混凝土配料除符合普通混凝土有关规定外,尚应符合如下要求。

(1)配制高强度等级的混凝土应选择级配优良的配合比,在构件截面尺寸和配筋允许下,尽量采用大粒径集料、强度高的集料;含砂率不超过0.4;水泥用量不宜超过$500kg/m^3$,最大不超过$550kg/m^3$;水灰比不超过0.45;一般可采用低塑性混凝土,坍落度不大于30mm,以减少因徐变和收缩所引起的预应力损失。

(2)在拌和料中可掺入适量的减水剂(塑化剂),以达到易于浇筑、早强、节约水泥的目的,其掺入量可由试验确定,也可参考经验值。拌和料不得掺入氯化钙、氯化钠等氯盐及引气剂,亦不宜掺用引气型减水剂。值得注意的是,由于混凝土掺加减水剂效果显著,目前用于建造预应力混凝土桥梁的高强度混凝土几乎没有不掺加减水剂的,但对它的使用不能掉以轻心,使用不当将会严重影响混凝土的质量。

(3)水、水泥、减水剂用量应准确到±1%;集料用量准确到±2%。

(4)预应力混凝土所用的一切材料,必须全面检查,各项指标均应合格。预应力混凝土选配材料总的发展趋势是提高强度,减轻自重,主要途径是采用多孔的轻质集料。改善预应力混凝土物理力学性能的另一个重要途径是发展研制改性混凝土。目前研制的主要有下列两种。

①纤维混凝土。在混凝土中掺入钢纤维、抗碱玻璃纤维或合成纤维。它可以大幅度地提高混凝土的抗拉强度、断裂韧性,对混凝土的抗压强度、弹性模量的提高亦有作用。

②聚合物混凝土。它研制的配料是有机聚合物与无机材料复合的新型材料,如浸渍混凝土,它不仅将强度可提高200%~400%,还可以增进混凝土的耐久性和耐腐蚀性。目前在桥梁工程上也有配制试用新材料混凝土的,采用改性混凝土可达到超高强度,优越性大,经济效益显著。

2)预应力混凝土浇筑

混凝土浇筑前除按操作规程检查外,对先张构件还应检查台座受力、夹具、预应力筋数量、位置及张拉吨位是否符合要求等。

浇筑质量主要从两个方面来控制,一个是浇筑层的厚度与浇筑程序;另一个是良好的振捣,两个方面互相影响。当构件的高度(或厚度)较大时,为了保证混凝土能振捣密实,应采用分层浇筑法,并应在下层混凝土初凝之前,将上层混凝土浇筑并振捣完毕。T形梁的浇筑顺序一般采用水平层浇筑,也可采用斜层浇筑。

混凝土浇筑不得任意中断,由于技术上或组织上的原因必须间歇时,间歇时间应根据环境温度、水泥性能、水灰比、外加剂类型及混凝土硬化条件确定。无试验资料时,对不掺外加剂的混凝土,间歇时间不宜超过 2h;当温度高达 30℃左右时,应减少为 1.5h;当温度低于 10℃左右时,可延长至 2.5h。

3)混凝土的振捣

混凝土浇筑与混凝土振捣要密切配合,分层浇筑分层振捣。

在预制梁时,组织强力振捣是提高施工质量的重要关键。由于预制梁截面形状复杂,梁高、壁薄、钢筋密集,在浇筑梁的下层或下马蹄处混凝土时,可使用底模和侧模下排的振捣器联合振捣,并依照浇筑位置调整振捣部位。当浇筑到梁的上层或梁肋混凝土时,主要使用侧模振捣,辅以插入式振捣。待浇筑桥面混凝土时,可使用侧模上排振捣器、插入式振捣器和平板式振捣器联合振捣。

混凝土的振捣时间应严格控制。振捣时间过长,容易引起混凝土的离析现象;振捣时间过短,不能达到要求的密实度。一般以振捣至混凝土不再下沉、无显著气泡上升、混凝土表面出现浮浆、表面达到平整为适度。当用附着式振捣器时,因振捣效率差,一般约需 120s 左右。当用插入式振捣器时,效果较好,一般只要 20~30s。当用平板式振捣器时,在每个位置上的振捣时间约为 25~40s。

4)混凝土的养护及拆模

混凝土的强度增长,主要靠水泥的水化作用,而水泥的水化作用需要有适当的温度和湿度才能实现。因此,混凝土浇筑后需进行养护,以保持混凝土硬化时所需的温度与湿度。预应力混凝土梁一般采用蒸汽法养护混凝土。开始时恒温温度应按设计规定执行,不得任意提高,以免造成不可补救的预应力损失。

拆模的好坏涉及到预制梁的质量和模板的周转使用。不承重的侧模,在混凝土强度达到 2.5MPa 时,可以拆除。侧模可用千斤顶协助脱模,为使模板单元安全脱模,常用旋转法拆模,其转动中心可设在侧模的下端或上端。承重的底面模板应在混凝土强度能承受自重和其他可能的外荷载时拆除。

拆模后,如发现有缺陷,应进行修补。对有面积小、数量不多的蜂窝或露石的混凝土,先用钢丝刷或加压水洗刷基层,然后用 1:2~1:2.5 的水泥砂浆抹平;对有较大面积的蜂窝、露石和露筋的混凝土应按其全部深度凿去薄弱层,然后用钢丝刷或加压水冲刷,再用比原混凝土强度等级高一个级别的细集料混凝土填塞,并仔细捣实。对影响结构性能的缺陷,应与设计单位研究处理。

5. 预应力筋的放松

当混凝土强度达到设计强度的 70%~80%以后,可在台座上放松受拉预应力筋,对预制梁施加预应力。放松过早会造成较多的预应力损失(主要是收缩、徐变损失);放松过迟,则影响台座和模板的周转。放松操作时速度不应过快,尽量使构件受力对称均匀。只有待预应力筋被放松后才能切割每个构件端部的钢筋。

放松预应力钢筋的方法有:用千斤顶先拉后松、砂箱放松、滑楔放松和螺杆放松等方法,用的较多的是千斤顶放松。

采用千斤顶放松,是在混凝土达到规定强度后,再安装千斤顶重新张拉钢筋,施加的应力不应超过原有的张拉控制应力,之后将固定在横隔梁定位板前的双螺帽慢慢旋动后,再将千斤顶回油,让钢筋慢慢放松,使构件均匀对称受力。当逐根放松预应力筋时,应严格按有利于梁受力的次序分阶段进行。通常自构件两侧对称地向中心放松,以免较后一根钢筋断裂时使梁承受大的水平弯曲冲击作用。

二、后张法预应力混凝土简支梁施工

后张法,即先浇筑构件混凝土,等养护结硬并达到一定强度后,再在构件上用张拉机具张拉预应力钢筋的方法。后张法又分为有黏结工艺和无黏结工艺两大类。其中有黏结工艺又可分为先穿束法和后穿束法两种做法。

(1)先穿束法:将预应力钢束先穿入管道,再一同预埋在后浇筑的混凝土中。其优点是不会产生堵管的现象,某些情况下可避免后期穿束的场地条件的限制;缺点是应在规定的时间内张拉完毕,否则会引起预应力钢束的锈蚀。且不能使用蒸汽养护。规范规定:钢束安装后至压浆时的容许间隔时间如下:

空气湿度大于70%或盐分过大时　　　　7d
空气湿度40%~70%时　　　　　　　　15d
空气湿度小于40%时　　　　　　　　　20d

(2)后穿束法:将管道预埋在后浇筑的混凝土中。当混凝土达到张拉强度时,穿束并完成张拉。其优点是张拉预应力的时间、地点较为机动灵活,能使用蒸汽养护;缺点是有时会产生堵管的现象。

考虑到后穿束、有黏结工艺的后张法仍是目前工程中主要方法,本书中仅对该种后张法施工工艺要点做重点介绍,后面所提到的后张法均指此类方法。

后张法主要工序为:先浇筑混凝土构件,并在构件中配置预应力钢筋的位置上预留孔道;养护混凝土至规定强度后,将预应力筋穿入孔道,利用构件本身作为台座,用张拉机具张拉钢筋至控制应力;在张拉端用锚具将钢筋锚固在构件两端;在孔道内灌注水泥浆。

后张法工序较先张法复杂(例如需要预留孔道、穿筋、灌浆等),且构件上耗用的锚具和埋设件等增加用钢量和制作成本。但是,鉴于此法不需要强大的张拉台座,便于在现场施工,而且又适宜于配置曲线形预应力筋的大型和重型构件制作,因此,目前在桥梁工程上得到了广泛的应用。

1. 预留孔道

预留孔道是后张法梁体施工中的一项重要工序。预留孔道的尺寸与位置应正确,孔道应平顺。端部的预埋垫板应垂直于孔道中心线,并用螺栓或钉子固定在模板上,以防止浇筑混凝土时发生移动。孔道留设的方法有埋置式与抽拔式两种。孔道摩阻损失宜采用现场实测结果。

图 4-1-2 埋置式制孔器

1)埋置式制孔器

它主要采用薄铁皮套管和铝合金波纹管,做成各种形状的孔道,将管子按索筋的设计位置和形状固定在钢筋骨架中不再抽出,待混凝土浇筑后,即可形成预应力筋的孔道,如图 4-1-2 所示。此法具有成孔均匀、摩阻力小、连接容易、与混凝土黏结性能好等优点,但管子的加工和安装比较困难,使用后不能回收,因而成本高,钢材耗用量大。

2)抽拔式制孔器

它的最大优点是能够周转重复使用,经济而节省钢材,目前使用较广。我国常用的抽拔式制孔器有:钢管制孔器、金属伸缩管制孔器和橡胶制孔器。

(1)钢管抽拔法适用于留设直线的孔道。混凝土浇筑后,每隔一定时间慢慢转动钢管,防止其与混凝土黏结。选用的钢管要求平直、表面光滑、敷设位置准确。较长的构件可采用两根钢管,中间用套管连接。

(2)金属收缩管制孔器是一种用金属丝编织成的可伸缩网套,具有压缩时直径增大而拉伸时直径减小的特性。为了防止漏浆和增强刚度,网套内可衬以普通橡胶衬管、插入圆钢或45mm钢丝束芯棒。

(3)胶管抽拔法可用于留设直线、曲线或折线的孔道,有5层或7层夹布胶管和钢丝网橡皮管两种。为增加胶管的刚度和控制位置的准确,需在橡胶管内置一圆钢筋(称芯棒),芯棒直径应较胶管内径小8~10mm,长度较胶管长1~2m,以便于先抽拔芯棒。对于曲线束的孔道,宜用两段胶管在跨中对接,对接接头处套一段0.3~0.5m铁皮管。接头要牢固紧密,以防浇筑混凝土时脱节和漏浆,胶管从梁的两端抽拔,铁皮管则留在梁内。

抽拔制孔器的时间是能否顺利抽拔和保证成孔质量的关键,它与水泥品种、环境气温和养护条件有关,必须严格掌握,一般在混凝土初凝后、终凝前进行,以用手指按压混凝土表面不显指纹时为宜。如抽拔过早,则混凝土容易塌陷而堵塞孔道;如抽拔过迟,混凝土与胶管黏结牢固,抽管困难,甚至可能拔断胶管或根本拔不出来。抽管可用人工逐根地进行,也可用机械(电动卷扬机或手摇绞车)分批地进行。抽管时必须速度均匀,边抽边转,并与孔道保持在一条直线上。

制孔器抽拔完毕后,应用比孔径小4~7mm的钢制橄榄形通孔器进行通孔检查,以防止穿筋困难。如发现孔道堵塞,应及时用钢筋芯棒通捣,若胶管因拉断而残留于孔道中,则应及时标出准确位置,从侧面凿孔取出并疏通管道、重设制孔器、修补缺口。

无论采用何种制孔器,都应按设计要求或施工需求预留排气、排水和灌浆用的孔眼。

2.张拉机具使用前的校检

(1)目的:由于千斤顶的活塞与油缸壁的摩擦力,千斤顶的真实张拉力不等于活塞面积乘以油压读数,找到千斤顶的张拉吨位与高压油泵上的油表读数(油压读数)的对应关系,从而可利用油表读数来方便、准确的控制张拉力。

(2)校检方法:目前对预应力施工机具进行校检的方法有应力环(测力计)校检、压力机校检及电测传感器校检等方法,其中应力环(测力计)校检(标定)方便灵活,不受设备条件的限制,而压力机法的优点是千斤顶能够真实的伸长,结果较为准确。

(3)校检结果:利用"最小二乘法"求得大多数点所在的直线。校检结果一式两份,施工单位和监理工程师各一份。施工期间,内业计算与外业张拉时所用的千斤顶和油表必须经过校检,且均应按照校检结果进行内业计算和外业张拉,不得使用未经校检的设备组合。

(4)校检频度:300次以上的连续张拉;6个月以上的使用;新工程、新设备;使用过程中有异常感觉。

3.预应力筋的张拉工艺

当梁体混凝土的强度达到设计强度的75%以上时,才可进行穿束张拉。穿筋工作一般采取直接穿筋,较长的钢筋可借助长钢丝作为引线,用卷扬机进行穿筋。

曲线预应力筋和长度大于24m的直线预应力筋,应采用两端张拉。长度等于或小于24m的直线预应力筋,可在一端张拉。预应力筋的张拉应符合设计要求,当设计无要求时,可采用批、分阶段对称张拉。分批张拉时,应按顺序对称地进行,以防过大偏心压力导致梁体出现较明显的侧弯现象,同时应考虑后张拉的预应力筋对先张拉的预应力筋所带来的预应力损失。

不同预应力筋构件所采用的张拉程序按下列规定采用。

(1)对钢筋、钢筋束,张拉程序为:0→初应力→$1.05\sigma_{con}$(持荷5min)→σ_{con}(锚固);

(2)对于用夹片式等具有自锚性能的锚具张拉钢绞线束和钢丝束时,其张拉程序为:

①普通松弛力筋:0→初应力→$1.03\sigma_{con}$(锚固);

②低松弛力筋:0→初应力→σ_{con}(持荷5min锚固)。

(3)对于用其他锚具张拉钢绞线束和钢丝束时,其张拉程序为:0→初应力→$1.05\sigma_{con}$→(持荷5min)→σ_{con}(锚固);

(4)对于精轧螺纹钢筋,张拉程序为:

①直线配筋:0→初应力→σ_{con}(持荷5min);

②曲线配筋时0→σ_{con}(持荷5min)→0(上述程序可反复几次)→初应力→σ_{con}(持荷5min锚固)。

其中,σ_{con}为张拉时的锚下控制应力。

张拉时应注意以下方面:张拉时严格按照设计张拉顺序施工;孔道轴心、锚具轴心、千斤顶轴心在一条轴线上,如图4-1-3所示。控制张拉力达到设计张拉力,控制实测伸长量与理论伸长量的差值在理论伸长量的±6%之内;施工中断、滑丝的允许偏差:钢丝、钢绞线1束不超过1根,1个断面不超过1%,钢筋不允许。

图4-1-3 预应力筋的张拉

4.孔道压浆

孔道压浆能保护预应力筋不受锈蚀,并使预应力筋与混凝土梁体黏结成整体,从而既能减轻锚具的受力,又能提高梁的承载能力、抗裂性能和耐久性。孔道压浆用专门的压浆泵进行,压浆后的浆体要求密实、饱满,并应在张拉后48h内完成。

孔道压浆应采用强度等级不低于42.5级普通硅酸盐水泥或矿渣硅酸盐水泥配置的水泥浆;对空隙大的孔道,可采用砂浆压浆。为了增加孔道压浆的密实性,在水泥浆中可掺入专用微膨胀剂,但掺入量不得使混凝土自由膨胀率超过10%,且不得掺入氯化物或其他对预应力筋有腐蚀作用的外加剂。孔道压浆宜采用专用压浆料或专用压浆剂配制浆液。

压浆前,应用压力水冲洗孔道,确保孔道畅通,并吹去孔内积水。压浆顺序应先下孔道后上孔道,以免上孔道漏浆把下孔道堵塞。直线孔道压浆时,应从构件的一端压到另一端;曲线孔道压浆时,应从孔道最低处开始向两端进行。宜采用真空压浆工艺。

5.封端

孔道压浆后应立即将梁端水泥浆冲洗干净,并将端面混凝土凿毛。对端部钢筋网的绑扎和封端模板的安装,要妥善处理并确保固定,以免在浇筑混凝土时因模板移动而影响梁长。封端混凝土的强度应不低于梁体的强度。浇完混凝土并静置1~2h后,应按一般规定进行浇水、养护。

第二节 预应力混凝土简支梁的架设

预制装配施工是将在预制厂或桥梁现场预制的梁运至桥位处,使用一定的起重设备进行安装和完成横向联结组成桥梁的施工方法。

目前，预制安装法是简支梁经常采用的一种施工方法。预制梁的安装主要有联合架桥机法、双导梁安装法、扒杆吊装法、跨墩龙门吊机安装法、自行式吊车安装法、浮吊架设法几种。

一、梁的起吊、运输

预制梁从预制厂或预制场地到桥位安装现场，都存在梁体的起吊及运输问题。由于梁体长大、笨重，起吊、运输都比较困难，因此要合理选择起吊、运输工具和方法，以确保安全。梁体起吊时，混凝土的强度应符合设计规定，压浆强度不得低于设计强度的75%，封端混凝土强度不得低于设计强度的50%；吊点、支点位置应经计算确定，其距离误差不得大于规定的200mm；梁体发生滑移时，应对其受力部位进行验算；无论起吊、运输或存放，都要有防止倾覆的措施。

在大的桥梁工地，架梁前常需先卸后架，应有一处存梁场地，场地位置要慎重选择，一般可在车站、区间或桥头存放，也可在施工线路上选择适当地点存放。存梁场应有良好的排水系统和设施，宜优先采用大跨度吊梁龙门架装卸桥梁。采用滑道移梁时，滑道应有一定的强度和刚度，并满足移梁作业的需要，如图4-1-4所示。

图4-1-4 桥梁工地施工现场

二、架设方法

1. 联合架桥机法

以联合架桥机并配备若干滑车、千斤顶、绞车等辅助设备架设安装的预制梁适用于多孔30m以下孔径的装配式桥梁。

联合架桥机主要由龙门架、导梁和蝴蝶架组成，如图4-1-5所示。龙门架用工字形钢梁架设，在架上安放两台吊车，架的接头处和上、下缘用钢板加固，主柱为拐脚式，横梁的高程由两根预制梁的叠高加上平板车的高度和起吊设备的高度决定。它是用来起落预制件和导梁，并对预制构件进行墩上横移和就位。蝴蝶架是专供托运龙门吊机在轨道上移走的支架，它形如蝴蝶，用角钢拼成，上设有供升降用的千斤顶。它是用以拖动龙门架转移位置的专用工具，托架是在桥头地面上拼装、竖直，用千斤顶顶起放在托架平车上，移至导梁上放置。导梁用钢桁梁拼成，以横向框架连接，其上铺钢轨供运梁行走。

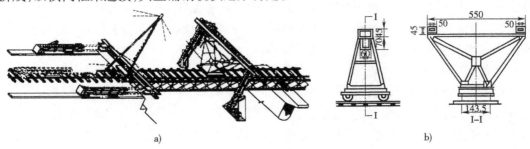

图4-1-5 联合架桥机的架梁示意图（尺寸单位：cm）
a) 架桥机；b) 蝴蝶架

架梁时,先铺设导梁和轨道,用绞车将导梁拖移就位后,把蝴蝶架用平板小车推上轨道,将龙门吊机托运至墩上,用千斤顶将吊机降落在墩顶,并用螺栓固定在墩的支承垫块上,然后用平车将梁运到两墩之间,由吊机起吊、横移、下落就位。待全跨梁就位后,向前铺设轨道,用蝴蝶架把吊机移至下一跨架梁。

其优点是可完全不设桥下支架,不受洪水威胁,架设过程中不影响桥下通车、通航。预制梁的纵移、起吊、横移、就位都比较便利。缺点是架设设备用钢材较多(可周转使用),较适用于多孔30m以下孔径的装配式桥。

2. 双导梁穿行式架设法

双导梁穿行式架设法是在架设跨间设置两组导梁。导梁是用贝雷梁或万能构件组装的钢桁架,其梁长大于2倍桥梁跨径,前方为引导部分,由前端钢支架与前方墩上的预埋螺栓联结,中段是承重部分,后段为平衡部分。导梁顶面铺设小平车轨道,预制梁由平车在导梁上运至桥孔,由设在两根横梁上的卷扬机吊起,下落在两个桥墩上,之后在滑道垫板上进行横移就位。先安装两个边梁,再安装中间各梁。全跨安装完毕、横向焊接后,将导梁向前推,安装下一跨,如图4-1-6、图4-1-7所示。

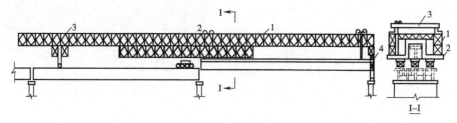

图4-1-6 穿巷式架桥机
1-安装梁;2-支承横梁;3-起重横梁;4-可伸缩支腿

3. 扒杆架设法

扒杆架设法又称吊鱼架设法,是利用人字扒杆来架设梁桥上部结构构件,而不需要特殊的脚手架或木排架。

人字扒杆又有一副扒杆和两副扒杆架设两种。两副扒杆架设中,一副是吊鱼滑车组,用以牵引预制梁悬空拖曳;另一绞车是牵引前进,梁的尾端设有制动绞车,起溜绳配合作用,后扒杆的主要作用是预制梁吊装就位时,配合前扒杆吊起梁端,抽出木垛,便于落梁就位,如图4-1-8所示。一副扒杆架设中,基本方法与两副扒杆架设相同,不同之处是采用千斤顶顶起预制梁,抽出木垛,落梁就位。

用此法架梁时,必须以预制梁的质量和墩台间跨径为基础,在竖立扒杆、放倒扒杆、转移扒杆或吊梁进行横移等各个阶段,对扒杆、牵引绳、控制绳等零件进行受力分析和应力计算,以确保设备的安全。本法不受架设孔墩台高度和桥孔下地基、河流水文等条件影响,适用于起吊高度不大和水平移动范围较小的中、小跨径的桥梁。

4. 自行式吊车架梁

在桥不高、场内又可设置行车便道的情况下,用自行式吊车(汽车吊车或履带吊车)架设中、小跨径的桥梁十分方便。此法视吊装重量不同,还可采用单吊(一台吊车)或双吊(两台吊车)两种形式,如图4-1-9所示。其特点是机动性好,不需要动力设备,不需要准备作业,架梁速度快。一般吊装能力为150~1 000kN,国外已出现4 100kN的轮式吊车。此方法适合于陆地架设。

5.跨墩门式吊车架梁

跨墩龙门吊机安装适用于岸上和浅水滩以及不通航浅水区域安装预制梁。

两台跨墩龙门吊机分别设于待安装孔的前、后墩位置，预制梁由平车顺桥向运至安装孔的一侧，移动跨墩龙门吊机上的吊梁平车，对准梁的吊点放下吊架，将梁吊起。当梁底超过桥墩

图 4-1-7 穿巷式架桥机施工现场

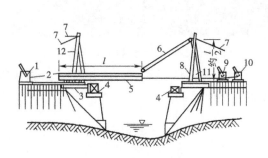

图 4-1-8 扒杆吊装示意图
1-制动绞车；2-滑道木；3-滚轴；4-临时木垛；5-预制梁；6-钓鱼滑车组；7-缆风绳；8-前扒杆；9-牵引绞车；10-吊鱼用绞车；11-转向滑车；12-后扒杆

图 4-1-9 自行式吊车架梁法

顶面后,停止提升,用卷扬机牵引吊梁平车慢慢横移,使梁对准桥墩上的支座,然后落梁就位,接着准备架设下一根梁,如图4-1-10、图4-1-11所示。

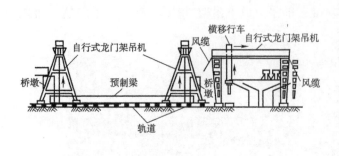

图4-1-10 跨墩龙门架架设示意图

图4-1-11 跨墩龙门架架设现场

在水深不超过5m、水流平缓、不通航的中小河流上的小桥孔,也可采用跨墩龙门吊机架梁。这时必须在水上桥墩的两侧架设龙门吊机轨道便桥,便桥基础可用木桩或钢筋混凝土桩。在水浅流缓而无冲刷的河上,也可用木笼或草袋筑岛来作便桥的基础。便桥的梁可用贝雷组拼。

6. 浮吊架设法

在海上和深水大河上修建桥梁时,用可回转的伸臂式浮吊架梁比较方便,也可用钢制万能杆件或贝雷钢架拼装固定的悬臂浮吊进行。这种架梁方法高空作业较少,施工比较安全,吊装能力也大,工效也高,但需要大型浮吊,如图4-1-12、图4-1-13所示。鉴于浮吊船来回运梁航行时间长,要增加费用,一般采取用装梁船存梁后成批一起架设的方法。

图4-1-12 浮吊架设施工现场1

图4-1-13 浮吊架设施工现场2

浮吊架梁时需在岸边设置临时码头来移运预制梁。架梁时,浮吊要认真锚固。如流速不大时,则可用预先抛入河中的混凝土锚来作为锚固点。

第二章　预应力混凝土连续梁桥施工

我国建造预应力混凝土连续梁桥的施工方法很多，常用的施工方法有：简支转连续施工、就地浇筑施工、悬臂施工、顶推施工和移动式模架逐孔施工。其中悬臂施工通常分为悬臂浇筑和悬臂拼装。预应力混凝土连续梁桥在施工过程中常常会出现体系转换，因此施工阶段的应力与变形必须在结构设计中予以考虑。不同的施工方法，在施工各阶段的内力也不同，有时结构的控制内力出现在施工阶段。所以，对于连续梁桥，设计与施工是不能也无法截然分开的，结构设计必须考虑施工方法、施工内力与变形；而施工方法的选择应符合设计的要求，形成设计与施工互相制约、相互配合的关系。

本章主要介绍了几种常用的预应力混凝土连续梁桥施工方法。

第一节　简支转连续施工

先简支后连续施工是国内外常用的一种桥梁结构新形式，具有施工简易、行车条件好且经济合理，并兼备简支梁与连续梁桥的优点。

一、施工流程

施工流程是通过分片预制简支梁，在桥墩上设置临时支座，中间保留永久支座，将预制梁吊装后，永久支座暂不受力，由临时支座参与结构受力，临时支座每跨之间为简支体系，待一联全部吊装完成后，将各主梁的预留的钢筋连接，并浇筑湿接缝，先使结构连成整体的连续结构体系。再撤去临时支座，使原来布置的连续体系的永久支座参与结构受力，这样就完成了梁体的转换和结构体系的从简支到连续的转换。

简支转连续施工方法亦存在体系转换。体系转换方法一般有以下3种：

(1)从一端起依次逐孔连续，即先将第一孔与第二孔形成两跨连续梁，然后再与第三孔形成三跨连续梁，依此类推，形成一联连续。

(2)从两端起向中间依次逐孔连续。

(3)从中间孔起向两端依次逐孔连续。

如遇长联，可按上述3种方法灵活综合选用。显然，不同的体系转换方法所产生的混凝土徐变二次力及预加力产生的二次力是不同的。

二、施工特点

预制简支转连续施工具有以下特点：

(1)适合于矮箱梁及T形截面梁集零为整，形成连续梁。

(2)适宜跨径为25～50m，且宜等跨径布置桥孔，施工工艺成熟简单，不需大型起吊设备。

(3)下部结构和预制梁可安排平行作业施工，桥梁总体施工期短。

【工程实例】

一、工程概况

某大跨度桥梁,跨径为 50m,采用预应力 T 梁,每联 4 跨,每跨上下游各 8 片梁,T 梁采用现场预制,用联合架桥机架设。

二、施工工艺流程

墩顶两侧主梁在一定范围内布设预应力短束实现连续,这种方法效果好,简单可行,同时能克服普通钢筋混凝土连续梁墩顶负弯矩区容易开裂的问题。施工预先将 T 梁安装在盖梁的临时支座上,然后连接横隔板接头,架好一联 T 梁后,浇筑墩顶连续接头混凝土,达到强度后,张拉墩顶连续预应力束,拆除临时支座,使其支承在永久支座上,实现体系转换,然后浇筑 T 梁翼缘板铰接缝,进入下一联 T 梁安装。其工艺流程见图 4-2-1。

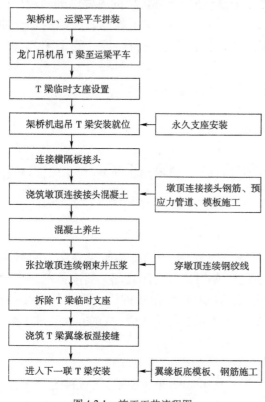

图 4-2-1 施工工艺流程图

三、施工方法

架桥机拼装完毕,即可进行 T 梁安装。利用 2 台 80t 龙门吊将 T 梁吊起移至运梁平车上,然后利用架桥机逐跨安装在墩顶的临时支座上(永久支座也预先安装好),并将横隔板连接。

将一联 T 梁安装完毕(4 跨),绑扎墩顶接头钢筋,安装预应力管道,穿钢绞线,支立模板,浇筑混凝土,然后张拉墩顶接头预应力,拆除临时支座,使 T 梁支承在永久支座上,完成 T 梁由简支到连续的转换,然后浇筑 T 梁间的湿接缝,进入下一联的施工。

1. T 梁运输、安装

T 梁混凝土达到强度,张拉、压浆完毕,且管道压浆强度达到规范要求后,利用龙门吊将待安装梁自预制场移至运梁轨道平车上,然后运梁平车通过轨道移动至安装位置旁,用架桥机起吊 T 梁安装就位,使其支承在临时支座上。相邻两跨 T 梁的中线误差不得超过 3mm,自安装第 2 片梁起,每安装 1 片 T 梁即将相邻 2 片 T 梁的横隔板利用钢板焊接在一起。

T 梁安装自第 1 跨开始,先安装中梁,再安装边梁,然后再进入第 2 跨安装,直至一联结束,如此循环。

2. 临时支座制作、设置与解除

以下两种方法均简单可行,应根据盖梁(或支座垫石)上的平面可布置程度、材料、自身熟悉程度等各方面条件综合选择。

1）采用可熔性硫磺砂浆临时支座

其材料及配比为：硫磺∶水泥∶石英砂∶石墨∶聚硫乙胶＝48∶5.5∶40∶5∶1.5。

M40硫磺砂浆临时支座熬制过程如下：

(1)采用间接加热法熬制硫磺，在135~140℃下加热融化硫磺；

(2)将石英砂加入硫磺内，之后加入石墨和水泥，升温至150~155℃，搅拌均匀；

(3)将聚硫乙胶加入硫磺砂浆中，温度控制在150~160℃；

(4)降温至140~150℃，浇筑入模，同时预埋入一段电阻丝于M15-5体系，单根钢绞线张拉力为195.3kN。

安装好永久支座后设置临时支座，临时支座设置在纵向考虑比永久性支座高3mm，逐孔将梁安装于临时支座上成为简支状态。需解除临时支座时，接通36V的电源，在20min内硫磺砂浆即可软化，在预制梁的重力作用下变形。为了防止硫磺砂浆软化后流到永久性橡胶支座处，危害永久支座，在硫磺砂浆与永久支座之间填满砂砾并在四周围铺1层石棉瓦。

2）采用可落式砂筒临时支座

T梁临时支座采用砂箱（卸荷砂筒）制作，比永久支座高10mm，以便撤除。砂箱采用2根$\phi250$（内径）×13和2根$\phi203$（外径）×7钢管制作而成，内填干沙。砂筒与顶心之间间隙用沥青填设，防止沙子受潮。根据T梁和架桥机荷载计算，每个砂箱承载力为200t，为保证T梁安装后不沉降，临时支座在使用前进行预压。每片T梁每端设1个临时支座（伸缩缝一侧直接安装永久支座）。同时将永久支座安装于墩顶接头中心下的支座垫石上。由于架桥机架设外边梁是一次到位，外边梁下支座受力最大。为保证安全，减小沉降，实际施工中外边梁底部临时支座安装2个。

待一联T梁(4跨)架设完毕，浇筑墩顶连续接头混凝土，张拉连续钢束后，撤除砂箱临时支座，使T梁支承在永久支座上。实际施工过程中，部分砂筒由于密封不好，沙子受潮，不便掏出，只好将砂筒割破、卸落。

3. T梁简支变连续

每4跨T梁为一联，每安装好一联，即进行由简支到连续的体系转换。墩顶接头用于连续用的钢束共6束，其中顶板4束，底板2束，采用扁锚M15-5体系，单根钢绞线张拉力为195.3kN。

首先绑扎连接墩顶连续接头处的钢筋，纵向钢筋采用冷挤压连接，安装预应力管道，穿好钢绞线预埋好支座钢板，然后支立接头侧模板，浇筑C50微膨胀细石混凝土。每一联墩顶共3个接头，待3个墩顶接头混凝土全部浇筑完毕，达到设计强度后，即逐孔张拉墩顶连续钢束。按设计要求顺序，张拉墩顶连续预应力墩顶连续底板钢束采用吊篮进行逐根张拉并压浆。然后解除临时支座，使T梁落于永久支座上完成T梁由简支变连续的过程，如图4-2-2所示。安装T梁翼缘板湿接缝底模板，绑扎钢筋，浇筑湿接缝混凝土。湿接缝底模采用竹胶模板制作，以保证混凝土的外观质量。

图4-2-2 简支变连续施工现场

第二节 就地浇筑施工

就地浇筑施工是一种古老的施工方法,它是在支架上安装模板、绑扎及安装钢筋骨架、预留孔道,并在现场浇筑混凝土的施工方法。由于施工需用大量的模板支架,一般仅在小跨径桥或交通不便的边远地区采用。随着桥梁结构形式的发展,出现了一些变宽的异型桥跨、弯桥等复杂的混凝土结构,又由于近年来临时钢构件和万能杆件系统的大量应用,在其他施工方法都比较困难或经过比较施工方便、费用较低时,也有在中、大桥梁中采用就地浇筑的施工方法。

一、支架

就地浇筑混凝土梁桥的上部结构,首先应在桥孔位置搭设支架,以支撑模板、浇筑的钢筋混凝土以及其他施工荷载。由于在施工过程中支架承受了大部分恒重,因此必须具有足够的强度、刚度。对河道中的支架应充分考虑洪水和漂流物造成的不利影响,同时在安装时要设置预拱度,使得结构的外形尺寸和高程符合设计要求。

按照构造的不同,支架可分为以下3种形式。

1. 立柱式支架

立柱式支架构造简单,可用于陆地和不通航河道以及桥墩不高的小跨径桥梁施工。支架通常由排架和纵梁等构件组成。排架有枕木或桩、立柱和盖梁组成。一般需在纵梁下布置卸落设备,如图4-2-3a)和图4-2-3b)所示。

2. 梁式支架

根据跨径不同,梁可采用工字钢、钢板梁或钢桁梁,这3种梁分别用于跨径小于10m、跨径小于20m和跨径大于20m的情况。梁可支承在墩旁支柱上,也可支承在桥墩上预留的托架或支承在桥墩处的横梁上,如图4-2-3c)和图4-2-3d)所示。

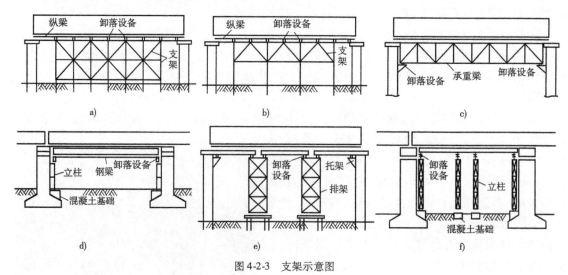

图4-2-3 支架示意图

3. 梁柱式支架

当桥梁较高,跨径较大或必须在支架下设孔通航或排洪时,可采用梁柱式支架。梁支架在桥墩台以及临时支柱或临时墩上,形成多跨的梁柱式支架,如图4-2-3e)和图4-2-3f)所示。

二、混凝土的浇筑

预应力混凝土连续梁采用就地浇筑施工,需要在连续梁桥的一联各跨中设支架,按照混凝土的浇筑、养护、拆模等一定的施工程序完成各联桥的施工。在一联桥施工完成后,卸落支架,将其拆除进行周转使用。落架的时机与施工程序和预应力钢筋的张拉工序有关,应综合考虑。原则上,在张拉后恒载能由梁体本身承受时,可以落架。

小跨径预应力混凝土连续梁桥,一般采用从一端向另一端分层、分段的施工程序,先梁身后支点依次进行。施工时,梁板分两层浇筑,并在墩顶部分预留合龙段。当两跨的混凝土浇筑完成后,再浇筑中间墩顶合龙段。

大跨径预应力混凝土连续梁桥常采用箱形截面,施工时要分段施工。一种方法是水平分层施工,即先浇筑底板,待达到一定强度后进行腹板施工,最后浇筑顶板。当工程量较大时,各部位也可以分多次完成浇筑。另一种方法是分段施工法,根据施工能力,每隔 20～40m 设置连接缝,该连接缝一般设在弯矩较小的区域,连接缝宽 1m,待各段混凝土浇筑完成后,最后在接缝处施工合龙。

预应力混凝土连续梁桥采用就地浇筑施工法,在施工中不存在体系转换的问题,不产生恒载徐变二次弯矩;桥梁的整体性好;施工简便可靠;对机具和起重能力要求不高;同时也可以在桥梁中采用强大的预应力系统,使得结构构造简化。但是,支架与模板的施工费用昂贵,施工工期长,需要有较大的施工场地,是就地浇筑施工不利的一面。

【工程实例】

一、工程概况

杭州湾大桥北接线第四合同 19 号桥全长 791.08m,其中上跨乍嘉苏高速公路的主桥为 17m+22m+22m+17m 的等截面预应力连续箱梁,上跨杭州湾大桥北岸连接线的为 20m+25m+25m+20m 的等截面预应力连续箱梁,其余均为普通钢筋混凝土连续箱梁。全桥预应力现浇连续梁共计 2 联 8 孔,普通钢筋混凝土连续箱梁共计 9 联 31 孔。预应力现浇连续梁全部为单箱单室结构,箱梁高 1.4m,顶板宽 9.5m,底板宽 5.5m,两侧悬臂长各为 2m;普通钢筋混凝土连续箱梁除第六联外全部为单箱两室结构,箱梁高 1.2m,顶板宽 9.5m,底板宽 5.5m,两侧悬臂长各为 2m;第六联为变截面普通钢筋混凝土连续箱梁,为单箱两室结构,箱梁高 1.2m。现浇连续箱梁横坡由顶板旋转而成,顶底板横坡同桥面,腹板保持垂直。根据梁体施工工艺要求:

(1)第三联上跨杭嘉苏高速公路的预应力现浇连续箱梁采用支墩加横梁预留门洞支架现浇。

(2)除第三联外的现浇连续箱梁全部采用布架灵活、搭拆方便、承载力大的 WDJ 碗扣式多功能钢支架搭设立柱式满堂支架现浇。

二、施工方案

1.支架(跨杭嘉苏处预应力现浇连续箱梁除外)

1)支架基础

按通过后满堂支架的设计方案,要求地基承载力大于 200MPa,因此必须对地基做特殊处理。

(1)将原地面腐殖土地表层上的耕植土清除150mm,然后用挖掘机挖松500mm,用重型压路机或强夯分两层压实,底层压实度>80%,顶层压实度>85%。

(2)按2%横向排水坡(桥中心两侧排水)填筑石渣300mm,填筑分两层进行,每层压实厚度为150mm,用重型压路机压实,底层压实度>90%,顶层压实度>95%。

(3)为了防止浇筑混凝土时,流水软化支架的地基,浇筑厚50mm的C10细石混凝土封闭层。

(4)地基处理完后,在支架搭设范围地基基础四周800~1600mm范围内设顺桥向排水沟(水沟横断面为:600mm×800mm),排水沟根据现场情况设置好排水坡纵,确保地基基础不受雨水浸泡。

2)满堂支架(立柱式)

在混凝土硬化好的基础顶面放置350mm×350mm×150mmC25混凝土预制块作为支架立杆底座,在已放置好的底座上搭设WDJ碗扣式多功能钢支架,如图4-2-4所示。支架布置主要分3个区域进行设计:

图4-2-4 现场浇筑支架布置

(1)一般结构区底板立杆按0.9m×1.2m进行布置,即立杆纵向间距0.9m,横向间距1.2m,步距1.2m。

(2)梁端及支点区长度为1.0m,渐变段长2.0m,沿桥梁方向梁端3.0m范围内立杆按0.6m×1.2m进行布置,即纵向净距0.6m,横向间距1.2m,步距1.2m。

(3)翼板宽2.0m,翼板立杆按1.2m×1.2m进行布置,即立杆纵向间距1.2m,横向间距1.2m,步距1.2m。

支架外围四周设剪刀撑,内部沿桥梁纵向每4排立杆搭设一排横向剪刀撑,横向剪刀撑间距不大于5m,支架高度通过可调托座和可调底座调节。

2. 支架安装注意事项

(1)为防止杆件滑脱,各种杆件伸出扣件的端头均大于100mm。

(2)在立杆安装过程中,应随时校正立杆垂直偏差,垂直偏差应控制在支架高度的1/200以内,水平偏差控制在50mm以内,立杆间接头扣件应使两端立杆在扣件内长度相等。

(3)顶托丝杆伸入立杆内的长度不小于200mm,以确保在浇筑混凝土过程中,顶托丝杆与立杆之间连接不致出现局部失稳。

(4)顺桥向、横桥向剪刀撑应按设计要求安放,并与立杆可靠连接。

(5)在地基处理时,应根据对应的箱梁底高程以及所采用立杆的长度调整地基高度,以避免在立杆对接安装时的损耗,从而提高经济效益。

3. 混凝土施工

混凝土由汽车泵泵送从低端向高端连续浇筑,整个浇筑分两次进行,第一次浇筑底板及腹板混凝土,外侧腹板施工缝设于腹板与翼板转角以上20~30mm处,中腹板施工缝设于腹板根部以上300~500mm处。第二次浇筑中腹板、顶板及翼板,在第二次浇筑前检查支架有无压缩及下沉,并塞紧各楔块,以减少沉降。在以上施工工艺条件下,为保证施工质量,要求混凝土缓凝时间不少于 4h,坍落度在 100~140mm 之间。

(1)混凝土浇筑前检查支座、伸缩缝、护栏等构件的预埋件及预留孔位置。梁段连接部分施工缝认真处理,凿毛清除浮浆,冲洗干净,做到混凝土接茬面润湿、不积水。

(2)混凝土在搅拌站中集中拌制,混凝土运输车运输,吊机或摇臂式汽车泵分层进行浇筑,分层厚度不大于 300mm。箱梁混凝土应对称浇筑,底板、顶板浇筑前设置标记以保证混凝土厚度。

(3)箱梁混凝土采用插入式振动棒捣固,近侧模处辅以铁扁铲人工插捣,确保混凝土振捣密实;顶板混凝土辅以平板振动器振捣。为保证箱梁混凝土浇筑质量,设专职捣固人员 6 名负责箱梁混凝土捣固作业。箱梁混凝土捣固应认真仔细,振捣适度,做到既不因漏捣出现蜂窝,也不因过捣而出现混凝土离析。预应力钢筋的波纹管密集处,捣固须密实且避免碰到波纹管,防止管道开裂、变形。

(4)浇筑腹板混凝土时,为使顶板钢筋、管道不受水泥浆玷污,在肋板顶部放置梯形木槽防护。浇筑顶板时,从腹板顶部向四周进行。混凝土浇筑完毕后,立即检查管道是否畅通,发现问题及时采取措施,不可延误。

(5)混凝土按 300mm 厚度分层浇筑,浇筑时应在下层混凝土初凝前完成上层混凝土浇筑。采用插入式振动器振捣,振动器移动间距不超过其作用半径的 1.5 倍,与侧模保持 50~100mm 的距离,插入下层混凝土 50~100mm,每一处振动完毕后应边振动边徐徐提出振动棒,应避免振动棒碰撞模板、钢筋、预应力管道及其他预埋件。对每一振动部位,必须振捣到该部位密实为止。密实的标志是混凝土停止下沉,不再冒出气泡,表面呈现平坦、泛浆。浇筑后期技术人员须现场控制混凝土顶面高程,浇筑完毕表面应抹平、拉毛。

(6)混凝土凝固后派专人负责及时洒水、覆盖养生,养护时间不少于 7d,养护期间应始终保持混凝土表面湿润。梁端模一般在浇筑 24h 后即可拆除,以方便表面凿毛,外侧模和内模要待混凝土强度达到 2.5MPa 后方可拆除。底模板必须待预应力筋张拉完毕后方可脱模。

(7)箱梁混凝土浇筑过程中设专人值班,检查有无模板变形、漏浆、钢筋松动、垫块脱落及支架的稳定等情况,发现问题及时处理。

(8)箱梁混凝土浇筑完毕后,及时做好混凝土养生工作,确保足够的养护时间。

4. 预应力的施工

1)预留孔道

(1)预应力钢绞线束预留孔道采用有一定强度、管壁严密、不易变形的金属波纹管,确保管道畅通。

(2)在非预应力钢筋骨架绑扎、安装就位后,再在钢筋骨架上安装预留孔道的金属波纹管。制孔波纹管安装位置应符合设计,位置准确,直线段每 1m,曲线段每 0.50m 设定位钢筋一道,并在底板弯束上弯处设置防崩钢筋,避免波纹管在浇筑混凝土过程中移位。相邻制孔管接头应至少错开 300mm。

(3)预留孔道内不得进入泥浆及杂物,端头用木塞塞牢。

2)预应力施工

(1)梁体混凝土强度达到设计的 90% 即可穿钢绞线,施加预应力。钢绞线下料采用砂轮切割机。下料长度应考虑千斤顶的工作长度。编束时,每隔 1~1.5m 绑扎一道铅丝,钢绞线束编号挂牌堆存,搬运时抬吊点间距不应大于 3m,两端悬出长度不大于 1.5m。

(2)张拉设备配置及检定。施加预应力所用的机具设备及仪表应由专人使用和管理,并应定期维护和校验。千斤顶与压力表应配套校验,以确定张拉力与压力表之间的关系曲线,校验应在经主管部门授权的法定计量技术机构定期进行。

3)张拉顺序及控制

根据设计图纸,预应力钢材采用 $\phi^j 15.24mm$ 钢绞线,群锚体系 YM15 型,张拉控制力 $\sigma_{con}=1~395MPa$,两端同时张拉,张拉顺序为:先通长索,后弯起索,左右上下对称张拉。箱梁施工时,确保锚垫板位置尺寸正确,并与预应力孔道垂直,从而保证了千斤顶的张拉作用线与钢绞线的轴线重合一致。两台 400 型千斤顶同时张拉。预应力张拉的程序为:0→初应力($10\%\sigma_{con}$)→$103\%\sigma_{con}$(持荷 2min 锚固),其中 $3\%\sigma_{con}$ 为锚圈口预应力损失。

5. 支架的拆除

支架拆除与梁体下落不同步,容易造成纵向翼体板之间开裂,造成梁的破坏。为了便于桥梁的合理受力,支架拆除应按结构受力特征拆除,所以支架拆除应需按一定的顺序和工艺进行。先拆除支撑在翼板上的支架,保证全梁翼板处于无支撑状态,再松动腹板的螺杆,接下来松动底板的螺杆,分两部分,均应从跨中向两边松动,必须两箱均匀下落,分次松完,每次下落 8mm。

支架拆除的注意事项及要求:

(1)支架拆除时严禁动载和其他荷载上桥,严禁有任何冲击力对桥面作用。

(2)设置观测点:跨中 1/3L、2/3L 处两边跨的 1/2L 处,观测其下沉情况及梁体裂纹情况,进行裂纹观测。

第三节 悬臂浇筑施工法

悬臂浇筑施工法是指将墩柱部位的上部结构浇筑完成后,在专供悬臂浇筑用的活动脚手架(称为挂篮)上向墩柱两边对称平衡地逐段浇筑悬臂梁段,每浇筑完一对梁段并待混凝土达到要求强度后,就张拉预应力束,待浇筑部分可以受力时向前移动挂篮,再进行下一梁段的施工,一直推进到悬臂端为止。本节介绍悬臂浇筑施工的几个主要方面。

一、施工程序

1. 悬臂浇筑分段

悬臂浇筑施工时,梁体一般要分四大部分浇筑,如图 4-2-5 所示。A 为墩顶梁段(0 号段);B 为由 0 号段两侧对称分段悬臂浇筑部分;C 为边孔在支架上浇筑部分;D 为主梁在跨中合龙部分。

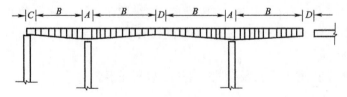

图 4-2-5 悬臂浇筑分段示意图

2. 悬臂浇筑程序(墩梁铰接)

(1)在墩顶托架上浇筑 0 号段并实施墩梁临时固结系统。

(2)在0号段上安装悬臂挂篮,向两侧依次对称地分段浇筑主梁至合龙前段。
(3)在临时支架或梁端与边墩间的临时托架上支模浇筑梁段。
(4)合龙段可在改装的简支挂篮托架上浇筑。多跨合龙段浇筑顺序按设计或施工要求进行。

二、悬浇挂篮

挂篮是悬臂浇筑施工的重要机具。它是一个能够沿梁顶面纵向滑动或滚动的承重钢制结构,锚固在已施工的梁段上,承重钢制结构一部分悬出前端,用于悬挂梁段施工模板结构,在上面进行下一段梁的钢筋、预应力管道的安设,混凝土灌注和预应力张拉等作业。完成一个节段后,挂篮即可前移并固定,进行下一节段的悬臂灌筑,不断循环下去,直到悬臂灌筑完成。

1. 挂篮的类型和结构特点
1)挂篮的类型
挂篮按构造形式,可分为平行桁架式、弓弦式、菱形桁架式、三角组合梁式及自承式等。
按挂篮抗平衡方式可分为压重式、锚固式和半压重半锚固式3种。
按挂篮行走的方式可分为滚动式、滑动式和组合式3种。
2)挂篮结构的主要特点
(1)平行桁架式挂篮
平行桁架式挂篮的主梁一般采用平行弦桁架,其结构为简支悬臂结构,受力明确,桁架刚度较大,变形容易控制。上下横梁及悬挂系统可设计成移动式结构。在挂篮行走前,将该结构后移,大大减小了挂篮行走时的倾覆力矩,故不需平衡压重。
(2)弓弦式挂篮
弓弦式挂篮其桁架为拱形架,具有桁高随弯矩大小变化,受力合理,节省材料的特点。在安装时结构内部预施应力以消除非弹性变形,一般质量较小。
(3)菱形桁架式挂篮
菱形桁架式挂篮是一种简单的桁架,其结构形状为菱形,横梁放置在主桁架上,其菱形桁架后端锚固于箱梁顶板上,无需平衡重。该挂篮结构简单、质量小。
(4)三角组合梁式挂篮
三角组合梁式挂篮是在简支悬臂梁的上面增加立柱和斜拉杆,成为三角组合梁式结构。由于斜拉杆的拉力作用,大大降低主梁的弯矩,使结构减轻,后端一般采用压重平衡行走时的倾覆力矩,如图4-2-6所示。
(5)自承式挂篮
自承式挂篮是将侧模结构制成能够承受拉力的刚性模板,通过预应力钢筋张拉模板来承受混凝土块的重力,行走时,采用主梁吊挂模板移动。

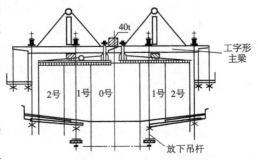

图4-2-6 三角组合梁式挂篮

2. 挂篮的基本构造
挂篮由主桁(梁)结构、悬挂调整系统、行走系统、模板系统、平衡锚固系统、工作平台等组成,如图4-2-7所示。
1)主桁(梁)结构
每个挂篮有两片或多片主桁片组成,主桁(梁)有平行弦式、三角组合梁式、菱形桁架式、弓弦式等。它是挂篮的主要受力构件,将悬挂系统传来的预制混凝土块体重力、模板重力等传递到连续梁上,同时将各个系统联系起来。主桁(梁)有两排支点,支撑在混凝土梁上。后端在定位后,可锚固在混凝土梁上。主桁(梁)上安装上横梁,用以悬吊模板结构。主桁(梁)之间采用联结系连接起来,可起到抗风和抵抗横向力的作用。

2)悬挂调整系统

悬挂系统由前后上横梁、吊杆、提升机具、前后下横梁、底模纵梁、纵梁后锚固拉杆等组成。其作用是悬挂模板,调整模板的位置,将荷载传递到主梁上。

图 4-2-7　现场挂篮结构图

(1)前后上横梁

前后上横梁是悬挂系统的主要受力构件,前上横梁分设 4~6 个吊点,并安置吊杆和提升机具。后上横梁设 2 个吊点,分别设在混凝土梁的外侧,灌注时承受外侧模板的重量;行走时,吊挂模架。

(2)吊杆及提升机具

吊杆的作用是将混凝土及模架荷载传至上横梁。吊杆一般采用 16Mn 钢板带,带宽 100~200mm,厚 20~40mm,分为上中下三段,通过钢销连接。吊带上段为带孔的钢板带,孔的间距一般为 0.5m,孔径由锁定销的直径决定。中段和下段为端头带孔的钢板带,但中段为两片钢板带。提升机具包括每点两个大吨位的千斤顶、钢制限位器、短钢梁、钢垫板和钢销。提升时,用短钢梁锁住钢板带,启动千斤顶,提升钢板带到达预定的高度,利用钢制限位器固定钢板带。

(3)前后下横梁

下横梁通过钢支铰与底模纵梁连接,通过钢板带与上横梁连接。下横梁具有两种受力状态,4 根吊杆作用时,处于连续梁状态;两根吊杆作用时,处于简支梁状态。下横梁可采用工字梁或组合钢梁制造。

(4)底模纵梁

底模纵梁是灌注混凝土梁体底模的支撑梁,位于底模分配梁下,与分配梁垂直,沿纵向布置。两端与下横梁连接处设制连接铰座。

(5)后锚固拉杆

后锚固拉杆是将下横梁锚固于混凝土梁体的钢拉杆或预应力拉索。模板被拉杆拉压贴紧已灌混凝土,以防止接缝处漏浆。

3)行走系统

行走系统是挂篮的移动装置,包括桁架行走系统和内模行走系统。桁架行走系统,一般采用滑动式行走装置。与滚动式行走装置相比,滑动式行动缓慢,易于控制。主要设备有行走支腿、滑行板、滑行轨道、推行后座和推行千斤顶组成。行走支腿一般为箱形钢结构,上部与主梁连接,连接处设铰接结构,便于主梁的变形;下部与轨道接触面设计为前端翘起的滑雪板形状,并在底面贴 3mm 厚的不锈钢板,滑行时可加一些润滑油或放置四氟乙烯板,以减小滑动过程中的摩擦。

轨道为槽形,行走支腿在槽中滑动,单节轨道长度在 2m 以下,以便于施工时拼接和人工搬运。各节之间设置连接,轨道两侧的竖板上钻有销孔,穿销固定后座,千斤顶放置在支腿和后座之间,顶升推动挂篮前进。

4)模板系统

挂篮施工的连续梁大多数采用的是箱形截面梁,因此模板分为外侧模板、内模和底模。外侧模板固定在外侧支架上,随支架一起运动。内模固定在箱导梁上。

三、0号块施工

在悬臂法施工中,0号块(墩顶梁段)均在墩顶托架上立模现场浇筑,并在施工过程中设置临时梁墩锚固,使0号块梁段能承受两侧悬臂施工时产生的不平衡力矩。

1. 施工托架

施工托架可分别支承在墩身、承台或地面上。托架可采用万能杆件、贝雷梁、型钢等构件拼装。常用施工托架有扇形、门式托架等形式,如图4-2-8所示。在混凝土浇筑以前,应对托架进行试压,以消除因其非弹性变形引起混凝土出现裂缝。试压方法,可反复采用水箱灌水多次加压或用千斤顶张拉加压等。

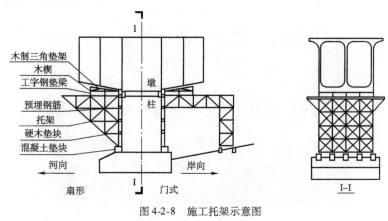

图4-2-8 施工托架示意图

2. 梁墩临时固接措施

(1)将0号块梁段与桥墩预埋的钢筋或预应力筋临时固接,待需要解除固接时切断,见图4-2-9。

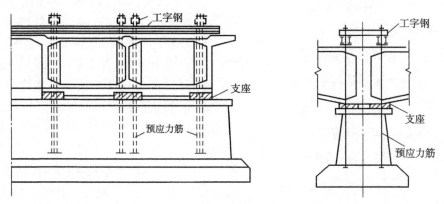

图4-2-9 0号块与桥墩临时固接构造示意图

(2)在桥墩一侧或两侧加临时支承或支墩,如图4-2-10所示。

(3)将0号块梁段临时支承在扇形或门式托架的两侧。

(4)临时支承可用硫磺水泥砂浆块、砂筒或混凝土块等卸落设备,以使体系转换时能较方便地撤除临时支承。

四、混凝土悬臂浇筑

悬臂浇筑梁段混凝土时需要注意以下几点：

（1）挂篮就位后,安装并校正模板吊架,此时应对浇筑预留梁段混凝土进行抛高,以使施工完成的桥梁符合设计高程。高程值包括施工结构挠度,因挂篮重力和临时支承释放支架产生的压缩变形等,如图 4-2-11 所示。

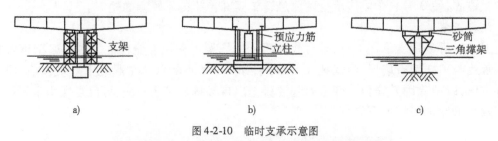

图 4-2-10　临时支承示意图

图 4-2-11　混凝土现场悬臂浇筑

（2）浇筑混凝土可以从前端开始,应尽量对称平衡浇筑。浇筑时应加强振捣,并注意对预应力预留管道的保护。

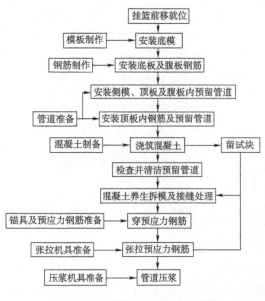

图 4-2-12　悬臂浇筑施工工艺流程图

（3）梁段拆模后,应对梁端的混凝土表面进行凿毛处理,以加强接头混凝土的连接。

（4）对于箱形截面,如果所浇混凝土数量不大,可采用全截面一次浇筑。如果混凝土数量较大,每一梁段的混凝土通常分两次浇筑,即先浇底板混凝土,后浇腹板及顶板混凝土。当所浇的箱梁腹板较高时,也可将腹板内模板改用滑动顶升模板,这时可将腹板混凝土与底板混凝土同时浇筑,待腹板浇筑到设计高程后,再安装顶板钢筋及预应力管道并浇筑顶板混凝土。有时还可先将腹板预制之后进行安装,再现浇底板与顶板,减少现场浇筑工作量,并减轻挂篮承受的一部分施工荷载。但需注意由混凝土龄期差而产生的收缩、徐变内力。

当挂篮就位后,即可在上面进行梁段悬臂浇筑施工的各项作业,施工工艺流程如图 4-2-12 所示。

五、结构体系转换

结构体系转换是指在施工过程中，当某一施工程序完成后，桥梁结构的受力体系发生了变化，如简支体系变化为悬臂体系或连续体系等，这种变化过程简称为"体系转换"。

对于采用悬臂法施工的悬臂梁桥和连续梁桥，为保证施工阶段的稳定，在结构体系转换的施工中应注意以下几点：

（1）结构由双悬臂状态转换成单悬臂受力状态时，梁体某些部位的弯矩方向发生转换。所以在拆除梁墩锚固前，应按设计要求，张拉部分或全部布置在梁体下缘的正弯矩预应力束，对活动支座还需保证解除临时固结后的结构稳定，如控制和采取措施限制单悬臂梁发生过大纵向水平位移。

（2）梁墩临时锚固的放松，应均衡对称进行，以确保逐渐均匀地释放。在放松前应测量各梁段高程，在放松过程中，注意各梁段的高程变化，如有异常情况，应立即停止作业，找出原因，以确保施工安全。

（3）对转换为超静定结构，需考虑钢束张拉、支座变形、温度变化等因素引起结构的次内力。若按设计要求，需进行内力调整时，应以高程、反力等多因素控制，相互校核。如出入较大时，应分析原因。

（4）在结构体系转换中，临时固结解除后，将梁落于正式支座上，并按高程调整支座高度及反力。支座反力的调整，应以高程控制为主，反力仅用作校核。

六、合龙段施工

连续梁采用悬臂施工法，在结构体系转换时，为保证施工阶段的稳定，一般边跨先合龙，释放梁墩锚固，结构由双悬状态变成单悬状态，最后跨中合龙，成连续受力状态。这中间存在体系转换。

施工时应注意以下问题：

（1）合龙段长度选择。合龙段长度在满足施工操作要求的前提下，应尽量缩短，一般采用 1.5～2.0m。

（2）合龙温度选择。一般宜在低温合龙，遇夏季应在晚上合龙，并用草袋等覆盖，以加强接头混凝土养护，使混凝土早期结硬过程中处于升温受压状态。

（3）合龙段混凝土选择。混凝土中宜加入减水剂、早强剂，以便及早达到设计要求强度，及时张拉预应力束筋，防止合龙段混凝土出现裂缝。

（4）合龙段采用临时锁定措施，采用劲性型钢或预制的混凝土柱安装在合龙段上下部作支撑，然后张拉部分预应力钢束，待合龙段混凝土达到要求强度后，张拉其余预应力束筋，最后再拆除临时锁定装置。

为方便施工，也可将劲性骨架作预应力束筋的预留管道打入合龙混凝土内。将劲性钢管安装在截面顶板和底板管道位置，钢管长度可用螺纹套管调节，两端支承在梁段混凝土端面上，并在部分管道内张拉预应力筋，待合龙段混凝土达强度要求后，再张拉其余预应力束筋。也可在合龙段配置加强钢筋或劲性骨架。

（5）为保证合龙段施工时混凝土始终处于稳定状态，在浇筑之前各悬臂端应附加与混凝土质量相等的配重（或称压重），配重需依桥轴线对称施加，按浇筑重力分级卸载。如采用多跨一次合龙的施工方案，也应先在边跨合龙，同时需通过计算，进行工艺设计和设备系统的优化组合。

【施工实例】

一、工程概况

府环河下游的新斗马河西引桥1号桥7~10号墩上的梁为单线现浇连续梁(32m+48m+32m),连续梁位于圆曲线和缓和曲线上。右线桥24~27号墩、左线引桥100~103号墩上的梁为单线现浇连续梁(32m+48m+32m),连续梁位于圆曲线上。

单线现浇连续梁1号块混凝土方量为23.7m^3(重616kN),底宽4.2m,顶宽7.4m,梁高3.3m,梁高为等高连续梁。顶板厚0.25m,局部加厚至0.45m,腹板从0.35m变化到0.6m,底板厚度从0.25m变化至0.60m。全梁共设5道横隔板,全梁共分35个梁段,中支点0号梁段长6.0m,一般梁段长3m,合龙段长2m,边跨直线段长7.5m,全梁采用两向预应力体系。

二、施工准备

悬臂现浇连续梁正式施工前必须做好施工前的一切准备工作,主要包括以下内容:
(1)悬臂挂篮的制作和荷载试验;
(2)0号块下的墩身施工;
(3)协作队伍的提前确定;
(4)混凝土施工配合比的选定;
(5)施工所需的材料、机械设备的组织进场。

三、悬臂挂篮的结构形式

根据混凝土悬臂浇筑工艺及对挂篮设计的技术要求,综合各种形式的挂篮施工特点、用钢量、钢材种类、操作工艺等研究比选后,决定采用菱形挂篮施工,走行方式为无平衡重行走方式,使桁架行走时的稳定系数大于2.0,以满足规范要求。满足挂篮下通航净高不小于4.5m。挂篮由承重系统、底模系统、模板系统(内、外)、行走系统、后锚固系统组成,挂篮的设计荷载为1000kN,当1号梁段的混凝土强度达到设计强度的85%且张拉F2、F3、T2索后才可安装挂篮。

1. 承重系统

每套挂篮由5片H型钢组合梁组成,同时顶面设水平联系杆,以提高整体刚度。底横梁下设滑道,滑道固定在已浇筑混凝土梁上。前横梁:采用2根I36a工字钢栓接于主梁前端上翼缘,竖向配置4根承重吊杆。后横梁:采用2根I36a工字钢,竖向配置2根承重吊杆,2后锚吊杆。立柱:上端设有横向连接杆,保证主梁横向稳定。

2. 底模系统

底模长4.5m在混凝土悬臂施工中承担钢筋混凝土重量及施工机具重量,并兼做施工操作平台。底模采用大块钢模板,模板平铺于底板纵梁上,纵梁在底板下采用11根I36a工字钢。底板纵梁与前下横梁、后下横梁采用栓接,前下、后下横梁均采用2根I36a工字钢。

3. 模板系统(内、外)

外模用槽钢及角钢做骨架,其外围为大块钢模,钢模面板用6mm热轧板,骨架与模板连接均采用焊接,侧模与底模用螺栓连接,悬臂部分用钢管斜撑在外模槽钢上,侧面与底模同菱形挂篮一起移动,内模采用槽钢和角钢做骨架,钢木组合模板,采用内导梁移动。

4. 行走系统

行走系统分为菱形组合梁行走系统、侧模行走系统及内模行走系统三部分。菱形组合梁行走系统:在每片梁中部设滑动点2个,后部设平衡导向滑轮,箱梁顶面上设2个滑道,向前滑移。侧模走行:外模走行,在侧模上安装调节杆,当松开后锚栓、底模连接螺栓及支撑拆模时,在模板自重和调节杆共同作用下,侧模、底模向下脱落在主梁上,主梁、侧模、底模、内模滑梁同时前进。内模行走系统:放松内模后,内模板即落在内导梁上,与主梁、侧模、内模同时前进。后锚栓采用$\phi25$精轧螺纹粗钢筋。作用是将挂篮承受的荷载传至箱梁上,并防止挂篮倾覆。主梁移动的倾覆稳定由主梁后端压紧器来维持。

四、悬臂挂篮工艺流程及施工步骤

1. 0号块及中间块施工

每处悬臂浇筑连续梁施工采用2套轻型菱形挂篮[每套挂篮及附属设备重(含模板)26t],在2个主墩上分别对称平衡悬浇箱梁。0号、1号梁段采用在主墩身周围用万能杆件搭设托架,在托架上浇筑成形。其他悬浇段在挂篮上对称浇筑混凝土,边孔边部梁段搭设满堂支架现浇施工。悬浇段和现浇段施工完成后,在中跨先合龙,形成两单悬臂梁,最后在边跨合龙,形成三跨连续梁。边跨合龙采用支架现浇合龙,中跨利用其中一套挂篮合龙。

施工顺序为:0号段施工→悬臂浇筑一般梁段边孔边部梁段→中孔合龙→边孔合龙。

各合龙段混凝土浇筑均选择在非温度变化剧烈日之夜间气温最低时进行。为切实保证灌注质量,在合龙段两端截面间设钢支撑,并于顶底板上各张拉部分钢绞线,以临时锁定合龙端两段梁体。合龙段混凝土达到一定强度后,拆除临时支座,解除一端活动支座临时水平约束,待混凝土强度达到设计强度的85%后,张拉部分正力矩钢绞线。施工时,悬灌两端施工设备的重量要保持平衡,并注意无左右偏载,两端浇筑进度之差控制在$2m^3$以内。

2. 0号梁段浇筑施工工艺

1)托架架设及预压。在主墩浇筑混凝土前,预埋工字钢牛腿,墩身施工完后,0号梁段利用支承在墩身上的托架,支立连接在牛腿及托架上,在托架上现浇来完成。托架配件通过施工便道运到施工现场,垂直提升时采用吊车。托架采取现场整体拼装的方式,利用万能杆件进行拼装。托架的底部与预埋在墩身上的牛腿连接,托架的顶面布设横排工字钢且设置横向联系杆,墩顶横向放置4排型钢,梁底模板纵肋放置在型钢上。施工时使用两套托架,两主墩同时施工。

2)临时支座

由于桥墩与梁采用支座连接方式,正式支座不能承受施工中产生的不平衡力矩,故须设置临时支座,用以临时固结锁定梁体,平衡施工中产生的不平衡力矩。每个墩顶设置4个临时支座,其结构为C40硫磺混凝土。为了便于临时支座的拆除,在其中部布置800W电阻丝,可同时通电拆除临时支座。

3)正式支座

永久支座采用盆式橡胶支座。单向活动支座的上下导向挡块必须对正,固定支座上下各部件的纵轴线必须对正。支座四角高差不得大于2mm。

3. 挂篮拼装

挂篮加工在工地加工制作,利用汽车运输到施工墩位处,主墩挂篮拼装采用250kN吊车提吊拼装,等1号梁段施工完毕并张拉预应力索后才能拼装。2号梁段挂篮安装顺序为:将调坡木板、钢枕、滑道,放在已定位置上,并用压紧器将其固定,以防倾覆;用吊车安装主梁,立柱(菱形桁架,底梁锚固在滑道上)及立柱平联;安装前上横梁于主梁端头,并安装平联与主梁连接;拆除0号段托架、底板;用吊车先后吊装前下横梁、后下横梁、底板腹板下纵梁,并安装吊杆;安装纵梁,侧模及支架。

挂篮拼装的安全质量要求如下:

(1)挂篮必须进行荷载试验合格后才能进行安装。

(2)挂篮拼装严格按照挂篮设计图纸及拼装顺序进行拼装。

(3)挂篮拼装的连接全部采用螺栓连接,螺栓必须测力扳手进行检测,预拉力不小于125kN。

(4)精轧螺纹吊杆使用前必须验收合格,安装时必须保证垂直。

(5)滑道要求安装平直,在滑道的顶面涂一层润滑脂。

(6)挂篮的安装要求保持水平、同高、稳定。

(7)挂篮拼装严格按照高空安全操作规程进行操作。

(8)挂篮拼装完成后,请监理到现场检查,检查合格后才能进行下一步施工。

(9)挂篮施工的荷载限制在1 000kN以内。

4. 挂篮的预压和试验

挂篮预压采用吊车提升水箱的方法进行。压载时间自压载结束到开始卸载为48h,从开始加载就要布设好观测点(对称分布6点),观测次数为加载前、加载($0.1F$、$0.5F$、$1.0F$、$1.2F$)、加载完成、加载12h、加载24h、加载48h、卸载($1.0F$、$0.5F$)、卸载后共12次。根据观测的数据,分析、推断出弹性变形和非弹性变形。通过预压将非弹性变形消除,根据弹性变形结果控制托架的抬高量。施工中设专人负责测量,并进行抬高量计算。至此挂篮安装完毕。调试合格后,方可绑扎钢筋、立模、浇筑。安装时,需作好中线及高程的控制。

中线控制:在0号梁段上放置全站仪,将轴线打到模板上,与桥轴线和底板几何中心比较,确定挂篮位置,如有偏差,用倒链在纵梁上反拉直到中线吻合。

高程控制:后视点高程为0号块高程,前吊点高程=设计高程+挂篮弹性变形+挂篮自重引起的对结构的下挠。

5. 挂篮的移动

待2号梁段灌注完毕后,等混凝土强度达到设计强度的85%以上时,按设计对纵向进行张拉,压浆等强后,移动挂篮,准备灌注下一段对称梁的混凝土,挂篮的移动必须遵照以下步骤进行:

(1)先将承重的各吊杆松开,以便倒链承受各杆件重量。

(2)将主梁后锚杆稍松开,用千斤顶将主梁前支点向前顶起,用人工将滑道转移到位并连接牢固。

(3)松动模板系统,把外模调节到位,用千斤顶将主梁顶推到位,主梁的前移带动侧模系统,底模系统及内滑梁整体滑移到位,随着主梁的前移,压紧器应交替前移(不得少于2根),以保持主梁的稳定,滑到位以后将主梁后锚杆锚紧(不得少于3根),并用测力扳手张拉150kN。

(4)侧模系统在主梁前移时与主梁同步前移,到位后,把外模调节杆调节到适当位置,将侧模与底模连接成一个总体。

(5)将底模系统后端锚固于已成梁段上,前端用HRB500级钢与前上横梁连接。

(6)初调中线、高程。

(7)用千斤顶将底模系统与底板,侧模系统与翼缘板及腹板外侧密合,并将后吊杆带上螺母。

(8)精调中线、高程。

(9)用倒链将内模系统拖移到位,并调好中线及高程。

(10)立堵头板。

(11)绑扎底板、腹板钢筋,安装管道、立内模、预埋。

(12)绑扎顶板钢筋、预埋。

(13)复核中线、高程,并检查合格后,方可灌注混凝土(注:在安装过程中如发现预留孔与挂篮位置不适时,应查明原因,进行处理,不能强行扭杆穿入孔洞,Ⅳ级钢吊杆严禁弯曲、打火)。

(14)等强张拉后,重复以上步骤灌注下一段。

挂篮移动注意事项:

(1)挂篮移动时要保持整体平移,左、右菱形桁架协调一致,防止移动时菱形桁架受水平力过大。

(2)挂篮的移动速度控制在1.5m/h以内。

(3)挂篮移动时左右晃动距离不能大于10mm,同时控制好滑道方向,滑道固定方向偏差2mm。

(4)挂篮移动前要检查滑道锚固情况,要求每根滑道要锚固3根竖向预应力钢筋,防止挂篮移动时发生倾覆失稳。

(5)挂篮移动时两侧吊杆要用倒链保护。

五、合龙段施工及体系转换

合龙是悬臂灌注施工体系转换的重要环节,合龙施工必须满足受力状态的设计要求和保持梁线形,控制合龙段的施工误差。本连续梁施工在中跨先合龙,形成双悬臂梁,最后在边跨合龙,形成三跨连续梁。边跨合龙采用支架现浇合龙,中跨利用其中一套挂篮合龙。合龙后张拉钢绞线完成体系转换。合龙前调整中线和高程,将合龙一侧的临时固定支座释放,同时将两悬臂端间距离按设计合龙温度及预施应力后弹性压缩换算后采用体外刚性支撑和四束永久性钢束进行约束锁定。合龙梁段施工工艺流程:安装底模、侧模板,测量底模高程→绑扎底板钢筋,安装底板波纹管→安装底模支撑→绑扎腹板钢筋,安装腹板波纹管、预埋件→安装顶板支撑,安装内模→绑扎顶板钢筋,安装顶板波纹管、预埋件→张拉顶板及底板临时钢绞线束→灌注混凝土。灌注混凝土选在日最低气温时进行,一般选定凌晨3时灌注开始,控制到5时完成。先合龙中跨,后合龙边跨。中跨合龙利用一个挂篮来进行,移挂篮到中跨合龙段,在挂篮上完成中跨合龙段的施工,T形结构变成双悬臂梁,完成由T形结构向双悬臂梁的第一次体系转换,如图4-2-13所示。在边跨直线段膺架上完成边跨合龙段的施工,张拉预应力,然后拆除临时支座,将临时支座反力转移到永久支座上。实现由两悬臂梁向三跨连续梁的第二次体系转换。

图 4-2-13　合龙段施工

第四节　悬臂拼装施工

悬臂拼装是从桥墩顶开始,将预制梁段对称吊装,就位后施加预应力,并逐渐接长的一种施工方法。悬臂拼装的基本施工工序是:梁段预制、移位、堆放和运输,梁段起吊拼装和施加预应力。悬臂拼装施工将大跨桥梁化整为零,预制和拼装方便,可以上、下部结构平行施工,拼装周期短,施工速度快。同时预制节段施工质量易控制,减小了结构附加内力。但预制节段需要较大的场地,要求有一定的起重能力,拼装精度对大跨桥梁要求很高。

在悬臂拼装施工中,沿梁纵轴按起重能力划分适当长度的梁段,在工厂或桥位附近的预制场进行预制。

一、梁的预制

悬臂拼装用的预制块件,要求其各部分尺寸很准确,拼装时接缝密贴,预留管道对接顺畅。预制块件的具体施工方法可分为长线法和短线法两种。

1. 长线法预制

长线法是将一跨梁(或一个悬臂)按桥梁底缘曲线制成固定长台座(或称预制床),在台座上安装底模进行节段密接预制。形成梁底缘的台座有多种方法,它可以堆筑土胎,经加固夯实后铺砂石层并在其上做混凝土底板,也可用石块砌成所需的梁底缘形状,地质较差的预制场可采用桩排架形成梁底曲线。图 4-2-14 表示在长线台座上用间隔法进行块件的预制。

长线法的台座可靠,梁体线形较好,但占地较大,宜在具有固定梁底缘形状的多跨桥上采用。

2. 短线法预制

短线法是将待灌梁段贴住已灌好的相邻混凝土块件的端头灌筑,灌好后将其邻块运走,而将新灌筑的节段移到原邻块的位置上,在原位上又灌筑另一节段混凝土。短线法预制梁段通常由可调整外部及内部模板的车台与端模架来完成(图 4-2-15)。

短线法的场地较小,浇筑模板及设备基本不需移机,但施工周转不便,工期相对较长。因此,短线法适合工厂节段预制,设备可周转使用。

二、块件拼装

用于悬臂拼装的机具种类很多,有移动式吊车、桁式吊、缆索起重机、汽车吊、浮吊等。移动式吊车外形似挂篮,由承重梁、横梁、锚固装置、起吊装置、行走系统和张拉平台等几个部分组成。如图 4-2-16、图 4-2-17 所示,和用挂篮悬臂浇筑施工一样,在墩顶开始吊装第一(或第一、二)段时,可以使用一根承重梁对称同时吊装,在允许布置两台移动式吊车后,开始独立对称吊装。移动式吊车的起重能力目前国内约 1 000kN。节段的运输可从桥下或水上运至桥位,由移动式吊车吊装就位。

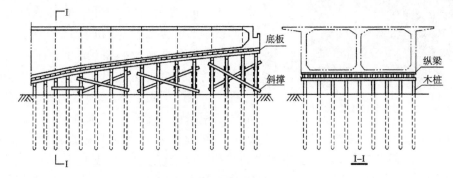

图 4-2-14 长线法预制箱梁示意图

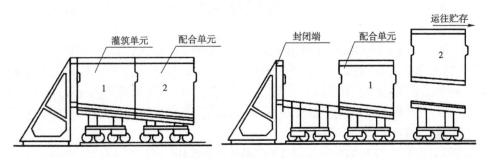

图 4-2-15 短线法预制示意图

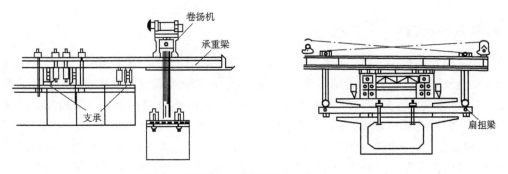

图 4-2-16 移动式吊车示意图

移动桁式吊在悬臂拼装施工中使用较多,依桁梁的长度分两类。第一类桁梁长度大于最大跨径,桁梁支承在已拼装完成的梁段上和待悬臂拼装的墩顶上,由吊车在桁梁上移运节段进行悬臂拼装;第二类桁式吊梁的长度大于 2 倍桥梁跨径,桁梁的支点均支承在桥墩上,而不增加梁段的施工荷重,同时前方墩 0 号块的施工可与悬臂拼装同时进行。采用移动桁式吊悬拼施工,其节段重量一般可取 1 000~1 300kN。

三、接缝处理

悬臂拼装中预制节段的接缝处理可以有湿接缝、胶接缝和干接缝等几种形式。往往一孔桥跨拼装的不同施工阶段和不同部位,可以采用不同的接缝形式。通常1号块件及合龙段以湿接缝相连。墩柱两侧的1号块件是悬臂拼装的基准块件,悬臂拼装施工时防止上翘、下挠的关键在于1号块件的准确定位,因此,必须采用各种定位方法确保1号块件的定位精度。湿接缝一般宽0.1~0.2m,拼装时块件可由吊机悬吊支承,或在下面设临时托架支承,当拼装梁段的位置调整准确后,用高铝快凝水泥砂浆(或小石子混凝土)填实(3d混凝土强度可达到30MPa)。在其他节段拼装过程中,如拼装误差过大,难以用其他办法补救时,也可以用增设一道湿接缝来调整。

图4-2-17 悬臂拼装施工现场

桥跨其他节段可用胶接缝或干接缝连接,胶接缝是用环氧树脂胶黏剂连接。胶黏剂由环氧树脂、间苯二胺、邻苯二甲酸、二丁酯和水泥拌和而成,其配方应根据施工环境、温度、固化时间和强度要求选定,胶黏剂的抗压强度在24h内可达60MPa以上,抗拉强度可达16MPa以上,抗剪强度高于混凝土的强度。接缝施工时要求胶黏剂在36h以内达到梁体混凝土设计强度,固化时间不少于10h。

梁段拼装时要求相邻段接缝处各方向错位不大于2mm,全梁纵向轴线偏移值不大于5mm。涂胶应均匀涂满全部拼接面。胶拼后应用0.2~0.25MPa压力予以挤压,使胶缝宽度不大于1mm。因此,在拼装时必须张拉一定数量的钢丝束,使接缝胶黏剂在一定压力下挤压密实直至固化。胶接缝不仅能使接触面密贴,还可提高结构的抗剪能力、整体刚度和不透水性,已广泛应用于悬臂拼装中。

干接缝因其接缝间无任何填充料,实际工程中很少使用,主要担心接缝不密封会导致钢筋锈蚀。

四、临时固接措施

为防止悬臂拼装的不平衡力矩带来的影响,需要采取措施保证梁体稳定。在这个问题上和悬臂浇筑法施工是类似的。常用的方法有两种:一种是在墩旁搭设临时塔架,塔架顶设置千斤顶,用以支承墩顶梁段。另一种方法是将墩顶的节段与桥墩临时固接起来。在灌注墩顶块件之前,在墩顶靠两侧先浇筑C50的混凝土楔形垫块,待墩顶块达到设计强度70%以上时,在桥墩两侧各用10根直径32mm预应力粗钢筋从块件顶部张拉固定,这样就使拼装过程中出现的不平衡力矩完全由临时的混凝土垫块和预应力筋共同承受。张拉力的大小以悬臂时梁与墩之间不出现拉应力为度(每根钢筋的张拉力为210kN)。待全部块件拼装完毕后即可拆除临时固接,使永久支座发生作用。混凝土垫块可使用硫磺混凝土(即在垫块中夹一层硫磺混凝土)。

第五节 顶推法施工

顶推法施工适用于中等跨径、等截面的直线或曲线桥梁,施工方法快速便捷,施工无噪声,使用一套设备可以从桥梁一岸向另一岸分段顶推。顶推法施工是沿桥轴方向,在台后开辟预制场地,分阶段预制梁身并张拉纵向预应力筋将各节段连成整体,然后通过水平液压千斤顶施力,借助不锈钢板与聚四氟乙烯模压板组成的滑动装置,将梁段向对岸推进,这样分段预制,逐段顶推,待全部顶推就位后,落梁,更换正式支座,完成桥梁施工。因此,在水深、桥高以及高架道路等情况下可省去大量施工脚手架,不中断桥下现有交通,可集中管理和指挥,高空作业少,施工安全可靠,同时可以使用简单的设备建造多跨长桥。

一、顶推施工的方法

顶推法施工的关键是顶推作业,依顶推施力的方法将顶推施工分为单点顶推和多点顶推。

1. 单点顶推

单点顶推水平力的施加位置一般集中于主梁预制场附近的桥台或桥墩上,前方各墩上设置滑移支承。顶推装置又可分为以下两种:

1)用水平—垂直千斤顶的顶推装置

该装置是由垂直顶升千斤顶、滑架、滑台(包括滑块)、水平千斤顶组成。它一般设置在紧靠梁段预制场地的桥台或支架底处。滑架长约2m,固定在桥台或支架上,用7级光洁度的镀铬钢板制成。滑台是钢制方块体,其顶面垫以氯丁橡胶块承托着梁体,滑台与滑架之间垫有滑块,滑块由氯丁橡胶板下面嵌一聚四氟乙烯板组成。聚四氟乙烯板与钢板间的摩擦系数仅为0.02~0.05。顶推时,先将垂直千斤顶落下,使梁支承于水平千斤顶前端的滑块上。开动水平千斤顶的油泵,通过活塞向前推动滑块,利用梁底混凝土与橡胶的摩阻力大于聚四氟乙烯与不锈钢的摩阻力带动梁体向前移动。顶起千斤顶,使梁升高,脱离滑块。向千斤顶小缸送油,活塞后退,把滑块退回原处。再把垂直千斤顶落下,使梁又支承在滑块上,开始下一个顶推过程,如图4-2-18所示。

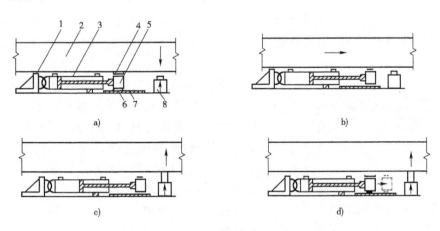

图4-2-18 水平—垂直千斤顶法
a)落梁;b)顶推;c)升梁;d)退回滑块
1-顶推后背;2-主梁;3-水平千斤顶;4-摩擦垫;5-滑块;6-滑板;7-滑道;8-竖直千斤顶

2)用拉杆的顶推装置

该装置在桥台(墩)前面安装一对大行程水平穿心式千斤顶,使其底座靠在桥台(墩)上,拉杆的一端与千斤顶连接,另一端固定在箱梁侧壁上(在梁体顶、底板预留孔内插入强劲的钢锚柱,由钢横梁锚住拉杆)。顶推时,通过千斤顶顶升带动拉杆牵引梁体前进,如图4-2-19所示。

单点顶推适用于桥台刚度大,梁体轻的施工条件。

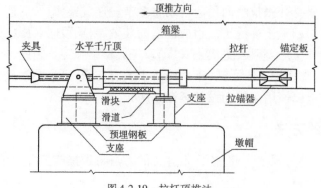

图 4-2-19 拉杆顶推法

2. 多点顶推

在每个墩台上设置一对小吨位(400~800kN)的水平千斤顶,将集中的顶推力分散到各墩上,并在各墩上及临时墩上设置滑移支承,通过拉杆牵引梁体在滑道上前进。

在顶推设备方面,国内一般较多采用拉杆式顶推方案,每个墩位上设置一对液压穿心式水平千斤顶,每侧的拉杆使用一根或两根直径 25mm 的高强螺纹钢筋,它的前端通过锥形楔块固定在水平顶活塞杆的头部,另一端使用特制的拉锚器、锚定板等连接器与箱梁连接,水平千斤顶固定在墩身特制的台座上,同时在梁位下设置滑板和滑块。当水平千斤顶施顶时,带动箱梁在滑道上向前滑动。

多点顶推施工的关键在于同步,一般需通过中心控制室控制启动、前进、停止和换向。多点顶推适用于桥墩较高、截面尺寸又小的柔性墩的施工条件。

3. 滑移装置

顶推时,梁应支承在滑动的支座上,以减少推进阻力,梁才能向前。顶推施工的滑道是在墩上临时设置的,用于滑移梁体和起到支承作用。主梁顶推就位后,拆除顶推设备,用数只大吨位竖向千斤顶同步将一联主梁顶起,拆除滑道及滑道底座混凝土垫块,安放正式支座,进行落梁就位。

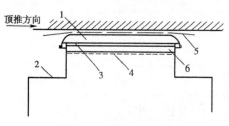

图 4-2-20 滑道装置示意图
1-滑道底座;2-竖向千斤顶位置;3-氯丁橡胶;4-牛皮纸;5-滑板;6-预制混凝土板

滑道支承设置在墩上的混凝土临时垫块上,它由光滑的不锈钢板与组合的聚四氟乙烯滑块组成,其中的滑块由四氟板与具有加劲钢板的橡胶块构成。顶推时,组合的聚四氟乙烯滑块在不锈钢板上滑动,并在前方滑出,通过在滑道后方不断喂入滑块,带动梁身前进,如图 4-2-20 所示。

现在,国内已开始采用连续滑动装置来代替人工不断喂入滑块,这种装置具有固定的聚四氟乙烯板连续滑动,其构造似坦克的履带,同时在梁下设置钢板,每块钢板的滑动面为不锈钢板,另一面则带动主梁前进,这样的滑动装置施工十分方便,可不间断顶推施工。此滑动装置的常用形式——履带式滑板、空腹式滑道的构造如图 4-2-21 所示。

二、梁的预制

1. 预制场地

预制场地应设在桥台后面桥轴线的引道或引桥上,当为多联顶推时,为加速施工进度,可在桥两端均设场地,从两端相对顶推。预制场地长度应考虑梁段悬出时反压段的长度、梁段底板与腹(顶)板预制长度、导梁拼装长度和机具设备材料进入预制作业线的长度;预制场地的宽度应考虑梁段两侧施工作业的需要。预制场地上空宜搭设固定或活动的作业棚,其长度宜大于2倍预制梁段长度,使梁段作业不受天气影响,并便于混凝土养护。

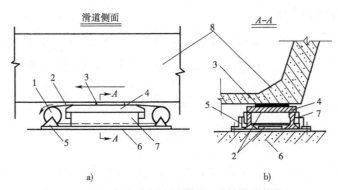

图4-2-21 履带式滑板、空腹截面式滑道示意图

1-滑道滚轮;2-履带式滑块;3-不锈钢贴面;4-滑块支承板;5-滚轮支架;6-混凝土座垫;7-支承型钢;8-梁

在桥端路基上或引桥上设置预制台座时,其地基或引桥的强度、刚度和稳定性应符合设计要求,并应做好台座地基的防水、排水设施,以防沉陷。在荷载作用下,台座顶面变形不应大于2mm。

台座的轴线应与桥梁轴线的延长线重合,台座的纵坡应与桥梁的纵坡一致。台座施工的允许偏差如下:

(1)轴线偏差:5mm。
(2)相邻两支承点上台座中滑移装置的纵向顶面高程差:2mm。
(3)同一个支承点上滑移装置的横向顶面高程差:1mm。
(4)台座(包括滑移装置)和梁段底模板顶面高程差:2mm。

2.梁段预制及养护

模板一般宜采用钢模板,底模与底架连成一体并可升降,侧模宜采用旋转式的整体模板,内模板采用安装在可移动的台车上的升降旋转整体模板。模板应保证刚度和制作精度。

钢筋工作应做好接缝处纵向钢筋的搭接。

梁段模板、钢筋、预应力管道、滑道、预埋件等应经检查签认后方可浇筑混凝土。混凝土在必要时可使用早强水泥或掺入早强减水剂,以提高早期强度,缩短顶推周期。梁段工作缝的接触面应凿毛,并洗刷干净,或采用其他可加强混凝土接触的措施。若工作缝为多联连续梁的解联断面,干接缝依靠张拉临时预应力束来实现,断面尺寸应准确,表面应平整,解联时应分开方便。

混凝土可采用全断面整段浇筑或采用两次浇筑。分两次浇筑时,第一次浇筑箱梁底板及腹板根部,第二次浇筑其他部分。支座位置处的隔板,在整个梁顶推到位并完成解联后,进行浇筑,振捣时应避免振动器碰撞预应力筋管道、预埋件等。

第一梁段前端设置的导梁端的混凝土浇筑,应注意振捣密实,导梁的中心线与水平位置应准确平整。

3.梁段施加预应力

梁段预应力束的布置和张拉次序、临时束的拆除次序等,应严格按照设计规定执行。

在桥梁顶推就位后需要拆除的临时预应力束,张拉后不应灌浆,锚具外露多余预应力钢材不必切除。

梁段间需连接的永久预应力束,应在两梁段间留出适当空间,用预应力束连接器连接,张拉后用混凝土填塞。

三、施工中的临时设施

为了减少施工中的内力,扩大顶推法施工的使用范围,同时也从安全施工和方便施工出发,在施工过程中使用一些临时设施,如导梁(鼻梁)、临时墩、拉索、托架及斜拉索等结构。

1. 导梁

导梁设置在主梁的前端,为等截面或变截面的钢桁梁或钢板梁,主梁前端有预埋件与钢导梁栓接,导梁的长度一般取顶推跨径的 0.6~0.7 倍。

2. 临时墩

当梁的设计跨径大于 50m 时,宜考虑设置临时墩。目前用得较多的是用滑升模板浇筑的混凝土薄壁空心墩、混凝土预制板或预制板拼砌的空心墩或混凝土板和轻便钢架组成的框架临时墩,通常在临时墩上不设顶推装置而仅设置滑移装置。

3. 吊索架

在梁前端第一个支点的位置上,设立塔架,塔架顶端的钢拉索在梁体的前后方拉住梁体,可避免悬臂端产生过大的弯矩。对于大跨径,且跨中不允许可设临时墩时,可以采用这种方法,但操作较复杂。

第六节 移动式模架逐孔施工

逐孔施工法从桥梁一端开始,采用一套施工设备或一、二孔施工支架逐孔施工,周期循环,直到全部完成。它使施工单一标准化、工作周期化,并最大限度地减少了工费比例,降低了工程造价,自 20 世纪 50 年代末期以来,在连续梁桥的施工中得到了广泛应用和发展。

一、逐孔施工法的分类

逐孔施工法从施工技术方面可分为 3 种类型:

(1)采用整孔吊装或分段吊装逐孔施工。这种施工方法是早期连续梁桥采用逐孔施工的唯一方法,近年来,由于起重能力增强,使桥梁的预制构件向大型化方向发展,从而更能体现逐孔施工速度快的特点。

(2)用临时支承组拼预制节段逐孔施工。它是将每一桥跨分成若干节段,节段预制完成后在临时支承上逐孔组拼施工。

(3)使用移动支架逐孔现浇施工。此法亦称移动模架法,它是在可移动的支架、模板上完成孔桥梁的全部工序,即从模板工程、钢筋工程到浇筑混凝土和张拉预应力筋等工序,待混凝土有足够强度后,张拉预应力筋,移动支架、模板,进行下一孔梁的施工。由于此法是在桥位上现浇施工,可免去大型运输和吊装设备,使桥梁整体性好,同时又具有在桥梁预制厂生产的特点,可提高机械设备的利用率和生产效率。

由于采用逐孔施工,随着施工的进程,桥梁结构的受力体系在不断地变化,由此,结构内力也随之变更。

逐孔施工的体系转换有 3 种：由简支梁状态转换为连续状态、由悬臂梁转换为连续梁以及由少跨连续梁逐孔伸延转换为所要求的体系。在体系转换中，不同的转换途径将得到不同的内力叠加过程，而最终的恒载内力（包括混凝土的收缩、徐变内力重分布）将向着连续梁桥按照全联一次完成的恒载内力靠近。以下重点介绍移动模架法在施工中的运用。

移动支撑系统是一种自带模板，利用箱梁支承，对桥梁进行现场浇筑的施工机械。它可完成由移动支架到浇筑成型等一系列施工，又称造桥机、滑移支架、无支架模板系统等，适用于跨径 20～50m 的等跨和等高度连续梁桥施工，如图 4-2-22、图 4-2-23 所示。

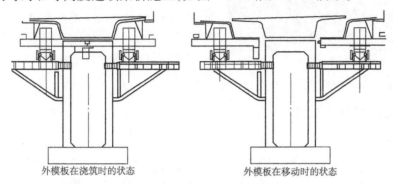

图 4-2-22　移动式模架构造示意图

其主要特点为：施工质量好，施工操作简便，成本低廉等。在国外，已被广泛地采用在公路桥、铁路桥的连续梁施工中，是较为先进的施工方法。

二、移动支撑系统主要组成及功能介绍

移动支撑系统（MSS）主要由牛腿、主梁、横梁、后横梁、外模及内模组成。每一部分都配有相应的液压或机械系统，各组成部分结构功能简介如下。

1. 牛腿

牛腿为三角形结构，通过墩身预留孔插入墩身，附着在墩身上并支撑在承台顶面上。牛腿共有 3 对，它的主要作用是支撑主梁，将施加在主梁上的荷载通过牛腿传递到墩身和承台上。每个牛腿顶部滑面安装有天车，并配有两对横向自动移动液压千斤顶，一个竖向自动液压千斤顶，一个纵向移动液压千斤顶。主梁嵌在天车上，为减少主梁在纵向移动时与天车接触的摩阻力，天车上装有聚四氯乙烯滑板，通过三向液压系统使主梁在横桥向、顺桥向及竖向高度上正确就位。

2. 主梁

图 4-2-23　移动式模架施工现场

移动支撑系统主梁为一对钢箱梁。钢箱梁分为 5 节，节间用高强螺栓连接。主梁是整套滑模的承重部件，主梁两端设有鼻梁，起到支架向下一孔移动时的引导和承重作用。主梁承受由横梁传递来的外模、内模及上部结构的施工荷载。

3. 横梁

横梁为 H 型钢，同一断面上每对横梁间为销连接，横梁上设有销孔，以安置外模支架。横梁，通过液压系统进行竖向和横向调整。

4. 外模

外模由底板、腹板、肋板及翼缘板组成。底板分块直接铺设在横梁上,并与横梁相对应。每对底板沿横梁销接方向由普通螺栓连接。腹板、肋板及翼缘板也与横梁相对应,并通过在横梁设置的模板支架及支撑来安装。

5. 内模

移动支撑系统的内模系统包括模板、电动小车、内模梁及道轨,如图 4-2-24 所示。模板的运输及安装通过电动小车来完成。电动小车配有液压系统,通过这些液压系统来完成内模安装及拆除。

图 4-2-24 内模系统

三、移动支撑系统的组装

1. 牛腿的组装

牛腿呈三角形且有一定高度,拼装时应先做一支架支撑在牛腿外缘,以防止歪倒。吊装牛腿时在牛腿顶面用水准仪抄平,以便使推进平车在牛腿顶面上顺利滑移。

2. 主梁安装

主梁在桥下组装根据现场起吊能力,可采用搭设临时支架将主梁分段吊装在牛腿和支架上。组成整体后拆除临时支架。也可将全部主梁组装完成后用大吨位吊机整体吊装就位。

3. 横梁及外模板的拼装

主梁拼装完毕后,接着拼装横梁,待横梁全部安装完成后,主梁在液压系统作用下,横桥向、顺桥向依次准确就位。在墩中心放出桥轴线,按桥轴线方向调整横梁,并用销子连接好。然后铺设底板和外腹板、肋板及翼缘板。

4. 模板拼装顺序

模板的拼装顺序为:组装牛腿→组装主梁及有关施工设备→机具就位→安装牛腿→主梁吊装就位→安装横梁→铺设底板、安装模板支架→安装外腹板及翼缘板、底板→安装内模。

四、移动模架逐孔施工法

移动式模架是世界桥梁施工的先进工艺,它包括移动悬吊模架施工和支撑式活动模架施工。

1. 移动悬吊模架施工

移动悬吊模架的形式也很多,构造各异,就其基本构造包括 3 个部分:承重梁、肋骨状横梁和移动支承,如图 4-2-25 所示。承重梁通常采用钢箱梁,长度大于 2 倍桥梁跨径,是承担施工设备自重、模板系统重量和现浇湿混凝土重量的主要承重构件。承重梁的后端通过移动式支架落在已完成的梁段上,承重梁的前方支承在桥墩上,工作状态呈单悬臂梁。承重梁除起承重作用外,在一跨梁施工完成后,作为导梁将悬吊模架纵移到前方施工跨。承重梁的移位及内部运输由数组千斤顶或起重机完成,并通过控制室操作。

在承重梁的两侧悬臂出许多横梁复盖全桥宽,并由承重梁向两侧各用 2~3 组钢索拉住横梁,以增加其刚度。横梁的两端各用竖杆和水平杆形成下端开口的框架并将主梁包在其中。

当模板支架处于浇筑混凝土状态时,模板依靠下端的悬臂梁和锚固在横梁上的吊杆定位,并用千斤顶固定模板;当模架需要纵向移位时,放松千斤顶及吊杆,模板安放在下端悬臂梁上,并转动该梁的前端有一段可转动部分,使模架在纵移状态时顺利通过桥墩。

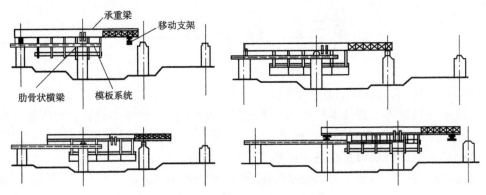

图 4-2-25　移动悬吊模架施工示意图

2. 支承式活动模架施工

支承式活动模架的基本结构由承重梁、导梁、台车和桥墩托架等组成。它采用两根承重梁,分别设置在箱形梁的两侧,承重梁用来支承模板和承受施工荷载,承重梁的长度要大于桥梁的跨径,浇筑混凝土时承重梁支承在桥墩托架上。导梁主要用于移动承重梁和活动模架,因此需要有大于 2 倍桥梁跨径的长度。当一跨桥梁施工完成进行脱模卸架后,由前方台车(在导梁上移动)和后方台车(在已完成的梁上移动),沿纵向将承重梁的活动模架运送到下一跨,承重梁就位后,导梁再向前移动并支承在前方墩上。

第三章 拱桥施工

拱桥作为一种古老的桥式以其跨越能力大、承载能力高、可用地方材料、造价经济、养护维修费用少、造型美观等特有的技术优势而成为建筑历史最悠久、竞争力较强。其发展大致经历了石拱桥、混凝土拱桥(含钢筋混凝土拱桥,下同)、预应力混凝土拱桥、钢拱桥、钢—混结合拱桥、劲性骨架混凝土拱桥及钢管混凝土拱桥等漫长的过程。

伴随着拱桥的发展,其施工方法也是推陈出新、层出不穷,施工工艺更是不断完善,日臻成熟。拱桥的施工,从方法上大体可分为有支架施工和无支架施工两大类。本章仅重点介绍现浇混凝土拱桥、装配式混凝土拱桥及钢管混凝土拱桥的主要施工方法。

第一节 现浇混凝土拱桥施工

当拱桥跨径不大时,可以采用就地浇筑法来进行拱圈施工。石拱桥、现浇混凝土拱桥以及混凝土预制块砌筑的拱桥,都可采用有支架的施工方法修建,其主要施工工序有材料的准备,拱圈放样(包括石拱桥拱石的放样),拱架制作与安装,拱圈及拱上建筑的砌筑等。

一、拱架

就地浇筑混凝土拱圈等时,需搭设拱架,以支承全部或部分拱圈和拱上建筑的重量,并保证拱圈的形状符合设计要求。拱架要有足够的强度、刚度和稳定性。拱架的种类很多,拱架按形式可分为满布式拱架、拱式拱架等;按使用材料的不同可分为木拱架、钢拱架、竹拱架、竹木拱架及土牛拱胎(即先在桥下用土或砂、卵石填筑一个"土胎",然后在上面砌筑拱圈,砌成之后再将填土清除即可)等形式。

1. 木拱架

1)满布式木拱架

满布式木拱架的优点是施工可靠,技术简易,木材和铁件规格要求较低。缺点是材料用量多且损耗率也较高,受洪水威胁大。在水深流急,漂流物较多及要求通航的河流上不能采用。

满布式木拱架通常由拱架上部(拱盔)、卸架设备、拱架下部(支架)3个部分组成。一般常用的形式有:

(1)立柱式

立柱式拱架,上部是由斜梁、立柱、斜撑和拉杆组成拱形桁架(拱盔),下部是由立柱及横向联系(斜夹木和水平夹木)组成支架,上下部之间放置卸架设备(木楔或砂筒等),如图4-3-1所示。

在斜梁上钉以弧形垫木以适应拱腹的曲线形状,通常将斜梁和弧形垫木合称为弓形木。弓形木支撑在立柱或斜撑上,长度一般为1.5~2.0m。在弓形木上设置横梁,其间距一般为0.60~0.70m,上面再纵向铺设0.02~0.04m厚的模板,就可在上面砌筑拱石(或作现浇混凝土拱的底模板)。当拱架横向的间距较密时,也可不设横梁,而直接在弓形木上面铺设3～5cm厚的模板。立柱间距按桥梁跨径及承受拱圈重量的不同,一般在1.5～5.0m之间。拱架在横桥向的间距一般为1.2～1.7m,为了增强横向稳定性,拱架各片之间应设置横向联系(水平及斜向夹木)。

立柱式拱架的构造和制作都很简单,但立柱数目很多,只适用于跨度和高度都不大的拱桥。

(2)撑架式

撑架式拱架是用少数框架式支架加斜撑来代替数目众多的立柱。木材用量较立柱式拱架少,构造上也不复杂,而且能在桥孔下留出适当的空间,减小洪水及漂流物的威胁,并在一定程度上满足通航的要求。因此,它是实际中采用较多的一种形式,如图4-3-2所示。

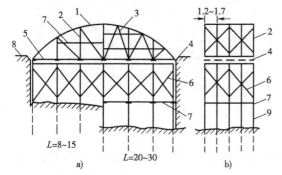
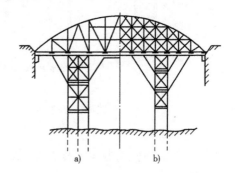

图4-3-1 立柱式木拱架示意图(尺寸单位:m)　　图4-3-2 撑架式木拱架示意图
1-弓形木;2-立柱;3-斜撑;4-卸架设备;5-水平拉杆;6-斜夹木;7-水平夹木;8-桥墩(台);9-桩木

无论是立柱式还是撑架式拱架,都应使构造简单,受力明确,避免采用复杂的节点和接头形式。拱架应具有足够的强度、刚度和整体稳定性。连接处要紧密,以保证拱架在荷载作用下变形最小且变形曲线圆滑。满布式拱架常用的节点构造。

2)拱式木拱架

与满布式拱架相比较,拱式拱架不受洪水、漂流物的影响,在施工期间能维持通航,适用于墩高、水深、流急或要求通航的河流。

三铰桁式拱架是拱式木拱架中常用的一种形式,其材料消耗率低,但要求有较高的制作水平和架设能力,如图4-3-3所示。三铰木桁拱架的纵、横向稳定应特别注意。除在结构构造上需加强纵横向联系外,还需设抗风缆索,以加强拱架的整体稳定性。在施工中还应注意对称均匀地砌筑,以加强施工观测。

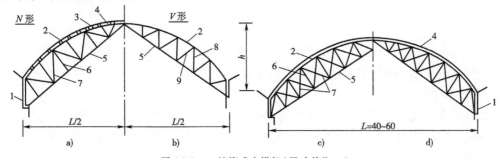

图4-3-3 三铰桁式木拱架(尺寸单位:m)
1-垫块;2-上弦;3-横梁;4-模板;5-下弦;6-竖杆;7-斜杆;8-腹杆(压);9-腹杆(拉)

2.钢拱架

1)梁式钢拱架

梁式钢拱架是用工字钢做成,上垫弓形木。当支架间的距离较大时,可用桁架代替工字钢。支架可做成塔架式结构,如图4-3-4所示。

2)拱式钢拱架

拱式钢拱架是由几根直线形的工字钢连接而成的折线形拱架。接头用铆接、螺栓接或焊接。当跨径很大时,可做成桁架式,如图4-3-5所示。

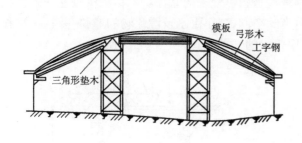

图4-3-4 梁式钢拱架示意图

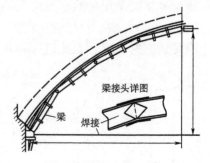

图4-3-5 拱式钢拱架示意图

3)桁式钢拱架

通常用常备拼装式桁架拼装而成,即拱架由标准节段、拱顶段、拱脚段和连接杆等以钢销或螺栓连接而成。

二、现浇混凝土拱桥拱架法施工

1.施工工序

现浇混凝土拱桥施工工序一般分三阶段进行。

第一阶段:浇筑拱圈(或拱肋)及拱上立柱的底座;

第二阶段:浇筑拱上立柱、连接系及横梁等;

第三阶段:浇筑桥面系。

前一阶段的混凝土达到设计强度的75%以上才能浇筑后一阶段的混凝土。拱架则在第二阶段或第三阶段混凝土浇筑前拆除,但必须事先对拆除拱架后拱圈的稳定性进行验算。若设计文件对拆除另有规定,应按设计文件执行。

双曲拱桥的拱波,应在拱肋强度或其间隔缝混凝土强度达到设计强度75%后开始砌筑。

2.拱圈或拱肋的浇筑

1)浇筑流程

满堂式拱架浇筑流程为:支架设计→基础处理→拼设支架→安装模板→安装钢筋→浇筑混凝土→养护→拆模→拆除支架。满堂式拱架宜采用钢管脚手架、万能杆件拼设;模板可以采用组合钢模、木模等。

拱式拱架浇筑流程为:钢结构拱架设计→拼设拱架→安装模板→安装钢筋→浇筑混凝土→养护→拆模→拆除拱架。拱式拱架一般采用六四式军用梁(三角架)、贝雷架拼设。

2)连续浇筑

跨径小于16m的拱圈(或拱肋)混凝土,应按拱圈全宽度、自两端拱脚向拱顶对称地连续浇筑,并在拱脚处混凝土初凝前全部完成。如预计不能在限定时间内完成,则需在拱脚处预留一个隔缝并最后浇筑隔缝混凝土。

薄壳拱的壳体混凝土,一般从四周向中央进行浇筑。

3)分段浇筑

大跨径拱桥的拱圈(或拱肋)(跨径≥16m),为避免拱架变形而产生裂缝以及减小混凝土的收缩应力,应采用分段浇筑的施工方法。分段长度一般为6~15m。分段长度应以能使拱架受力对称、均匀和变形小为原则,拱式拱架宜设置在拱架受力反弯点、拱架结点、拱顶及拱脚处;满堂式拱架宜设置在拱顶、$L/4$部位、拱脚及拱架节点等处。各段的接缝面应与拱轴线垂直。

分段浇筑程序应符合设计要求,且对称于拱顶进行,使拱架变形保持对称均匀和尽可能地小。填充间隔缝混凝土,应由两拱脚向拱顶对称进行。拱顶及两拱脚间隔缝应在最后封拱时浇筑,间隔缝与拱段的接触面应事先按施工缝进行处理。间隔缝的位置应避开横撑、隔板、吊杆及刚架节点等处。间隔缝的宽度以便于施工操作和钢筋连接为宜,一般为500~1000mm。间隔缝混凝土应在拱圈分段混凝土强度达到75%设计强度后进行;为缩短拱圈合龙和拱架拆除的时间,间隔缝内的混凝土强度可采用比拱圈高一等级的半干硬性混凝土。封拱合龙温度应符合设计要求,如设计无规定时,一般宜在接近当地的年平均温度。

4)箱形截面拱圈(或拱肋)的浇筑

大跨径拱桥一般采用箱形截面的拱圈(或拱肋),为减轻拱架负担,一般采取分环、分段的浇筑方法。分段的方法与上述相同。分环的方法一般是分成二环或三环。分二环时,先分段浇筑底板(第一环),然后分段浇筑肋墙、隔墙与顶板(第二环);分三环时,先分段浇筑底板(第一环),然后分段浇筑肋墙、隔墙(第二环),最后分段浇筑顶板(第三环)。

分环分段浇筑时,可采取分环填充间隔缝合龙和全拱完成后最后一次填充间隔缝合龙两种不同的合龙方法。如图4-3-6为箱形截面拱圈采用分环分段浇筑施工程序。

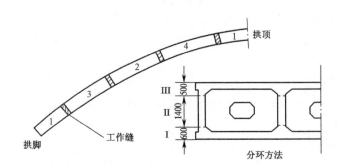

图4-3-6 箱形截面拱圈分环、分段浇筑的施工程序示意图(尺寸单位:mm)

3.卸拱架及注意事项

采用就地浇筑施工的拱架,卸拱架的工作相当关键。拱架拆除必须在拱圈砌筑完成后20~30d左右,待砂浆砌筑强度达到设计强度的75%后方可拆除。此外还必须考虑拱上建筑、拱背填料、连拱等因素对拱圈受力的影响,尽量选择对拱体产生最小应力的时候卸落拱架。为了能使拱架所支承的拱圈重力能逐渐传给拱圈自身来承受,拱架不能突然卸除,而应按一定的程序进行。

三、拱上建筑的施工

拱上建筑的施工,应在拱圈合龙,混凝土或砂浆达到设计强度的30%后进行。对于石拱桥,一般时间不少于合龙后3d。为避免使主拱圈产生过大的不均匀变形对实腹式拱桥,应由拱脚向拱顶对称地砌筑,当侧墙砌筑好以后,再填筑拱腹填料及修建桥面结构等。空腹式拱桥一般是在腹孔墩砌完后就卸落拱架,然后再对称均衡地砌筑腹拱圈,以免由于主拱圈的不均匀下沉而使腹拱圈开裂。

在多孔连续拱桥中,当桥墩不是按单向受力墩设计时,仍应注意相邻孔间的对称均衡施工。

第二节 装配式混凝土拱桥施工

梁桥上部结构的轻型化、装配化,大大加快了梁桥的施工速度。要提高拱桥的竞争能力,拱桥也必须向轻型化和装配化的方向发展。从双曲拱桥及以后发展至桁架拱桥、刚架拱桥、箱形拱桥、桁式组合拱桥、钢管混凝土拱桥,均沿着这一方向发展。混凝土装配式拱桥主要包括肋拱、组合箱形拱、悬砌拱、桁架拱、钢管拱、刚构拱和扁壳拱等,也适用于采用预制安装的其他类型的桥梁,如简支T形梁桥、T形刚构的吊装等。

装配式混凝土拱桥施工是在预制场地进行混凝土拱桥各构件的制造,然后在桥位进行装配的施工方法。装配式混凝土拱桥采用的施工方法可以分为少支架和无支架施工两种。本节将着重介绍箱形截面拱桥的施工方法——缆索吊装施工。

在峡谷或水深流急的河段上,或在通航的河流上需要满足船只的顺利通行,缆索吊装由于具有跨越能力大、水平和垂直运输机动灵活、适应性广、施工比较稳妥方便等优点,使缆索吊装成为拱桥施工中使用最为广泛的方案。

采用缆索吊机吊装拱肋时,为使在起重索的偏角不超过15°的限度内主索减少横向移动次数,可采用两组主索或加高主索塔架高度的方法施工。

在采用缆索吊装的拱桥上,为了充分发挥缆索的作用,拱上建筑也可以采用预制装配施工。缆索吊装对于加快桥梁施工速度、降低桥梁造价等方面起到很大作用。

1. 构件的预制

1)拱肋构件坐标放样

装配式混凝土拱桥,拱肋坐标放样与有支架施工拱肋坐标放样相同。

2)拱肋立式预制

采用立式浇筑方法预制拱肋,具有起吊方便、节省木材的优点。常用的预制方法有:①土牛拱胎立式预制。如图4-3-7所示;②木架立式预制;③条石台座立式预制,条石台座由数个条石支墩、底模支架和底模等组成。

3)拱肋卧式预制

(1)木模卧式预制。预制拱肋数量较多时,宜采用木模,如图4-3-8a)所示。浇筑截面为L形或倒T形时(双曲拱拱肋),拱肋的缺口部分可用黏土砖或其他材料垫砌。

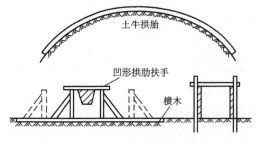

图4-3-7 土牛拱胎预制拱肋

（2）土模卧式预制。如图4-3-8b)所示,在平整好的土地上,根据放样尺寸,挖出与拱肋尺寸大小相同的土槽,然后将土槽壁仔细抹平、拍实,铺上油毛毡或水泥袋,便可浇筑拱肋。

（3）卧式叠浇。采用卧式预制的拱肋混凝土强度达到设计强度的30%以后,在其上安装侧模,浇筑下一片拱肋,如此连续浇筑称为卧式叠浇。

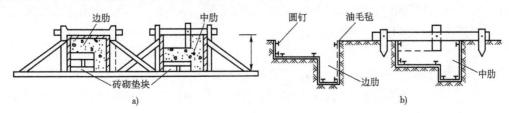

图4-3-8 拱肋卧式预制
a)木模卧式预制拱肋;b)土模卧式预制拱肋

2. 拱肋分段与接头

1) 拱肋的分段

拱肋跨径在30m以内时,可不分段或仅分二段;在30~80m范围时,可分三段;大于80m时一般分5段。拱肋分段吊装时,理论上接头宜选择在拱肋自重弯矩最小的位置及其附近,但一般为等分,这样各段重力基本相同,吊装设备较省。

2) 拱肋的接头形式

（1）对接

拱肋分二段吊装时多采用对接形式,如图4-3-9a)及图4-3-9b)所示。

对接接头在连接处为全截面通缝,要求接头的连接材料强度高,一般采用螺栓或电焊钢板等。

（2）搭接

分三段吊装的拱肋,因接头处在自重弯矩较小的部位,一般宜采用搭接形式,如图4-3-9c)所示。分5段安装的拱肋,边段与次边段拱肋的接头也可采用搭接形式。

搭接接头受力较好,但构造复杂,预制也较困难,需用样板校对、修凿,以保证拱肋安装质量。

（3）现浇接头

用简易排架施工的拱肋,可采用主筋焊接或主筋环状套接的现浇接头,如图4-3-9d)所示。

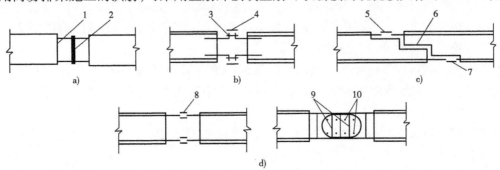

图4-3-9 拱肋接头形式
a)电焊钢板或型钢对接接头;b)法兰盘螺栓对接接头;c)环氧树脂黏结及电焊主筋搭接接头;d)主筋焊接或主筋环状套接绑扎现浇接头
1-预埋钢板或型钢;2-电焊缝;3-螺栓;4、5、7-电焊;6-环氧树脂;8-主筋对接和绑焊;9-箍筋;10-横向插销

3)接头连接方法及要求

用于拱肋接头的连接材料,有型钢电焊、钢板(或型钢)螺栓、电焊拱肋钢筋、环氧树脂水泥胶等。

接头处的混凝土强度等级应比拱肋混凝土强度等级高一级。对连接钢筋、钢板(或型钢)的截面要求,应按计算确定。钢筋的焊缝长度,应满足《公路钢筋混凝土及预应力混凝土桥涵设计规范》(JTG D62—2004)的有关规定。

3. 拱座

拱肋与墩台的连接,称为拱座。拱座主要有插入式、预埋钢板法、方形肋座、钢铰连接几种形式,其中插入式及方形拱座因其构造简单、钢材用量少、嵌固性能好等优点,采用较为普遍。

4. 拱肋起吊、运输及堆放

1)拱肋脱模、运输、起吊时间的确定

装配式拱桥构件在脱模、移运、堆放、吊装时,混凝土的强度不应低于设计所要求的吊装强度,若无设计要求,一般不得低于设计强度的75%,为加快施工进度,可掺入适量早强剂。在低温环境下,可用蒸汽养护。

2)场内起吊

拱肋移运起吊时的吊点位置应按设计图上设计位置进行,如图上无要求应结合拱肋的形状、拱肋截面内的钢筋布置以及吊运、搁置过程中的受力情况综合考虑确定,以保证移运过程中的稳定安全。当采用二点吊时,吊点位置应设在拱肋弯曲平面重心轴之上,一般可设在离拱肋端头($0.22 \sim 0.24$)L处(L为拱肋长度)。当拱肋较长或曲率较大时,应采用3点吊或4点吊,以保持拱肋受力均匀和稳定。除跨中设一吊点外,其余两吊点可设在离拱肋端头$0.2L$处。采用4点吊时,外吊点一般设在离拱肋两端头$0.17L$处,内吊点可设在离拱肋两端头$0.37L$处。4个吊点应左右对称布置。

大跨径拱桥拱肋构件的脱模起吊一般采用龙门架,小跨径拱桥拱肋及小型构件可采用三角扒杆、马凳、吊车等机具进行。

3)场内运输(包括纵、横向移动)

场内运输可采用龙门架、胶轮平板挂车、汽车平板车、轨道平车或船只等机具进行。

4)构件堆放

拱肋堆放时应尽可能卧放,特别是矢跨比小的构件(拱肋、拱块),卧放时应垫三点,垫木位置应在拱肋中央及距两端$0.15L$处。3个垫点应同高度。如必须立放时,应搁放在符合拱肋曲度的弧形支架上,如无此种支架,则应垫搁3个支点,其位置在中央及距两端$0.2L$处,各支点高度应符合拱肋曲度,以免拱肋折断。

堆放构件的场地应平整夯实,不致积水,当因场地有限而采用堆垛时,应设置垫木。堆放高度按构件强度、地面承载力、垫木强度以及堆放的稳定性而定,一般以2层为宜,不应超过3层。

构件应按吊运及安装次序顺序堆放,并留适当通道,防止越堆吊运。

5. 吊装程序

根据拱桥的吊装特点,其一般吊装程序为:边段拱肋吊装及悬挂;次边段拱肋吊装及悬挂(对五段吊装);中段拱肋吊装及拱肋合龙;拱上构件的吊装或砌筑安装等。

全桥拱肋的安装可按下列原则进行:

(1)单孔桥吊装拱肋顺序常由拱肋合龙的横向稳定方案决定;多孔桥吊装应尽可能在每

孔合龙几片拱肋后再推进,一般不少于两片拱肋。对于肋拱桥,在吊装拱肋时应尽早安装横系梁,为加强拱肋的稳定性,需设横向临时连接系,加快施工进度。但合龙的拱肋片数所产生单向推力应不超过桥墩的承受能力。

(2)对于高墩,应以桥墩的墩顶位移值控制单向推力,位移值应小于$L/400 \sim L/600$。

(3)设有制动墩的桥跨,可以制动墩为界分孔吊装,先合龙的拱肋可提前进行拱肋接头、横系梁及拱波等的安装等工作。

(4)采用缆索吊装时,为减少主索的横向移动次数,可将每个主索位置下的拱肋全部吊装完毕后再移动主索。一般将起吊拱肋的桥孔安排在最后吊装,必要时该孔最后几段拱肋可在两肋之间用"穿孔"方法起吊。

(5)为减少扣索往返拖拉次数,可按吊装推进方向顺序地进行吊装。缆索吊装施工工序为:在预制场预制拱肋(箱)和拱上结构,将预制拱肋和拱上结构通过平车等运输设备移运至缆索吊装位置,将分段预制的拱肋吊运至安装位置,利用扣索对分段拱肋进行临时固定,吊装合龙段拱肋,对各段拱肋进行轴线调整,主拱圈合龙,拱上结构安装。

6.缆索设备的检查与试吊

缆索吊装设备在使用前必须进行试拉和试吊。

1)地锚试拉

一般每一类地锚取一个进行试拉。缆风索的土质地锚要求位移小,因此在有条件时宜全部试拉,使其预先完成一部分位移。可利用地锚相互试拉,受拉值一般为设计荷载的1.3~1.5倍。

2)扣索对拉

扣索是悬挂拱肋的主要设备,因此必须通过试拉来确保其可靠性。可将两岸的扣索连在一起,将收紧索收紧进行对拉,这样可全面检查扣索、扣索收紧索、扣索地锚和动力装置等是否达到了要求。

3)主索系统试吊

主索系统试吊一般分跑车空载反复运转、静载试吊和吊重运行三个步骤。必须待每一步骤检查、观测工作完成并无异常现象后,方可进行下一步骤。试吊重物可以利用钢筋混凝土预制构件、钢轨和钢梁等,一般按设计吊重的60%、100%、130%,分几次进行。

试吊后应综合各种观测数据和检查情况,对设备的技术状况进行分析和鉴定,然后提出改进措施,确定能否进行正式吊装。

7.拱肋缆索起吊

拱肋由预制场运到主索下后,一般用起重索直接起吊,当不能直接起吊时,可采用下列方法进行。

1)翻身

卧式预制拱肋在吊装前,需要"翻身"成立式,常用就地翻身和空中翻身两种方法。

(1)就地翻身。如图4-3-10a)所示,先用枕木垛将平卧拱肋架至一定高度,使其在翻身后两端头不致碰到地面,然后用一根短千斤顶将拱肋吊点与吊钩相连,边起重拱肋边翻身直立。

(2)空中翻身。如图4-3-10b)所示,在拱肋的吊点处用一根串有手链滑车的短千斤,穿过拱肋吊环,将拱肋兜住,挂在主索吊钩上,然后收紧起重索起吊拱肋,当拱肋起吊至一定高度时,缓慢放松手链滑车,使拱肋翻身为立式。

2)掉头

为方便拱肋预制,边段拱肋有时采用同一方向预制,这样部分拱肋在安装时,掉头方法常因设备不同而异:

(1)在河中起吊时,可利用装载拱肋的船进行掉头。

(2)在平坦场地采用胶轮平车运输时,可将跑车与平车配合起吊将拱肋掉头。

(3)用一个跑车吊钩将拱肋吊离地面约0.50m,再用人工拉动麻绳使拱肋旋转180°掉头放下,当一个跑车承载力不够时,可在两个跑车下另加一钢扁担起吊,旋转掉头。

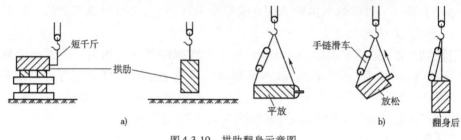

图4-3-10 拱肋翻身示意图
a)就地翻身;b)空中翻身

3)吊鱼

当拱肋从塔架下面通过后,在塔架前起吊而塔架前场地不足时,可先用一个跑车吊起一个吊点并向前牵出一段距离后,再用另一个跑车吊起第二个吊点。

4)穿孔

拱肋在桥孔中起吊时,最后几段拱肋常须在该孔已合龙的拱肋之间穿过,俗称穿孔。穿孔前应将穿孔范围内的拱肋横夹木暂时拆除。在拱肋两端另加稳定缆风索,穿孔时应防止碰撞已合龙的拱肋,故主索宜布置在两拱肋中间。

5)横移起吊

当主索布置在对中拱肋位置,不宜采用穿孔工艺起吊时,可以用横移索帮助拱肋横移起吊。

8.拱肋缆索吊装合龙方式

边段拱肋悬挂固定后,就可以吊运中段拱肋进行合龙。拱肋合龙后,通过接头、拱座的连接处理,使拱肋由铰接状态逐步成为无铰拱,因此,拱肋合龙是拱桥无支架吊装中一项关键工作。拱肋合龙的方式比较多,主要根据拱肋自身的纵向与横向稳定性、跨径大小、分段多少、地形和机具设备条件等不同情况,选用不同的合龙方式。

1)单基肋合龙

拱肋整根预制吊装或分两段预制吊装的中小跨径拱桥,当拱肋高度大于$0.009 \sim 0.012L$(L为跨径),拱肋底面宽度为肋高的$0.6 \sim 1.0$倍,且横向稳定系数不小于4时,可以进行单基肋合龙,嵌紧拱脚后,松索成拱。这时其横向稳定性主要依靠拱肋接头附近所设的缆风索来加强,因此缆风索必须十分可靠。

单基肋合龙的最大优点是所需要的扣索设备少,相互干扰也少,因此也可用在扣索设备不足的多孔桥跨中。

2)悬挂多段拱脚段或次拱脚段拱肋后单基肋合龙

拱肋分三段或五段预制吊装的大、中跨径拱桥,当拱肋高度不小于跨径的1/100且其单肋合龙横向稳定安全系数不小于4时,可采用悬扣边段或次边段拱肋,用木夹板临时连接两拱肋后,单根拱肋合龙,设置稳定缆风索,成为基肋。待第二根拱肋合龙后,立即安装两肋拱顶段及次边段的横夹木,并拉好第二根拱肋的风缆。如横系梁采用预制安装,应将横系梁逐根安上,使两肋及早形成稳定、牢固的基肋。其余拱肋的安装,可依靠与"基肋"的横向连接,达到稳定。

3) 双基肋同时合龙

当拱肋跨径大于等于80m,或虽小于80m但单肋合龙横向稳定安全系数小于4时,应采用"双基肋"合龙的方法。即当第一根拱肋合龙并调整轴线,楔紧拱脚及接头缝后,松索压紧接头缝,但不卸掉扣索和起重索,然后将第二根拱肋合龙,并使两根拱肋横向连接固定。拉好风缆后,再同时松卸两根拱肋的扣索和起重索,这种方法需要两组主索设备。

4) 留索单肋合龙

在采用两组主索设备吊装而扣索和卷扬机设备不足时,可以先用单肋合龙方式吊装一片拱肋合龙。待合龙的拱肋松索成拱后,将第一组主索设备中的牵引索、起重索用卡子固定,抽出卷扬机和扣索移到第二组主索中使用。等第二片拱肋合龙并将两片拱肋用木夹板横向连接、固定后,再松起重索并将扣索移到第一组主索中使用。

9. 拱上构件吊装

主拱圈以上的结构部分,均称为拱上构件。拱上构件的砌筑同样应按规定的施工程序对称均衡地进行,以免产生过大的拱圈应力。为了能充分发挥缆索吊装设备的作用,可将拱上构件中的立柱、盖梁、行车道板、腹拱圈等做成预制构件,用缆索吊装施工,以加快施工进度,但因这些构件尺寸小、质量小、数量多,其吊装方法与吊装拱肋有所不同。常用的吊装方法有以下几种。

1) 运入主索下起吊

这种方法适用于主索跨度范围内有起吊场地时的起吊,它是将构件从预制场运到主索下,由跑车直接起吊安装。

(1) 墩、台上起吊

预制构件只能运到墩、台两旁,先利用辅助机械设备,如摇头扒杆、履带吊车等,将构件吊到墩、台上,然后由跑车进行起吊安装。

(2) 横移起吊

当地形和设备都受到限制时,必须在横移索的辅助下将跑车起吊设备横移到桥跨外侧的构件位置上起吊。这种起吊方式对腹拱圈可以直接起吊安装;对其他构件,则须先吊到墩、台上,然后再起吊安装。

2) "横扁担"吊装法

由于拱上构件数目多,横向安装范围广,为减少构件横移就位工作,加快施工进度,可采用"横扁担"装置进行吊装。

(1) 构造形式

"横扁担"装置可以就地取材,采用圆木或型钢等制作,其构造形式如图4-3-11所示。

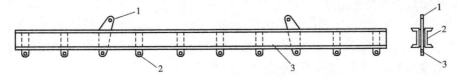

图4-3-11 "横扁担"构造图

1-起吊板;2-构件吊装点;3-槽钢扁担梁

(2)主索布置

根据拱上构件的吊装特点,主索一般有以下3种布置形式:

①将主索布置在桥的中线位置上,跑车前后布置,并用千斤绳连接。每个跑车的吊点上安装一副"横扁担"。这种布置比较简单,但吊装的稳定性较差,起吊构件须左右对称、质量相等。多用在一组主索的桅杆式塔架的吊装方案中。

②将一根主索分开成两组布置,每组主索上安置一个跑车,横向并联起来。"横扁担"装置直接挂在两跑车的吊点上。这种吊装的稳定性好,吊装构件不一定要求均衡对称、灵活性大,但主索布置工作量稍大,且只能安装一副"横扁担"。

③在双跨缆索吊装中,将两跑车拆开,每一跨缆索中安装一个,用一根长钢丝绳联系起来(钢丝绳长度相当于两跨中较大一跨的长度)。这种布置,由于两跑车只能平行运行,因此两跨不能同时吊装构件。

3)吊装

用"横扁担"吊装时,应根据构件的不同形状和大小,采取不同的吊装方法。对于短立柱,可直接直立吊运。对于长立柱,因受到吊装高度的限制,常需先进行卧式吊运,待运到安装位置后,再竖立起来,放下立柱的下端进行安装。对于盖梁,一般可直接采用卧式吊运和安装的方法。对腹拱圈、行车道板的吊装,为减小立柱所承受的单向推力,应在横桥方向上分组,沿桥跨方向逐次安装。

第三节 钢管混凝土拱桥施工

钢管混凝土拱桥是以钢管为拱圈外壁,在钢管内浇筑混凝土,使其形成由钢管和混凝土组成的拱圈结构。由于管壁内填满混凝土,提高了钢管壁受压的稳定性,且钢管内的混凝土受钢管的约束,提高了混凝土的抗压强度和延性。在施工上,由于钢管的质量小,刚度大,吊装方便,钢管的较大刚度可以作为拱圈施工的劲性骨架,钢管本身就是模板,这些优点给大跨度拱桥施工创造了十分有利的条件。由于有上述这些优点,使钢管混凝土拱桥在全国各地很快得到推广应用。

一、钢管混凝土拱桥的基本构造

目前国内修建的钢管混凝土拱桥,主要有如下类型:

(1)从行车位置分,有上承式、中承式及下承式拱桥。

由于拱桥适宜于在山区修建,因而采用上承式及中承式较多;近年来,由于拱桥有着彩虹般优美的外观,诸多城市争相采用,故下承式拱桥的数量已占到一定分量。

(2)从受力结构形式(即力学模式)分,有三铰拱、两铰拱及无铰拱桥。

由于钢管混凝土拱桥跨度较大,因此大多采用超静定的无铰拱结构。

(3)从拱脚是否产生推力来分,有无推力拱和推力拱之分。

推力拱一般将拱座建造于山区地带的山体坚硬岩石上,无推力拱则主要为下承式拱,水平推力由两拱脚间的系杆来承担,故又称系杆拱。系杆拱又有刚架系杆拱与拱梁组合体系之分。

(4)从用途上来分,有铁路拱桥、公路拱桥及人行拱桥等。

钢管混凝土拱桥大多有两条拱肋,拱肋间采用横撑连成整体,形成拱圈。两条拱肋相互间采用平行、内倾和外倾设置。其中,平行设置较多,内倾(即所谓提篮式拱)和外倾(即为展翅拱,又称蝶形拱)较少采用。拱肋轴线多采用悬链线,也有采用抛物线和圆曲线的,但较少见。

钢管混凝土拱桥拱肋截面根据跨度大小、受力要求,主要采用有二管哑铃形及多管桁架形等几种形式,详见图4-3-12。

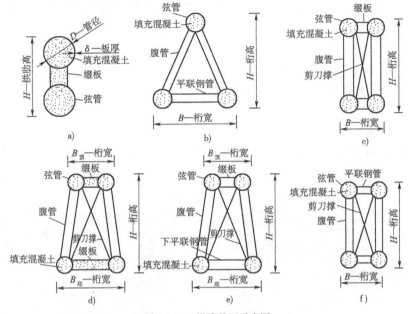

图4-3-12 拱肋截面示意图

a)双管哑铃形拱肋断面;b)三管桁架式断面;c)四管哑铃形等截面桁式断面;d)四管哑铃形变截面断面;e)四管混合式桁架断面;f)四管桁架式断面

拱脚常采用铰座、预埋钢套管和半圆形钢管槽等形式,目的在于拱肋桁架吊装时,拱肋可以沿拱脚作小幅度转动以调整拱轴安装线形,合龙后,均须外包封拱脚混凝土。拱肋常常沿拱轴线分成若干段,以便于制造、运输及吊装,拱肋接头有对接法兰加外包钢板、内接法兰加外包钢板、坡口对焊等连接形式,法兰连接多采用高强螺栓,外包钢板在拱肋合龙后焊接。合龙段为顶部一段拱肋节段,但也有采用仅在拱顶没一个合龙口(连接头)的形式。拱肋桁架大多只在弦杆钢管及缀板内填充混凝土,腹杆钢管多为空钢管,横向联结系即剪刀撑一般为型钢,也有用空心钢管的。填充混凝土采用泵送顶升法,混凝土强度等级一般为C50或C60,如图4-3-13所示。

图4-3-13 钢管拱构造图

二、钢管混凝土拱桥施工方法

钢管混凝土拱桥的施工其重点与难点在于钢管拱肋节段的制造、吊装及填充混凝土泵送。本处施工方法主要指钢管拱肋节段吊装。目前国内桥梁上,钢管拱肋节段吊装的方法较多,归纳起来有如下几种:

1. 支架法

即在桥位处直接搭设支架,在支架上拼装与焊连拱肋节段,合龙后将支架拆除。该方法施工较为简便,但需要有较空旷的场地,地基地质条件好,承载力较高,适用于矢高不大的拱桥,不适宜于大跨拱桥。

2. 缆索吊机斜拉扣挂悬臂拼装法

此法利用缆索吊机吊起拱肋节段,两岸对称,逐节段从拱脚向拱顶方向悬臂拼装或焊连,每拼接或焊连一节段,须挂设一组扣索和锚索,将已拼装好的悬臂拱拉住,最后在拱顶合龙。该方法适用范围广,较为常用,如图4-3-14、图4-3-15所示。

图4-3-14 钢管混凝土拱肋吊装现场　　　　图4-3-15 钢管混凝土拱横梁吊装现场

3. 转体施工法

是在岸边利用支架顺桥向或横桥向预先拼装好两个半拱,并利用斜拉索将半拱拽拉好,按规定要求作一定的转动,使两半拱在跨中合龙。转体有平转和竖转两种,平转又分有平衡重和无平衡重转体两种。转体施工要求两半拱拼装焊连方便,是较为常用的方法之一。

4. 整体大节段吊装法

是在岸边码头上将拱肋拼装好形成整体拱圈,而后用大型船舶浮运到桥位处,利用大型浮吊或拼装式吊机整体一次性将拱圈吊起安装就位。该法需具备拼装码头和航运条件及大型起吊设备。

5. 拱上爬行吊机

是悬臂拼装法的一种,类似于钢桁梁悬臂拼装,对于跨度较大的拱桥,因悬臂较大,尚需借助于吊索塔架或扣、锚索等辅助结构。该方法需通航河流从水上输送钢拱肋,故较少采用。目前国内正在修建的万州长江大桥即采用此方法施工。

【工程实例】

一、工程概况

该新建桥梁位于大连市现有北岗桥的东侧,桥梁结构为一孔下承式钢管混凝土系杆拱桥,其拱轴线为二次抛物线,矢高9m,矢跨比1:4。新建桥梁全长为38m,宽度为27m,共分两幅,每幅纵向设两根钢管混凝土拱肋,全桥共4根。拱肋均为<600mm、壁厚16mm的钢管,钢管内灌注C55微膨胀混凝土。

每幅两根拱肋间设两道一字形横撑,采用直径500mm、壁厚14mm的钢管。各钢管均采用螺旋焊接钢管,拱肋钢管材质为Q370qD钢管。拱肋在梁端插入纵梁内深为0.165m。

每个拱肋下设8根吊杆,顺桥向吊杆间距均为4m。建成后通行能力为双向六车道,整体桥梁钢拱共四道,每道分五段。

二、施工方案

施工时,按设计将每根钢管拱肋分为5个节段,计划在2006年7月1日~7月4日进行钢管拱肋吊装,拱肋吊装前在纵横梁上搭设临时支架,采用1台1 200kN吊车在桥北侧进行吊装作业。至2006年7月13日完成拱肋焊接工作。然后进行拱肋顶升灌注C55微膨胀混凝土,待拱肋钢管混凝土强度达到设计强度的85%后,拆除拱肋临时支架,张拉纵梁1号预应力钢束,以及空心板纵向3号、4号钢索,并进行管道压浆。最后安装吊杆,按设计要求调整索力。拱肋节段见图4-3-16。

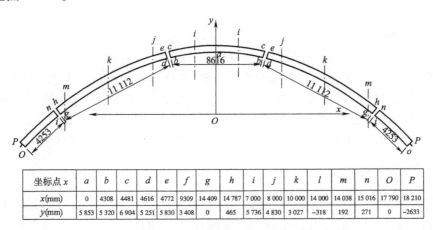

坐标点 x	a	b	c	d	e	f	g	h	i	j	k	l	m	n	O	P
x(mm)	0	4308	4481	4616	4772	9309	14 409	14 787	7 000	8 000	10 000	14 000	14 038	15 016	17 790	18 210
y(mm)	5 853	5 320	6 904	5 251	5 830	3 408	0	465	5 736	4 830	3 027	−318	192	271	0	−2633

图4-3-16 拱肋节段示意图

三、施工方法

1. 支架搭设

由于拱肋支撑的需要,需在拱肋相应的纵梁上方搭设支架,拱肋支墩由轮扣支架在桥面上搭设而成。立杆布置纵横向间距均为600mm×600cm×600mm,步距采用1.2m。支架在拱肋节段连接处铺设,各支墩连接支架采用1.2m×1.2m布设,步距为1.2m。连接支架不承受拱肋重量,方便作业人员进行安装吊杆、拱肋涂装等作业。作业钢板直接焊接在支架顶部,钢板上部设有直径6.5m的圆弧形支撑拱肋钢板,见图4-3-17。

2. 拱肋支架的验算

以承重最大的中间拱段支墩来进行检算:已知钢脚手:$A = 4.89 \text{cm}^2$,$I_x = 12.19 \text{cm}^4$,$W_x = 5.08 \text{cm}^3$,回旋半径 $i_x = 1.579 \text{cm}$。

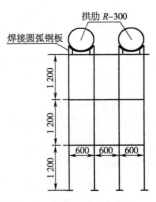

图4-3-17 中间拱肋支架示意图
(尺寸单位:mm)

按稳定性计算支柱的受压应力为 $\sigma = 87.02\text{MPa} < [\sigma] = 215\text{MPa}$，满足要求。临界应力 $\sigma_{cr} = 146.76\text{MPa} > 87.02\text{MPa}$(实际应力)，也满足要求。

3. 吊车吨位的选择

由于桥南侧上部有高压线，大吨位吊车站位受影响，因此计划在该桥北侧台后采用1200kN 汽车吊来完成拱肋吊装。吊车站在北侧向南侧吊装拱肋时，吊装南侧2号段拱肋和中段拱肋难度较大，现计算如下：

(1)吊装南侧2号段拱肋时，北侧桥台胸墙至南侧2号段拱肋吊点水平距离为29m，加上吊车站位距离桥台前墙距离按7m考虑，吊车作用半径应为36m，120t汽车吊主臂伸长40.5m，作用半径为36m时，起吊能力为51kN，大于该段拱肋吊装时所需的23.6(拱重)+20(吊钩及其他)=43.6kN，此时吊车吊钩距地面距离 $H = 40.52 - 362 + 3$(吊车高)$- 118$(吊钩长)$= 18.64\text{m}$，H 大于2号段拱肋吊装时距离地面要求高度的810m，满足要求。

(2)吊车吊装中段拱肋时，北侧桥台胸墙至中段拱肋吊点水平距离为18m，加上吊车站位距离桥台前墙距离按7m考虑，吊车作用半径应为25m，1 200kN汽车吊主臂伸长32.5m，作用半径为26m时，起吊能力为92kN，大于该段拱肋吊装时所需的52kN(包括拱段、吊钩等重量)，此时吊车吊钩距地面距离 $H = $(吊车高)$- 1.8$(吊钩长)$= 2.17\text{m}$，$H$ 大于中段拱肋吊装时距离地面要求高度的12.0m，满足要求。

4. 钢丝绳直径的选择

每根拱肋均采用单点吊装，以最重的中段拱肋计算，考虑钢丝绳等附加荷载10kN，最大起重量为33kN。吊装时钢丝绳采用套扣吊装的方法，可得知钢丝绳受拉力为33kN。依据规定钢丝绳安全系数取14倍，所以要求钢丝绳最小破断拉力为462kN。计划选用6×37型直径32.5mm的钢丝绳(钢丝绳公称抗拉强度为1 550MPa)。6×37型直径32.5mm钢丝绳的允许拉力 $[F_g] = 34.71\text{kN} > 33\text{kN}$(最大起重量)。确定选用钢丝绳为6×37型直径大于32.5mm的钢丝绳。

5. 拱肋整体焊接

首先焊接主拱肋分节点对接接口，该焊缝是全桥的关键焊缝，而且是全位置焊接，因此采用手工电弧多层焊接。焊后24h后进行超声波探伤和X射线探伤。1~5号节段拱肋管焊接完成后进行钢横撑的手工电弧对称分布焊接。焊接完毕后对焊缝处进行打磨除锈，并按要求做好防腐涂装。

6. 拱肋混凝土的施工

全桥共4条拱肋，每条拱肋中的混凝土为C55微膨胀混凝土10.5m^3，顶升法施工时泵送混凝土两边对称顶升，当拱顶排气孔有砂浆及混凝土排出且拱顶管内混凝土密实后应尽快封闭管顶。管内混凝土灌注质量以超声波检测为主，人工敲击为辅的方法加以检测。

7. 混凝土配合比

钢管混凝土采用C55微膨胀缓凝混凝土，根据大连市原材料的情况，优选出的配合比为：水泥∶粉煤灰∶UEN(膨胀剂)∶砂∶石(5~20mm碎石)∶减水剂(FDN)∶水 = 1∶0.12∶0.13∶1.10∶2.17∶0.013∶0.38。其坍落度为180mm，在室内30℃环境下，混凝土初凝时间24~28h，终凝时间40~46h。

8. 拱肋混凝土泵车能力的确定

泵送顶升混凝土的关键是混凝土泵车提供的最大泵送顶升压力能够使钢管内的混凝土达到钢管的顶端，因而泵车的性能、混凝土的特性与顶升的高度是决定施工机具选型的主要条件。

结合以上分析,混凝土泵送顶升机具选型主要是泵车能提供的压强与泵送顶升压力的比较。具体计算时将钢管的垂直高度折算成水平距离,利用求出的单位长度水平管产生的压力损失值,计算出所需的泵送混凝土压强,考虑自重压力、泵车内部的压力损失值后即可进行泵送机具的选型。根据《混凝土泵送施工技术规程》的有关资料,计算出按施工中2倍的计算值选用,即选用6.3MPa以上的泵车。

9.顶升混凝土的施工

全桥4根钢管拱的混凝土在严密的组织、严格的质量控制以及保持每根拱管连续浇筑的条件下顺利地完成全部泵送作业。每根钢管都保持了两岸同步连续泵送,由于拱顶未设计隔板,因此,在拱顶排气孔设专人观测,一侧混凝土先顶升到位时,先停止泵送,待另一侧混凝土顶升到位时,再同时顶升,直到排气孔出浆并有混凝土排出时,维持泵压并立即关闭闸阀以保证混凝土的严密充实,如图4-3-18、图4-3-19所示。

图4-3-18 顶升混凝土施工现场

图4-3-19 顶升混凝土排气孔

10.吊杆施工方法

工艺流程为:安设50kN卷扬机于桥面上→穿挂吊杆于吊杆钢管拱肋→张拉索体→拧紧螺母→内力调整张拉→检测吊杆内力→封闭防护。

操作方法为:

(1)拧出吊杆上端螺母,安放在拱肋待穿吊杆的上端锚垫板。

(2)将牵引钢丝绳由待穿吊杆的预留钢管放下。

(3)将牵引钢丝绳的连接头与吊杆上端的锚杯连接起来。

(4)启动卷扬机,缓慢将吊杆牵引向上,穿出拱肋预留钢管,拧上上端螺母。

(5)卸下牵引连接头。

(6)重复步骤(1)~(5),以同样方式进行下一根吊杆的安装。

(7)待吊装就位,拧下下端螺母,将下锚杆穿进横梁的预留钢管内,再拧上下端螺母。

(8)张拉时,在连接支架顶部搭设工作平台,按顺序安装撑脚、张拉杆、千斤顶、张拉螺母、油电管线。

(9)启动油泵,缓慢加压,开始张拉,同时注意监控油表读数,一旦到设计索力值,立即停止。

(10)拧紧螺母。

四、施工注意事项

(1)合龙前对拱肋进行全面的线形、位置测量及调整,并尽可能选择温度变化幅度较小的时间段合龙。合龙后对拱肋线形及位置实施精测,调整合格后固定合龙装置,进行各扣段连接缝焊接工作,完成拱肋的正式合龙。

(2)焊接宜采用小电流,多道焊的方法,以提高焊接接头的韧性。

(3)过量气孔、夹渣、未熔合、裂纹等缺陷,采用碳弧气刨和砂轮打磨的方法清除不合格焊缝,然后补焊。

(4)顶升混凝土时,每个灌注孔备用1台输送泵,防止泵车中途出现故障,避免管内混凝土凝固。

(5)灌注前用水或蒸汽湿润管壁。

(6)输送过程中的泵压宜控制在小于3.5MPa,最大宜不大于4MPa,以免顶裂管壁。

(7)在混凝土灌注前、灌注过程中、灌注后对拱肋LP8~7LP8点进行高程测量和横向位移观测。

(8)混凝土灌注24h后,对拱肋浇水降温养护。

(9)混凝土浇筑完成后,对吊杆实际长度进行。

五、结语

钢管拱桥施工中最关键的是混凝土配合比的控制,特别是膨胀剂的掺量要控制准确,如果不能使混凝土达到微膨胀效果,钢管拱肋在受力时,钢管内的混凝土由于收缩与钢管有间隙,不能够达到三向受力的效果,从而不能够提高其弹塑性工作性能。另外,泵送顶升机具的选择至关重要,若因其顶升能力不足,顶升不到位而返工,将会造成很大的经济损失。

第四章 斜拉桥施工

斜拉桥亦称斜张桥、斜缆桥或牵索桥等,它是以通过或固定于桥塔(索塔)并锚固于桥面系的斜向拉索作为上部结构主要承重构件的一种新结构。它不仅用高强度缆索代替桥墩,又使桥面处于预应力工作状态,因而是一种理想的适应大跨径桥梁和更有效地利用结构材料的新桥型。斜拉桥由塔、梁、索三部分构成,见图 4-4-1。用高强钢材制成的斜缆索将主梁多点吊起,并将主梁的恒载和车辆荷载传至塔柱,再通过塔柱基础传至地基。

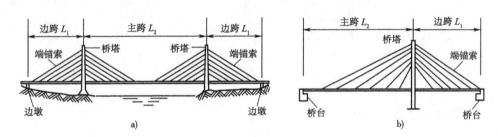

图 4-4-1 斜拉桥组成示意图
a)双塔三跨式;b)单塔双跨式

1. 索面布置

斜缆索沿桥纵向最常用的布置形式有辐射形、竖琴形、扇形和星形,如图 4-4-2 所示。沿桥的横向一般分为单索面、竖向双平行索面、双倾斜索面三种,如图 4-4-3 所示。

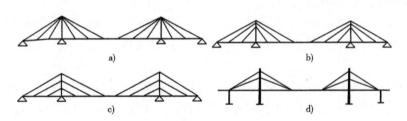

图 4-4-2 纵向索面布置形式
a)放射形;b)扇形;c)竖琴形;d)星形

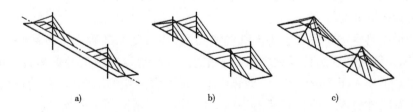

图 4-4-3 横向索面布置形式
a)单索面;b)竖向双索面;c)斜向双索面

2. 斜拉桥分类

(1)斜拉桥按材料可分为钢斜拉桥、混凝土斜拉桥、钢、混凝土结合梁斜拉桥以及混合型斜拉桥。

(2)斜拉桥按总体布置分类有独塔双跨、双塔三跨和多塔多跨3种形式。

第一节 索塔施工

索塔施工有现场浇筑法和预制后运到塔位处拼装两种方法。索塔可为钢结构或工形、箱形钢筋混凝土结构。索塔的横向形式,如图4-4-4所示。

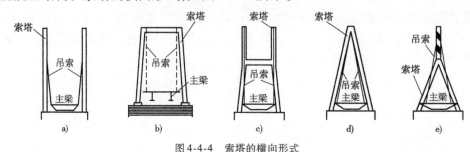

图4-4-4 索塔的横向形式

一、钢筋混凝土索塔施工

1. 钢筋混凝土索塔施工方法

钢筋混凝土索塔的施工,可以采用搭架现浇、预制吊装、滑模、爬模浇筑等多种方法,它们各有其特点和适用范围。

(1)搭架现浇。此施工方法工艺成熟,简便易行,无需专用的施工设备,能适应较复杂的断面形式,对锚固区的预留孔道和预埋件的处理也较方便,但有费工、费料、速度慢的缺点。此法适用于索塔高度较小的斜拉桥施工。

(2)预制吊装。该法可将节段预制与基础施工同时进行,因而,可加快施工进度。但该法要求有起重能力较大的专用起重设备。如果索塔的高度较高、断面较大,则很难采用预制吊装法施工。

(3)爬模施工。本法的最大优点是施工进度快,适用于较高的直立塔及倾斜塔的施工。但对拉索的锚固区预留孔道和预埋件的处理要困难些,并需要有专用的设备(如提升式千斤顶、顶杆等)。为了方便爬模施工,设计上应采取必要的措施。

2. 索塔的搭设

塔墩固接的索塔,施工脚手架宜在墩上搭设;塔梁固接的索塔,施工脚手架宜在梁上搭设。

3. 斜拉索锚固管的定位

斜拉索的锚固管全部集中在索塔上部的锚固区,其位置的准确性直接影响到斜拉桥的工程质量,因此锚固管的精密定位是索塔施工的重点,是控制索塔施工的关键,锚固管定位要求平面及高程误差不得大于5mm。为了保证索塔及锚固管位置的准确,现在的钢筋混凝土索塔设计中都布设有刚性骨架。刚性骨架由型钢制作,其安装精度易于保证,锚固管等可以比较容易的精确固定在刚性骨架上,而且在混凝土灌筑过程中也不易发生移动。另外,刚性骨架还可用来悬挂固定模板,甚至可临时安装吊装用的起吊设备等。

4. 索塔施工变形观测

变形观测是指导施工及相应测量工作的依据。索塔施工中因受大气温度及日照的影响,塔柱将会发生扭转。这样,在不同时刻进行的观测,就会有不同的结果,这就需要研究掌握索塔在自然条件下的变化规律。另外,在主梁施工过程中,为掌握索塔在索力影响下偏离平衡位置的程度,也需要进行索塔施工的变形观测。钢筋混凝土索塔大都采用高等级混凝土泵送法施工。因而,对混凝土的早强和可泵性有一定的要求,需对混凝土的用料、级配及其外加剂严格把关,要严格按混凝土施工的有关规定进行。

二、钢索塔的安装

钢索塔需用铆接、螺栓连接或焊接等连接形式进行装配,通常为型钢组成的桁架或框架。其操作应遵循一般钢结构的拼装要求,特别应注意尺寸的准确性,并使结构单元简化,减少拼装时的吊装次数。

三、索塔施工的精度要求

索塔断面尺寸一般都较小,而且轴向压力非常大,故施工中对索塔的尺寸和轴线位置的准确性应有一定的要求。

我国《公路桥涵施工技术规范》(JTG/T F50—2011)要求的施工允许偏差为:塔柱底偏位10mm;横梁轴线偏位10mm;外轮廓尺寸塔柱±20mm、横梁±10mm;倾斜度总体不超过塔高的1/3 000且不大于30mm、节段不超过节段的1/1 000,且不大于8mm;塔顶高程允许偏差±20mm;拉索锚固点高程±10mm;横梁顶面高程±10mm。

第二节 梁 体 施 工

斜拉桥的主梁制作与安装几乎可采用任何一种梁桥的施工方法,例如缆索法、支架法、顶推法、悬臂法、平转法等。由于斜拉桥梁体尺寸较小,各节段间有拉索,索塔还可以用来架设辅助钢索,因此采用各种无支架施工方法更为有利。采用何种施工方法,要根据桥梁的构造特点、施工技术及设备、现场条件等因素确定。由于设计与施工方法密切相关,所以设计单位在设计时就应确定桥梁的主要施工方法。下面介绍几种常用的施工方法。

一、梁体截面形式

主梁的截面为箱形、工字形或箱形与工字形并用,前三者占绝大多数,也有少数斜拉桥的主梁用空心板梁或桁架,见图4-4-5。箱梁的特点是抗扭刚度大,横向刚度也较大,能适用于跨度大、桥面宽的桥梁的多种斜拉桥应用,可通过设置横梁或横撑,使斜拉桥的斜缆索的拉力传递到主梁上,这样一面或两面锚固缆索均可;工字梁的特点是横向刚度小,但通过设置横隔板可提高刚度,工字梁比较轻,从短跨到长大跨均能适用;箱梁和工字梁均能工厂化生产,用预制构件施工能够进行悬臂拼装并可现场浇筑悬臂,有利于施工。

二、梁塔连接方式

梁塔墩的连接形式有3种:全固接、塔墩固接及梁塔固接。

(1)全固接。桥塔、主梁、桥墩三者均固接。其优点是不需设置支座,缺点是固接点附近的主梁应力大,梁需变高。

(2)塔墩固接。桥塔和桥墩固接,而主梁悬浮,即主梁不与桥墩和桥塔连接或铰接。其优点是主梁可采用较小的支座,普遍不设固定支承;缺点是梁的抗风性能和横向刚度有所降低。

(3)梁塔固接。是指主梁和桥塔固接,而与桥墩之间为铰接或滑动支座连接。

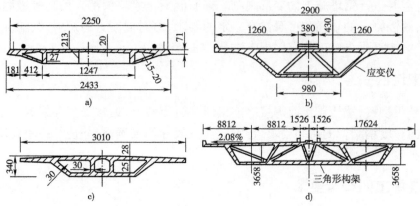

图4-4-5 主梁横断面形式(尺寸单位:cm)

三、梁体施工方法

1. 缆索法

缆索法是用缆索系统架设桥梁的方法。缆索装置又叫施工索道或缆索起重机,用此种方法架设斜拉桥,可用索塔代替施工索道中的塔柱,物尽其用。在这种施工方法中,索塔既是桥梁结构的重要组成部分,又是施工设施的主要组成部分。

2. 支架法

支架法是在支架或临时墩上修建斜拉桥主梁最简单方便的方法,但这种方法只有当桥不高,临时支架不影响桥下交通时才有可能采用。因此,一般多用于在河滩地段施工边跨,中跨则采用其他施工方法。

采用此法施工能保证桥梁设计要求的几何形状、尺寸、坡度,并且施工费用较低。

3. 顶推法

顶推法施工与连续梁所用的顶推法大致相同,当然,要增加索塔与拉索的制作、安装工作。在钢斜拉桥的施工中,有将完成的整座结构(指索塔与梁固接的形式)一起顶推的成功经验,特别是将主梁节段用滚轴顶推已有许多实例。

4. 悬臂法

悬臂法是架设大跨径斜拉桥主梁最常用的方法,它可分为整孔浇筑(或拼装)和分段浇筑(或拼装)两种工艺,常需用临时支架等辅助设施架梁或浇筑混凝土。

(1)悬臂拼装施工程序

①浇筑塔墩,同时预制节段;

②将预制节段运来吊装就位;

③安装拉索;

④张拉并设置预拱度;

⑤待前进几段后对拉索进行一次微调;

⑥全桥拼好后再对拉索做最后调整。

（2）悬臂浇筑施工程序

悬臂浇筑施工流程与悬臂拼装施工流程基本相同。

①拼装悬臂托架,浇筑主梁起始梁段；

②拼装悬臂挂篮,对称悬浇梁段,张拉纵向预应力筋并灌注砂浆；

③挂篮前移,并浇下一梁段；

④遇有拉索的梁段,安装拉索并张拉索力；

⑤跨中合龙段的浇筑；

⑥拉索索力的调整。

斜拉桥主梁悬臂施工进度主要受单元长度的影响,单元长度大,能加快施工进度,但将增加挂篮所受荷载。

5. 平转法

平转法与拱桥中采用的平转法相似,即将上部结构分为两半,在沿河岸顺河流方向的矮支架上制作,然后以桥墩为圆心旋转到桥位合龙。此法修建的斜拉桥跨径不大,其施工工序如下：

（1）建造主墩与上下转盘并试转。

（2）在岸上浇筑或拼装全桥的主梁。

（3）浇筑索塔。

（4）安装拉索,张拉并调高程与拉力。

（5）平转就位。

（6）校核高程,必要时再做最后调整。

（7）封填转盘。

6. 混合法

混合法是指将斜拉桥主梁分为三部分（两块边纵梁和一块行车道板）预制或现浇,纵梁可预制,行车道板可现浇或预制。施工时,利用吊机先安装两侧边纵梁并拉拉索,然后再浇筑或拼装主梁中间的行车道板。

第三节　拉索施工

斜拉索系指由高强钢丝为材料的斜缆索,其类型为平行钢丝束绞制工艺和热挤聚乙烯护套等工艺制成的钢绞线（索）,前者多为工地现场制作,后者则为工厂制作,具有较高的内在质量和防腐能力,有条件时宜优先考虑采用。

一、拉索制作

拉索的截面形式如图4-4-6所示。

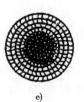

图4-4-6　斜拉索截面形式

a）钢筋索；b）钢丝索；c）钢绞线索；d）单股钢绞缆；e）封闭式钢缆

1．平行钢丝束的制作

1）调直与防锈

未经镀锌的高强钢丝应堆放于室内，并防止潮湿锈蚀。使用前须注意调直，用调直机进行调直和除锈。经调直的钢丝其弯曲矢高≤5mm/m，表面不能有烧伤发蓝的痕迹，调直后的钢丝表面应均匀涂抹防锈油脂。

2）钢丝排列夹紧定位

在编索平台上按锚板孔的位置将钢丝分层排列，并注意标准丝安排在最外层，不可错位；然后用梳板将钢丝梳理顺直；再用特别的夹具，将梳理顺直的钢索夹紧定位，夹具间距一般可为2m。夹紧的钢索断面应符合设计形状，且能保证钢丝之间相互密贴，无松动现象。

3）内防腐处理

在夹紧定位后的钢丝束上需进行内防腐处理，一般可采用涂刷橡胶沥青防水涂料和包以玻璃纤维的做法。要求涂料涂刷均匀，无空白漏涂现象；玻璃纤维布的包裹应紧密重叠。

4）平行束的内防护

平行钢丝索的外防护有多种处理方法，一般宜采用聚乙烯管作护套，安装后再在护套内压注特种水泥砂浆。因此，护套需能承受一定的内压并具有一定的防老化的能力。可根据设计所要求的直径与管壁厚度，由专业工厂制作，其分节长度可视工地现场及运输条件确定。

5）护套安装

平行钢丝索的外防护完成后，即可套入聚乙烯套管，要求将每节聚乙烯捋顺，并保持其接缝平整严密。

6）堆放要求

平行索应保持顺直、平放、支点间距一般不应大于4m。堆放场地要求干燥阴凉；堆放工地现场需有保护措施，以防碰撞、破损缆索表面。

2．钢绞线索的制作

1）绞制要求

钢丝应按设计断面进行排列定位，不能错位。钢索绞制的角度须严格控制在2°~4°以内。钢索绞制成型后立即绕上高强复合带2~4层，要求绕缠紧密，经绕缠后的钢束断面形状应正确，且钢丝紧密无松动现象。

2）热挤护套要求

热挤护套可采用低密度聚乙烯或高密度聚乙烯材料，根据设计决定的材料性能选用。聚乙烯材料中应掺有一定比例的炭黑，以提高抗老化能力；聚乙烯护套应紧裹在钢丝索外，在正常生产、运输、吊装过程中，不应脱壳。护套外观应光滑圆整，厚度偏差不大于1mm。

3）绳缆长度要求

挤好护套后的缆索长度应大于成品索的设计长度，换算成标准温度在无应力状态下的长度，经精确丈量，复核无误后将两端切齐，要求端面与缆索垂直，不能歪斜。

4）防锈、防伤

绞制钢索所用高强钢丝为未镀锌时，应用除锈、防锈油等做临时防腐措施；当采用镀锌钢丝时，亦须注意在放丝绞制过程中防止擦伤镀锌表层。

二、拉索与塔、梁的连接

1.索与塔的连接

索与塔的连接有辐射集中于一点和均匀布设在塔上两种连接方法。索在塔上的支承方式有连续式和固定式两种。

索鞍是连接索与塔的结构,如图4-4-7所示的索鞍是近年来国内混凝土斜拉桥中较多采用的索鞍形式,它是固定在塔上的。在这里,索鞍已不再呈"鞍"的形状了,之所以这样称呼,是沿用传统的索鞍名称。这种索鞍之所以能得到广泛应用,主要是因为国内的斜拉桥大都采用高强钢丝作为拉索材料,并使用了镦头锚具或冷铸锚具的缘故。

图4-4-7的索鞍除了能适应镦头锚具和冷铸锚具的特点外,还具有张拉和锚固较容易进行,拉索受力明确,塔顶宽度不受拉索变曲半径的限制等优点,因而可以做得比较纤细。

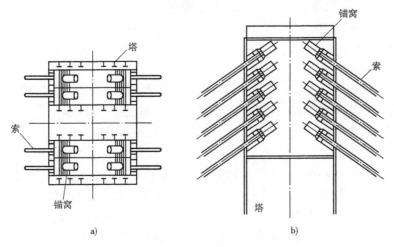

图4-4-7 索锚固于塔的构造示意图
a)平面图;b)立面图

尽管这种锚固方法有较多的预埋管道,并且管道和钢筋的位置要求较精确。但可以将锚固块件在地面上以较高的精度预制好,然后再吊装就位,与塔拼成整体。因此,这种锚固在近几年得到了较广泛的应用。

2.索与梁的连接

在斜拉桥中,索与梁的连接通常有三种形式,即:

(1)索通过主梁顶板锚固;
(2)索锚固在肋板里;
(3)设置铰座来锚固。

此外,在早期的斜拉桥中也常采用锚固横梁来锚固钢索,但是,由于锚固横梁的体积庞大,需耗用大量的钢筋与混凝土,同时其施工也很复杂,近年来已很少采用这种方式。

三、拉索施工

1.索的运输

索在制索场制成后,暂时堆放在制索场并在安装前运到桥上。对于小直径的短索来说,其困难不大,但对于直径较大且已制作了钢性索套的长索来说,其运输困难是很大的。这不仅是由于大直径的索比较重,更重要的是带有索套的索不允许有过小的弯曲半径,否则很容易导致索套开裂破坏。

在专门制索厂制作的拉索需经长途运输时,斜拉索可以盘绕成盘后用汽车或火车运送,盘绕外径不得小于索径的250倍,索的表面应用麻条或纤维布两层缠包,以保护锚头不生锈。

2. 拉索的安装

拉索安装是指拉索吊运就位后,将其两端锚头安装到索塔和梁的预留孔道位置上。由于拉索的无应力长度小于其理论长度(即索内有应力时其两端支承面间的距离),又由于索的自重影响,往往在其一端的锚具装上后,其另一端的锚具还留在孔道内或还未能进入预留孔道,因此需要采取一定的措施,同时,还要使索的防护层不受损伤。

1) 单吊点法

拉索运上桥面后,利用索塔上的滑车组和从索塔孔道内伸下的吊绳,连接拉索的上端,将拉索起吊并穿入索塔管道内,引出孔口,安装上端锚具。

此法简便,安装迅速,但应注意避免索的弯折和缠包索套的破损。单吊点法仅适用于缠包玻璃布套的柔软拉索。

2) 多吊点法

从索塔上部,安装一斜向的天线,在天线上按规定距离拴上滑轮组,组成多吊点,用人工拉滑轮组绳索,配合吊绳均匀起吊拉索,穿入孔道后,两端安装锚具固定拉索。

此法吊点分散,受力较小,但操作需统一指挥,以均匀起吊。

3) 导索法

在安装拉索的上方设置斜向天线(导索),拉索运到导索下端,从索塔管道内伸下牵引绳,拴在拉索的一端,并在导索上装上第一个滑环,牵引拉索沿导索上升,并按一定距离装挂滑环,牵引拉索沿导索上升,随升随挂,直到拉索上升穿入索塔孔道,安装锚具固定。此法对成卷的拉索施工尤为简便。但对于编制成束并缠包玻璃丝布套的拉索,施工稍有难度。

4) 起重机安装

按拉索长度在桥上设一台或两台起重机,用特制的长扁担捆拉索起吊。拉索上端由索塔孔道内伸出的拉绳引入索塔孔道,下端穿入主梁孔道,装锚具固定。

拉索锚具的安装,通常都是先安装固定好下端主梁的锚具,然后设法装妥索塔上的上端锚具。上端锚具的安装以往常用的办法是用倒链或绞车紧拉拉索,使锚具穿过预留孔道,现在则较常利用张拉千斤顶直接拉紧拉索的办法,此法还分为软牵引与硬牵引两种方法。

拉索安装应注意拉索不能与孔道壁接触,以防振动磨损,锚头可在允许移动的间隙内调整位置,该调整的偏移量需在安装前测定,并在锚下垫板上标明锚头位置,使锚头可对线安装。

3. 斜拉索张拉

斜拉索应按设计吨位张拉,其延伸值可以作为校核拉力的参考。斜拉索在下列情况下应同步张拉:

(1) 索塔和梁体两侧对称位置上的拉索。

(2) 中孔无挂梁的连续梁,两端索塔和梁体两侧对称位置上的拉索。

同步张拉是为了避免索塔向一侧偏歪,导致索塔根部出现裂纹;以及为了避免梁体左右侧扭转,导致梁体两侧出现裂纹。考虑到索塔和梁体都有一定的抗弯、抗扭刚度,除设计另有规定外,同步张拉的拉索,允许有10%以内的施工误差。

索塔两侧拉索不对称或两侧索力不一致的拉索,应按设计规定的分阶段拉力,同步张拉。

斜拉索的张拉工作,由于索位、索长、环境、张拉设备和操作等因素,施工误差较大,故在一组拉索张拉完成后,须用振动频率计测试各拉索的张拉力,每组及每索的拉力误差均不得超过设计规定值,如误差大于设计规定值时,必须予以调整(放松或拉紧)。

4. 索力测定与调整

1) 索力测定

索的初张力大小,关系着全桥的受力状态是否合理。从长远来看,营运状况下的索力是否正常,也反映着结构的工作状态是否正常。因此,如何准确地量测索力,一直是设计、施工和科研部门研究的课题。

随着斜拉桥在国内逐步推广,索力的测定方法及仪器也逐步完善起来。目前,除了用油压表读数来控制张拉力的大小外,还可采用应变片电测法和钢索测力仪来检测索力。几种方法相互校核,使得索力的测量精度有了很大提高。

(1) 油压表法。索的张拉力是在施工张拉时通过油泵上的压力表来直接读取的,张拉力的精度依赖于油压表的精度和千斤顶系统的完好程度。此法精度不高,且在桥梁结构运营阶段的索力很难用千斤顶及油压表测量。

(2) 电测法。这是应用电阻应变测量原理,通过贴有电阻应变片的张拉连杆或筒式压力传感器,将索力的大小转变为电信号,并由电阻应变仪或电子秤显示出来的方法。此法精度较高,便于集中检测,可以长期观测。

(3) 钢索测力仪法。这是近年新发展起来的一种索力测定方法,它是利用仪器测出拉索的自振频率,从而推算出拉索拉力的方法。

2) 索力调整

这里所说的索力调整是指在全桥完工后,开放交通前对全桥的索力进行统测和根据测量结果所进行的调整工作,是斜拉桥施工中不可忽视的一项工作。

调整拉索的目的是为了消除多种因素对桥梁引起初始应力应变的影响。这些影响在设计中难以预测,在施工中不可避免(如徐变、收缩、松弛、误差、温度等),只有待桥体结构完工后,通过调整拉索来解决。

在进行全桥索力测试与调整时,当调整幅度不大,难以用千斤顶油压表的读数来控制索力时,可以利用拧转锚环或增减锚下垫板的厚度来进行调整。

调整拉索的原则:

(1) 用桥面高程控制索力。

(2) 精确测定索力大小。

(3) 合理预计调整索长与索力的量值。

(4) 操作以简便为宜,次数越少越好。

因此,全桥索力统测要在以下条件进行:

(1) 封锁交通,清除桥面大型施工设备,使结构处于空载条件。

(2) 尽量选择无风或微风天气,以排除风荷载的影响。

(3) 在清晨进行索力测量,因为这时的拉索与梁体温差较小;梁内经过一夜的热传导,温度梯度较小;塔架由于没有日照影响,温度也较均匀。

(4) 如果可能的话,统测时的气温最好选择为当地的年平均气温。

(5) 统测应在较短时间内快速完成,以免测试条件发生变化。

根据对已建成的斜拉桥计算成果的分析可知,在这样的条件下测得的索力可作为判断是否需要进行索力调整的依据。

【工程实例】

一、工程概况

四方台大桥位于哈尔滨绕城高速公路上,跨松花江,2004年9月建成。该桥全长1 268m,主桥长696m,主桥的结构形式为双塔双索面、钢—混凝土叠合梁斜拉桥,由三跨斜拉桥和两个过渡跨结构组合而成;塔墩固结一体、塔与主梁纵向活动支承,属塔墩固结、塔梁支承式半悬浮体系。过渡跨与斜拉桥主梁连续。

桥跨布置为42m(过渡跨)+138m(边跨)+336m(主跨)+138m(边跨)+42m(过渡跨)。主桥全部位于以主跨中心线为变坡点、半径为17 000m的竖曲线范围内,纵坡坡度为2.6%。主桥总体布置满足了Ⅲ级航道通航要求。

桥梁横向全宽33.2m,双向共四车道。桥面横向布置为:2.6m(布索道和防撞护栏)+12m(车行道与路缘带)+3m(中央分隔带)+12m(车行道与路缘带)+2.6m(布索道和防撞护栏),其中车行道横坡2.0%,布索道坡度为1.0%。

斜拉桥边跨与主跨的跨径之比为0.411,索塔桥面以上有效高度为89.17m,有效高度与主跨径之比为0.265。

建成的四方台大桥见图4-4-8。

图4-4-8　四方台大桥夜景

二、主塔塔柱施工

大桥主塔为直柱门式塔,分为上、中、下塔柱三部分。南塔高110.80m,北塔高106.10m,桥面以上高度均为88.56m。索塔截面形式为单室类六边形,顺桥向长7.0m,横桥向宽5.0m。

1. 主塔劲性骨架施工

中塔柱主筋每段长度以及劲性骨架安装高度,均与塔柱每节段2.5m的浇筑高度和爬升架附壁高度相匹配。因爬升架是依靠支承在劲性骨架顶面及模板上的倒链向上提升的,所以劲性骨架必须高出待浇节段模板1个节段以上。据此,中塔柱劲性骨架每节安装高度5.0m,主筋与之相匹配应安装10m。劲性骨架施工时要首先利用加工胎具在地面将每一节段的劲性骨架定位、焊接,形成一体后整体吊装、对位、与上一节段连接,此方法将大部分高空作业转移到地面进行,不仅能保证焊接质量、安装精度,而且大大提高了工作效率。

2. 塔柱环、竖向预应力施工

主塔中、上塔柱锚固区内设有环向预应力,预应力钢束采用7根ϕ5低松弛钢绞线,预应力钢筋采用ϕ32高强精轧螺纹粗钢筋。

预应力钢绞线管道采用PT—PLUS塑料波纹管成孔,内径76mm,高强精轧螺纹粗钢筋管道采用钢制波纹管成孔,内径45mm。预应力管道安装时,首先焊好定位筋,定位筋必须牢固。钢筋施工时安装预应力管道,这样可以避免钢筋施工完毕后穿管道而造成管道损坏。当主筋与管道冲突时,应调整钢筋位置但不可割断主筋,当劲性骨架与管道冲突时,将劲性骨架割去部分,再将劲性骨架适当加强。在精轧螺纹和钢绞线穿入后检查波纹管有无破损、变形或死弯,如有应及时更换。在曲线段应对管道定位筋进行加密,以保证管道线型准确。锚头垫板安装时应与管道保证垂直且中心一致,并处理好锚头与波纹管连接位置,防止浇筑混凝土时漏浆。

竖向与环向预应力钢绞线采用单侧张拉,预应力钢筋采用双侧张拉。张拉时以张拉吨位为主,张拉吨位与伸长量双控制。竖向预应力采用先中间后两边对称张拉的原则。

张拉完成后进行压浆,孔道压浆采用标号与塔柱混凝土相同的水泥浆。稠度控制在14～18s。压浆采用真空辅助压浆工艺。压浆前,对孔道进行清洁处理,压浆顺序先压下层孔道,压浆应缓慢均匀进行,不得中断。压浆应达到孔道端饱满,出浆稠度相同为止。

封锚采用与塔身相同配合比的混凝土,以保证外观一致。

3. 拉索锚固区施工

主塔共有13对索导管,壁厚10mm,管内径在253～382mm之间,锚头与索导管管壁间隙很小,并且施工时要保证与主梁索导管的同心度,因此索导管中心线位置必须严格控制。

首先根据索导管的锚固中心坐标、导管长度、纵向倾角、导管半径以及钢板厚度计算出了索导管各要点的极坐标、高程,然后根据这些数据进行定位。

在控制点观测平台支立全站仪,根据索导管关键点的三维坐标,确定出索导管在劲性骨架上的空间位置,然后在劲性骨架上焊接支撑导管的钢板和型钢支架。利用全站仪精确调整、定位将钢板焊牢。采用极坐标多测回的方法进行观测,在已调整好高度和平面位置的钢板上放出索导管的中心轴线及索导管的外轮廓线和纵向控制线。使用千斤顶和导链将索导管经过反复移动、测量、调整来完成索导管定位,最后将全站仪对中杆立于索导管上事先做好标记的中轴线点观测,满足要求后,进行索导管的加固、焊接,否则,重新调整,直至满足设计要求为止。

三、主塔上横梁施工

上横梁作为连接两塔柱的受力构件,其截面采用箱形预应力结构,其断面尺寸为30.7m(长)×6m(宽)×5m(高),混凝土量为438.7m^3,见图4-4-9。

1. 支架施工

1)支架形式

上横梁支架采用的是钢管或万能杆件拼制的落地支架,支架支撑在承台顶面,这里仅以万能杆件支架为例。万能杆件支架是由甲型杆件拼装而成的两个72m高、单元为4m×6m的立柱,其净距为14m;随着高度的增加,每隔一段距离(约10~12m),加设水平支撑,增加支架稳定性。横向支撑高4m、长30m、宽2m的桁架,立柱截面和桁架上下弦杆均为4N1形式。

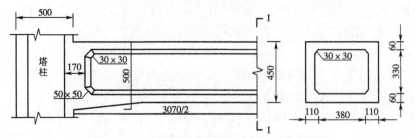

图4-4-9 上横梁及其横截面图(尺寸单位:cm)

2)支架验算

万能杆件支架验算包括:强度验算、稳定性验算、跨中挠度计算、立柱竖向变形量计算等项目,这里仅以强度验算和稳定性验算为例。

(1)强度验算

荷载组合:因上横梁分两次浇筑,同时考虑到施工荷载,计算荷载取9 000kN,施压时单柱采用4个油压千斤顶对称张拉6束钢绞线,每束拉力为750kN,则两支架立柱分别承担4 500kN。

(2)稳定性验算

支架稳定性验算中荷载取值:上横梁自重+支架自重+模板等施工荷载,共计16 000kN。取支架最下端N7支撑杆和N1支撑杆处进行验算,实际支撑力 $W = 16\ 000\text{kN} < [W] = 33\ 880\text{kN}$。$[W]$由N型万能杆件受力性质查表所得。

2. 施工工艺及施工控制

上横梁施工仍以主塔施工控制网中的永久控制点为测站进行施测。

经过预压试验后,确定上游支架立柱预留提高10mm,下游支架立柱预留提高12mm。预拱度设置完成后,在上横梁底模上精确放出上横梁的纵横轴线及各关键控制点,进行模板支立。

1)模板、钢筋

当支架支好后,上横梁两端变截面加高段用型钢制成三角形支架座在支架上,底模板拆除可采用切割钢管和三角形支架竖向型钢的方法卸架,底模及外侧模采用大块定型模板,内模为组合钢模板,配一定数量的异型模板。模板定位通过斜拉筋与支架相连,用导链进行找正。横梁钢筋加工成半成品,按分类编号运至施工现场绑扎、焊接。为了施工方便,内模底模通常开口,这样便于进行底板混凝土振捣,避免横梁底板出现施工缺陷。

2)混凝土施工

上横梁混凝土分两次浇筑,第一次浇筑至顶板底面以下30cm高程处,第二次浇筑至顶板顶面。第一次浇筑完成后,待混凝土强度达到设计强度的75%,对底板上对称5束15—15钢绞线施加50%设计预应力,然后再浇筑第二次混凝土。在每次浇筑过程中,两塔柱混凝土随同上横梁一起浇筑。上横梁混凝土施工要求混凝土初始坍落度为180~200mm,初凝时间不小于10h,3天达到设计强度的80%以上,混凝土和易性良好,可以满足泵送要求。混凝土输送采用泵送,用混凝土泵直接送到上横梁顶面,软管布料,然后通过串筒流入模板内,串筒底口离混凝土面1.5~2.0m。混凝土振捣时,振捣工必须进入模板内部进行振捣,振捣须严格按规程操作。

为防止因支架弹性变形引起先浇筑混凝土开裂,混凝土浇筑顺序为从中间向两端。先浇筑底板,底板混凝土由混凝土泵经横梁顶部入洞进入箱内,两肋采用混凝土泵送至上横梁顶面,软管布料的方式浇筑肋板,肋板每次分层浇筑高度为300mm,这样可避免因肋板浇筑而使底板混凝土出现上涌现象。

混凝土浇筑完成后,应在混凝土表面覆盖麻袋片或塑料布,及时进行洒水养护。在混凝土强度达到设计强度以前,保持混凝土表面处于湿润状态。

3）张拉

当主塔柱施工完成以后,从爬架上吊下施工平台至塔柱外侧,作为上横梁两根15-31预应力钢绞线的施工平台。9根15-9钢绞线在塔柱内张拉锚固,可使用塔柱内腔的施工作业平台进行,张拉时采用两端同时对称张拉,并且补足先期张拉的5根15-15钢绞线的张拉力。预应力施工完成后,及时进行压浆和封锚施工。

四、斜拉索施工

本桥为自锚式双塔双索面预应力结构,共设斜拉索104根,索面呈扇形,标准索距为12m。斜拉索为外包热挤双层高密度PE防护套的 $\phi 7mm$ 高强镀锌钢丝索,两端均采用带外螺纹的张拉端冷铸镦头锚。

斜拉索张拉和施工期间的调索均在塔上进行。

1. 放索

本桥斜拉索由上海浦江缆索股份有限公司加工、制作和运输。

斜拉索放索:首先清扫索道,设置放索轨道。放索轨道由每隔4m布置的一只钢滚轮组成。向梁端牵引拉索锚头,穿过拉索导管后固定在钢梁锚箱垫板上。为防止放索时散盘,在放索盘上设置简易刹车装置。在施工过程中我们发现采用此方法放索效率不高,并且容易损伤PE,为此对放索支架进行了改装,从而形成了一套安全、快捷的放索方法:将放索支架固定在轨道平车上,使其不仅能够自转而且能够顺桥向沿轨道前行,放索时用塔上卷扬机吊住锚头,在锚头提升的同时放索支架沿轨道前移,从而使索体悬于空中,避免了索体与桥面的摩擦接触,不仅保护了PE,而且提高了工作效率。

2. 斜拉索的挂设

斜拉索的挂设主要可分为三个阶段:

（1）牵引提升；

（2）梁端挂索；

（3）塔上挂索。

施工中根据斜拉索的长度、重量以及设备的吊装能力,我们对短索(1～5号索)和长索(6～13号索)分别采取了不同的挂设工艺,6～13号索采用了软牵引装置。

（1）1～5号索挂设

斜拉索运至桥面主塔附近的放索支架上,解除锚杯处外包装,在索体上安装专用起吊夹具,并衬上软垫材料,夹具安装位置从锚杯最外端沿着索体长度尺寸,应大于主塔索导管长度,才能保证束体穿过主塔索导管后一次就位。在锚杯内旋入外螺纹的连接装置,然后用主塔索导管引出的起重钢丝绳吊住连接装置,塔吊吊住专用夹具,起动塔上卷扬机和塔吊,旋转索盘,同时放索支架沿轨道前移,慢慢地把拉索提升到主塔预埋钢管区域,然后利用塔吊调整拉索锚杯位置,使其对准主塔索导管,起动塔上卷扬机,在起重钢丝绳的牵引下使拉索锚头通过主塔索导管,在锚杯上旋入螺母,则完成塔上挂索。

桥面吊机吊起放索盘上剩余索体,由桥面卷扬机把索体牵引至梁端预埋钢管处,在索体上安装专用反顶夹具,夹具长度应大于梁上预埋钢管长度。在反顶夹具前端安装两只5t钢滑车,桥面吊机吊住索体上反顶夹具对准梁上钢管,启动桥面卷扬机,逐步把索体顶出锚垫板,旋上螺母,螺母应旋在锚杯中段,梁上安装结束。

(2) 6~13号索挂设

由于6~13号索自重较大,采用梁端反顶装置容易将拉索PE拉断,因此我们使用了软牵引装置进行6~13号索的挂设。首先将钢绞线软牵引装置穿过塔内锚杯上的螺母,而后钢绞线穿过钢管与塔外拉索锚杯连接装置相连。启动油泵,在软牵引与塔吊的共同作用下完成放索,当拉索锚杯悬于空中未进入主塔索导管之前,停止牵引,此时拉索处于自由悬链状态,然后在桥面吊机与梁端反顶装置的共同作用下首先完成主梁端挂索,最后再起动油泵利用软牵引装置完成塔上挂索。

斜拉索挂设完成后,解除吊钩,拆除索体上专用夹具,安装塔内张拉千斤顶,准备张拉。

3. 张拉

斜拉索张拉前,首先检查梁端牵索是否与索导管相碰,防止张拉时擦伤PE保护层。张拉对称同步进行,即顺桥向两侧平衡张拉以及横桥向上下游对称张拉。这里我们采用了一台油泵控制两台千斤顶的方法来保证张拉的同步性。

张拉工作在塔内施工脚手架上进行,随着拉索逐根上升,脚手架平台随之上升,上塔柱内设置自上而下的人行爬梯。

张拉千斤顶、螺杆、撑脚安装就位后,认真检查转换套和螺杆的安装质量,并保证转换套和螺杆在锚杯中有足够的长度。张拉过程中,按设计提供的索力,进行分级张拉,张拉中要随时旋紧锚杯上的螺母。油泵操作工要随时提供各自油压表读数,并保持一致,直至张拉至最终索力后旋紧螺母,该组索力张拉结束。以后拉索张拉,以此类推。

节段施工过程中,张拉以桥面高程控制为主,索力控制为辅。索力以油压表读数为主,以延伸率为辅,并以监控单位的振动频率测力计的索力测量为校核。

4. 调索

斜拉桥为超静定结构,任何一根拉索索力的变化或位移的产生均会使整个结构内力状态发生相应改变。因此,斜拉索索力的调整必须事先经过采集桥面高程以及主塔位移等数据,经过计算与各种施工阶段的内力和几何状态比较,并根据偏差的大小来决定调索步骤以及下节段施工时是否需要作出修正,在尽量减少调索次数前提下,达到桥面高程、索力双控为目标。

根据以上所述原则和施工监控的实际情况全桥共进行5次调索:分别在第4号、10号、13号节段安装完成之后进行了索力调整,前三次调索充分保证了大桥钢梁安装的顺利进行以及中跨的顺利合龙。中跨合龙之后又进行两次索力调整,调整之后使大桥的索力与线型满足设计要求,达到线型与索力双控的目标。

第五章 桥面系施工

桥面系包括桥面伸缩装置、桥面防水层、桥面铺装,以及护轮带、人行道、栏杆与护栏、灯柱等附属工程。虽然这些都是非主体工程,但其设置是否合理、施工质量是否好,将直接影响整个桥梁的使用,特别是安全方面。伸缩装置、桥面防水层、桥面铺装,以及护轮带、人行道、栏杆与护栏虽然共存于桥面,但其本身具有独立性,因此其施工特点及相关技术要求各不相同,具体如下文所述。

第一节 桥面铺装施工

桥面铺装对桥梁的总体质量有着直接的影响。行车安全和桥面的耐久性都与桥面铺装的好坏直接相关。目前我国常用的桥面铺装主要有沥青桥面铺装、水泥桥面铺装两种。

1. 沥青桥面铺装

桥面铺装采用沥青混凝土铺筑时,为防止沥青混凝土中的集料损坏防水层,宜在防水层上先铺一层沥青砂作保护层。

2. 水泥混凝土桥面铺装

桥面铺装采用水泥混凝土铺筑时,有两种方式:一种方式是全桥面铺装防水混凝土,其厚度一般为60~80mm;另一种方式是在桥面铺装上再设置70mm厚的防水混凝土。防水混凝土层铺筑完成后,需及时覆盖和养护,并在混凝土达到设计强度后才能通车。

3. 桥面铺装施工注意事项

对预应力混凝土梁式桥,由于预应力损失、桥面铺装等第二部分恒载及活载的作用等因素,均会对梁体挠度造成一定影响。当上挠度过大时,将使桥面铺装施工产生困难,导致桥面铺装层在跨中较薄而支点处较厚,从而不能满足设计厚度的要求。因此,除应在梁体施工时采取有效措施防止过大的上挠度外;当梁体的实际上挠度已较大,并不可避免将对桥面铺装层的施工造成不利影响时,应采取调整桥面高程等措施,以保证铺装层的厚度。

【工程实例】

1. 工程概况

润扬大桥连接为线钢—混凝土组合箱梁桥,上部结构为钢—混凝土变截面组合箱梁,跨径布置为26m+56m+34m(左半幅)、30m+56m+30m(右半幅),一联全长为116m,每半幅桥桥面净宽为0.5m+12.0m+1.0m=13.5m,横断面采用两个3.0m宽的钢箱,通过横系梁和桥面板联结成为整体,混凝土桥面板和钢箱梁之间用剪力键加以连接。中跨跨中梁高1.50m,墩顶梁高2.70m,箱梁梁底按抛物线布置。

2. 桥面沥青铺装施工

桥面沥青铺装施工分中面层和上面层两次进行,沥青铺装层厚分别为 6cm 和 4cm。采用两台 ABG423 摊铺机进行横向梯形摊铺,两台摊铺机前后间距 5m 左右,横向搭接 20cm。摊铺机推进速度约 2m/min。总体施工流程包括桥面沥青混合料的摊铺和碾压两个阶段,具体如下:

中面层沥青混凝土铺装施工流程:
(1)沥青混合料的摊铺应连续、稳定。
(2)压路机紧随摊铺机进行碾压,包括初压、复压、终压。初压采用两台宝马各压一遍,第一遍前静后振,第二遍前后振压,并采用弱振,碾压速度 2km/h,轮迹重叠 15~20cm;复压采用 2 台 26t 胶轮压路机共压四遍,碾压速度 3~5km/h,错轮宽度 1/2 压路机宽度;终压采用一台英格索兰双钢轮压路机静压两遍,碾压速度 3~5km/h,重叠 15~20cm 轮宽。

上面层沥青混凝土铺装施工流程:
(1)上面层进行的是改性沥青 SMA-13 的压实,混合料摊铺后应立即进行压实作业。
(2)分三阶段进行碾压。初压采用两台进口宝马双钢轮压路机各跟一台摊铺机前静后振碾压一遍,采用弱振,初压速度为 2~3km/h,钢轮重叠 15~20cm;复压采用一台英格索兰双驱双振双钢轮压路机全宽振压两遍,采用弱振,碾压速度 4~5km/h,碾压带重叠 15~20cm。终压采用一台英格索兰双驱双振双钢轮压路机静压两遍,碾压速度 4~5km/h。

第二节 人行道、护栏、缘石施工

人行道、护栏、缘石等都属于桥面系附属工程,它们对桥梁的正常使用并较好的完成桥梁功能也是非常重要的。下面将简要介绍这些附属工程的施工。

一、人行道施工

人行道顶面一般高出桥面 250~300mm,按人行道板安装在主梁上的位置分搁置式和悬臂式,如图 4-5-1 所示。

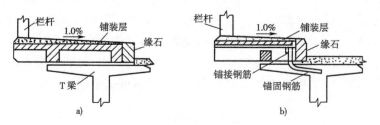

图 4-5-1 人行道形式示意图
a)搁置式;b)悬臂式

有吊装能力时,可将人行道板和梁整体分块预制,整体悬砌出边梁之外,使施工快而方便。分块式人行道板,预制块件小而轻,但施工繁琐,整体性差。

人行道板一般是预制拼装,也可现浇。在预制或现浇人行道板时,要注意预留出安装灯柱、栏杆的位置,埋设好预埋件人行道板必须采用稠水泥砂浆坐浆安装,并以此来形成人行道顶面的横向排水坡;安装悬臂式人行道板时,需注意将构件上设置的钢板与桥面板内的锚栓焊牢,完成人行道梁的锚固后,才可安砌或浇筑人行道板。若设计无锚固的人行道梁,人行道板的铺设应按照由里向外的次序操作。

人行道应在桥面断缝处做成伸缩缝,人行道防水层通过人行道板与路缘石砌缝外与桥面防水层连成整体。

二、栏杆与护栏施工

栏杆是桥梁工程的重要组成部分,对桥梁工程图的评价起着直观的作用。栏杆施工不仅要保证质量,还要满足艺术和美观的要求,如图4-5-2所示。

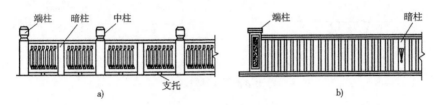

图4-5-2 桥梁栏杆示意图
a)节间式栏杆;b)连续式栏杆

栏杆(护栏)施工的一般规定和要求:

(1)安装或现浇栏杆(护栏),应在人行道板施工完成后进行,对钢筋混凝土护栏还必须在跨间的支架及脚手架拆除以后,桥跨处于自承的状态下才可进行。

(2)金属制栏杆(护栏)构件在安装前应进行质量检查和试验,只有被确认符合质量标准的栏杆(护栏)产品才使用,并应按设计图或产品供货商提供的详细施工安装方法进行施工。

(3)栏杆(护栏)必须全桥对直、校平(弯桥、坡桥要求平顺);栏杆(护栏)顶的高程应符合设计要求,以使线形顺适,外表美观,不得有明显的下垂和拱起。竣工后的栏杆(护栏)中线、内外两个侧面及相同部分上的各个杆件等,均应分别在一条直线或一个平面上。

(4)栏杆(护栏)的连接必须牢固。钢筋混凝土墙式护栏宜采用就地浇筑的方法进行施工,当采用预制件时,护栏与桥面板(人行道板)间需进行特殊的连接设计;人行栏杆立柱就位和嵌固是施工重点,必须严格保证填充水泥砂浆(或混凝土)的强度、捣实及养生工作符合要求。

(5)栏杆(护栏)的外表应平整、光洁、美观,钢筋混凝土栏杆(护栏)不应出现蜂窝、麻面,不合规格的构件一定要废除,金属构件在安装过程中应尽量避免损坏保护层;安装完成后,应对被损坏的保护层按规定方法修复。钢栏杆是混合式栏杆的外露钢筋,要采用双层防腐,确保防腐效果。

(6)伸缩缝要妥善处理。人行栏杆伸缩缝的设置和施工质量需保证栏杆节间随主梁一同伸缩,伸缩缝内应填满橡胶或沥青胶泥等弹性、不透水的材料,不应有松散的砂浆和活动时有可能剥落的砂浆薄皮。

三、护轮安全带和路缘石

护轮安全带可以做成预制块件安装或与桥面铺装层一起现浇。预制的安全带块件有矩形截面和肋板截面两种,如图4-5-3所示,而矩形截面最为常用。现浇的安全带宜每隔2.5~3m做一断缝,以避免与主梁的收缩不一致而被拉裂。

预制块件若采用人工搬运安装,每个块件的安装质量最大不应超过200kg。安装前要精确放样,弯桥、坡桥要注意线形的平顺。块件必须坐浆安装,要落位准确,全桥对直,安装后线条直顺、整齐、美观。

路缘石一般为 80~350mm,与安全带相类似,其施工的方法和工艺要求亦与安全带相同。

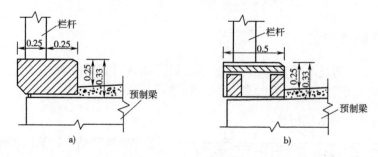

图 4-5-3　安全带(尺寸单位:m)
a)矩形截面;b)肋板截面

第三节　伸缩缝安装施工

桥梁伸缩装置是为了使车辆平稳通过桥面并满足桥面变形的需要,在桥面伸缩接缝所设置的各种装置的总称。

目前我国常用的伸缩装置按传力方式和构造特点大致可分为对接式、钢制支承式、橡胶组合剪切式、模数支承式和无缝式五大类,本节将介绍几种常用的伸缩装置的具体安装施工方法及要求。

一、钢板伸缩装置施工

1. 梳形钢板伸缩装置

梳形钢板伸缩装置是由梳形板、锚栓、垫板、锚板、封头板及排水槽等组成,有的还在梳齿之间填塞合成橡胶,以起防水作用。如图 4-5-4 所示为一梳形钢板伸缩装置的构造实例。

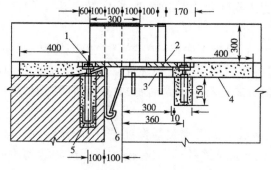

图 4-5-4　梳形钢板伸缩装置构造图(尺寸单位:mm)
1-封头板;2-垫板;3-锚板;4-C50 混凝土;5-锚栓;6-排水槽

安装梳形钢板伸缩装置时,应首先按设计高程将锚栓预埋入预留孔内,然后焊接锚板,并调整封头板使之与垫板齐平,最后再安装梳形板和浇筑混凝土。安装程序为:桥面整体铺装→切缝→缝槽表面清理→将构件放入槽内→用定位角铁固定构件位置及高程→布设焊接锚固筋→在混凝土接缝表面涂底料→浇筑树脂混凝土→及时拆除定位角铁→养生→填缝→结束。

2. 滑动钢板伸缩装置

滑动钢板伸缩装置,一侧用螺栓锚定牵引板,另一侧搁置在桥台边缘处的角钢上,角钢与牵引板间设置滑板,用钢板的滑动适应结构的伸缩。缝间可填充压缩材料或加设盖板,如图 4-5-5 所示。滑动钢板通过橡胶垫块始终紧压在护缘角钢上,这样既消除了不利的拍击作用,又显著减小了车辆的冲击作用。

二、橡胶伸缩装置施工

橡胶伸缩装置是指伸缩体采用橡胶构件的伸缩装置。伸缩体所用的橡胶有良好的耐老化、耐气候和抗腐蚀的性能。

橡胶伸缩装置有空心板形、W 形或 M 形。这类装置具有构造简单、伸缩性好、防水防尘、安装方便、价格低廉等优点,伸缩量为 30~50mm,一般用于低等级公路的中小桥梁。

下面以空心板形橡胶伸缩装置施工为例进行介绍。

1. 构造特点

空心板形橡胶伸缩装置,是指利用橡胶富有弹性和耐老化特性,将其嵌入型钢制成的槽内,使橡胶在气温升降变化时始终保持受压状态的伸缩装置。根据伸缩量的不同,做成两孔或三孔,如图 4-5-6 所示。

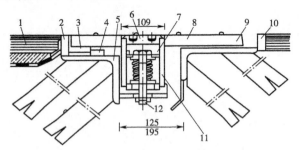
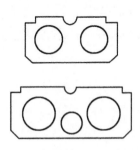

图 4-5-5 滑动钢板伸缩装置构造(尺寸单位:mm)　　图 4-5-6 空心板形伸缩装置构造图
1-路面;2-钢板;3-翻转板;4-橡胶;5-加劲钢板;6-螺纹板;7-弹簧盒;8-牵引板;9-滑板;10-钢板;11-无缝钢管;12-锤形大头螺栓

2. 施工安装程序

施工安装程序如图 4-5-7 所示。

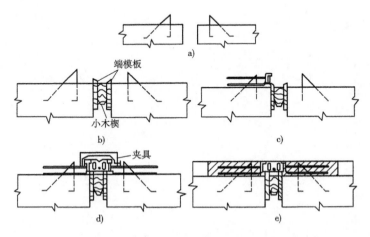

图 4-5-7 空心板形橡胶伸缩装置施工安装程序示意图
a)安装准备;b)立端模板;c)左侧型钢定位;d)右侧型钢定位;e)混凝土浇筑

1)安装准备

如图 4-5-7a)所示,清理梁端、顶面凿毛、冲洗,各梁伸出不齐者应予以修整,以利设置端模板。

2)立端模板

如图 4-5-7b)所示,两端模板要用小木楔挤紧。木楔横桥向尺寸应尽量小,以使其在梁伸长时能被挤碎,缩短时可自由脱落,模板由下面设法取出。模板应尽量薄,顶端削成 45°角,楔子应打入适当深度,使其顶部不阻碍胶条压缩时向下凸变。

3)左侧型钢定位

如图 4-5-7c)所示,将左侧型钢组件焊好后,按设计要求用定位钢筋点焊于架立钢筋上,然后将胶条相互接触的表面进行除锈去油污等清理工作。

4)涂胶、对合、加压、右侧型钢定位

如图 4-5-7d)所示,将右侧型钢与胶条相互接触的表面除锈去油污,并将橡胶伸缩条两侧胶面打毛,然再涂以 202 或 203 胶水,立即对合,用特别夹具加压至计算的安装定位值后,用与左侧同样的方法点焊定位。定位完毕拆除所有夹具。

5)浇筑混凝土

如图 4-5-7e)所示,定位完毕,伸缩装置两侧各浇宽 50cm 的 C30 混凝土,并注意养护。

第五篇 公路隧道新奥法施工技术

第一章 隧道新奥法施工简介

第一节 隧道新奥法施工原则

新奥法即新奥地利隧道施工方法的简称,原文是 New Austrianlling Method,简写为 NATM。它与法国所称收敛约束法或有些国家所称动态观测设计施工方法的原则一致。新奥法概念是奥地利学者腊布希维兹(L. V. Rabcewicz)教授于20世纪50年代提出的。它是以既有隧道工程经验和岩体力学的理论为基础,将锚杆和喷射混凝土组合在一起作为主要支护手段,通过监测控制围岩的变形,充分发挥围岩自承能力的施工方法,经过奥地利、瑞典、意大利等国的许多隧道与地下工程实践和理论研究及科学论证,于20世纪60年代取得专利权并正式命名为新奥法(NATM)。之后,新奥法在欧洲各国、美国和日本等国家许多隧道与地下工程中获得极为迅速的发展,已成为现代隧道工程新技术的标志之一。我国近30年来,在100余座公(铁)路隧道工程修建中,成功地应用了新奥法,取得了较多的经验,积累了大量的数据,新奥法现已进入普遍推广使用阶段。目前,新奥法几乎成为在软弱的破碎围岩地段修建隧道的一种基本方法,技术经济效益显著。

新奥法与传统的矿山法相比,不仅仅是手段上的不同,更重要的是工程概念、力学概念和设计原理的不同,是人们对隧道及地下工程问题的进一步认识和理解。新奥法是一个具体应用岩体动态性质较完整的力学概念,科学性较过去的隧道施工方法科技含量高,因而不能单纯地将它仅仅看成是一种施工方法或是一种支护方法,也不应片面理解,将仅用锚喷支护就认为是采用新奥法。事实上,喷锚支护并不能完全表达新奥法的含义,新奥法的内容及范围相当广泛、深入,即它是既包括隧道工程设计,又包括隧道工程施工,还包括隧道和地下工程的研究范畴的大系统工程。新奥法应用岩体力学的理论,以维护和利用围岩的自承能力为重点,采用锚喷为主要支护手段,能及时地进行支护,达到控制围岩的变形和松弛,使围岩也成为支护体系的组成部分,并通过对围岩和支护结构的测量、监控,及时正确地指导隧道和地下工程设计施工的方法与基本原则。

新奥法的应用和发展,使隧道及地下工程理论步入现代理论的新领域,从而使隧道及地下工程的设计和施工更符合地下工程实际,即设计理论—施工方法—结构(体系)—工作状态(结果)的一致,因此,新奥法已在世界范围内得到广泛的应用。

根据我国公(铁)路隧道采用新奥法施工的经验,隧道施工采取的基本原则,可概括为"少扰动、早喷锚、勤量测、紧封闭"12个字。具体说,是指在隧道开挖时,必须尽量减少对围岩的扰动次数、扰动持续时间,降低扰动强度和缩小扰动范围,以使开挖出的坑道符合成型的要求。因此,能采用机械开挖的就不用钻爆法开挖。采用钻爆法开挖时,必须先做钻爆设计,严格控制爆破,尽量采用大断面开挖。选择合理的循环掘进进尺,自稳性差的围岩循环掘进进尺宜用短进尺,支护应紧跟开挖面,以缩短围岩应力松弛时间及开挖面的裸露风化时间等,此称为"少扰动"。"早喷锚"是指对开挖暴露面应及时进行地质描述和施工初期锚喷支护,经初期支护加固,使围岩变形得到有效控制而不致因变形过度而坍塌失稳,以达到围岩变形适度而充分发挥围岩的自承能力。必要时可采取超前预支护辅助措施。

在隧道施工全过程中,应对围岩周边位移进行现场监控量测,并及时反馈修正设计参数,指导施工或改变施工方法。以规范的量测方法、准确的量测数据和及时的信息反馈,通过在施工中量测数据,对开挖面的地质观察,预测和评价围岩与支护的稳定状态,或判断其动态发展趋势,以便根据建立的量测管理基准,及时合理地调整隧道的施工方法(包括开挖方法、支护形式、特殊的辅助施工方法)、断面开挖的步骤及顺序、初期支护设计参数等,以确保施工安全、坑道稳定,保证支护衬砌结构的质量和工程造价的合理性,此称"勤量测"。

"紧封闭"是指对易风化的自稳性较差的软弱围岩地段,应对开挖断面及早采取封闭式支护(如喷射混凝土、锚喷混凝土)等防护措施,以避免围岩因暴露时间过长而产生风化,降低强度及稳定性,使支护与围岩进入良好的共同工作状态。

第二节 隧道辅助施工措施

在软弱围岩、含水围岩或浅埋隧道不易自稳的地段施工时,为确保施工安全和顺利进行,应采用辅助施工措施或进行预先加固处理。

1. 稳定开挖面措施

稳定开挖工作面的措施包括:

(1)环形开挖,预留核心土挡护开挖面。

(2)临时修建仰拱封底。

(3)喷射混凝土封闭开挖工作面。

(4)超前用正面锚杆锚固前方围岩。

(5)管棚超前预支护前方围岩。

(6)超前以小管预支护围岩。

(7)超前以锚杆预锚固前方围岩。

2. 隧道开挖涌水处理

隧道施工涌水处理的各项措施包括以下方法。

(1)井点降水法

它是在隧道内用来降低地下水水位的一种方法,一般适用于渗透系数为 $0.6 \sim 0.8 \text{m/d}$ 的匀质砂土及亚黏土地段,井点深度和间距应根据地层的渗透系数、降水范围及降水深度要求而定(深井潜水泵扬程 $30 \sim 40 \text{m}$)。

(2)超前小导管围壁预注浆法

它既能将坑道周围岩体预先加固及堵住围岩裂隙水,又能起到超前预支护围岩的作用。

(3)超前围岩长孔预注浆法

它是加固地层、封堵水源的一种方法。适用于软弱围岩及断层破碎带、自稳性差的含水地质地段。注浆孔深一般为 15~30m，注浆压力一般为 1.5~4MPa。注浆压力是促使浆液在地层裂隙中流动扩散的动力，必须有足够的压力来克服地下水压力和地层裂隙阻力，才能使浆液扩散充填，达到堵水和加固围岩的作用。

(4)周边劈裂注浆或周边短孔预注浆法

这是依靠浆液压力，将原来没有缝隙的围岩压裂成缝，然后用浆液充填、固结，从而达到加固围岩和堵水的作用。

(5)超前围岩预注浆填充法

填充注浆技术的成功取决于多种因素，如注浆孔口及注浆管封堵、浆液调剂、配合比、胶凝时间、止浆墙、注浆孔布置与注浆压力等。这些都应在现场根据实际情况来确定。因此，在预注浆前应搜集有关注浆地段的岩性、涌水量、涌水压力、水温、涌水的化学性质等，以决定注浆参数(包括注浆范围、浆液选定和配合比、胶凝时间、注浆量、注浆孔布置、注浆方式和顺序、注浆压力等)。整个过程施工难度较大，故往往只适用于特殊地质地段。

(6)排水沟(排水暗槽)

设在漏水有明显水流处，先在边墙或底板两侧设置加盖板的暗槽，采用临时堵水，在暗槽底面和侧面设防水层，并抹水泥砂浆，使之与衬砌面齐平，排水暗槽简单易行有效。在隧道施工中，对涌水的处理应严密慎重，事先根据设计文件对隧道可能出现的涌水地段进行详细调查、分析，掌握涌水量、补给方式、变化规律及水质成分等，然后按照"防、排、截、堵"相结合的原则，因地制宜制订涌水的治理方案，并一定要考虑到涌水治理方法对隧道周围环境条件的影响，否则后患无穷。

第三节 新奥法基本施工方法

隧道施工是修建隧道的施工方法、施工技术和施工管理的总称。本节主要介绍隧道施工方法(包括开挖及支护)的选择、施工方法的分类及各种施工方法的特点。隧道施工方法的选择，主要根据工程地质及水文地质条件、施工条件、围岩类别、隧道埋置深度及隧道断面尺寸大小和长度、衬砌类型等来选择，以施工安全为前提，以工程质量为核心，并结合隧道使用功能、施工技术水平、施工机械装备、工期要求和经济可行性等因素，综合考虑研究选用。

当隧道施工对周围环境产生不利影响时，亦应把隧道工程的环境条件作为选择施工方法的因素之一，同时应考虑围岩变化时施工方法的适应性及其变更的可能性，以免造成隧道工程失误及增加不必要的工程投资。采用新奥法施工时，还应考虑施工全过程中的辅助作业方式和对围岩变化的量测监控方法，以及隧道穿越特殊地质地段时的施工手段等，进行合理的选择。

一、新奥法隧道施工方法分类

1. 全断面法

即全断面开挖法，是指按设计开挖面一次开挖成型，如图 5-1-1 所示，常适用于Ⅳ~Ⅵ类硬岩的石质隧道。该法可采用深孔爆破。全断面开挖法有较大的作业空间，有利于采用大型配套机械作业,提高施工速度,且工序少,干扰少,便于施工组织和管理。缺点是由于开挖面较大,围岩稳定性相对降低,且每个循环工作量相对较大,因此要求施工单位应具有较强的开挖、出渣与运输及支护能力。全断面法施工开挖工作面大,钻爆施工效率较高,采用深眼爆破可加快掘进速度,且爆破对围岩的振动次数较少,有利于围岩稳定。缺点是每次深孔爆破振动较大,因此要求进行精心的钻爆设计和严格的控制爆破作业。

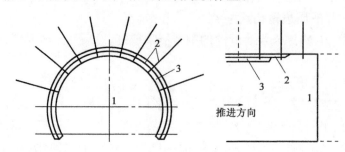

图 5-1-1　全断面开挖法
1-全断面开挖;2-锚喷支护;3-模筑混凝土衬砌

使用移动式钻孔台车,首先全面一次钻孔,并进行装药连线,然后将钻孔台车后退到50m以外的安全地点,再起爆,使一次爆破成型,出渣后钻孔台车再推移至开挖面就位,开始下一个钻爆作业循环,同时进行锚喷支护或先墙拱后衬砌。

全断面法是目前Ⅳ~Ⅵ类围岩的隧道工程施工技术发展的一个方向,但是在采用全断面开挖时应注意以下事项:

(1)加强对开挖面前方的工程地质和水文地质的调查:对不良地质情况,要及时预测、预报、分析研究,随时准备好应急措施(包括改变施工方法),以确保施工安全和工程进度。

(2)各工序机械设备要配套,如钻眼、装渣、运输、模筑、衬砌支护等主要机械和相应的辅助机具(钻杆、钻头、调车设备、气腿、凿岩钻架、注油器、集尘器等),在尺寸、性能和生产能力上都要相互配合,工作方面能环环紧扣,不至彼此互受牵制而影响掘进,以充分发挥机械设备的使用效率和各工序之间的协调作用;并注意经常维修设备及备有足够的易损零部件,以确保各项工作的顺利进行。

(3)加强对各种辅助作业和辅助施工方法的设计与施工检查。尤其在软弱破碎围岩中使用全断面法开挖时,应对支护后围岩进行动态量测与监控,各种辅助作业的"三管两线"(高压风管、高压水管、通风管、电线和运输路线)要求保持技术上的良好状态。

(4)重视和加强对施工操作人员的技术培训,使其能熟练掌握各种机械和推广新技术,不断提高工效,改进施工管理,加快施工速度。

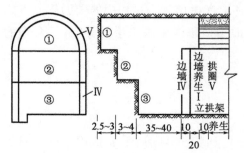

图 5-1-2　台阶开挖法(尺寸单位:m)

(5)全断面法开挖选择支护类型时,应优先考虑锚杆和锚喷混凝土、挂网、撑梁等。

2.台阶法

台阶法一般是将设计断面分成上半断面和下半断面两次开挖成型。也有采用台阶式上部弧形导坑超前开挖方式者(图5-1-2)。

台阶法多适用于Ⅱ、Ⅲ类较软而节理发育的围岩中,可分别采用以下三种变化方案。

(1)长台阶法:上下台阶距离较远,一般上台阶超前50m以上,施工中上下部可配合同类较大型机械进行平行作业,当机械不足时也可交替作业。当遇短隧道时,可将上部断面全部挖通后,再开挖下半断面。该法施工干扰较少,可进行单工序作业。

(2)短台阶法:上台阶长度5~50m,适用于Ⅱ、Ⅲ类围岩,可缩短仰拱封闭时间,改善初期支护受力条件,但施工干扰较大。当遇到软弱围岩时需慎重考虑,必要时应采用辅助开挖工作面,以保证施工安全。

(3)微台阶法:也称超短台阶法。上台阶仅超前3~5m,断面闭合较快。此法多用于机械化程度不高的各类围岩地段,当遇软弱围岩时需慎重考虑,必要时应采用辅助施工措施稳定开挖工作面,以保证施工安全。

台阶法开挖的注意事项如下:

(1)台阶数不宜过多,台阶长度要适当,一般从一个台阶垂直开挖到底,保持平台长2.5~3.0m为好,易于掌握炮眼深度和减少翻渣工作量。装渣机应紧跟开挖面,减少扒渣距离以提高装渣运输效率。应根据两个条件来确定台阶长度:一是初期支护形成闭合断面的时间要求,即围岩稳定性愈差,闭合时间要求愈短;二是上半部断面施工时开挖、支护、出渣等机械设备所需空间大小的要求。

(2)个别破碎地段可配合锚喷支护和挂钢丝网施工。如遇到局部地段石质变坏,围岩稳定性较差时,应及时架设临时支护或考虑变换施工方法,留好拱脚平台,采用先拱后墙法施工,以防止落石和崩塌。

(3)应重视解决上下半部断面作业相互干扰的问题。微台阶基本上是合为一个工作面进行同步掘进;短台阶上下部作业相互干扰较大,要注意作业施工组织、质量监控及安全管理;长台阶基本上上下部作业面已拉开,干扰较少。对于短隧道,可将上半部断面贯通后,再进行下半部断面施工。

(4)上部开挖时,因临空面较大,易使爆破面渣块过大,不利于装渣,应适当密布中小炮眼。但采用先拱后墙法施工时,对于下部开挖时,应注意上部的稳定,必须控制下部开挖厚度和用药量,并采取防护措施,避免损伤拱圈及确保施工安全。若围岩稳定性较好,可以采取分段顺序开挖;若围岩稳定性较差,则应缩短下部掘进循环进尺;若稳定性更差,则要左右错开,或先拉中槽后开挖边角。

(5)采用钻爆法开挖石质隧道时,应采用光面爆破或预裂爆破技术,尽量减少对围岩稳定性的扰动。

(6)采用台阶法开挖的关键是台阶的划分形式。台阶划分要求做到爆破后扒渣量较少,钻眼作业与出渣运输干扰少。因此,一般分成1~2个台阶进行开挖,如图5-1-3所示。

3. 分部开挖法

分部开挖法可分为五种变化方案:台阶分部开挖法、上下导坑法、上导坑超前开挖法、单(双)侧壁导坑法。分部开挖法是将隧道开挖断面进行分部开挖逐部成型,并且将某部分超前开挖,故此可称为导坑超前开挖法。

(1)台阶分部法

又称环形开挖留核心土法,适用于一般土质或易坍塌的软弱围岩地段。上部留核心土可以支挡开挖工作面,利用及时施工拱部初期支护增强开挖工作面的稳定,核心土及下部开挖在拱部初期支护下进行,施工安全性较好。一般环形开挖进尺为0.5~1.0m,不宜过长,上下台阶可用单臂掘进机开挖。

台阶分部开挖法的主要优点是:与微台阶法相比,台阶可加长,一般双车道隧道为 1 倍洞跨。单车道隧道为两倍洞跨;较单(双)侧臂导坑法的机械化程度高,机械化施工可加快施工速度。

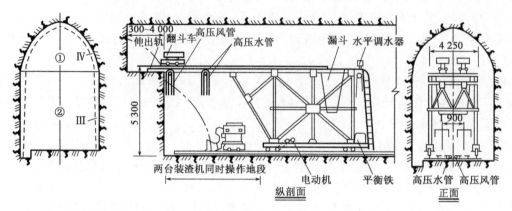

图 5-1-3　正台阶悬臂工作台车开挖法(尺寸单位:mm)

(2)上下导坑超前开挖法(即上下导坑先拱后墙法)

此法适用于Ⅱ~Ⅲ类围岩,在松软地层开挖坑道,一般宜采用上下导坑超前开挖先拱后墙法。其基本要求是:一次开挖的范围宜小,而且要及时支撑与支护(衬砌),以保持围岩的稳定,所以一般是先将上部断面开挖好,随时衬砌拱圈,拱圈混凝土达到设计强度 70% 之后,方可进行下部断面的开挖,在拱圈的保护下,开挖下部断面及修建边墙、仰拱。

在不稳定地层,采用上下导坑先拱后墙法的优点是:导坑超前开挖,提前探明地质情况,便于改变施工方法;在拱圈保护下进行拱下各工序的作业,施工较安全;工作面多,便于拉开工序,适合于安排多劳动力与使用小型机械施工的情况;有上下两个导坑,通风、排水、运输条件(可利用上下导坑之间的漏斗装渣)都较好等。该方法的缺点是:上下导坑断面较小,施工速度较慢;边墙与拱脚处混凝土衬砌的整体性较差;开挖边墙马口时,须交错作业,不便于大规模地砌筑边墙,容易造成拱圈衬砌下沉和变形;拱部开挖时人工翻渣工作量较大,劳动强度较大;施工工序较多,使施工组织和管理难度增大。

(3)单侧壁导坑法

当围岩稳定性较差、隧道跨度较大、地表沉陷难于控制时,可采用单侧壁导坑法。此法单侧壁导坑超前,中部和另一侧的断面采用正台阶法施工,故兼有正台阶法和下述双侧壁导坑法的优点,且洞跨可随机械设备等施工条件决定。

(4)双侧壁导坑法

此法可在浅埋大跨度隧道、地表下沉量要求严格、围岩条件特别差时采用。其特点是:施工安全可靠,但施工速度较慢,造价较高。

分部开挖时应注意以下事项:

①因其工作面多,但作业面较小,相互干扰较大,应实行统一指挥,注意组织协调。

②应尽量创造条件,减少分部次数,尽可能争取用大断面开挖。

③因多次开挖对围岩的扰动较大,不利于围岩的稳定,故应特别注意加强对爆破开挖的设计与控制。

④凡下部开挖均应注意上部支护或衬砌结构的稳定,减少对上部围岩和支护、衬砌结构的扰动和破坏,尤其是边墙部开挖时必须采用两侧交错挖马口施作,避免上部断面两侧拱脚同时

悬空。

⑤认真加固拱脚,如扩大拱脚、打拱脚锚杆、加强纵向连接等,使上部初期支护与围岩形成完整体系;尽量单侧落底或双侧交错落底,落底长度视围岩状况而定。一般采用 $1\sim3m$,并不得大于6m。下部边墙开挖后,必须立即喷射混凝土,并按设计规定做好加固与支护。

(6)量测工作必须及时,以观察拱顶、拱脚和边墙中部的位移值;当发现沉降速率值增大时,应立即做抑拱封闭。

第二章 隧道施工开挖方法

第一节 隧道施工开挖方法选择

采用新奥法施工时,应根据隧道工程地质、水文地质、机械设备等条件,采用尽量少扰动围岩的开挖方法。

开挖方法有钻爆开挖法、机械开挖法、人工和机械混合开挖法等三种。

隧道施工开挖方法的选用应根据隧道地质条件、环境情况、机械设备、安全要求等因素综合考虑选用,并与支护衬砌施工相协调。

钻爆法可用于各类岩层中,是隧道施工开挖中采用最普遍的方法。采用钻爆法开挖坑道时,采用光面爆破、预裂爆破技术,能使开挖轮廓线符合设计要求、超欠挖量少,并能减少对围岩的扰动破坏。

机械开挖法一般适用于软弱破碎围岩,在全断面一次开挖法中宜采用大型机械掘进;在分部开挖法中多选用小功率、小尺寸的小型挖掘机或单臂掘进机,它具有耗能较少、灵活性大、生产效益较高等优点。

第二节 钻爆法开挖

采用钻爆法开挖坑道时,为了减少超挖、控制对围岩的扰动,应综合研究地质情况、开挖断面大小、开挖进尺快慢、爆破器材性能、钻眼机具和出渣能力等因素,在此基础上编制钻爆设计。

一、钻爆法开挖设计

1. 钻爆设计的内容

钻爆设计应包括炮眼(掏槽眼、辅助眼、周边眼)的布置图、数目、深度和角度,装药量和装药结构图,起爆方法和爆破顺序等。

2. 爆破设计图

爆破设计图应包括炮眼布置图、周边眼装药结构图、钻爆参数表、主要技术经济指标及与设计施工有关的必要文字说明。

3. 开挖和爆破方法选用

根据隧道工程地质条件选用开挖方法及爆破方法:对硬质岩采用全断面一次开挖时,应采用光面爆破法;对软质岩宜采用预裂爆破法;对松软地层采用分部开挖时,宜采用预留光面层光面爆破法。

二、光面爆破的技术要求

(1)应根据围岩特点,合理选择周边眼间距及周边眼的最小抵抗线。

(2)严格控制周边眼的装药量,并使药量沿炮眼全长均匀分布。

(3)周边眼宜采用小直径药卷和低爆速炸药。为满足装药结构要求,可借助传爆线以实现空气间隔装药。

(4)采用毫秒微差顺序起爆,应使周边爆破时有最好的临空面。周边眼同段的雷管起爆时间差应尽可能小。

(5)各光面爆破参数的选用:应根据工程类比或爆破漏斗及成缝试验,选择光面爆破参数,如周边眼间距(E)、最小抵抗线(V)、相对距离(E/V)和装药集中度(q)等。关于爆破成缝试验,可按《公路隧道施工技术规范》(JTG F60—2009)附录 D 进行。在无条件试验时,可按表 5-2-1 选用光面爆破参数。

光 面 爆 破 参 数 表 5-2-1

参数 岩石种类	饱和单轴抗压极限强度 R_b(MPa)	装药不耦合系数 D	周边眼间距 E(mm)	周边眼最小抵抗线 V(mm)	相对距离 E/V	周边眼装药集中度 q(kg·m^{-1})
硬岩	>60	1.25~1.50	500~700	700~850	0.8~1.0	0.30~0.35
中硬岩	>30~60	1.50~2.00	450~600	600~750	0.8~1.0	0.20~0.30
软岩	≤30	2.00~2.50	300~500	400~600	0.5~0.8	0.07~0.15

关于表 5-2-1,说明如下:

①软岩隧道采用光面爆破的相对距离(E/V)宜取表中的较小值。

②装药集中度(q)以 2 号岩石硝铵炸药为标准,当采用其他炸药时应进行换算,换算指标主要是猛度和爆力(平均值)。换算系数 K 按式(5-2-1)计算:

$$K = \frac{1}{2}\left(\frac{2\text{号岩石炸药猛度}}{\text{换算炸药猛度}} + \frac{2\text{号岩石炸药猛度}}{\text{换算炸药爆力}}\right) \quad (5\text{-}2\text{-}1)$$

③硬岩隧道宜采用全断面开挖,掘进循环进尺为 3~5m 的深孔爆破,单位体积岩石的耗药量一般为 0.9~2.0kg/m³;软岩隧道宜采用上下半断面或台阶法开挖,孔深为 1.0~3.0m 的浅孔爆破,单位体积岩石的耗药量一般为 0.4~0.8kg/m³。

④光面爆破效果应符合表 5-2-2 的要求。

隧道施工由于受各种因素的影响必然会出现超挖。表 5-2-2 所列允许平均超挖量,施工时必须严格掌握,才能达到此爆破效果。在软岩隧道内,有时炮眼痕迹保存率很难达到要求,故其周边主要应满足基本平整圆顺的要求。

光 面 爆 破 效 果 表 5-2-2

序 号	项 目	硬 岩	中 硬 岩	软 岩
1	平均超挖量(cm)	10	15	10
2	最大超挖量(cm)	20	25	15
3	炮眼痕迹保存率(%)	≥80	≥60	
4	局部欠挖量(cm)	5	5	5
5	炮眼利用率(%)	90	90	95

⑤采用光面爆破时,爆破振动速度应小于下列数值,硬岩为 150mm/s,中硬岩为 100mm/s,软岩为 50mm/s。要求的爆破振动速度是根据离开挖工作面 1~2 倍洞跨处实测得到的,它是用速度传感器将所得的信号通过测振仪放大,在光线示波器上记录得到的。实施光面爆破后,

开挖岩面上不应有明显的爆震裂缝。

三、预裂爆破参数选用

预裂爆破参数,可在现场由爆破成缝试验获得。在无条件试验时可参照表 5-2-3 选用。

预裂爆破参数　　　　表 5-2-3

参数 岩石种类	饱和单轴抗压极限强度 R_b（MPa）	装药不耦合系数 D	周边眼间距 E（cm）	周边眼至内圈崩落眼间距（cm）	周边眼装药集中度 q（kg·m^{-1}）
硬岩	>60	1.2~1.3	40~50	40	0.35~0.40
中硬岩	>30~60	1.3~1.4	40~45	40	0.25~0.35
软岩	≤30	1.4~2.0	30~40	30	0.09~0.19

表 5-2-3 的有关说明如下:

(1)表 5-2-3 中,装药不耦合系数 D 系指炮眼直径与药卷直径的比值。

(2)表 5-2-3 的适用范围:炮眼深度为 1.0~3.5m,炮眼直径为 40~50mm,药卷直径为 20~32mm。装药集中度按 2 号岩石硝铵炸药考虑;当采用其他炸药时,应进行换算(换算时采用相应炸药的猛度和爆力的平均值)。

(3)当开挖断面小于 8m² 或竖井爆破时,表 5-2-3 中周边眼装药集中度 q 值宜相应增加 5%~10%。预留光面层光面爆破,参数见表 5-2-4。

预留光面层光面爆破参数　　　　表 5-2-4

参数 岩石种类	饱和单轴抗压极限强度 R_b（MPa）	装药不耦合系数 D	周边眼间距 E（mm）	周边眼最小抵抗线 V（mm）	相对距离 E/V	周边眼装药集中度 q（kg·m^{-1}）
硬岩	>60	1.25~1.50	500~700	700~850	0.8~1.0	0.30~0.35
中硬岩	30~60	1.50~2.00	450~600	600~750	0.8~1.0	0.20~0.30
软岩	≤30	2.00~2.50	300~500	400~600	0.5~0.8	0.07~0.15

注:1. 表的适用范围:炮眼深度 1.0~3.5m,炮眼直径 40~50mm,药卷直径 20~32mm;
　　2. 炸药换算系数按《公路隧道施工技术规范》(JTG F60—2009)表 D.0.2-1 注②所示的公式计算。

四、光面爆破器材选用

(1)光面爆破的爆破器材主要有:炸药、非电塑料导爆系统、毫秒雷管和导爆索等。

(2)光面爆破的周边眼使用炸药的要求是:应选择低爆速、低密度、高爆力、小直径、传爆性能良好的炸药。

(3)光面爆破的周边眼使用的雷管应选择分段多、起爆同时性好的毫秒雷管。

国产光面爆破炸药种类和技术指标如表 5-2-5 所示。

国产光面爆破炸药　　　　表 5-2-5

炸 药 名 称	药卷直径（mm）	炸药密度（g/mm³）	炸药爆速（m/s）
EL-102 乳化油	20	1.05~1.30	3 500
2 号	22	1.00	2 100~3 000
3 号	22	1.00	1 600~1 800

国产毫秒雷管有 20 个段,已研制成功的还有 200ms 和 300ms 等差递增雷管。经试验,毫秒雷管和毫秒等差递增雷管结合使用,能获得更节约炸药、减少振动的效果。

非电塑料导爆系统是一种安全可靠、操作方便的新型起爆系统。我国大瑶山隧道长 14.3 km,其施工采用非电塑料导爆系统,没有发生过因爆破而引起的伤亡事故。

五、公路隧道循环进尺的选择

公路隧道掘进循环进尺应根据围岩类别、机具设备、隧道施工月进度要求等合理选择。在有较大型机具设备的条件下,一般中硬及以上的完整围岩可采用深孔(3.0~3.5m)爆破,以提高施工进度;而在软弱围岩开挖时,爆破开挖一次进尺应控制在 1.0~2.0m 之内;开挖坚硬、完整的围岩时,应根据周边炮眼的外插角及允许超挖量确定。

六、周边眼参数选用及钻眼要求

1. 周边炮眼参数选用原则

(1)当断面较小或围岩软弱、破碎,或在曲线、折线处对开挖成形要求较高时,周边炮眼间距 E 应取较小值。

(2)抵抗线 V 应小于周边眼间距。软岩在取较小的周边眼间距时,抵抗线应适当增大。

(3)对于软岩或破碎性围岩,周边眼的相对距离 E/V 应取较小值。

2. 周边炮眼的布置及钻眼要求

(1)周边炮眼沿设计开挖轮廓线布置,沿隧道设计轮廓线的炮眼间距误差不宜大于 50mm。

(2)周边眼外斜率不应大于 50mm/m。

(3)周边眼与内圈眼距离误差(最小抵抗线)不宜大于 100mm。

(4)除内圈眼的孔深宜比周边眼深 5~100mm 外,其他各类炮眼深度相差不宜大于 100mm。

为保证隧道开挖后符合设计轮廓,周边眼不应偏离设计轮廓线。实践经验表明,在软岩中,当周边眼间距误差大于 100mm 时爆破效果明显不佳,故此规定误差不宜大于 50mm。因凿岩机外形尺寸的限制,钻孔时应有一个向外倾斜的角度,为避免过大的超挖,并不能妨碍操作,一般外斜角为 2°~3°。国产支架式凿岩机的钻孔外偏值可以控制在 3~50mm/m 的范围内。

第三节　隧道开挖中的辅助施工措施

一、隧道开挖工作面辅助稳定措施

1. 地面砂浆锚杆施工要求

(1)锚杆宜垂直地表设置,根据地形及岩层层面具体情况也可倾斜设置。锚杆长度可根据隧道覆盖层厚度和实际施工能力确定。

(2)钻孔前应根据设计要求定出孔位,做出标记,孔位允许偏差为 ±15mm;钻孔应圆而直,钻孔方向宜尽量与岩层主要结构面垂直;水泥砂浆锚杆孔径应大于杆体直径 15mm,其他形式锚杆孔径应符合设计要求。

(3)注浆作业中注浆开始或中途暂停超过 3min 时,应用水润滑灌浆罐及其管路;注浆孔口压力不得大于0.4MPa;注浆管应插入至距孔底5~10mm处,随水泥砂浆的注入缓慢匀速拔出,随即迅速将杆体插入,锚杆杆体插入孔内的长度不得短于设计长度的95%。若孔口无砂浆流出,应将杆体拔出重新注浆。锚杆安设后不得随意敲击,其端部3d内不得悬挂重物。

(4)在有水地段,采用普通水泥砂浆锚杆时,如遇孔内流水,应在附近另行钻孔后再安设锚杆,亦可使用速凝早强药包锚杆或钢管锚杆向围岩压浆止水。

(5)锚杆钻孔可使用一般凿岩机械,当在上层中钻孔时,宜使用干式排渣的回旋式钻机。注浆可使用风动牛角泵,也可使用挤压注浆机。

(6)锚杆宜采用Ⅱ级钢筋制作,灌浆锚杆宜使用螺纹钢筋,杆体直径以16~22mm为宜。楔缝锚杆的杆体直径以16~25mm为宜。

2.超前锚杆或超前小钢管支护施工要求

(1)超前锚杆或超前小钢管支护,宜与钢架支撑配合使用,并从钢架腹部穿过,特殊情况下亦可以在拱架底部或顶部穿入。

(2)超前锚杆或超前小钢管支护,与隧道纵向开挖轮廓线间的外插角宜为5°~10°;长度大于循环进尺,宜为3~5m。

(3)超前锚杆宜用早强水泥砂浆锚杆。

(4)超前小钢管应平直,尾部焊箍,顶部呈尖锥状。长度不应小于管长的90%。

3.管棚钢架超前支护施工要求及要点

(1)检查开挖的断面中线及高程,开挖轮廓线应符合设计要求。在开挖工作面处应先安设受力拱架,并在其上正确标明管棚位置。

(2)钢架安装垂直度允许误差为±2°,中线及高程允许误差为±50mm。在钢架上沿隧道开挖轮廓线纵向钻设管棚孔,其外插角以不侵入隧道开挖轮廓线为好。孔深不宜小于10m,一般为18~45m,孔径比管棚钢管直径大20~30mm。钻孔环向中心间距视管棚用途确定。钻孔顺序一般由高孔位向低孔位进行。

(3)在钻进时,若出现卡钻、塌孔时,应注浆后再钻,也可直接将管棚钢管钻入。开孔时应低速低压,待成孔后可加压到1.0~1.5MPa。将钢管打入管棚孔眼中。管棚外径宜为ϕ70~180mm,长度宜为4~6m。接长管棚钢管时,接头应采用厚壁管箍,上满丝扣,丝扣长度不小于150mm,以确保连接可靠,接头应在隧道横断面上错开。

(4)如需增加管棚钢架支护的刚度,可在钢管内注入水泥砂浆。管棚钢管内水泥砂浆应用牛角泵灌注,封堵塞应有进料孔和出气孔,在出气孔流浆后,方可停止压注。

4.超前小导管预注浆施工要求

(1)小导管采用ϕ32mm焊接钢管或ϕ40mm无缝钢管制作,长度宜为3~5m。管壁每隔100~200mm交错钻眼,眼孔直径宜为6~8mm。

(2)沿隧道纵向开挖轮廓线,向外以10°~30°的外插角钻孔,将小导管打入地层,亦可在开挖面上钻孔将小导管打入地层,小导管环向间距宜为200~500mm。

(3)小导管注浆前,应对开挖面及5m范围内坑道喷射厚度为50~100mm的混凝土或用模筑混凝土封闭,并检查注浆机具是否完好,备足注浆材料。

(4)为充分发挥机械效能,加快注浆进度,在小导管前安设分浆器,一次可注入3~5根小导管,注浆压力应为0.5~1.0MPa。必要时可在孔口处设置止浆塞,止浆塞应能承受规定的最大注浆力或水压。

(5)注浆后至开挖前的时间间隔,视浆液种类宜为4~8h。开挖时应保留1.5~2.0m的止浆墙,防止下次注浆时孔口跑浆。

5. 超前围岩预注浆加固施工要点

(1)注浆孔的布置角度及深度应符合设计要求,孔口位置与设计位置的允许偏差为 ±50 mm;孔底位置偏差应小于孔深的 10%。

(2)注浆钻孔应孔壁圆、角度准、孔身直、深度够、岩粉清洗干净。当出现严重卡钻、孔口不出水时,应停止钻孔,立即注浆。

(3)钻孔结束后应掏孔检查,在确认无塌孔和探头石时,才可安设注浆管。

(4)注浆前应平整注浆所需场地,检查机具设备,做好止浆墙并准备注浆材料。

(5)注浆压力根据地质条件的岩性、施工条件等因素在现场由试验确定。

(6)注浆方式可根据地质条件、机械设备及注浆孔的深度,选用前进式、后退式或全孔式。其注浆顺序:先注内圈孔、后注外圈孔;先注无水孔、后注有水孔,从拱顶顺序向下进行。如遇窜浆或跑浆,则可间隔一孔或数孔灌注。注浆结束后,应利用止浆阀保持孔内压力,直至浆液完全凝固。

(7)注浆作业的技术要求:

①浆液的浓度、胶凝时间应符合设计要求,不得任意变更。

②应经常检查泵口及孔口注浆压力的变化,发现问题应及时处理。

③采用双液注浆时,应经常测试混合浆液的胶凝时间,发现与设计不符时,应立即调整。

(8)注浆结束条件:

①单孔结束条件　注浆压力达到设计终压,浆液注入量已达到计算值的 80% 以上。

②全地段结束条件　所有注浆孔均已符合单孔结束条件,无漏注浆的情况。

(9)注浆后必须对注浆效果进行检查,如未达到要求,应进行补孔注浆。注浆效果有以下三种:

①分析法　分析注浆记录,看每个孔的注浆压力、注浆量是否达到设计要求;在注浆过程中,漏浆、跑浆是否严重;以浆液注入量估算浆液扩散半径,分析是否与设计相符。

②检查孔法　用地质钻机按设计孔位和角度钻检查孔,取岩心进行鉴定。同时测定检查孔的吸水量(即漏水量),应小于 $0.2 \sim 0.4 L/(min \cdot m)$。

③声波监测法　用声波探测仪测量岩体的声速,判断注浆效果。

(10)注浆后,应视浆液种类,等待 $4 \sim 8h$ 方可开挖。开挖时应按设计要求留设止浆岩盘。每开挖循环长度应根据注浆段(导管)长度而定,但必须留 $3 \sim 5m$ 止浆墙。单液泥浆开挖时间为注浆后 8h 左右,水泥—水玻璃浆液为 4h 左右。

6. 平行导坑向正洞预注浆加固施工要点

(1)当隧道坑道开挖工作面注浆有困难,或要增加开挖工作面时,经技术、经济比选后,可设置由平行导坑向正洞进行预注浆加固。

(2)采用从平地导坑向正洞预注浆与开挖工作面预注浆,只是注浆地点不同,其注浆参数、工艺要求、工序流程、注浆材料及机具设备都基本相同。

7. 周边劈裂注浆及周边短孔预注浆加固

对粒径小于 0.05mm 的粉砂及黏性软弱地层,进行加固围岩和堵封出水,为节省注浆材料,可使用水泥类、水泥—水玻璃类浆液,并采用周边劈裂注浆法进行预注浆,加固围岩或止水。对于在施工中需排放少量地下水的隧道,为节约注浆材料和加快施工进度,可采用周边短孔围岩预注浆加固。

二、隧道施工中涌水处理方法

隧道施工中涌水的处理方法,应根据设计文件中关于隧道防、排水构造设计的资料,对隧道可能出现涌水地段的涌水量大小、补给方式、变化规律及水质成分等,进行详细调查、钻探及预报,结合工程实际情况,选择既经济合理,又能确保围岩稳定,并保护环境的治水方案。各种防治方法简要介绍如下。

1. 处理隧道施工中涌水的辅助施工方法
(1) 采取超前钻孔辅助坑道排水方法。
(2) 以超前小导管预注浆法堵水、止水。
(3) 以超前固岩预注浆堵水。
(4) 采用井点降水及深井降水施工等方法。

2. 采用辅助坑道排水施工要求
(1) 辅助坑道应和正洞平行或接近平行。
(2) 辅助坑道底高程应低于正洞底高程。
(3) 辅助坑道应超前正洞 10~20m,至少应超前 1~2 个循环进尺。

3. 采用超前钻孔机排水技术要求
(1) 应使用轻型探水钻机或凿岩机钻孔。
(2) 钻孔孔位(孔底)应在水流的上方,钻孔时孔口应有保护装置,以防人身及机械事故。
(3) 采取排水措施,保证钻孔排出的水迅速排出洞外。
(4) 超前钻孔底应超前开挖面 1~2 个循环进尺。

4. 超前围岩预注浆堵水施工规定
超前围岩预注浆堵水施工,应符合下列规定:
(1) 注浆段的长度应根据地质条件、涌水量、机具设备能力等因素确定,一般宜在 30~50mm 之间;隧道埋深在 50m 以内要用地面预注浆。
(2) 钻孔及注浆顺序应由外圈向内圈进行,在同一圈钻孔应间隔施工。
(3) 浆液宜采用水泥浆液或水泥—水玻璃浆液。隧道埋深大于 50m 时,应开挖面预注浆堵水。

5. 采用井点降水施工技术规定
(1) 井点的布置应符合设计要求。当降水宽度小于 6m、深度小于 5m 时,可采用单排井点。井点间距宜为 1~1.5m。
(2) 有地下水的黄土地段,当降水深度为 3~6m 时,可采用井点降水;当降水深度大于 6m 时,可采用深井井点降水。
(3) 滤水管应深入含水层,各滤水管的高程应齐平。
(4) 井点系统安装完毕后,应进行抽水试验,检查有无漏气、漏水情况。
(5) 抽水作业开始后,宜连续不间断地进行抽水,并随时观测附近区域地表是否产生沉降,必要时应采取防护措施。

6. 深井井点降水施工技术要求
(1) 在隧道两侧地表面布置井点,间距为 25~35m,井底应在隧道底面以下 3~5m。
(2) 作好深井抽水时的地面排水工作。
(3) 在深埋较浅的隧道中,可用深井泵降水,在洞外地面隧道两侧布点进行深井泵降水,井位一般呈梅花形,设置在隧道两侧开挖线以外,深井间距25~35m,井底应在隧道底以下3~5m。

在渗透系数为0.1~80m/d的均质砂质土、亚黏土地层,可在洞内使用井点降水法降低地下水位。其动力设备为真空泵和射流泵。真空泵功率消耗小,重量轻,价格较低,宜优先选用。一般井点降水深度为3~5m。

7. 承压水排放和高压水处理

(1)当预计隧道开挖工作面前方有承压水,且排水不会影响围岩稳定,或进行注浆前排水降压时,可采用超前钻孔或辅助坑道排水。超前钻孔及辅助坑道应保持10~20m的超前距离,最短应超前1~2倍掘进循环进尺长度。

(2)隧道施工中当遇有高压涌水危及施工安全时,宜先采用排水的方法降低地下水的压力,然后用注浆法封堵涌水。应先在周围注浆,特别是向水源方向注浆,切断水源,然后顶水注浆,将涌水堵住。

三、锚杆施工

1. 锚杆施工一般规定

(1)隧道工程坑道开挖后,应尽快安设锚杆。

(2)一般宜先喷射混凝土,再钻孔安设锚杆。

(3)锚杆的孔位、孔径、孔深及布置形式应符合设计要求。

(4)锚杆杆体露出岩面的长度不应大于喷层的厚度。

(5)应确保隧道工程辅助稳定措施中的锚杆施工质量符合设计要求。

2. 锚杆施工前准备工作

1)砂浆锚杆质量和技术要求

采用砂浆锚杆预支护时,除应保证锚杆原材料规格和品种、锚杆各部件质量及技术性能符合设计要求外,尚应做好以下准备工作:

(1)锚杆杆体应调平直、除锈和除油。

(2)应优先使用普通硅酸盐水泥,如条件不具备可使用矿渣硅酸盐或火山硅酸盐水泥。

(3)宜选用清洁、坚硬的中细砂,粒径不宜大于3mm,使用前应过筛。

2)缝管式摩擦锚杆质量与要求

采用缝管式摩擦锚杆时,应对其进行以下检查工作:

(1)必须检查管径,同批成品管径径差不宜超过0.5mm。

(2)根据围岩情况选择钻头,所选钻头直径符合设计要求。

(3)安装用冲击器尾部必须淬火,硬度宜为HBC48~53。

(4)钻杆长度必须大于锚杆长度。

3)楔缝式内锚头锚杆质量检测

(1)检查楔块与楔缝的尺寸和配合情况。

(2)检查锚杆尾部螺栓和螺纹的配合情况。

(3)备齐配套工具,做好螺扣的保护措施。

(4)在钻杆上标出锚杆的长度。

此外,还应检查钻孔工具、风压以及其他机械设备,使之保持正常状态。

3. 锚杆孔施工要求

1) 孔位允许偏差

孔位应根据设计要求和围岩情况做出标记,孔位允许偏差为 ±15~50mm。

2) 钻孔方向

宜沿隧道周边径向钻孔,但钻孔不宜平行于岩层层面。

3) 钻孔深度技术要求

锚杆的钻孔深度,应符合下列规定:

(1) 砂浆锚杆孔深度误差不宜大于 ±50mm。

(2) 缝管式锚杆孔深不得小于杆体长度。

(3) 楔缝式锚杆孔深不应大于杆体长度,并应保证尾部垫板、螺栓安设紧固。

(4) 锚杆钻孔应保持直线形。

4) 锚杆孔径的标准

(1) 砂浆锚杆孔径应大于杆体直径 15mm。

(2) 缝管式摩擦锚杆孔径,应根据设计要求选定并经过试验确定。锚杆管径与孔径的差值,应根据锚杆的管径、长度以及围岩软硬而定;一般现场试验是根据拉拔结果选择合理的钻头直径;钻头直径应较缝管外径小 1~3mm。钻孔与缝管直径之差是设计与施工最需要严格控制的主要因素。缝杆式摩擦锚杆的锚固力与孔、管径差的关系:径差小,锚杆安装推进阻力小,锚固力也较小;径差大,锚杆安装推进阻力大,锚固力也较大。另外,施工还应考虑到因钻头磨损导致孔径缩小的影响。

(3) 楔缝式内锚头锚杆的孔径应根据围岩条件及楔缝张拉度严格掌握确定。一般对于坚硬岩体,楔块的楔角 α 为 8°左右为好;对于较软岩体,楔角 $\alpha \leqslant 8°$ 为好,锚杆杆体楔缝宽度 δ 值一般为 3mm。其他尺寸可根据对锚固力的影响关系及试验数据合理选择,否则应修改设计参数,直到满足锚固力的要求为止。

(4) 胀壳式内锚头预应力锚杆(锚索),主要由机械胀壳式内锚头、锚杆(或钢绞线锚索)外锚头以及灌注的黏结材料等组成(图 5-2-1)。

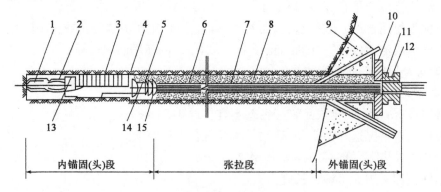

图 5-2-1 胀壳式锚头钢绞线预应力锚索

1-导向帽;2-六棱锚塞;3-外夹片;4-挡圈;5-顶簧;6-套管;7-排气管;8-黏结砂浆;9-现浇混凝土支墩;10-垫板;11-锚环;12-锚塞;13-锥筒;14-顶簧套筒;15-托圈

这种锚杆(锚索)常用在中等以上的围岩中,可以在较小的施工现场中作业,常用于高边坡、大坝以及大跨度地下隧道洞室的抢修加固及支护。它具有施工工序紧密简单、安装快速方便的特点,是能立即起作用的大型预应力锚杆(目前的预应力值一般为 600kN)。

(5)早强药包内的锚头锚杆是用快硬水泥卷或早强砂浆卷或树脂作为内锚固剂的内锚头锚杆(图5-2-2)。快硬水泥卷有以下三个主要参数:

①快硬水泥卷的直径 d 要与钻眼直径 D 值配合好。

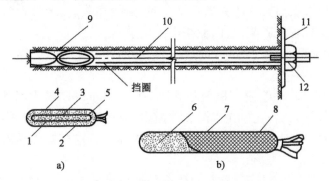

图5-2-2　早强药包内锚头锚杆

1-不饱和聚酯树脂+加速剂+填料;2-纤维纸或塑料袋;3-固化剂+填料;4-玻璃管;5-堵头(树脂胶泥封口);6-快硬水泥;7-湿强度较大的滤纸筒;8-玻璃纤维纱网;9-树脂锚固剂;10-带麻花头杆体;11-垫板;12-螺母

②快硬水泥卷长度 L 要根据内锚长度 l 和生产制作的要求决定,按式(5-2-2)计算:

$$L = \frac{(D^2 - \phi^2)l}{d^2}k \tag{5-2-2}$$

式中:L——钻眼直径(mm);

ϕ——锚杆直径(mm);

l——内锚固段长度(mm);

k——富余系数,一般 $k = 1.05 \sim 1.10$。

③快硬水泥卷的水泥质量 G,主要由装填密度 γ 计算确定。γ 是控制水灰比的关键,当 $\gamma = 1.45\text{g/cm}^3$ 时,水泥净浆的水灰比控制在0.34左右为佳。每个快硬水泥卷的 G 值可按式(5-2-3)计算:

$$G = \frac{\pi d^2}{4}L \cdot \gamma \tag{5-2-3}$$

4.普通水泥砂浆锚杆施工要点

普通水泥砂浆锚杆,是以普通水泥砂浆作为黏结剂的全长黏结式锚杆(图5-2-3)。其施工要点如下。

(1)砂浆强度等级不低于M20,砂浆配合比一般为水泥:砂:水 = 1:(1~15):(0.45~0.5)。水灰比宜为0.45~0.50,砂的粒径不宜小于3mm。

(2)杆体材料宜用20锰硅钢筋,亦可采用A3钢筋;直径以14~20mm为宜,长度为2~3.5m。为增加锚固力,杆体内端可以劈口叉开。

(3)钻孔方向应尽量与岩层主要结构面垂直。孔钻好后用高压水将孔眼冲洗干净(若是向下钻孔,须用高压风吹净水),并用塞子塞紧孔口,以防止石渣或泥土掉入钻孔内。

(4)锚杆及黏结剂材料制作应符合设计要求,锚杆应按设计要求的尺寸截取,外端不用垫板的锚杆

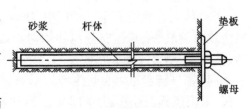

图5-2-3　普通水泥砂浆全黏结锚杆

应先弯制弯头。

(5)黏结砂浆应拌和均匀,并调整其和易性,随拌随用,一次拌和的砂浆应在初凝前用完。

(6)注浆作业应遵守下列规定:

①先注浆后插杆体时,注浆管应先插到钻孔底;开始注浆后,缓慢均匀地将注浆管往外抽出,并始终保持注浆管口埋在砂浆内,以免浆中出现空洞。

②注浆开始或中途停止超过20min时,应用水润滑注浆罐及其管路。注浆孔口的压力不得大于0.4MPa。

③注浆时应堵塞孔口,注浆管应插至距孔底50~100mm处,随水泥砂浆的注入缓慢匀速拔出,随即迅速将杆体插入;若孔口无水泥砂浆溢出,应将杆体拔出重新注浆。

④锚杆杆体应对中插入,插入后应在孔口将杆体固定。锚杆杆体插入孔内的长度不应小于设计规定。

⑤注浆体积应略大于需要体积,将注浆管全部抽出后迅速插入杆体,并可锤击或通过套筒用风钻冲击,使杆体强行插入钻孔。

⑥杆体插入孔内的长度不短于设计长度的95%,实际黏结长度亦不应短于设计长度的95%。注浆是否饱满,可根据孔口是否有砂浆挤出来判断。

⑦杆体到位后,要用木楔或小石子在孔口卡住,防止杆体滑出。砂浆未达到设计强度的70%时,不得随意碰撞,一般规定3d内不得悬挂重物。锚杆安设后,不得随意敲击。

5. 早强水泥砂浆锚杆施工要点

早强水泥砂浆锚杆的施工与普通水泥砂浆锚杆基本相同,所不同的是早强水泥砂浆锚杆的黏结剂是由铝硫酸盐早强水泥、砂、早强剂和水组成。因此,它具有早期强度高、承载快、安装较方便等优点,可弥补普通水泥砂浆锚杆早期强度低、承载慢的不足。尤其是在软弱、破碎、自稳时间短的围岩中,使用早强水泥砂浆锚杆能显出其优越性。

另外,以树脂或快硬水泥作为黏结剂的全长黏结式锚杆,也具有以上优点。但因费用较高,所以在一般隧道工程中较少使用。

早强水泥砂浆锚杆的施工,除应遵守前述普通水泥砂浆锚杆的施工规定外,在注浆作业开始或中途停止超过30min时,应测定砂浆坍落度,其值小于10mm时不得注入罐内使用。

早强水泥砂浆锚杆,采用硫铝酸盐早强水泥所掺入的早强剂具有早强、缓凝、减水与防锈的效果。其掺量:亚硝酸钠掺量为1%~3%,缓凝型糖蜜减水剂掺量宜为0.2%。

6. 早强药包锚杆施工要点

早强药包内锚头锚杆是以快硬水泥卷或早强砂浆卷或树脂卷作为内锚固剂的内锚头锚杆,其施工除应遵守普通水泥浆锚杆的施工规定外,尚应符合以下规定:

(1)药包使用前应检查,要求无结块、未受潮。药包的浸泡宜在清水中进行,随泡随用。药包必须泡透。

(2)药包应缓慢推入孔底,不得中途爆裂。应配备专用的装药包工具。

(3)药包直径较钻孔直径宜小20mm左右,药卷长度一般为200~300mm。锚杆杆体插入时应注意旋转,使药包充分搅拌均匀。锚杆药包主要有硅酸盐和硫酸盐两个系列,分为速凝型、早强型、早强速凝型几种。

(4)锚杆药包也可自行生产。原铁道部铁道科学研究院研制并生产的ZM-2型早强锚杆药包,采用硫铝酸盐水泥加TS速凝剂和阻锈剂,属速凝早强型。TS速凝剂含锂盐,具有速凝早强作用,掺量为4%~6%。阻锈剂为亚硝酸钠,掺量为0.5%。药包的浸水时间是施工的关键,应根据产品试验确定,一般为1~2min。

(5)采用快硬水泥卷内锚头锚杆的施工要点如下:

①钻眼要求同前所述,但孔眼应比锚杆长度短40~50mm。

②用直径2~3mm、长150mm的锥子,在快硬水泥卷端头扎两个排气孔,然后将水泥卷竖立放于清洁的水中,保持水面高出水泥卷约10mm。浸水时间以不冒气泡为准,但不得超过水泥的初凝时间,可做浸水后的水灰比检查。

③将浸好水的水泥卷用锚杆送到眼底,并轻轻捣实。若中途受阻,应及时处理;若处理时间超过水泥终凝时间,则应换装新水泥卷或钻眼作废。

④将锚杆外端套上连接套筒(即带有六角旋转头的短锚杆,断面打平后对中焊上锚杆螺母)装上搅拌机(如TJ-9型),然后开动搅拌机,带动锚杆旋转搅拌水泥浆,并用人力推进锚杆至眼底,再保持10s的搅拌时间(搅拌时间为30~40s)。

⑤轻轻卸下搅拌机头,用木楔楔紧杆体,使其位于钻眼孔中心处。当浸水后20min,快硬水泥具有足够的强度时,才能使扳手卸下连接套筒(一般可以多准备几个套筒周转使用)。

(6)树脂药包的使用要点。采用树脂药包时,应注意:搅拌时间应根据现场气温决定,20℃时固化时间为5min;温度下降5℃时,固化时间大约会延长1倍,即15℃时为10min,10℃时为20min。因此,地下工程在正常温度下,搅拌时间约为50s,当温度在10℃以下时,搅拌时间可适当延长为45~60s。

7. 缝管式摩擦锚杆施工要点

(1)缝管式锚杆可根据需要和机具能力,选择不同直径的钻头和管径,通过现场试验确定最合理的径差。其杆体一般要求材料具有较高的弹性。

(2)采用一般风动凿岩机时应配备专用冲击器。宜一边钻眼一边安设锚杆,也可集中钻孔、集中安设锚杆,此时不得隔班、隔日安设锚杆。

(3)安设锚杆前应吹孔,并核对孔深是否符合设计要求。安设前应检查风压,风压不得小于0.4MPa。

(4)安装时先将锚杆套上垫板,将带有挡环的冲击钎插入锚管内(锚杆应在锚管内自由转动),锚杆尾端套入凿岩机或风镐的卡套内,锚头导入钻孔,调正方向、开动凿岩机,即可将锚杆打入钻孔内,至垫板压紧围岩为止。停机取出钎杆即告完成。对于2.5m长的锚杆,一般用20~60s时间即可安装一根。

(5)安设推进锚杆过程中,要保持凿岩机、锚杆、钻孔的中心线在同一轴线上,凿岩机在推进过程中,适当注水冷却冲击器。锚杆推到末端时,应降低推进力。当垫板抵紧岩石时应立即停机,以免损坏热板和挡环。

(6)若作为永久支护,则应做防锈处理,并灌注有膨胀性的砂浆。

8. 楔缝式内锚头锚杆施工要点

(1)安设锚杆前,应将楔子与锚杆组装好,送入孔内时不得偏斜。楔缝式锚杆的安装是先将楔块插入楔缝,轻轻敲击使其固定于缝中,然后插入眼底;并以适当的冲击力冲击锚杆尾,至楔块全部插入楔缝为止。打紧楔块时应注意丝扣不被损坏。为了防止杆尾受冲击发生变形,可采用套筒保护。

(2)一般要求锚杆具有一定的预张力,可采用测力矩扳手或定力矩扳手来拧紧螺母,以控制锚固力。楔缝式锚杆安设后应立即上好托板,并拧紧螺母。

(3)若要求在楔缝式锚杆的基础上再做注浆加固,则除按砂浆锚杆注浆外,预张力应在砂浆初凝前完成,并注意减少砂浆的收缩率。

(4)若只要求作为临时支护,则可改楔缝式锚杆为楔头式或胀壳式锚杆。楔头式锚杆及胀壳式锚杆的杆体均可回收,但锚头加工制作较复杂,故一般多在煤矿或其他坑道中应用。

9.胀壳式内锚头预应力锚索施工要点

(1)胀壳式内锚头预应力锚索的加工应符合设计质量要求,在存放、运输及安装过程中不得有损伤和变形。

(2)钻孔一般采用冲击式潜孔钻,也可选用各种旋转式地质钻。钻孔完毕后应丈量孔深和予以清洗,并做好孔口现浇混凝土支墩。

(3)锚索安装要平直不紊乱,同时安设排气管。锚索推送就位后,即可进行安装千斤顶张拉。一般先用20%~30%的预应力值预张拉1~2次,促使各相连部位接触紧密,使钢绞索平直。最终张拉值应有5%~10%的超张拉量,以保证预应力损失后仍能达到设计要求的有效预应力标准。张拉时千斤顶后面严禁站人,以防不测。

(4)预应力无明显衰减时,才最后锁定。注浆应饱满,注浆达到设计强度后,进行外锚头封盖。

四、喷射混凝土施工

喷射混凝土可作为隧道工程Ⅱ~Ⅴ类围岩中的临时性和永久性支护,也可以与各种形式的锚杆、钢纤维、钢拱架、钢筋网等构成复合式支护结构。它除用于地下工程外,还广泛应用于地面工程的路堑、边坡防护与加固、基坑防护、结构补强及矿山、水利、人防工程等。随着施工工艺、施工机械的发展和应用,喷射混凝土作为新型材料、新型支护结构和新的施工工艺,将有更为广阔的发展前景。

1.喷射混凝土基本原理及特点

喷射混凝土是使用混凝土喷射机,按一定的混合程序,将掺有速凝剂的混凝土拌和料与高压水混合,经过喷嘴喷射到岩壁表面上,混凝土迅速凝固,结成一层支护结构,从而对围岩起到支护作用。

采用喷射混凝土作隧道支护的主要优点如下:

(1)支护速度较快,支护及时,施工安全。

(2)支护质量较好,强度高,密实度好,防水性能较好。

(3)省工,操作较简单,支护工作量减少。

(4)省料,不需要进行对边墙后面及拱背回填压浆等。

(5)施工灵活性很大,可以根据需要分次喷射混凝土追加厚度,能够满足工程设计与使用的要求。

2.喷射混凝土工艺流程种类

喷射混凝土工艺流程有干喷、潮湿、湿喷和混合喷四种。它们之间的主要区别是各工艺流程的投料程序不同,尤其是加水和速凝剂的时机不同,其中湿喷混凝土按其输送方式的不同,可分为风送式、泵送式、抛甩式和混合式,应根据实际情况选用。

(1)干喷

干喷是用搅拌机将集料和水泥拌和好,投入喷射机料斗,同时加入速凝剂,压缩空气使干混合料在软管内呈悬浮状态,压送到喷枪,在喷头处加入高压水混合,以较高速度喷射到岩面上。其工艺流程如图5-2-4所示。

干喷的缺点是产生的水泥与砂粉尘量较大,回弹量亦较大。加水是由电喷嘴处的阀门控制的,水灰比的控制程度与喷射手操作的熟练程度有直接关系,但使用机械较简单,机械清洗和故障处理较容易。

(2)潮喷

潮喷是将集料预加少量水,使之呈潮湿状,再加水泥拌和,从而降低上料、拌和和喷射时的粉尘,但大量的水仍是在喷头处加入和从喷嘴射出的。其潮喷工艺流程和使用机械同干喷工艺,见图5-2-4。目前隧道施工现场较多使用的是潮喷工艺。

(3)湿喷

湿喷是将集料、水泥和水按设计比例拌和均匀,用湿式喷射机将拌和好的混凝土混合料压送到喷头处,再在喷头上添加速凝剂后喷出,其工艺流程如图5-2-5所示。湿喷混凝土的质量较容易控制,喷射过程中的粉尘数量较容易控制,喷射过程中的粉尘和回弹量较少,是值得发展、推广应用的喷射工艺。但此法对湿喷机械要求较高,机械清洗和故障处理较困难。对于喷层较厚的软岩和渗水隧道,不宜采用湿喷混凝土工艺施工。

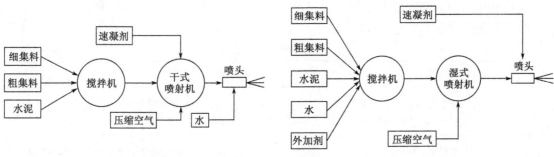

图5-2-4 干喷、潮喷工艺流程　　　　　　　　图5-2-5 湿喷工艺流程

(4)混合喷射(SEC式喷射)

此法又称水泥裹砂造壳喷射法,分别由泵送砂浆系统和风送混合料系统两套机具组成。操作时,先是将一部分砂加第一次水拌湿,再投入全部用量水泥,强制拌和成以砂为核心、外裹水泥壳的球体;然后加第二次水和减水剂拌和成SEC砂浆;再将另一部分砂与石、速凝剂按配合比配料,强制搅拌成均匀的干混合料;之后再分别通过砂浆泵和干式喷射机,将拌和成的砂浆及干混合料由高压胶管输送到混合管混合;最后由喷头喷出。其工艺流程见图5-2-6所示。

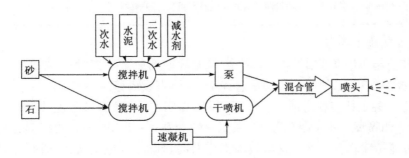

图5-2-6 混合式喷射工艺流程

混合式喷射是分次投料搅拌工艺与喷射工艺相结合,其关键是水泥裹砂(或砂、碎石)造壳工艺技术。混合式喷射工艺使用的主要机械设备与干喷工艺基本相同,但混凝土的质量较干喷混凝土的质量好,且粉尘和回弹量大幅度降低。混合式喷射使用机械数量较多,工艺技术

237

较复杂,机械清洗和故障处理较麻烦。因此一般只在喷射混凝土量大和大断面隧道工程中使用。混合喷射凝土强度等级可达到 C30～C35,而干喷和潮喷混凝土强度较低,一般只能达到 C20。

3. 喷射混凝土的施工要点

1) 喷射作业前检查的主要内容

(1) 喷射前应对开挖面尺寸认真检查,清除松动危石,欠挖超标过多的应先做局部处理。

(2) 受喷岩面有较集中渗水时,应做好排水引流处理;无集中渗水时,根据岩面潮湿程度,适当调整水灰比。

(3) 应根据石质情况,在喷射前用高压风或水清洗受喷面,将开挖面的粉尘和杂物清理干净,以利于混凝土黏结。

(4) 埋设喷层厚度检查标志,一般是在石缝处打铁钉,或用快硬水泥安设钢筋头,并记录其外露长度,以便控制喷层厚度。

(5) 应检查和调试好各机械设备工作状态。

2) 喷射作业前的施工准备工作

喷射作业前的施工准备和要求,详见表 5-2-6。

喷射作业前的施工准备工作　　　　表 5-2-6

项　　目	内容及要求
材料方面	对水泥、砂、石、速凝剂、水等的质量要进行检验;砂、石均应过筛,并应事先冲洗干净;砂、石含水率应符合要求。为控制砂、石含水率,一般应设置防雨棚;干燥的砂子应当洒水
机械及管路方面	喷射机、混凝土搅拌机、皮带运输机等使用前均应检修完好,就位前要进行试运转;管路及接头要保持良好,要求风管不漏风,水管不漏水,沿风、水管路每隔 40～50m 装一接头,以便当喷射机移动时,连接风、水管
其他方面	检查开挖断面,欠挖处要补凿够,敲帮找顶、清除浮石,用高压水冲洗;附着于岩面的泥污应冲洗干净,每次冲洗长度以 10～20m 为宜;对裂隙水要进行处理; 不良地质处应事先进行加固(如采用锚杆、钢筋网或金属支架等);对设计要求或施工使用的预埋件要安装准确;备好脚手架或喷射台车,以便喷射边墙上部或拱部;埋设测量喷混凝土厚度的标志,如利用锚杆预留一定长度作标记时,应及时将多余长度锯掉,以免喷射后露在表面; 喷射作业面须有充足的照明,照明灯上应罩上铁丝网,以免回弹物打坏照明灯;当喷头作业与喷射机间的距离超过 30m 时,宜设置电铃或信号灯,作为通信联络信号;做好回弹物的回收和使用的准备,喷射前先在喷混凝土地段铺设薄铁板或其他易于回收。弹物的设备

3) 喷射作业的施工要点

(1) 喷射作业施工准备工作做好后,严格掌握规定的速凝剂掺量,并添加均匀。喷射时,喷射手应严格控制水灰比,使喷层表面平整光滑,无干斑或滑移流淌现象。

(2) 在未上混凝土拌和料之前,先开高压风及高压水,如喷嘴风压正常,喷出来的水和高压风应呈雾状。如喷嘴风压不足(适宜的风压一般为 0.1～0.15MPa),可能是出料口堵塞;如喷嘴不出风,可能是输料管堵塞。这些故障都应及时排除。开电动机,先进行空转,待机器运转正常后才开始投料、搅拌和喷射。

(3) 喷射应分段、分部、分块,按先墙后拱的顺序自下而上地进行喷射,喷嘴需向受喷岩面做均匀的顺时针方向的螺旋转动,一圈压半圈地横向移动,螺旋直径为 200～300mm,以使混凝土喷射密实。

(4)为保证喷射混凝土质量,减少回弹量和降低粉尘,作业时还应注意以下事项:

①喷射时应分段长度不超过6m,分部为先下后上,分块大小为2m×2m,并严格按先墙后拱、先下后上的顺序进行喷射,以减少混凝土因重力作用而引起滑动或脱落现象的发生。

②掌握好喷嘴与受喷岩面的距离和角度;喷嘴至岩面的距离为0.8~1.2m,过大或过小都会增加回弹量;喷嘴与受喷面垂直,并稍微偏向刚喷射的部位(倾斜角不宜大于10°),则回弹量最小、喷射效果和质量最佳。对于岩面凸出处应后喷和少喷。

③混凝土喷射程序如图5-2-7所示。喷射时可以采用螺旋形移动前进,也可以采用S形往返移动前进。

(5)调节好风压与水压。

风压与喷射质量有密切的关系,过大的风压会造成喷射速度太高而加大回弹量,损失水泥;风压过小会使喷射力减弱,混凝土密实性差。因此,根据喷射情况应适当调整风压。

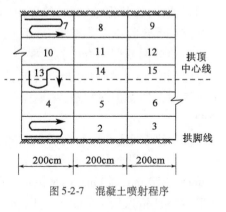

图5-2-7 混凝土喷射程序

为保证高压水能从喷枪混合室(喷头处)内壁小孔高速度射出,将干拌和料迅速搅拌均匀,水压应稍高于风压。湿式喷射时,风压及水压均较干喷时高。一般水压应比输料管的压力至少高10~15N/cm²,同时要求供水系统的水压不应大于40N/cm²;供水系统水压不足时,需要采用压水水箱提供稳定的水压,才能确保喷射混凝土施工质量。

(6)一次喷射厚度问题。

喷射作业应分层进行。一次喷射厚度不得太厚或太薄,它主要和喷射混凝土层与受喷面之间的黏结力及受喷部位等有关,并且应根据掺与不掺速凝剂、回弹损失率等因素而定,一般规定按照表5-2-7确定喷射厚度。

喷射厚度和喷射部位   表5-2-7

喷射部位	一次喷射厚度(mm)	
	掺速凝剂	不掺速凝剂
拱部	50~60	30~40
边墙	70~100	50~70

若一次喷射太厚,在自重作用下,喷层会出现错裂而引起大片坍落。若一次喷射太薄,大部分粗集料会回弹,使受喷面上仅留下一层薄薄的混凝土或砂浆,势必影响工程质量。一般情况下,一次喷射厚度:边墙为50~70mm,拱部为30~40mm(不掺速凝剂)。当掺入速凝剂后,边墙不宜超过80mm,拱部不宜超过60mm。分层喷射的厚度一般为粗集料最大粒径的两倍,如一次喷射厚度小于50mm时,使用石子的最大粒径也要求相应减小。

(7)分层喷射的间隔时间。

分层喷射,一般分2~3层喷射;分层喷射合理的间隔时间应根据水泥品种、速凝剂种类及掺量、施工温度(最低不宜低于5℃)和水灰比大小等因素,并视喷射的混凝土终凝情况而定。

分层喷射间隔时间不得太短,一般要求在初喷混凝土终结以后,再进行复喷;当间隔时间较长时,复喷前应将初喷混凝土表面清洗干净,且复喷时应将凹陷处进一步找平。

一般在常温下(15~20℃),使用红星I型速凝剂时,可在5~10min后进行下一次喷射;而使用碳酸钠速凝剂时,最少要在30min后,才能进行复喷。

(8)喷射混凝土的养护。

为使水泥充分水化,使喷射混凝土的强度均匀增长,减少或防止混凝土的收缩开裂,确保喷射混凝土的质量,喷射后需要良好地养护喷射混凝土,应在其终凝1~2h后进行洒水养护,养护时间不应少于7d。

另外,当有钢筋时,喷射应严格控制水灰比,喷射角度可偏一些,喷射混凝土应覆盖钢筋20mm以上。当有钢架时,钢架与围岩之间的间隙必须用喷射混凝土充填密实,喷射混凝土应将钢架覆盖,避免钢架锈蚀,并应由两侧拱脚向拱顶方向喷射。当采用钢纤维喷射混凝土时,钢纤维在混合料中应分布均匀,不得结成团。

4)钢筋网喷射混凝土施工要点

(1)钢筋网是喷射混凝土前挂设在岩面上的,然后再喷射混凝土。目前,我国在各类隧道工程中应用其作支护的较多,主要用于软弱破碎围岩,更多的是与锚杆或钢拱架构成联合支护结构。

(2)钢筋网通常应环向和纵向布置。环向筋一般为受力筋,由设计计算确定,钢筋直径为$\phi 12mm$左右,纵向筋一般为构造筋,直径为$\phi 6 \sim 10mm$;网格尺寸一般为200mm×200mm、200mm×250mm、250mm×250mm、250mm×300mm;对于围岩松散、破碎较严重,或土质和砂质隧道,可采用直径小于$\phi 6mm$,网格尺寸一般为100mm×100mm、100mm×150mm、150mm×150mm、150mm×200mm、200mm×200mm。

(3)钢筋网应根据被支护围岩面上的实际起伏形状铺设,应在初喷一层混凝土后再铺设。钢筋网与岩面或与初喷混凝土面的间隙应不小于30~50mm,钢筋网保护层厚度不小于30mm,有水部位不小于40mm。钢筋用前应清除污锈。

(4)为便于挂网安装,常将钢筋网先加工成网片,长宽尺寸可以为1000~2000mm。

(5)钢筋网应与锚杆锚钉头连接牢固,并应尽可能使用多点连接,以减少喷射混凝土时使网筋发生"弦振"现象。锚钉的锚固深度不得小于200mm,以确保连接牢固、安全、可靠。

(6)在开始喷射时,应适当缩短喷头至受喷面的距离,并适当调整喷射角度,使钢筋网背面混凝土变得密实。对于干燥土质隧道,第一次喷射一定不能太厚,否则会鼓起及剥落等。

(7)在砂层地段,应注意要紧贴砂层铺挂细钢筋网,并用$\phi 22mm$环向钢筋压紧,再喷射混凝土。在正式喷射前,应先喷一层加大速凝剂掺量的水泥砂浆,并适当减少喷射机的工作风压。

(8)在有水地段,应改变配合比,增加水泥用量;先喷干混合料,待其与涌水融合后,再逐渐加水喷射。喷射时由远而近,逐渐向涌水点逼近,然后在涌水点安设导管将水引出,再在导管附近喷射。

当涌水范围较大时,可设树枝状排水盲沟再喷射;当涌水严重时,可设置泄水孔,边排水边喷射;当涌水点不多时,可用开缝摩擦锚杆进行导水处理后再喷射。

5)减少粉尘和回弹量的措施

(1)严格控制喷射机的工作风压。

(2)合理选择喷射混凝土配合比;适当减小最大集料的粒径;使砂石料具有一定的含水率,呈潮湿状。有条件时,宜掺加粉尘抑制剂。

(3)掌握好喷头处用水量,提高喷射作业施作的熟练水平和喷射施工的技术。

(4)采用特殊结构的喷头(如提前加水、双水环、三水环等)。

(5)采用湿喷工艺施工。

五、钢拱架制作与安设施工

在围岩软弱破碎较严重、自稳性差的隧道地段(Ⅰ、Ⅱ类围岩和Ⅲ类围岩中的软岩),坑道开挖后要有早期支护,且必须具有较大的刚度,以阻止围岩过度变形和承受部分松弛荷载。钢拱架具有这样的力学性能,其整体刚度较大,可以提供较大的早期支护刚度;钢架支撑可很好地与锚杆、钢筋网、喷射混凝土合理组合,构成联合支护,增强支护功能的有效性,且受力条件较好,对隧道断面变形的适应性好。

1.钢拱架构造和制作

(1)钢拱架的构造

用作支护结构的钢拱架的材料较多,可采用 H、V 形钢和工字钢及钢管或钢轨加工制作的钢架。一般在现场采用钢筋加工制成的格栅钢拱架较多。

(2)钢拱架的制作

钢拱架一般在现场制造,采用冷弯或热弯方法加工焊接而成。钢筋格栅钢拱架的腹部八字单元可以在工厂压制,装运到隧道施工现场,按比例为1:1的胎模热弯加工及焊接或铆接而成。钢拱架加工后要进行试拼,拼装允许误差为:沿隧道周边轮廓线的误差不应大于±30mm,平面(翘曲)应小于±20mm。接头连接要求每榀之间可以互换。即采用冷弯、冷压、热弯、热压、电焊加工制作钢拱架构件时,要求尺寸准确、弧形圆顺、结构安全可靠;钢拱架的截面尺寸应满足强度、刚度、稳定性的要求。因此,应按设计计算要求进行选材、加工、制作及检算验收等。

2.钢拱架安设与施工

1)钢拱架安设

(1)钢拱架应按设计位置安设,钢架之间必须用钢筋纵向连接,拱脚必须放在特制的基础上或原状土上,钢拱架与围岩之间应尽量接近,预留 20~30mm 间隙作为保护层。在安设过程中,当钢拱架与围岩之间有较大的间隙时,应设垫块垫紧。

(2)钢拱架应垂直于隧道中线,上下左右偏差应小于±50mm,钢拱架倾斜度应小于±2°;当拱脚高程不准确时,不得用土回填,而应设置钢板调整,使拱脚位于设计高程位置;钢拱架的安设应在开挖后 2h 内完成;拱脚高度应设在低于上半断面底线以下 150~200mm;当承载不足时,钢拱架可向围岩方向加大接触面积。

(3)为方便安设,每榀钢拱架一般应分为 2~6 节,并保证接头的刚度。节数应与断面大小及开挖方法相适应。每榀钢架之间应在纵向设置不小于 $\phi 22 mm$ 的钢拉杆连接。

2)钢拱架施工要点

(1)钢拱架应安设在隧道横向竖直平面内,其垂直度允许误差为±2°。

(2)钢拱架的拱脚应有一定的埋置深度,并必须落到原状土上,才能保证拱脚的稳定(即沉降值很少)。一般可以采取用垫石、垫钢板、纵向加托梁或锁脚锚杆等措施。

(3)钢拱架的截面高度应与喷射混凝土厚度相适应,一般为 100~200mm,且要有保护层;应在初喷混凝土后安装钢拱架,初喷混凝土厚度约为 40mm。钢拱架应尽可能多地与锚杆露头及钢筋网焊接,以增强其联合支护的效应。

(4)可缩性钢拱架的可缩性节点不宜过早喷射混凝土。应待其收缩合拢后,再补喷混凝土。

(5)喷射混凝土时,应注意将钢拱架与岩面之间的间隙喷射饱满,以达到很密实的程度。

(6)喷射混凝土应分层次、分段喷射完成。初喷混凝土应尽早进行"早喷锚";复喷混凝土应在量测指导下进行,即"勤量测"的基本原则,以保证喷射混凝土的复喷适时有效。

六、隧道浅埋段开挖施工

1. 隧道浅埋段和洞口段施工方法

1)隧道浅埋段和洞口加强段的开挖

在浅埋和洞口加强地段进行开挖施工和支护,应根据地质条件、地表沉陷对地面建筑物的影响,以及保障施工安全等因素选择施工方法和支护方式,并应考虑施工效果及工程费用。

隧道浅埋段和洞口加强段,通常位于软弱、破碎、自稳时间极短的围岩中,若施工方法和支护方式不妥当,则极易发生冒顶、塌方或地表有害下沉,当地表有建筑物时会危及其安全。所以应采用先支护后开挖或分部开挖等措施,以防止开挖工作面失稳或地表有害下沉等。

2)隧道浅埋段施工方法和支护方式的技术要求

隧道浅埋段施工和支护应符合下列技术规定:

(1)根据围岩及周围环境条件,可优先采用单侧壁导坑法、双侧壁导坑法或留核心土开挖法;围岩的完整性较好时,可采用多台阶法开挖。严禁采用全断面法开挖,这是因为如果对属于大断面的公路隧道进行全断面开挖,对围岩的扰动很大,会导致全周壁围岩松动,增大坍塌的可能性,且支护结构难以及时施工,并增大隧道工程造价。

(2)开挖后应尽快施工锚杆、喷射混凝土、敷设钢筋网或钢支撑。当采用复合式衬砌时,应加强初期支护的锚喷混凝土。Ⅱ类以下围岩应尽快施工衬砌,防止围岩松动。锚喷支护及构件支撑的施工应符合《公路隧道施工技术规范》(JTG F60—2009)的有关要求。

(3)锚喷支护或构件支撑,应尽量靠近开挖面,其距离应小于1.0倍洞跨。

(4)视地质条件,可配合采用超前小导管注浆、超前锚杆支护加固等辅助施工措施,即当浅埋段地质条件很差时,应采用辅助施工方法。

2. 隧道浅埋段初期支护施工要点

(1)隧道浅埋段和洞口加强段施工开挖后,应立即铺设小网孔的钢筋网,并喷射30～50mm厚的混凝土层。

(2)安设锚杆及钢拱架,二次支护喷射混凝土应在钢拱架上形成不小于30mm的保护层。

(3)落底、安设锚杆及下部钢拱架,应同时进行挂网,喷射混凝土。

(4)应进行仰拱封底,尽早形成封闭结构。

3. 控制隧道地表沉降技术措施

(1)宜采用单臂掘进机或风镐开挖,减少对围岩的扰动;当采取爆破开挖时,应采用短进尺、弱爆破。

(2)应加强对拱脚的处理,打设拱脚锚杆,提高拱脚处围岩的承载力。

(3)应及时施工仰拱或临时仰拱。

(4)若初期支护变形过大,又不宜加固时,可对洞周2~3m围岩进行系统注浆固结支护。

(5)地质条件差或有涌水时,宜采用地表预注浆结合洞内环形注浆固结。

(6)加强对地表下沉、拱顶下沉的量测及反馈,以指导施工,量测频率为深埋段时的2倍。

在国内外大量隧道工程施工实践中,对于覆盖层浅的隧道,其围岩难以自成拱,地表易沉陷,因此施工方法不能与覆盖层深的隧道区段相同,应采取适合浅埋段的施工方法。根据大量的施工资料调查,覆盖层小于洞跨2倍的隧道或区段属于浅埋隧道,应采用浅埋段施工方法施工。浅埋段工程应包括洞口加强段。

由于每座隧道的地形、地质及路线位置不同，要明确地规定洞口段的范围是比较困难的。在一般情况下，可以将由于隧道开挖可能给上坡地表面造成不良影响的洞口范围称为洞口加强段。每座隧道应根据各自的围岩条件来确定洞口段的范围，一般亦可参照图5-2-8确定。

国外隧道工程实践和科研成果表明：侧壁导坑法的效果较好。多座隧道施工证明，采用侧壁导坑法施工引起的地表面沉降量最小。当停车带区段或三车道隧道施工时，采用中壁墙分部开挖法效果最好。

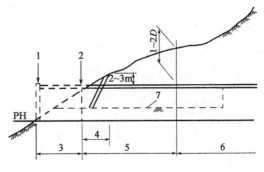

图5-2-8 洞口段的一般范围

1-洞门位置；2-洞口位置；3-明洞段；4-进洞过渡段；5-洞口段；6-隧道洞身段；7-上部开挖地基；图中 D 是隧道开挖最大洞跨(m)

【工程实例】

一、工程概况

厦门××隧道是一项规模宏大的跨海工程，路线全长8.346km，隧道全长5 945m，其中跨越海域长约4 200m，为双向六车道，是连接厦门本岛××区陆地的重要通道，也是我国采用钻爆法修建的第一座大断面的海底隧道。本合同段隧道长度为2 810m，其中穿越陆域地段长290m，海域段长2 520m。厦门地区所处大地构造单元为闽东中生代火山断拗带（二级构造单元）之闽东南沿海变质带（三级构造单元）。在此构造单元内，对隧址区地质构造具有控制意义的断裂构造为长乐—诏安断裂带和九龙江断裂带。本工程隧道浅滩段，是陆地与海域相连接部位，该段为全强风化围岩，且处于地下水位以下，其中隧道拱顶有小部分穿越砂砾层，大部分处于全~强风化带，地质条件差，围岩级别为Ⅴ级，长度达1 203m，成为进洞工程的拦路虎。如何保证隧道浅滩段施工质量是隧道能否达到百年使用年限的关键，也是本工程的重点之一。

本项目采用高压水平旋喷超前注浆加固地层，超前小导管辅助施工措施，初期支护由 $\phi25$ 中空注浆锚杆、双层钢筋网、喷射混凝土、工字钢架，结合超前小导管组成。

二、开挖方法

浅滩砂砾段采用双侧壁导坑法开挖，严格遵守"管超前、严注浆、短开挖、强支护、快封闭、勤量测"的施工原则。在开挖过程中，采用地质雷达和红外探水、地质钻孔等检测方法，检查分析注浆加固效果，保证开挖时地层的稳定，避免大的流沙和涌水的出现。采用TSP203超前探测系统、GPR（探地雷达）和超前地质水平钻孔等综合超前地质预报手段实施超前预报，探测前方围岩及地下水发育情况，及时发现砂砾层地段，并结合监控量测结果，调整隧道开挖施工方案。

加固处理完成经检查达到目标效果后，侧壁导坑和拱部及核心土第一次开挖采用人工用尖镐或风镐等非爆破法开挖为主，尽量减少开挖中对地层的扰动，核心土第二次开挖采用人工配合CAT320型小型挖掘机开挖。侧壁导坑为全断面开挖掘进，初期支护一次完成，根据监控量测结果导坑不宜全断面开挖时，应分上下台阶进行开挖，预留核心土，必要时增设临时仰拱；

拱部及核心土第一次开挖采用预留核心土环形开挖法,与核心土第二次开挖台阶间距3~5m。每次开挖循环进尺0.5m,与设计型钢拱架纵向间距一致,开挖后及时用5cm厚的喷射混凝土对开挖轮廓进行封闭,再按照设计进行初期支护。隧道中线左、右两侧导坑开挖面相错距离为3~5m,严禁同时开挖。

三、初期支护施工

初期支护包括工字钢架、钢筋网、中空注浆锚杆、喷射混凝土等工序,应及时施工,尽早封闭成环。

四、高压水平旋喷超前注浆施工工艺

在砂砾层地段利用水平钻机略向上仰成孔,沿隧道拱部外缘进行高压旋喷注浆作业,形成水平旋喷水泥柱体,使之搭接形成拱棚,每开挖7.5m施作一环,并配合小导管形成超前支护体系。

1. 施工工艺

施工准备:喷射混凝土封闭工作面,预留钻孔,在孔口预置封堵器,铺设供水平旋喷钻机移动的简易轨道,在工作面上用红油漆标出各水平旋喷桩体的中心位置,并编号。

钻机就位:将钻机置于铺设的轨道上,调整钻杆轴线使其与桩体设计轴线重合。

钻孔:启动钻机开始钻孔,在钻孔过程中定时试喷清水,检查喷嘴是否堵塞。

制备浆液:浆液采用水泥浆,水灰比为1:1,根据旋喷过程中孔口冒出废浆液量的大小,确定是否采用双浆液喷射,或是在浆液中掺加速凝早强剂氯化钙(水泥用量的2%~4%)或三乙醇胺(水泥用量的0.5%)等外加剂。

旋喷:钻孔至设计长度后,开启高压注浆泵,待浆液压力达到20MPa后,在原处旋喷30min后,开始后退旋喷。在卸钻杆后,将钻头再向前移动0.5m后继续旋喷,以保证桩体的连续性。为增强水平旋喷桩的抗弯性能,也可以在旋喷完成后立即在孔内插入ϕ50mm的钢管,旋喷作业后及时将孔口封堵,以减少浆液外泄。

排污:在水平旋喷时,孔口流出的废浆液将会更多,必须及时排出洞外,以免影响施工。

机具冲洗:旋喷完成后,及时冲洗钻杆及喷头,以免管内浆液凝固结块堵塞喷嘴。

2. 技术参数

钻孔时,旋转速度为25~30r/min,钻进速度可根据钻进过程中的地层阻力适时调整。采用喷嘴ϕ2.0mm,钻杆直径为50mm,钻头直径为75mm。钻孔长13m,旋喷长12m,孔口处剩下1m不喷,以减少孔内浆液的外泄量。相邻两环旋喷拱棚搭接2m。

旋喷过程中,浆液压力不小于20MPa,旋转速度15~20r/min,后退速度15~18r/min。

3. 注意事项

钻机定位时,一定要保证钻杆轴线与设计桩体轴线夹角不大于1.5°。搅拌好的浆液倒入储浆罐时,必须用直径小于0.8mm的滤网过滤。注意换钻杆时前后段旋喷桩的连接,避免断桩或缩颈现象的发生。在旋喷过程中,经常检查旋喷浆液压力、压缩空气压力、浆液流量、旋转速度和提升速度等旋喷参数,保证按设计要求施工。在旋喷过程中,及时将冒出的废浆液排走,以免影响施工。若发现口、孔口冒浆量骤减或不冒浆,应及时分析原因;若发现压力急剧上升,表明喷嘴立即停喷,排除问题后继续旋喷。超前小导管采用长4m、外径42mm、壁厚3.5mm的热轧无缝钢管,钢管前端呈尖锥状,尾部焊接ϕ6mm加劲箍筋,管壁四周钻ϕ8mm的梅花形

布置压浆孔,尾部有 1m 不设压浆孔。钢管环向间距 40cm,施工时钢管与隧道轴线平行并以 10°仰角打入拱部围岩,尾端支撑于钢架上,也可焊接于系统锚杆的尾端,每排小导管的纵向搭接长度要求不小于 1.0m。超前小导管注纯水泥浆液,水泥浆水灰比为 1:1~1:1.5,注浆压力为 0.5~1.0MPa。当渗水量较大时,考虑注水泥-水玻璃双液浆,以加强止水和对砂层的固结。

超前小导管沿隧道纵向开挖轮廓线,采用钻注一体机钻孔,并将小导管顶入孔内;如有堵孔,用 ϕ20mm 钢管制作吹管,将吹管缓缓插入空中,用高压风吹孔,成孔后再将小导管插入,并用胶泥封堵管口周围空隙。小导管安装完成后,喷射混凝土封闭掌子面,形成止浆墙,以防漏浆,并清除小导管内的积物。注浆前先进行注浆现场试验,根据试验结果确定注浆参数,采用 PH15 型注浆机进行注浆,注浆顺序由下而上,浆液由稀到浓逐级变换,即先稀后浓。注浆完后,立即堵塞孔口,防止浆液外流。

注浆中如发生与其他孔串浆将串浆孔堵住,轮到注该孔时,拨出堵塞物,用高压风或水冲洗,如拨出堵塞物时,仍有浆液外流,则可不冲洗,而应立即接管注浆。压力突升则可能发生堵管,立即停机检查处理。如果压力长时间上不去,则检查是否窝浆或流往别处;否则将调整浆液配比,缩短胶凝时间,进行小泵量低压或间歇注浆,注意间歇时间不能超过浆液胶凝时间。

第三章 防水隔离层及二次衬砌施工

隧道在开挖时或在喷射混凝土施工后如有渗漏水现象,或在隧道开挖时或喷射混凝土施工后虽未发生渗漏水现象,但围岩的状况表明,将来仍有可能出现渗漏水的地段,都必须设置相应的衬砌防水工程。尤其对于隧道洞口段,为保证充分安全,无论有无渗漏水发生,都要设置防水工程。衬砌防水工程可采取浇筑抗渗混凝土与铺设防水层相结合的办法进行处理。

抗渗混凝土是混凝土中掺加市场上常见的增强防水剂,可提高防水抗渗效果。防水层一般采用外贴式防水层;对复合式衬砌,设置夹层防水层。防水材料常用合成树脂与土工布聚合物制作的防水薄膜和防水板。防水板有橡胶防水板、塑料防水板。隧道施工多采用塑料防水板,因此本章主要介绍塑料板防水层及二次衬砌施工。

第一节 防水隔离层铺设

1. 塑料防水层铺设前准备工作

(1)测量隧道坑道开挖断面,对欠挖部位应加以凿除,对喷射混凝土表面凹凸显著部位,应分层喷射找平;外露的锚杆头及钢筋网应齐根切除,并用水泥砂浆抹平。喷射混凝土表面凹凸显著部位,是指矢高与弦长之比超过1/6的部位,对其应修凿、喷补,使混凝土表面平顺。

(2)应检查塑料板有无断裂、变形、穿孔等缺陷,保证材料符合设计、质量要求。

(3)应检查施工机械设备、工具是否完好无缺,并检查施工组织计划是否科学、合理等。

2. 塑料板防水层铺设的主要技术要求

(1)塑料板防水层的施作,应在初期支护变形基本稳定和在二次衬砌灌筑前进行。开挖和衬砌作业不得损坏已铺设的防水层。因此,防水层铺设施作点距爆破面应大于150m,距灌筑二次衬砌处应大于20m。发现层面有损坏时应及时修补;当喷层表面漏水时,应及时引排。

(2)防水层可在拱部和边墙按环状铺设,并视材质采取相应的接合方法。塑料板搭接宽度为100mm,两侧焊缝宽应不小于25mm(当采用橡胶防水板黏结时,其搭接宽度为100mm,黏缝宽不小于50mm)。

(3)防水层接头处应擦干净,塑料防水板应采用与其材质相同的焊条焊接,两块塑料板之间接缝宜采用热楔焊接法,其最佳焊接温度和速度应根据材质试验确定。聚氯乙烯PVC板和聚乙烯PE板焊接温度和速度,可参考表5-3-1。防水层接头处不得有气泡、褶皱及空隙;接头处应牢固,强度应不小于同一种材料(橡胶防水板应用黏合剂黏结,涂刷胶浆均匀,用量充足才能确保黏合牢固)。

(4)防水层用垫圈和绳扣吊挂在固定点上,其固定点的间距:拱部应为0.5~0.7m,侧墙为1.0~1.2m。在凹凸处应适当增加固定点;固定点之间防水层不得绷紧,以保证浇筑混凝土时板面与混凝土面能密贴。

PVC板、PE板最佳焊接温度和速度　　　　　　表5-3-1

项目＼材质	PVC板	PE板
焊接温度(℃)	130~180	230~265
焊接速度(m/min)	0.15	0.13~0.2

(5)采用无纺布作滤层时,防水板与无纺布应密切叠合,整体铺挂。

(6)防水层纵横向一次铺设长度,应根据开挖方法和设计断面确定。铺设前宜先试铺,并加以调整。防水层的连接部分,在下一阶段施工前应保护好,不得被弄脏和损坏。

(7)防水层属隐蔽工程,灌筑混凝土前应检查防水层质量,做好接头记录和质量检查记录。

3.铺设塑料板防水层应具备的条件

(1)喷射混凝土的开挖面轮廓,严格控制超欠挖,欠挖必须凿除,有不平处应加喷混凝土或用砂浆抹平,做到喷层表面基本圆顺,个别锚杆或钢筋头应切断,并用砂浆覆盖。

(2)隧道开挖中因塌方掉边造成的坑洼或岩溶洞穴,必须回填处理,并待稳定后再铺设塑料防水层。

4.塑料板防水层搭接方法

(1)环向搭接

即每卷塑料板材沿衬砌横断面环向进行设置。

(2)纵向搭接

即板材沿隧道纵断面方向排列。纵向搭接要求呈鱼鳞状,以利于排水,如图5-3-1所示;止水带安装如图5-3-2所示。

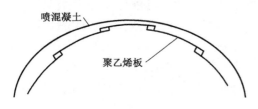

图5-3-1　聚乙烯板纵向搭接

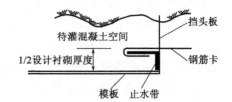

图5-3-2　止水带安装位置

第二节　二次衬砌混凝土施工要点

在公路隧道及地下工程中,常用的支护衬砌形式主要有整式衬砌、复合式衬砌及锚喷衬砌。整体式衬砌为永久性的隧道模筑混凝土衬砌(常用于传统的矿山法施工)。复合式衬砌是由初期支护和二次支护所组成,初期支护是帮助围岩达成施工期间的初步稳定,二次支护则是提供安全储备或承受后期围岩压力。初期支护按主要承载结构设计与施工;二次支护在Ⅳ类及以上围岩时按安全储备设计;在Ⅲ类及以下围岩时,则按承受后期围岩压力结构设计与施工,并均应满足构造要求。锚喷衬砌的设计基本上同复合式衬砌中的初期支护的设计,只是应增加一定的安全储备量(主要适用于Ⅳ类及以上围岩条件)。

由于地质条件复杂多变,尤其是在稳定性很差的Ⅱ~Ⅰ类围岩中,单靠工程类比法进行设计施工,已不能保证衬砌结构的可靠性和合理性。按照现代理论和新奥法施工原则,作为安全储备的二次支护是在围岩或围岩初期支护稳定后及时施作的,此时隧道已成型,因此二次支护多采用顺作法,即按由下到上、先墙后拱的顺序连续灌筑。在隧道纵向需要分段支护,分段长度一般为 9~12m。二次衬砌多采用模筑混凝土作为内层衬砌结构。由于时间因素影响很多,二次衬砌和仰拱的施作,直接关系到衬砌结构的安全。过早施作会使二次衬砌承受较大的围岩压力,拖后施作则不利于初期支护的稳定。因此,在施工中应通过监控、量测,掌握围岩与支护结构的变化规律,及时调整支护与衬砌设计参数,并确定二次衬砌及仰拱的施作时间,使衬砌结构安全可靠。

1. 二次衬砌混凝土施工主要技术要求

二次衬砌混凝土施工除应遵守《公路隧道施工技术规范》(JTG F60—2009)有关规定外,尚应符合下列要求:

(1)混凝土混合料必须同时输入搅拌机。

(2)采用混凝土拌和楼、搅拌车及泵车送混凝土时,要求在输送混凝土时不得停止搅拌,自进入拌和机至卸出的时间,不得超过混凝土初凝时间的一半。

(3)初期支护基本稳定后,应及时修筑二次衬砌,当混凝土强度达到 2.5MPa 时即可脱模。

2. 二次衬砌施作时间确定

二次衬砌的施作时间,根据国家标准《锚杆喷射混凝土支护技术规范》(GB 50086—2001)规定,应在围岩和锚喷支护变形基本稳定后进行。主要条件如下:

(1)位移速度有明显下降的趋势。

(2)拱脚附近水平收敛小于 0.2mm/d,拱顶竖直收敛小于 0.1mm/d。

(3)已产生的位移占总位移量的 90% 以上。

其位移与位移速度是以采用机械式收敛计的实测数据为依据的。水平位移与拱顶下沉速度,以安全考虑,是指至少 7d 的平均值,总位移值可由回归分析计算求得。

对于自稳性很差的围岩,可能在较长时间达不到上述基本稳定的条件,喷射混凝土将会出现大量明显裂缝,而支护能力难以加强,此时则应及早施工仰拱,以改变围岩变形条件。若围岩仍不能稳定,应提前施作二次衬砌,以提供支护抗力,避免初期支护坍塌。

如二次衬砌仅作为保护防水层的不承重结构而修建,则其厚度小、自重轻,无论单、双车道隧道,当混凝土强度达到 2.5MPa 时,即可拆模。

3. 初期支护与二次衬砌间空隙处理

初期支护内轮廓与二次衬砌外轮廓间,应紧密结合。由于超挖、坍塌等原因造成两者之间可能有空隙时,可采用以下几种办法处理,以增强初期支护与二次衬砌之间的黏结。

(1)采用同级混凝土回填密实

当空隙不超过允许超挖量时,或由于初期支护施工后洞体净空收敛未达到设计预留变形量时,应根据实际轮廓选择增大加宽值,或以同级混凝土回填密实。

(2)采用贫混凝土回填

当超挖较大,用上述方法不能满足初期支护与二次衬砌间密贴的要求时,拱脚及墙基以上 1m 范围内采用同级混凝土回填密实,其余部分可根据空隙大小分别选用同级混凝土、浆砌片石或贫混凝土回填。

(3)采用背板、钢支架、钢支撑等

当空隙较大或坍塌时,应加强初期支护,使其充分稳定后方可进行二次衬砌。此时,较大的空隙或坍塌处不宜采用一般填料,以避免二次衬砌的局部承载过大,而应采取增设锚杆钢筋网喷混凝土等措施,以加强初期支护及与二次衬砌间的支撑接触。

【工程实例】

一、工程概况

厦门××隧道是一项规模宏大的跨海工程,路线全长8.346km,隧道全长5 945m,其中跨越海域长约4 200m,为双向六车道,是连接厦门本岛××区陆地的重要通道,是我国采用钻爆法修建的第一座大断面的海底隧道。本合同段隧道长度为2 810m,其中穿越陆域地段长290m,海域段长2 520m。厦门地区所处大地构造单元为闽东中生代火山断拗带(二级构造单元)之闽东南沿海变质带(三级构造单元)。在此构造单元内,对隧址区地质构造具有控制意义的断裂构造为长乐—诏安断裂带和九龙江断裂带。本工程设计使用年限为100年,而隧道地处海底,施工环境差,如何保证隧道施工的防水质量是隧道能否达到百年使用年限的关键,也是本工程的重点之一。

二、施工方案

本工程在建设过程中遵循"以堵为主、系统防水"的原则进行治理。
(1)通过超前地质预报系统分析前方地质破碎带情况,了解所施工段的水文特征。
(2)采用三重注浆方式,将隧道开挖断面周围的涌水或渗水封堵于结构外。
在局部破碎地段,通过超前小导管(或全断面帷幕注浆),在隧道洞室周围形成注浆封堵水圈,封闭基岩中输水裂隙和涌水空间;通过调整衬砌初期支护中的环向系统注浆锚杆对地层进行注浆堵水;在施工防水板前对初期支护渗漏处进行补充注浆处理。
(3)加强结构自防水功能,封闭少量渗水在初期支护和二次衬砌的流动。
在初期支护和二次衬砌之间(仰拱除外),铺设带注浆管及抗老化能力强、拉伸强度和断裂拉伸率高的隧道防水层,防水板采用双焊缝焊接工艺,铺挂采用PVC垫片焊接固定,以保证防水板施工质量。二次衬砌混凝土中添加防水剂,抗渗等级要求达S8或S12级。采用三层防水方式进行施工缝、沉降缝防水处理。应用整体式大刚度模板台车,通过提高泵送混凝土压力以保证拱顶回填密实,提高结构的抗水压能力。
(4)采用分区防水形式,充分保证防水板的防水效果。

三、施工工艺要点

本隧道工程对防水的要求很高,防水板铺设的质量,是隧道防水施工的关键环节。防水板铺挂施工采用PVC垫片焊铺法。防水板施作应根据量测数据在初期支护变形基本稳定和二次衬砌灌注混凝土前进行。
(1)施工操作
①材料的检验和试验。采购的防水卷材进场后,要随机取样委托有资质的鉴定单位进行原材料的检验和试验,对防水卷材的密度、厚度、拉伸强度、断裂伸长率等主要物理性能进行检查,看其能否满足设计要求。
②防水板的大块焊接。由于出厂的防水卷材受到幅宽的限制,所以在使用时首先根据衬砌混凝土施工循环段长度来确定焊接大块防水板的尺寸,具体步骤如下:

a.选定一块用混凝土硬化过的平整场地,清扫干净,将防水板按幅平铺在场地上,使复合在一起的无防布面向上,光面向下接触地面,每幅搭接宽度不小于10cm。

　　b.对平铺好的防水板进行检验,无质量缺陷后准备焊接。

　　c.将接头待焊接处的水及杂物擦洗干净,采用双焊缝焊机进行焊接。

　　d.焊接质量检查,双缝焊接后,应进行充气试验,一般要求在0.1MPa的气压下保持2min不漏气,否则进行修补。

　　③铺设面检查:利用工作平台将初期支护裸露的锚杆、钢筋头等铁件割除,使铺设面大致平顺,以防其刺破防水板。

　　④防水板铺设:将防水板吊运到作业平台上,从上至下对称地将防水板焊接到固定垫圈上。采用电热压焊器,黏合要牢固,且不得烧穿防水板。

　　⑤防水板的铺设采用防水板铺设台车,台车由型钢加工制成。上部采用ϕ108mm钢管或槽钢弯成与隧道拱部形状相似的支撑架,用丝杠与台架连接,以便于其升降;走行部分采用轨行式,轨距与衬砌钢模台车一致。

　　⑥铺设质量检查:防水板施工完成后,应对施工质量进行检查,自检合格经监理工程师检验认可后,方可进行下道工序的施工。若检查出质量问题应进行补焊,使之达到验收标准。

　　(2)操作要点

　　①固定点的布置,在满足固定间距的前提下,应尽量固定在喷混凝土面较凹处,使得防水板尽量密贴混凝土喷射面。

　　②固定点间的防水板长度应视初期支护面的平整情况留一定的富余量,本着宁松勿紧的原则,以防止二次衬砌时被挤破。

　　③每一循环的防水板铺设长度应比相应衬砌段多出2.0~2.5m,目的是便于循环间的搭接,并使防水板接缝与衬砌工作错开2.0~2.5m,以确保防水效果。

　　④洞外拼幅采用焊接工艺,搭接宽度为12cm,焊接质量采用打气方法进行检查。检查时用打气筒打气加压至0.1MPa,并保持2min不漏气,否则进行修补。

　　(3)施工注意事项

　　①铺设防水卷材,是一项很细致而又关键的工序,必须专人负责,成立专业工班。工班组成人员上岗前必须经过严格培训,施工前必须进行技术交底,施工中必须按照操作规程操作,不允许违章作业。

　　②防水板铺设前,应检查初期支护表面是否平整,必要时应对初支面进行找平。

　　③在进行二次衬砌的钢筋绑扎和焊接时,应注意保护防水板,在焊接点与防水板之间,应临时附设防火隔离,以防烧坏防水板。

　　④在地下水发育地段,应采用注浆封堵措施。

　　⑤防水板铺设好后,应尽快对称浇筑二次衬砌将其保护起来,以避免损伤防水板,影响防水效果。

四、施工缝、变形缝的施工方法及工艺

　　由于本海底隧道所处的特殊环境,为保证衬砌结构防水能力沉降缝采取外贴带注浆管背贴式止水带,中间设置带注浆管膨胀橡胶止水条,内侧预留2.5cm×3.8cm的槽,内填水泥基结晶类填充材料;隧道施工缝采用外贴带注浆管背贴式止水带,中间设置企口,并安装带注浆管膨胀橡胶止水条,内壁填水泥基结晶类填充材料。

1. 沉降缝、变形缝防水施工

隧道的沉降变形缝一般设置在围岩类别变化处及衬砌形式变化处。行车隧道、辅助隧道与联络通道的接口部位,变形缝的宽度一般为 20mm。变形缝一旦出现渗漏水后则较难进行堵漏维修处理,因此,变形缝部位的柔性防水层除了要求连续铺设外,还需采取以下四道防线进行加强防水处理。

(1)在变形缝部位的模筑混凝土外侧设置带注浆管的背贴式止水带。背贴式止水带焊接于 PVC 防水板上,利用背贴式止水带表面突起的齿条与模筑防水混凝土之间的密实咬合进行密封止水,同时在背贴式止水带两翼的最外侧齿条的内侧根部固定注浆管,利用注浆管表面的出浆孔将浆液均匀地填充在止水带齿条与混凝土的空隙部位,达到密封止水的目的,注浆液可以采用水泥浆液,也可以采用化学浆液。背贴式止水带同时起到在隧道内形成防水封闭区的作用。

(2)在变形缝部位设置带注浆管的膨胀橡胶止水条。带注浆嘴的一侧应布置于已浇混凝土的一边,止水条的连接应采用平行搭接方法。

(3)浇筑混凝土时,变形缝内侧应注意预留不小于 $2.5\mathrm{cm} \times 3.8\mathrm{cm}$ 的槽,内填水泥基结晶渗透主动式防水材料。

2. 施工缝防水施工

隧道施工浇筑的混凝土施工缝分为纵向施工缝和环向施工缝两种,环向施工缝按每 10m 设置一道,纵向施工缝根据施工情况而定。两种施工缝部位均采用背贴式橡胶止水带加强防水,同时在环向施工缝的背贴式止水带两翼固定注浆管进行后续填充注浆,保证止水带与模筑混凝土之间的密贴。施工缝的中间部位设置带注浆管的膨胀橡胶止水条,止水条的连接应采用平行搭接方法。浇筑混凝土时,变形缝内侧应注意预留不小于 $2.5\mathrm{cm} \times 3.8\mathrm{cm}$ 的槽,内填水泥基结晶渗透主动式防水材料。仰拱部位的施工缝在中间部位采用膨胀橡胶止水条,在仰拱内侧设水泥基结晶渗透主动式防水材料。

五、特殊、重点结构部位的防水处理

1. 全封闭段衬砌与排导段衬砌的防水处理

根据隧道的结构形式,有仰拱地段的衬砌防、排水设置为全封闭形式,无仰拱地段的衬砌防、排水设置为排导形式。在两个地段的接合部位容易产生窜流,为此在主隧道全封闭衬砌和排导衬砌交接处,应在初期支护和防水层之间设置膨润土防水毯纵向防窜流分隔。

2. 行车隧道与联络通道交叉口处的防水

为确保该交叉口处的防水质量,防水层的铺设方法及保护十分重要。

(1)在区间正线开口部位铺设双层 $400\mathrm{g/m^2}$ 无纺布和防水板。

(2)在防水层与初期支护之间铺设 $0.6 \sim 1\mathrm{mm}$ 厚钢板保护层,以防联络通道初支破除时,损坏防水层。

(3)施工缝设置严格按设计要求施作。

(4)行车隧道与联络通道交叉口处设置变形缝,先施工变形缝一侧防水层,并铺设双层,施工时预留出足够的搭接长度,以便后施工一侧防水层搭接,保证防水层封闭。

第六篇 公路沿线设施施工技术

第一章 绪 论

第一节 概 述

高速公路是经济发展的产物,是一个国家现代化水平的重要标志之一。高速公路与一般公路相比最主要的特点是具有完善的交通工程设施及其他沿线设施,包括交通管理设施、服务设施和环保设施,该设施是保证高速公路安全、高效运行的必要条件,是高速公路建设中的一个主要组成部分。根据有关资料统计,国外修建高速公路时,该项投资比例一般达到10%~15%左右,一些发达的国家甚至更高。从近几年国内高速公路运营情况来看,该设施为道路使用者提供了快速、舒适、经济的行车环境,提高了服务水平,减少了交通事故,对发挥高速公路的作用具有重要意义。随着我国经济技术的快速增长,环境问题越来越突出,环保意识不断增强,高速公路沿线绿化及环境设施对减少污染与噪声起着重要作用。我国从20世纪70年代开始研究规划修建公路,至80年代末期,已相继建成了沪嘉、沈大、广佛等高速公路。进入90年代后,京津塘、合宁、京石、济青等高速公路又相继建成通车。随着党中央、国务院作出的加快交通基础设施建设决策的实施,我国高速公路建设已进入了一个史无前例的大发展时期。规划中的"五纵七横"国道主干线已在实施,一个连通全国100万人口大城市的高速公路网,将在本世纪初在我国成为现实。

随着高速公路建设的蓬勃发展,汽车保有量的快速增长,对高速公路沿线设施的要求也进一步提高。新技术、新材料、新工艺的运用和发展,也将使高速公路沿线设施更加完善。由于高速公路沿线设施种类繁多,涉及面较广,施工工艺上各具特点,需要多个部门的分工合作。在实施过程中应结合主线工程的施工安排,精心编制施工组织计划,科学安排,统筹兼顾,严格遵守施工规范、规程和制度,采用先进技术,保证施工质量。

第二节 公路沿线设施的分类

公路沿线设施种类繁多,各高速公路由于所处环境、投资、经营方式、管理方式的不同,其沿线设施也多有不同。根据公路沿线设施的用途分类,常见的设施有四大类。即:交通安全设施、交通管理设施、服务设施和环保设施。包括:公路交叉设施、护栏、隔离栅、标柱、反光镜、隔离带、防眩板、反光路钮、公路标志、标线、示警桩、边线轮廓标、颠振设施、安全岛、隔声墙、跨线桥、地下横道、收费站、服务区、公路绿化等。

　　交通安全设施主要包括:安全护栏及相应的防撞缓冲设施,防眩设施,隔离封闭设施和视线诱导设施等。我国近年来修建的高等级公路,如京津塘、沈大、广佛、首都机场、沪宁等高速公路上都安装了这些基础设施,对保障道路交通安全,提高运输效益起到了良好的作用。

第二章 公路安全设施施工技术

第一节 护栏施工

一、护栏的种类

1. 按护栏构造形式分类

1) 半刚性护栏

半刚性护栏是一种连续的梁柱结构。它是通过车辆与护栏间的摩擦、车辆与地面间的摩擦及车辆、土基和护栏本身产生一定量的弹、塑性变形（以护栏系统的变形为主）来吸收碰撞能量，延长碰撞过程的作用时间来降低车辆速度，并迫使失控车辆改变行驶方向，恢复到正常的行驶方向，从而确保乘员安全和减少车辆损坏。半刚性护栏主要设置在需要着重保护乘员安全的路段。梁柱式半刚性护栏按不同结构又可分为W形波形梁护栏、三波波形梁护栏、管梁护栏、箱梁护栏等数种。它们均具有一定的刚度和韧性，主要通过横梁、立柱和土基的变形吸收碰撞能量，损坏部件容易更换，具有一定的视线诱导作用，外形美观。从国内外实际应用情况看，波形梁护栏的应用最广泛。根据半刚性护栏的力学模式可分为强梁—强柱式护栏、强梁—弱柱式护栏、极强梁—弱柱式护栏、弱梁—强柱式护栏和弱梁—弱柱式护栏，如图6-2-1所示。

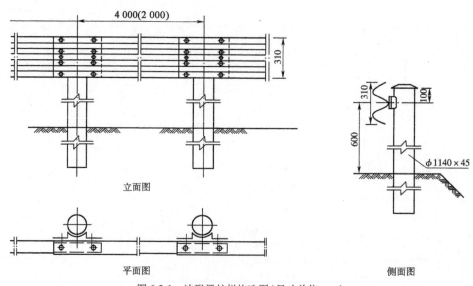

图 6-2-1 波形梁护栏构造图（尺寸单位：mm）

2) 刚性护栏

刚性护栏是一种基本不变形的护栏结构。对刚性护栏来说，是通过车轮转动角的改变，车体变位、变形和车辆与护栏、车辆与地面的摩擦来吸收碰撞能量。在碰撞过程中，车辆变形程度取决于其自身的刚度、碰撞能量和碰撞作用时间。当车辆的碰撞角度较大时,往往造成比较严重的后果。刚性护栏主要设置在需严格阻止车辆越出路外,以免引起二次事故的路段。它对保障乘员安全性的要求略低。刚性护栏按不同结构又可分为混凝土墙式护栏、混凝土梁柱式护栏、桥梁用箱梁护栏和管梁护栏及组合式护栏。它的主要代表形式是混凝土墙式护栏。

3) 柔性护栏

柔性护栏是一种具有较大缓冲能力的韧性护栏结构。缆索护栏是柔性护栏的主要代表形式,它是一种以数根施加初张力的缆索固定于立柱上而组成的结构,完全依靠缆索的拉应力来抵抗车辆的碰撞,吸收能量,如图 6-2-2 所示。

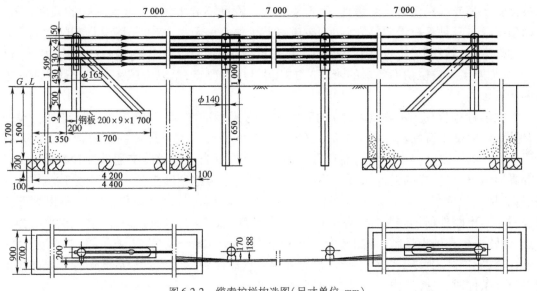

图 6-2-2　缆索护栏构造图(尺寸单位:mm)

2. 按护栏设置位置分类

(1) 路侧护栏。路侧护栏是指设置在公路路肩(或边坡)上的护栏,用于防止失控车辆越出路外,碰撞路边障碍物和其他设施。

(2) 中央分隔带护栏。中央分隔带护栏是指设置于道路中间带内的护栏,目的是防止失控车辆穿越中间带闯入对向车道,保护中间带内的构造物和其他设施。

(3) 桥梁护栏。桥梁护栏是指设置在桥梁上的护栏,防止失控车辆越出桥外,保护行人和非机动车辆。

(4) 过渡段护栏。过渡段护栏是指在不同护栏断面结构形式之间平滑连接并进行刚度过渡的结构段。

(5) 端部护栏。端部护栏是指在护栏开始端或结束端所设置的专门结构。

(6) 防撞垫。防撞垫是通过吸能系统使正面、侧面碰撞的车辆平稳地停住或改变行驶方向,一般设置在互通立交出口三角区、未保护的桥墩、结构支撑柱和护栏端头。

二、护栏的设计条件

公路上的安全护栏,需要进行正确的设计才有可能实现以下功能:

(1) 能绊阻车辆,防止车辆越出路外,保护路外建筑物的安全,确保行人不受到重大伤害,确保与其相交道路、铁路的安全,阻止失控车辆穿越中央分隔带闯入对向车道。

(2) 能使车辆回复到正常行驶方向。车辆碰撞护栏的运动轨迹应能圆滑过渡,以较小的驶离角和较小的回弹量停留在不影响车辆正常行驶的地方,不发生二次事故。

（3）一旦失控车辆与护栏发生碰撞时,对驾驶员和乘客的损伤为最小,要求护栏具有良好的吸收碰撞能量的功能。

（4）能诱导驾驶员的视线,能清晰看到道路的轮廓及前进方向的线形,增加行车的安全性,使道路更加美观。

（5）护栏制造、安装、维修的经济性。

从对护栏的功能要求可以看出,要防止车辆越出路外或闯入对向车道的严重事故发生,必然要求护栏具有足够的力学强度来抵挡车辆的碰撞,亦即要求护栏的刚度越大越好；但从保护乘员免受伤害或减轻伤害程度考虑,又希望护栏的刚度不要太大,要具有良好的柔性。显然,这两项要求本身是互相矛盾的。同时,在道路上行驶的车辆中,特别是随着货车的大型化和小客车的微型化,其种类、车重、碰撞速度、碰撞角度变化很大,而护栏只能按一定的规格设计,因此,更加加剧了对护栏功能要求的矛盾。护栏设计中的要点,可以说就在于找出这两者间矛盾的调和点。

护栏设计条件(或称碰撞条件)的确定主要考虑标准车型、车辆质量、碰撞速度、碰撞角度、道路条件、交通特性、事故成本和国家经济发展水平等因素。这些因素的确定大多采用收集以前大量的事故资料进行分析而获得。各国又都根据自己的道路交通条件和事故成本经济性等具体情况,对护栏的设计条件有不同考虑。如日本考虑到国土狭小、大部分建筑物距离道路很近,且大型货车占60%以上及经济承受能力强等特点,其设计条件的确定是以大型车辆失控后不越出路外(即车辆越出路外的,护栏变形量规定小于1.1m),不发生二次事故为主导思想；而欧美国家国土辽阔,路侧和中央分隔带有足够的富余宽度,边坡平缓,轿车占85%~93%,事故成本高,所以其设计主导思想是在第一次碰撞中尽量减少乘员的伤害。我国在确定护栏设计条件时,主要考虑以下几方面因素。

（1）道路条件；

（2）标准车型与车辆的质量；

（3）车辆的碰撞角度；

（4）碰撞速度；

（5）防撞等级。

三、护栏施工要点

按其形式,护栏可分为路基护栏和桥梁护栏。

1. 路基护栏施工

路基护栏又可分为以下几类：

1) 缆索护栏

（1）材料

①缆索的直径指的是横切断面的外接圆直径。3×7表示每根缆索有3股,每股又由7根单丝组成。缆索用钢丝绳应符合现行《镀锌钢绞线》(YB/T 5004)的规定。护栏用缆索主要参照日本有关标准编写。这种缆索的构造系根据缆索护栏的特殊应用要求决定的,在同类直径的缆索中该种构造的单丝直径比较粗,这样可以增加耐腐性能。

②缆索护栏的立柱(端部立柱、中间端部立柱、中间立柱)和所有螺栓、螺母和垫圈、间隔保持件等,均采用普通碳素结构钢制作,并符合现行《碳素结构钢》(GB/T 700)中Q235钢的

机械性能和冷弯试验指标。立柱可采用电焊钢管,端部结构和中间端部结构的弓形和半弓形立柱可采用铸钢来制造。

③各类缆索护栏用的托架应采用普通碳素结构钢板制造,并应符合现行《碳素结构钢和低合金结构钢热轧薄钢板及钢带》(GB/T 912)的规定。

④索端锚具(包括锚固缆索的锚具和与立柱连接的调节拉杆螺栓)和固定缆索用别针应采用优质碳素结构钢制造,缆索的锚固方法可采用套管中注入合金的方法,也可采用打入楔子的方法。不管采用哪一种方法,锚固强度均不能小于缆索的断裂强度而产生缆索被拔出或被损坏的后果。

(2)施工

缆索用钢丝绳采用热浸镀锌防腐处理时,为保护缆索免遭腐蚀,应采用单丝热浸镀锌的方法。单丝进行热浸镀锌处理,应按现行《镀锌钢绞线》(YB/T 5004)的规定,应用 $250g/m^2$ 的锌层重量。经热浸镀锌处理的钢丝表面应有一层均匀的锌层,不应出现裂纹、斑疤和露铁现象。用于镀层的锌应满足现行《锌锭》(GB/T 470)中特一号或一号锌的要求。钢丝经热浸镀锌后,一般对缆索不再进行防腐处理。但在一些特殊路段,例如,在大气中含有可使缆索严重腐蚀的离子时,或对公路的美观和视线诱导有较高要求时,可考虑在缆索镀锌层外再涂塑。涂塑层可选用日照下不易老化,具有良好耐候性的油漆、塑料包裹,这样可以增加防腐的年限,增加视线诱导的效果,使缆索护栏更加美观。

①在放样前先确定好控制点(即控制立柱的位置)是非常重要的。缆索护栏是沿公路设置的连续性结构,它们与公路上的各种构造物应该很好地协调配合。在大中桥的桥头,缆索护栏与桥梁护栏有过渡的问题;在互通式立体交叉的进、出口匝道的分、合流处,缆索护栏有端头处理问题;在小桥、通道、明涵处,缆索护栏有如何跨越问题等。选择控制点的目的就是使护栏的布设更趋合理、施工更加方便。在控制点的位置大致确定以后,可根据设计文件的要求,对端部立柱、中间端部立柱、中间立柱的位置进行最后调整、定位。

②对地下管线、构造物等隐蔽工程的了解应周详仔细并进行适当处理,这样可减少在护栏安装过程中的损失。

(3)端部立柱和中间端部立柱的设置

①端部立柱和中间端部立柱均由立柱、斜撑和底板构成三角形支架。在安装之前,应按设计文件的要求,对各部件进行加工、钻孔,并进行焊接、防腐处理。

②基础埋设于土基中时,应根据混凝土基础的位置放样,根据放样线开挖基坑,并严格控制基坑尺寸。达规定高程后,经工程监理人员检查合格后,可开始铺砌基底的片石混凝土,经夯实后,架立符合设计规格的模板,安装稳固后即可浇筑混凝土。混凝土达到规定高程时,安放三角形支架并准确定位。为使端部立柱或中间端部立柱的位置和高程在混凝土振捣过程中不改变,应采用适当的临时支架。基础混凝土浇筑完成后,应注意对基础混凝土进行养生,直到混凝土强度能保证其表面及棱角不因拆除模板而受损坏时方可拆除模板。拆模后如发现混凝土质量有问题时,应立即报告监理工程师,商讨补救措施。处理合格后,才能进行基础回填土,分层夯实,直到规定的高程。详细过程可详见现行《公路桥涵施工技术规范》(JTJ 041)的规定。

③端部立柱或中间端部立柱的基础应尽量避免与各种构造物连在一起,如因各种原因端部立柱的基础落在人工构造物中时,则应在构造物的水泥混凝土浇筑前,按设计文件的要求设置预埋件,混凝土达到规定强度时再安装端部立柱或中间端部立柱。

(4)中间立柱的设置

①为达到强度的要求和美观的效果,由中间立柱构成的线形应与公路线形相一致。

②中间立柱埋设于土基中时,因路基土质的不同而有不同的施工方法,常用的有以下几种:

a.挖埋法:在设置中间立柱的位置开挖直径不小于200mm的孔穴,达规定深度后,放入中间立柱。定位后,用砂土分层回填夯实,并达到规定的压实度。挖埋法适合于采用打入法有一定困难的路段。挖埋法可用人工挖孔,主要工具是钢钎和掏勺,柱孔直径在300mm以上。柱孔挖好以后,要检查孔径、深度、垂直度,合格后方准进行立柱的埋设与安装。

b.钻孔法:在设置中间立柱的位置处用螺旋钻孔机等机械钻孔,达埋置深度的一半左右时,再将立柱打入到规定深度。钻孔法适合于挖埋、打入均有困难的路段,可用螺旋钻机或冲击钻等钻具进行定位钻孔,柱孔直径在300mm左右。柱孔钻好以后,要检查孔径、深度、垂直度,合格后方准进行立柱的埋设与安装。

c.打入法:在设置中间立柱的位置直接用打桩机(如气动打桩机、振动打桩机等)把立柱打入土中。打入过程中,立柱不应产生明显的变形、倾斜或扭曲。打入法适合于路基土中含石料很少的路段。采用打桩机打入立柱,可以精确控制立柱的位置和打入的深度。

埋没中间立柱时,为保证立柱纵、横向位置和垂直度的正确,可采取搭设支架的办法进行临时性固定。然后进行逐根立柱的调整,包括立柱埋深(高程控制)、垂直度、纵向线形、横断位置等的调整,检查合格后,即可将立柱固定在临时支架上,再次进行纵、横、高的检查,确认无误后,才允许用路基土分层回填夯实。在用路基土分层夯实有困难时,允许用最低水泥用量不小于255kg/m³的素混凝土浇筑。混凝土应按设计强度等级严格掌握配合比。浇筑混凝土时,应边填料边用钢钎捣实,一直浇筑到与地面齐平,抹平后应注意养生。

③设置于桥梁、通道、明涵、挡土墙等路段的中间立柱,应首先对预埋件的设置进行检查,确认没有问题时,可根据不同的基础处理方式安装中间立柱。

(5)托架安装

安装中间立柱或中间端部立柱上的托架,应首先确认缆索护栏的类别及相应的托架编号和组合,在核对无误后即可开始安装托架。

缆索护栏的托架应朝向车行道,上托架和下托架在安装前应分清楚。

托架应按设计文件的要求用螺栓固定在立柱上。

(6)架设缆索

①架设缆索以前,应先检查端部立柱、中间端部立柱和中间立柱的位置是否正确,立柱与基础连接的牢固程度,以及立柱的垂直度、高程等是否满足设计要求。在基础混凝土强度达设计强度80%以上时,才能架设缆索。

②把缆索支放在立柱的内侧(即车行道一侧),可以用专门的滚盘或人工放缆索。在滚放缆索的过程中,应避免把整盘钢丝绳弄乱,不应使钢丝绳打结、扭曲受伤,应避免在路面上长距离拖拽。直到把缆索从端部立柱的一端滚放到另一端的端部立柱或中间端部立柱为止。

③在安装缆索以前,应先把缆索固定在索端锚具上。固定的方法有楔子固定法和灌注合金法。

a.楔子固定法:先把缆索插入索端锚头中,然后把缆索按股解开,解开的长度按索端锚头的尺寸来确定,然后用小锤子把铝制楔子紧紧地打入插座中,缆索就被楔子锚住了。

b.灌注合金法:先把缆索插入索端锚头中,然后把缆索先按股解开,接着把每股钢丝绳按单丝分开,并把每根钢丝绳都调直,经除油处理后,即可往索端锚头中灌注合金,冷却后缆索就锚住了。

可根据施工条件选用其中一种。把缆索固定在锚具上以后,装上拉杆调节螺栓,并把索端锚具安装到端部立柱上。

④将索端锚具装到端部立柱上后,把拉杆螺栓调节好,就可顺着中间立柱把缆索临时夹持在托架的规定孔槽中,一直把缆索连接到另一端部立柱或中间端部立柱上,这时的缆索完全处于松弛状态。此时应利用缆索张紧设备临时拉紧。张紧设备可采用倒链滑车、杠杆式倒链张紧器或其他张紧设备。将钢丝绳与张紧器通过钢丝绳夹固定,逐渐把钢丝绳拉紧。根据规定,缆索护栏的初拉力为20kN。在临时张拉的过程中要不断检查托架上的索夹是否保持放松状态,并在各中间立柱之间不断向上挑动缆索。缆索拉至规定初拉力后,持荷3min。

⑤在临时张紧状态下,即可根据索端锚具的尺寸确定切断缆索的正确位置。切断缆索的断面要垂直整齐,为防止钢丝松散,可在切断处两端用铁丝绑扎。缆索的切割可用高速无齿锯,以避免引起钢缆端部退火。缆索切断后将其锚固在索端锚头上。

⑥缆索与索端锚具固定后,即可与拉杆螺丝连接,并安装到端部立柱上,这时可以卸除临时张拉力,缆索就被紧紧地架设在护栏立柱上了。

⑦护栏的缆索应从上至下依次一根一根地安装,每根缆索的安装次序都按上述的步骤进行。

⑧缆索护栏的缆索最大长度,当采用人工架设时为300m,采用机械架设时,长度可达500m。每段护栏的所有缆索应自上而下连续完成。每段护栏的缆索架设完毕后,应全面检查缆索的张紧程度。检查合格后,可逐个拧紧托架上的索夹,把缆索的位置固定。同时拧紧拉杆螺丝上的调整螺母,把缆索固定好。

2)波形梁护栏

(1)材料

现行《高速公路波形梁钢护栏》(JT/T 281)、《公路三波形梁钢护栏》(JT/T 457)及《结构用冷弯空心型钢尺寸、外形、重量及允许偏差》(GB/T 6728)等标准、规范对波形梁护栏所用的各种材料的规格和材质均有详细的规定,除设计文件另行规定外,原则上应选择符合上述标准的产品。

(2)施工

①立柱放样

立柱放样应以公路固定设施如桥梁、通道、涵洞、隧道、中央分隔带开口、紧急电话开口、互通立交等为主要控制点(即控制立柱的位置)。应在两控制点之间量距,如出现零头数,可通过合适的调整段调整。立柱间距可能有不大于250mm的间距零头数,可通过分配法将其调整至多根立柱间距中。

为准确放样和保证护栏的线形,在条件允许时可使用全站仪、经纬仪、水准仪等测量仪器。

放样后,应确认立柱施工将不会造成对地下设施的损坏,否则应调整立柱的位置。在涵洞顶部填土高度不足时,应改用混凝土基础,或调整该立柱的位置。

②立柱安装

a.护栏与公路线形相一致,不但美观,而且能增加护栏的整体强度。

b.如路肩和中央分隔带路基情况允许,一般采用打入法设置立柱,但立柱定位应准确无误。立柱打入土中应至设计深度,当打入过深时,不得只将立柱部分拔出加以矫正,而需将其全部拔出,待基础压实后重新打入。打入困难时,可采用钻孔法或挖埋法施工。采用这两种方法时,回填土应分层夯实,使其具有不低于相邻原状土的密实度。

c. 沥青路面段设置立柱时,柱坑从路基至面层以下50mm处采用与路基相同的材料回填并分层夯实,余下部分采用与路面相同材料回填并夯实。立柱位置、高程在安装时需严格控制。

d. 石方区的护栏应根据设计文件的要求设置混凝土基础。

e. 护栏直柱设置于构造物中时,应在构造物施工时做好混凝土基础。采用预留孔基础时,应先清除孔内杂物,排出孔内积水。将液态沥青在孔底刷涂一遍,然后放入立柱,控制好高程,即可在立柱周围灌注砂浆或混凝土。在灌注时一定要保持立柱的正确位置和垂直度。灌注完毕并捣实后,可用沥青封口,以防止雨水漏入孔内。采用法兰盘基础时,应把定位法兰盘和地脚螺栓、螺母清理干净,安装立柱时应控制立柱的方向和高程,调整其位置,经检查合格后方可拧紧法兰盘地脚螺栓。如采用可抽换式基础时,承座器应先固定在构造物中,安装时把立柱插入其中,调整好高度,即可把迫紧器与承座器的连接螺栓拧紧,立柱即被锁固。

f. 考虑到护栏结构对景观及对驾驶员视线诱导的影响,立柱就位后其线形和高度须顺畅。

③防阻块、托架、横隔梁安装

a. 防阻块能防止立柱阻绊车轮,避免护栏局部受力,减小碰撞时车辆的加速度。托架适用于路肩较窄或护栏设置防阻块受限的情况。在安装时,应保证使其准确就位。在调整好立柱后,即可安装防阻块,最后安装波形梁板并进行统一调整。

b. 设有横隔梁的护栏,把梁与横隔梁连为一体成为组合型护栏。横隔梁应平行于路面(即垂直于立柱)安装。在安装波形梁板之前不应拧紧横隔梁与立柱的连接螺栓,否则不易进行总体调节。

④横梁安装

a. 波形梁护栏板的搭接方向是安装的关键,搭接方向应与行车方向一致。如搭接方向相反,即使是轻微的擦碰,也会造成较大的损失。为保证护栏板通过拼接形成牢固的纵向整体横梁,拼接螺栓必须采用高强螺栓。

b. 如经调解后出现不规则的立柱间距时,可利用设计文件中的调节板加以调节,考虑到强度和防腐的因素,不得采用现场切割护栏板的方法。

c. 波形梁护栏板在安装过程中需不断进行调整,因此,不应过早拧紧其连接螺栓和拼接螺栓,否则将无法发挥板上长圆孔的调节作用。待调节完成后,需按规定扭矩拧紧拼接螺栓。

⑤端头安装

中央分隔带护栏的端头梁与两侧梁相连,端头附近的立柱应按设计文件的要求进行加强处理。路侧护栏的端部结构由端柱、端头梁、混凝土基础等组成。在端部基础混凝土达到设计强度70%后,方可安装端部结构。如因土基压实度不足等原因需要对端部结构进一步加强时,经论证,可根据设计文件的要求在端头梁附近设置钢丝绳锚固件。

3)混凝土护栏

(1)材料

①现行《公路桥涵施工技术规范》(JTJ 041)对公路桥梁中所采用的混凝土材料的配置均作了具体规定,施工时应根据设计文件中提供的混凝土强度等级遵照执行。

②钢管桩可采用与护栏立柱相同的材料制作。

(2)施工

现行《公路桥涵施工技术规范》(JTJ 041)对现浇和预制混凝土的拌制、运输、浇筑、抗冻、抗渗及防腐蚀、养护及修饰和模板的制作等作了全面的规定,本条主要针对混凝土护栏的特点作出一些特殊规定。

2.桥梁护栏施工

1)一般设置

(1)桥梁护栏应在桥梁车行道板、人行道板施工完毕,跨中支架及脚手架拆除后桥跨处于独立支撑的状态时才能施工。

(2)对于焊接的金属护栏,在进行防腐处理前应对所有外露焊缝做好磨光或补满的清面工作。

(3)桥梁护栏施工前应对所有预埋件的设置位置、强度、腐蚀程度进行检查,不符合要求的必须整改。

2)材料要求

桥梁护栏的防腐处理应符合下列规定:

(1)所有钢构件均应进行防腐处理。除设计文件另行规定外,防腐处理均应满足现行《高速公路交通工程钢构件防腐技术条件》(GB/T 18226)的规定。螺栓、螺母等紧固件和连接件在防腐处理后,必须清理螺纹或进行离心分离处理。

(2)铝合金构件可不考虑防腐处理,但在经常使用盐水除冰和靠近海岸的路段,以及由于长期使用表面变色而影响美观的路段,可采用阳极氧化涂装复合涂料或热固性丙烯树脂涂料进行防腐处理,其涂膜厚度一般为20~30μm。与水泥混凝土或灰浆直接接触的铝合金构件表面至少需热镀沥青两次,并应在热镀之前清除其表面油脂。

(3)不同材质的金属构件互相接触时应使用非金属套、垫或保护层使二者隔离。

(4)地脚螺栓在基础表面以下50mm范围内应采取适当的防锈措施。

3)金属桥梁护栏的施工

(1)立柱放样与预埋件设置

①应以桥梁伸缩缝附近的端部立柱作为控制立柱,并在控制立柱之间测距定位。

②立柱间距出现零数时,可用分配的办法使其符合横梁规定的尺寸,立柱宜等距设置。

③在车行道板或人行道板上应准确地设置套筒或地脚螺栓等预埋件,并采取适当措施,使预埋件在桥梁施工期间免遭损坏。

(2)护栏安装

①横梁和立柱的安装位置应准确。连接螺栓和拼接螺栓开始时不宜过早拧紧,以便在安装过程中充分利用横梁和立柱法兰盘的长圆孔进行调整,使其线形顺适,不应出现局部的凹凸现象。调整完毕后,必须拧紧螺栓。

②横梁、立柱等构件在安装过程中应避免损坏防腐层。安装完成后,应对被损坏的防腐层按规定的方法进行修复。

4)钢筋混凝土墙式和梁柱式桥梁护栏的施工

(1)宜采用现场浇筑的方法进行施工,当采用预制件时,护栏与车行道板或人行道板间应按照设计文件的要求进行可靠连接。

(2)护栏的施工应符合相应规范的规定。

(3)护栏伸缩缝内清理干净后,应填满橡胶或沥青胶泥等弹性、不透水的材料。

(4)端部翼墙应根据设计文件的要求加工模板,设置在桥梁上或路基段的端部翼墙应采用现场浇筑施工方法,并设置预埋件。

第二节 防眩设施施工

夜间在道路上行驶的车辆会车时,其前照灯(大灯)的强光会引起驾驶员眩目,致使驾驶员获得视觉信息的质量显著降低,造成视觉机能的伤害和心理的不适,使驾驶员产生紧张和疲劳感,是诱发交通事故的潜在因素。防眩设施就是防止夜间行车受对向车辆前照灯眩目的人工构造物,有板条式的防眩板、扇面状的防眩大板、防眩网、防眩棚等构造形式。中央分隔带植树原则上不属于防眩设施,但植树除具有美化路容的功能外,同时也起着防眩的作用,故植树也可作为防眩设施的一种类型。

同其他交通安全设施一样,评价防眩设施的设置效果是一件非常困难的事情。防眩设施的功能和效果不像护栏和标志标线那样,易被人们认同和接受,因此,是否设置防眩设施在公路界讨论了很长一段时间。近年来,随着全国各地高速公路的建成开通,人们对公路交通的安全、快速和舒适有了新的认识,防眩设施也在高等级公路上得到了应用。事实证明,设置防眩设施可有效地消除对向车前照灯的眩光影响,保护驾驶员的视觉健康,美化道路景观,对改善夜间行车环境,吸引夜间交通量,提高道路通行能力发挥了积极的作用。

一、防眩设施设置原则

1. 设置依据

设置防眩设施可防止对向车前照灯的眩目,改善夜间行车条件,增大驾驶员的视距,消除驾驶员夜间行车的紧张感觉,降低交通事故率。防眩设施还可改善道路景观,诱导驾驶员视线,克服行车的单调感。下列情况可作为考虑设置防眩设施的依据:
(1)夜间相对白天事故率较高的路段。
(2)夜间交通量较大,特别是货车等大型车混入率较高的路段。
(3)不寻常的夜间事故(尾撞、碰撞路侧结构物或从弯道外侧越出路外)较多的路段。
(4)中央分隔带宽度小于3m的路段。
(5)平曲线半径小于一般最小半径的路段。
(6)夜间事故较集中的凹形竖曲线路段。
(7)道路使用者对眩光程度的评价。

2. 一般原则

1)设置的路段

高速公路、一级公路在下列路段可考虑设置防眩设施:
(1)服务区、停车区和互通立交前后各2km的路段。
(2)无照明的大桥、特大桥、高架桥及其连接线上。
(3)长直线路段。
(4)道路线形变化较频繁的路段。
(5)驾驶员普遍认为需要设置的路段。

2)可不设置的路段

具备下列条件之一的路段,可不设置防眩设施:

(1)中央分隔带宽度大于9m。
(2)上下行车道路面高差大于2m。
(3)配有连续照明。

3)设置位置

防眩设施应设置在道路的中央分隔带上,且最好与护栏、隔离封闭设施配合使用,既可节省投资,又可防止行人在公路上随意横穿而使驾驶员行车紧张。防眩设施可设置在道路的中央分隔带中心线上,也可靠中央分隔带一侧设置。

4)一般设置要求

(1)防眩设施的设置应注意连续性,避免在两段防眩设施中间留有短距离的间隙,这种情况会给毫无思想准备的驾驶员造成很大的潜在眩目危险。

(2)长区段设置防眩设施时,应考虑在形式或颜色上有所变化,可把植树和防眩板交替设置。一般每隔5km左右宜适当改变形式或颜色,以给驾驶员提供多样化的景观,克服行车的单调感。

(3)防眩板的宽度应根据中央分隔带宽度确定,并注意与道路景观相协调。如某公路的防眩板板宽0.70m,而中央分隔带宽度仅1.00m,防眩板边缘紧靠行车道,既容易被车辆刮倒,也使驾驶员有压迫感,防眩板给人的感觉就像一面面又大又笨的铁扇排立在道路中央,非常难看。且由于板宽,两板间的距离大,驾驶员驱车经过时会感到一晃一晃的,昼夜对驾驶员视觉的刺激都很大,从而影响行车质量。

(4)防眩设施与各种护栏结构组合设置时,要根据不同地区的情况结合防风、防雪、防眩、景观等多方面的综合要求,考虑设置组合结构的合理性。

二、防眩设施结构形式

一般来说,可以从下面几个方面来评价防眩设施结构形式的功能是否符合要求:
(1)有效地减少对向车前照灯的眩目。
(2)对驾驶员的心理影响小(压抑感、单调感)。
(3)经济、美观。
(4)施工简单、易于维护。
(5)对风阻挡小,积雪少,通视效果好。
(6)受车辆冲撞时不对车辆构成威胁。

道路上使用的防眩设施可分为3种类型,如图6-2-3所示。

Ⅰ型:是指连续封闭型的防眩设施,如足够宽度的中央分隔带(宽度≥9m)上的树墙等。它基本上阻止了对向车道从水平面上所有角度射来的光线。

Ⅱ型:是由连续网状结构组成的防眩设施,金属(或塑料)防眩网为其代表形式。它能阻挡水平面上$0 \sim \beta_1$角度射来的光线,在β_1角以外可横向通视。

Ⅲ型:是以一定的间距连续设置板状结构而组成的防眩设施。金属(或塑料)防眩板为其代表形式,防眩扇板、百叶窗式防眩栅、一定间距植树等从遮光原理上讲均是Ⅲ型防眩设施。它可阻挡水平面上$0 \sim \beta_1$角度射来的光线,在β_1角以外可横向通视。

目前在公路上广泛使用的防眩设施结构形式主要为防眩板,其次为植树、防眩网。防眩板是一种经济美观,对风阻挡小,积雪少,对驾驶员心理影响小的比较理想的防眩结构形式。

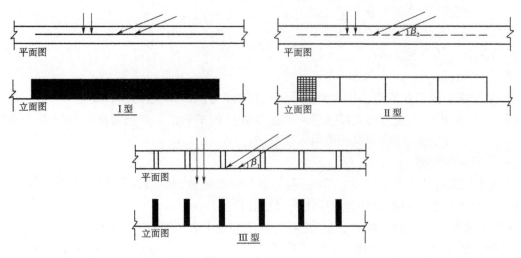

图 6-2-3 防眩设施类型

三、防眩设施施工

1. 设置于混凝土护栏上的防眩板或防眩网的安装

(1) 预埋件的设置位置、结构尺寸等不符合设计要求,或未按要求设置预埋件时,应与建设单位联系,不得随意处理,以免破坏混凝土护栏的使用功能。

(2) 混凝土护栏是支撑防眩板、防眩网的结构物,防眩板、防眩网安装完成后,各连接件就要受力,混凝土强度达到设计强度的70%以上时,方可在混凝土护栏顶部安装防眩设施。

(3) 防眩板、防眩网安装后,其下缘与混凝土护栏顶部的间距应符合设计文件的规定。安装过程中,不得随意抬高防眩板、防眩网以调整高度及垂直度,以免下缘漏光过量影响防眩效果。

(4) 防眩板、防眩网安装后,与混凝土护栏成为整体结构,一般不会削弱混凝土护栏的原有功能,但应注意检查。

2. 设置于波形梁护栏上的防眩板或防眩网的安装

(1) 防眩板或防眩网可通过连接件安装在波形梁护栏上。

(2) 为了简化防眩板或防眩网结构,有时把防眩板或防眩网安装在单侧波形梁护栏上。一般情况下,这种做法不会削弱波形梁护栏原有的功能,但一旦发生碰撞事故,护栏和防眩设施均会遭受破坏,应经常注意检查。

(3) 防眩板或防眩网下缘与波形梁护栏顶面之间的间距应符合设计文件的规定,以免漏光过量影响防眩效果。

(4) 防眩板或防眩网通过连接件与波形梁护栏连接,施工过程中不应损伤波形梁护栏的金属涂层。任何形式涂层的损伤,均应在24h之内给予修补。

3. 独立设置立柱的防眩板或防眩网的安装

(1) 防眩板或防眩网单独设置时,立柱一般直接落地埋在中央分隔带内,因此,施工前,应注意清理中央分隔带内的杂物、坑洞,了解管线埋深及位置,处理好与其他中央分隔带内构造物的关系。立柱埋设在其他位置时,也应进行场地清理。

(2) 防眩板或防眩网单独设置时,可根据所在位置选择将立柱埋入土中、设置混凝土基础或固定于构造物上等方式加以处理。

(3) 防眩板或防眩网立柱的施工,采用开挖法埋设混凝土基础时,不得破坏地下的通信管线或电缆管线。混凝土基础开挖达到规定深度后,应夯实基底,调整好垂直度和高程,夯实回填土。施工中不得损害中央分隔带地下排水系统。

4. 验收

(1)防眩高度、遮光角是防眩设施的重要指标。防眩设施安装完成后,其防眩高度、遮光角应满足设计文件的要求。防眩设施安装完成后,往往在桥梁与路基连接处的中央分隔带开口处,防眩设施有不连续的地方,在两段防眩设施中间留有短距离间隙,会产生严重的漏光现象,应加以避免。

从纵断面来看,防眩漏光发生在线形起伏变化较大的路段。在这些路段从防眩板或防眩网上漏光是很难避免的,需要做到的一点是首先要满足设计要求,尽量使这种情况加以避免或减少。

(2)防眩板或防眩网安装完成后,成为公路的附属结构物,是一种保障安全的设施,同时也是一种公路的景观设施,故防眩设施应与公路线形协调一致,不得有明显的扭曲或凹凸不平等现象。

(3)防眩板或防眩网是一种产品,其外观质量应符合设计规定。防眩板或防眩网表面不应行划痕、变色及颜色不均等外观上的缺陷。防腐层不得有气泡、裂纹、疤痕、端面分层、毛刺等缺陷。

(4)防眩板或防眩网必须安装牢固,以免影响正常使用。

四、植树防眩

在中央分隔带上植树是最先试验采用的防眩措施,它具有防眩、美化路容、降低噪声和诱导交通等多重功能。植树防眩特别适用于较宽的中央分隔带,作为道路总体景观的一部分,和自然环境相协调,给驾驶员提供了绿茵连绵、幽美舒适的行车环境。道路绿化是视野所及范围内行车的重要参照物。

以一定间距植树防眩的形式应注意路线的走向。当路线走向与太阳运行方向接近垂直时,不宜采用植树防眩,因在这种情况下,树木遮挡太阳光在路面上形成阴影,树木间透过的太阳光洒在路面上,会给行驶中的驾驶员造成一晃一晃明暗相间的眩目感觉,对驾驶员视觉功能的损害比夜间前照灯的眩目更为严重。

另外,以一定间距植树防眩的形式,夜间在前照灯照射距离之外,树丛隐约像一个个人站立在中央分隔带上,由于心理定势作用的影响,驾驶员很难迅速区别是树还是人,高速行驶时会感到极度的紧张。

因而,从某种程度上来说,密集植树防眩比间隔植树防眩应用更广一些。但密集植树防眩也有不利的一面,即阻碍了驾驶员的横向通视,使其不能很好地观赏车道左侧的景观,视野变窄,且有压迫感和单调感,容易疲倦打瞌睡。故密集植树防眩的高度不宜超过1.40m,一般以1.20~1.40m为宜。

综上所述,密集植树和以某一间距植树防眩都有一定的缺陷,因而近年来国外比较推崇一种所谓的自由栽植方式。其基本依据和做法是:由于交通量一定时,在道路上行驶车辆的车头时距是连续型随机变量,并符合正态分布,故由此联想到树木的栽植间距也可有大有小,但控制其平均值在5~6m,且使每一栽植的间距作为随机变量,使其符合正态分布。

由此虽说是自由栽植,但疏密有序,从数理分析上也是有规律的。这种栽植方式比较接近于自然的随意栽植,符合人的心理和视觉特性的要求,因而在日本和欧洲许多国家的高速公路上已流行开来。

第三节 视线诱导设施施工

驾驶员为了安全地驾驶汽车,应能判断设计视距以外的道路方向。行车时,驾驶员的视线在汽车前方巡视,以路旁地带、具有良好识别线的道路表面和与平行于车行道的各种线条(路缘或路面边线,路旁整齐的树木、护栏和视线诱导设施)来判定道路的行进方向。特别是在夜间、雨天、大雾、路上有积雪等不良气候条件时,路面标线可能不清楚,驾驶员对视线诱导设施的需求就更迫切。目前在道路上广泛使用的视线诱导设施有轮廓标、路钮、线形诱导标(导向标等)。

视线诱导设施按功能可分为:轮廓标、分流和合流诱导标、指示性和警告性线形诱导标。按设置方式可分为埋入式和附着式两种。

一、轮廓标

1. 设置原则

1)一般公路

一般公路应根据道路、交通条件综合考虑,在认为对驾驶员行车有潜在危险的路段设置轮廓标。但是,在有道路照明的路段可不设置轮廓标。符合以下条件之一者应设置轮廓标:

(1)设计速度大于 50km/h 的路段。

(2)车道数或车道宽度有变化的路段。

(3)在连续急弯的陡坡路段。

2)高速公路、一级公路

(1)高速公路、一级公路的主线及互通立交、服务区、停车场等进出匝道或连接通道,应全线连续设置轮廓标。

(2)在气候条件恶劣,线形条件差和事故多发地段应设置反光性能更高的轮廓标或采用尺寸较大的反射器。

(3)在有道路照明的局部路段,驾驶员可以通过护栏、缘石、标线等设施看清道路前方线形,也可以不设置轮廓标。但是在照明区间较短的路段,考虑视线诱导的连续性,需认真研究是否设置轮廓标。

2. 设置方法

轮廓标一般设置在行车道的左、右侧。在公路路基宽度、车行道数量有变化的路段,应适当调整轮廓标的间距。轮廓标的标准设置高度为 700mm,最小设置高度为 600mm,最大设置高度为 1 200mm。

二、路钮

路钮是一种粘贴或锚固在路面上,用来警告、诱导或告知驾驶员道路轮廓或道路前进方向的装置。路钮一般配合路面油漆、热塑标线使用或以模拟路面标线的形式独立使用。路钮在不良气候和环境下(如雨天、雾天、路面灰、泥多等)能有效地保证驾驶员的视认性。路钮的主要缺点是由于其突出路面对骑自行车和摩托车者构成潜在的危险,但可通过降低路钮的高度使危险性降至最小。路钮的另一主要缺点是如果与路面固定不牢,在高速行驶的车辆的碾压下可能脱落而影响其他车辆安全行驶。解决这一问题的办法是提高路钮与路面的黏结强度。路钮在国外一些冬季不积雪的公路(一般公路和高速公路)得到广泛使用,已被证明是一种廉价且提高安全能力显著的交通安全设施,是驾驶员夜间行车不可缺少的附属设施。

用于路钮与路面黏结的是一种黏结性能良好的环氧树脂类产品,美国 AASHTO 对路钮黏结剂有严格的产品标准和试验标准。路钮底部应有粗糙面以保证环氧树脂牢固地和路面黏结。

三、线形诱导标(导向标)

线形诱导标又称为导向标,分为指示性线形诱导标和警告性线形诱导标两类。指示性线形诱导标为蓝、白相间,一般设置在小半径或通视较差、对行车安全不利的曲线外侧。警告性线形诱导标颜色为红、白相间,一般设置在因道路施工或维修作业而需临时改变行车方向,提醒驾驶员注意前方作业的路段前方。

(1)设置于土中的线形诱导标,由反射器(或反光膜)、底板、立柱、连接件和基础组成。反射器(或反光膜)可用黏贴剂贴在底板上,也可采用螺栓连接。底板与立柱用抱箍、滑动槽钢通过螺栓连接。立柱埋置于混凝土基础中。

(2)附着于护栏上的线形诱导标,由反射器(反光膜)、底板、立柱或连接件组成。线形诱导标的立柱通过抱箍与护栏柱连接。

四、施工

1. 一般原则

(1)视线诱导标的施工应在路面施工完成后进行。附着于护栏上的视线诱导设施,可在护栏安装过程中或在护栏安装后进行;立柱安装的混凝土基础可提前施工,但必须控制好高程。

(2)在施工安装前,应对全线视线诱导设施的埋设条件、位置、数量进行核对,并作出详细的施工组织设计。

2. 量距定位

轮廓标应按设计图量距定位,附着于护栏上的轮廓标可按立柱间距和轮廓标设置间隔定位;柱式轮廓标应按设计间距用钢卷尺测量定位;分合流诱导标和线形诱导标均应按设计图量距定位。

3. 基础施工

(1)埋设于土中的轮廓标或诱导标,均应浇筑混凝土基础。基础应按设计图规定的尺寸于指定地点进行开挖。小型基础、孔壁稳定,可以不立模板。在浇筑混凝土前,基坑要进行整修,基底要压实,并按规定扎钢筋,钢筋的规格、尺寸应符合设计规定。当立柱与混凝土基础浇在一起时,则可将立柱放入模板中,固定就位后,即可浇筑混凝土。混凝土浇筑完成后应采用正常的养护措施,混凝土达到规定的强度之前,混凝土基础上不得受力。架设支柱和标志,基础周围应予回填并夯实,回填压实工作应于结构物上竖立标志前完成。

(2)当轮廓标柱体或诱导标立柱为装配式,则应预留柱体插入的空穴,或采用法兰盘连接。法兰盘连接的基础,其预埋地脚螺栓和基础法兰盘位置正确,基础法兰盘应嵌进基础内(其上表面与基础顶面齐平)。混凝土浇筑后,应保证基础法兰盘高程正确,保持水平,地脚螺栓保持垂直,并用油纸和铁丝等将螺栓外露部分绑扎保护,防止锈蚀。

(3)柱体式轮廓标,可在混凝土基础的预留空穴中安装。轮廓标柱体应垂直于地平面,柱体与混凝土基础之间用螺栓连接,其设置高度(指反射器的中心高度)应与附着式轮廓标的高度大致相同。

(4)由于基础位置处于路面边缘,要求基坑开挖后应在 24h 内完成基础混凝土浇筑。

4. 安装

附着各类构造物的轮廓标,按照放样确定的位置进行安装。反射器应尽可能与驾驶员视线垂直。安装高度宜尽量统一,应连接牢固。分、合流诱导标和线形诱导标应在基础混凝土达到设计强度的80%以上方可进行安装,当诱导标附着于护栏立柱上时,应先对立柱的位置、垂直度进行检查,达到要求后,才能安装诱导标的面板。采用抱箍和滑动螺栓把诱导标固定在立柱上。面板应与驾驶员视线尽量垂直,安装高度应满足设计要求。安装过程中应保持面板的平整度。

第四节　标志与标线施工

公路交通标志是用图形和文字传递特定信息,用以管理交通,保证交通安全,协助车辆顺利通行的安全设施。

公路交通标线是由标画于路面上的各种线条、箭头、文字、立面标记、突起路标和轮廓标等构成,是引导驾驶员视线,管理驾驶员驾车行为的重要设施。

一、道路交通标志、标线的分类

1. 交通标志

1) 按功能分

根据《道路交通标志和标线》(GB 5768—2009),交通标志按功能可分为主标志和辅助标志两大类:

(1) 主标志

① 警告标志:警告车辆、行人注意危险地点的标志。

② 禁令标志:禁止或限制车辆、行人交通行为的标志。

③ 指示标志:指示车辆、行人行进的标志。

④ 指路标志:传递道路方向、地点、距离信息的标志。

⑤ 旅游区标志:提供旅游景点方向、距离的标志。

⑥ 道路施工安全标志:通告道路施工区通行的标志。

(2) 辅助标志

附设在主标志下,起辅助说明作用的标志。

2) 按支持方式分

(1) 柱式标志:以立柱支持在路侧、交通岛或中央分隔带等处。

① 单柱式:标志牌安装在一根立柱上。

② 双柱式:标志牌安装在两根立柱上。

(2) 悬臂式标志:标志牌安装在悬臂支架结构上方。

(3) 门架式标志:标志牌安装在门式支架结构上方。

(4) 附着式标志:标志牌安装在上跨桥和附近构造物上。

3) 按大小分

标志尺寸应按道路不同行车速度对标志认读距离的要求确定,可分为小型、大型、巨型。一般道路车速较低,标志尺寸相对较小;高速公路车速快,标志尺寸相对于一般公路要大很多。

4) 按设置时间分

(1) 永久性标志:标志内容长久有效,永久设置在固定地点。

(2)临时性标志:标志内容在一定时间内有效,不需要时可拆除或移走。

5)按发亮方式分

(1)不反光标志:无定向反射功能的一般油漆标志、搪瓷标志等。

(2)反光标志:标志面采用反光材料制作的标志。

(3)照明标志:利用照明设备使标志面发亮的标志。

①内部照明标志:标志板内装照明装置,采用半透明材料制作标志面板,有单面显示和两面显示两种。

②外部照明标志:外部光源照明标志板面的方式。

③自发光标志:白天吸收太阳光,晚上发亮的标志。

6)按显示方式分

(1)图案式标志:牌面内容为符号图案的标志。

(2)告白式标志:牌面内容为文字的标志。

7)按显示变动方式分

(1)固定标志:牌面内容固定不变的标志。

(2)可变信息标志:牌面显示内容可根据交通、道路、气候等状况的变化而改变的标志。

2.交通标线

1)道路交通标线按设置方式可分为以下3类:

(1)纵向标线:沿道路行车方向设置的标线。

(2)横向标线:与道路行车方向成角度设置的标线。

(3)其他标线:字符标记或其他形式标线。

2)道路交通标线按功能可分为以下3类:

(1)指示标线:指示车行道、行车方向、路面边缘、人行道等设施的标线。

(2)禁止标线:告示道路交通的遵行、禁止、限制等特殊规定,车辆驾驶人及行人需严格遵守的标线。

(3)警告标线:促使车辆驾驶员及行人了解道路上的特殊情况,提高警觉,准备防范应变措施的标线。

3)道路交通标线按功能可分为以下3类:

(1)线条:标划于路面、缘石或立面上的实线或虚线。

(2)字符标记:标划于路面上的文字、数字及各种图形符号。

(3)突起路标:安装于路面上用于标示车道分界、边缘、分合流、弯道、危险路段、路宽变化、路面障碍物的反光或不反光体。

(4)路边线轮廓标:安装于道路两侧,用以指示道路的方向、车行道边界轮廓的反光柱(或片)。

二、标志、标线的作用及一般要求

道路交通标志是用图形符号、颜色和文字向交通参与者(驾驶员、乘客、行人、管理者等)传递特定信息,用于管理交通的设施。道路交通标线是由标划于路面上的各种线条、箭头、文字、立面标记、突起路标和轮廓标等所构成的交通安全设施,它的作用是管制和引导交通,可以与标志配合使用,也可单独使用。

道路交通标志、标线是道路建设的重要配套设施,是诱导交通、保证安全的重要手段,是道路交通参与者的行为规范。

道路交通标志、标线作为一种"跨文化"的图形符号,容易被不同文化和语言背景的人们所理解。作为公路上车辆驾乘人员接收信息的主要途径,它具有明确的指导性,同时它是依据国家交通法规和标准设计、制作的,对道路交通参与者的行为具有强制性,它是交通管理部门组织、管理交通的重要手段,也是处理交通纠纷、交通违章和交通事故的法律依据。同时,完善的交通标志、标线能够有效地减少交通事故和提高运行效率,创造出巨大的经济效益和社会效益。交通标志还是一种形象工程、美化工程。色彩丰富、形象生动、比例协调、图文并茂的交通标志是道路上的一道美丽景观,它已经成为一个国家、一个地区交通现代化程度的重要标志,是展示人类文明的窗口。

高速公路标线有行车边缘线与行车道、超车道分行线两种。边缘线一般为连续白线,分行线为间断白线。标线的作用是给行驶的车辆提供明确、清晰的指示。高速公路标线将所传播的信息最大限度传递给使用者,从而避免事故发生,避免迷失方向,浪费时间。在互通式立交桥出口处一般设有指示出入方向的斑条线。高速公路的标志、标线原则上要求在夜间具有和白天一样的可见性。高速公路一般有如下标志:进出口标志、地名及大型结构标志、里程桩、限速标志、特殊指示标志、危险路段标志、确定车距标志、高速路终点标志等。设置标志的目的是给车辆驾驶员提供及时、准确的信息,明确要求,起到保证车辆行驶顺畅,保证安全的作用。

标志的板面与字体应有鲜明的反差,字体应清晰,符合国家规范的文字要求,字体大小应使驾驶员在一定的距离上能清楚地看到,不会产生误解。字体面漆,在夜间车辆灯光照射下应反射足够的光亮,以满足夜间行车要求。标志牌上标注的地名、结构物名称应准确,里程桩、结构物编号应统一编排。

三、设置原则

交通标志的设置位置、设置方式等应根据道路的几何线形、车道数量、交通流量、流向和交通组成,道路沿线状况、沿线设施,出入口、交叉口的重要性及交通状况,标志的类型及重要性等综合考虑,确保道路使用者能根据交通标志的指示安全、顺畅、舒适地驾驶和行走。

1. 标志设置的基本原则

(1)交通标志的设置应进行总体布局,向道路使用者提供正确、全面、及时的信息,防止出现信息不足或过载现象,对于重要的信息应给予重复显示的机会。

(2)交通标志的设置应以完全不熟悉本地路网体系的外地驾驶员为主要对象,通过标志的引导,能顺利、快捷地抵达目的地,不至于发生错向行驶,如图6-2-4所示。

(3)静态的交通标志应与动态的可变标志相互配合,统一布局,形成整体。

(4)道路标志是交通管理设施,具有法律效力,是交通管理部门组织、管理交通的重要手段,也是处理交通纠纷、交通违章和交通事故的法律依据。交通标志设置不当将会给交通安全、交通流向、交通管理带来负面影响,因此应根据交通管理法规和有关标准正确、合理地设置标志。

图6-2-4 交通标志

2. 设置位置的选定

(1)交通标志的位置设置,首先应保证标志的易识别性,标志应放置在容易被看见的地方。

(2)应注意道路附属设施(如:上跨桥、照明设施、监控设施等)、路上构造物(如:电杆、电话、消火栓、广告牌、门架等)及道路两侧和中央带绿化树木对标志板面的遮挡,影响标志视认性。

(3)道路出入口、交叉口处标志往往较多,应根据标志的类型及重要性合理布置,避免标志林立,妨碍驾驶员视野。

(4)交通标志的设置不得侵入道路建筑限界以内,保证侧向余宽。标志牌不应侵占人行道有效宽度和净空高度。

(5)交通标志的位置应根据标志的类型分别计算确定,应充分考虑道路使用者在动态条件下发现、判读标志及采取行动的时间和前置距离。

四、标志、标线施工要点及一般要求

施加标线的道路表面应清洁干燥、无松散颗粒、无其他有害物质。标线的宽度、间隔、箭头、字符均应符合设计要求,标线涂漆施工应在白天进行,潮湿、灰尘较大、风大、温度低于4℃时应停止施工。

标线应平顺、均匀,边缘应有清晰、明确的切断。标线施工宜采用涂漆施工,施工时应认真测定标线涂料位置。标线涂料喷于路面后,在1~2年使用期内,不应出现明显的褪色。标线施工时应采取措施,防止通行车辆、行人对路面涂线造成的损害,为使涂线材料干透与凝固,应提供足够的标志、指挥人员及交通路标。标志牌牌面应按设计要求在工厂内加工完成;立柱所用钢材要有出厂合格证,并经过必要的检验。

标志牌基础混凝土强度、尺寸应符合要求,预埋基础牢固,位置准确,基础浇筑完成后,应及时回填,做好周围排水,防止雨水冲刷。标志牌板面安装完成后,要检查板面与水平轴线及垂直轴的旋转角度,检查板面与道路路面之间的间距尺寸,不符合要求时及时调整。标志牌应在道路(路面工程)标线完工后统一安装,避免施工中的损坏。

(一)交通标志

1. 加工标志底板

(1)标志底板的制作是一项专业性很强的工作,应在金工车间进行。铝合金板的加工应根据板面设计尺寸的要求进行剪裁、切割、焊接、铆接等。板面要求平整,不能有刻痕,并按设计要求对标志板进行拼接和加固,进行冲孔、卷边及其他的加工工序。挤压成型的铝合金型材应根据标志尺寸拼装,使搭接紧密、板面平整。

(2)标志底板按要求制作完成以后,应进行彻底的清洗、除污、干燥。清洗完毕后,应检查铝合金板表面是否残留有污迹,不干净的铝板需重洗。清洗处理完成后直到贴反光膜前,不得用手直接触摸该铝合金板,亦不应再与油脂或其他污物接触。

2. 制作标志面

1)标志面采用反光膜时的规定

(1)标志板加工过程中,贴反光膜是最关键的工序。反光膜与标志底板通过化学胶来粘贴。为保证粘贴效果,标志底板一定要干净。标志反光膜应在干净、无尘土,温度不低于18℃、相对湿度在20%~50%的车间内进行粘贴。温度过低,对胶的粘贴性能有不利影响。

(2)交通标志的形状、图案和颜色等应严格执行现行《道路交通标志和标线》(GB 5768)的规定。驾驶员对指路标志中汉字的辨认取决于很多因素,最主要的是汉字的大小和字体。驾驶员对指路标志的认读是在快速行驶中进行的,标志应确保驾驶人员有足够时间去发现、判

断、认读、理解和采取行动。最佳的指路标志尺寸应该满足在规定速度下对信息获取的要求。根据交通部公路科学研究院的研究成果,采用的汉字、汉语拼音字母、英文字、阿拉伯数字应严格按照现行《道路交通标志和标线》(GB 5768)及设计文件的规定执行,不得采用其他字体,这样才能获得最佳效果。

(3)标志反光膜应能为车辆驾驶人员在黎明、黄昏及夜晚提供有效的认读距离,以便及早发现前方路况、采取行动,避免交通事故的发生。反光膜的反光亮度性能由于反光膜的结构和性能的不同而存在很大差异,应符合设计文件的要求。

(4)由于标志面内容主要由文字和图案构成,而且文字和图案都有规定的字体和尺寸。手工操作已不能胜任。反光文字符号应采用电脑刻绘机来完成。指路标志面积大,底膜的粘贴应在贴膜机上进行。标志底膜一般根据胶的性质选择在专用的真空热敏(热敏胶)压贴机或连续电动滚压(压敏胶)贴膜机上完成贴膜。文字符号一般采用(手工贴膜)转移膜法粘贴。

(5)反光膜应粘贴于整个标志面,且超出边缘至少2cm。凡标志板的宽度或高度在1.2m以下者,贴用的反光膜不得有接缝。粘贴反光膜应采用叠压接缝,上层反光膜压叠下层反光膜之重叠部分不得小于50mm,并以水平叠接为原则。反光膜应尽可能减少拼接。当粘贴反光膜不可避免出现接缝时,应使用反光膜产品的最大宽度进行拼接,接缝以搭接为主。当需要滚筒粘贴或丝网印刷时,可以平接,其间隙不应超过1mm。在距标志板边缘50mm范围内,不得拼接。标志板在制作过程中,均应按照有关规定进行,不得出现任何形式的污损、气泡等缺陷,以免影响标志功能的正常发挥。

2)丝网印刷的规定

丝网印刷就是在贴好反光膜的标志板上印刷图案。曝光正确且保养良好的丝网可用3万次以上。当批量生产版面和规格相同的标志时,采用丝网印刷的方法最经济。

丝网印刷的工序为:拉网、网版制作(将感光剂涂布于丝网上,丝网在黄灯下风干,把底稿放在感光面上,用曝光灯感光并显影、烘干)、丝网印刷。把反光膜置于丝网下,开启真空泵,然后用清洁的布分别把丝网和反光膜表面的灰尘除去。把油墨倒在丝网上靠近铰链的位置。油墨不要倒太多,否则会造成气泡。用胶刮把油墨均匀地涂布在网上,然后用力把油墨向铰链方向推上。丝印速度不宜太快,否则会形成气泡。关闭真空泵,把印刷完毕的反光标志安放在干燥架上,用风扇吹干。

限于丝网印刷设备的制约,目前可采用丝网印刷技术的交通标志面仅限于较小规格的。

3)包装、储存及运输标志面的规定

(1)丝网印刷的标志一般采用先风干、然后再烘干的方法。包装前反光膜上丝印的油墨一定要干透。

(2)标志应存放在室内干燥的地方。贴上反光膜的标志板需用保护纸保护分隔。标志可以分层储存,但需用发泡胶把两块标志分隔。把标志竖起来储存可以减少压力,一些小标志可以挂起来储存。

(3)标志面应有软衬垫材料加以保护,以免搬运中受到刻划或其他损伤。

3.钢构件的加工

钢构件的加工应按现行《公路桥涵施工技术规范》(JTG/T F50—2011)和设计文件的规定执行。

4.标志定位与基础设置

(1)标志应按设计桩号定位。设置标志的目的是维护公路交通安全和畅通,为公路使用者提供准确的交通信息服务,所以标志桩号不能随便更改。如果在规定位置设置有困难时,在不影响标志视认性的情况下,位置可以做适当调整。

(2)标志应按设计文件的规格在指定桩号开挖基础,基础的地基承载力应符合设计文件或本规范的要求。浇筑混凝土时,应注意正确设置地脚螺栓和底座法兰盘。

5.标志的安装

安装标志时,应采用设计文件提供的连接方法。对悬臂、门架式标志应注意控制好预拱度。为增强视认效果,标志板面的平整度和安装角度应根据有关标准、规范和设计文件的规定进行适当调整。考虑到风力的影响,地脚螺栓等连接件应根据设计文件的要求设置双螺母。

(二)交通标线

1.路面标线的施工

(1)清扫路面是一道非常重要的工序。施划标线的路面不能有灰尘、松散颗粒、沥青渣、油污、砂土、积水等有害材料,否则会影响涂料与路面的黏结。旧路面重划标线时,一定要把旧标线清除干净。

(2)应根据公路横断面尺寸和设计文件的要求确定标线位置、标线宽度、实线段长度,在路面上划出线形、文字、图案,如高速公路进出口标线、导流标线、减速标线、路面文字和箭头的线形等。标线应与线形一致,流畅美观,如图6-2-5所示。

图6-2-5　路面标线

(3)由于材料的不同,各种标线的施划方法也存在很大差异。

①常温溶剂型标线的施工:标线涂敷可以用气动喷涂机或高压无气喷涂机等设备来完成。正式划线前应在铁板上试划,以确定划线车的行驶速度、线宽、标线厚度、玻璃珠撒布量等能否满足要求。调试好后,开始正式划线。气动喷涂机械使用压缩空气将涂料微粒化,并把涂料喷涂于路面上。通常使用空气压缩机的压力罐或柱塞泵将涂料送至喷枪,由于雾化涂料而形成很大的喷涂直径,其中会混入大量的空气,这对加快涂膜干燥是有利的,但在控制喷涂直径上却需要较高技能。气动喷涂施工时需要加入较多的稀释剂才能达到流动性要求,漆膜厚度相对较薄,溶剂用量较多,因此,传统的气动喷涂已开始向高压无气喷涂转变。高压无气喷涂技术通过对涂料施加高压,能将黏度大的涂料送到喷枪,并从小口径喷嘴喷射出去,继而形成大喷射直径的雾锥。利用这种方法可以减少溶剂的浪费,获得较厚的和均匀的涂层,使标线标准、美观。常温型涂料的主要成分是合成树脂,次要成分是体质材和添加剂。通常,常温型涂料还要加着色材料、溶剂,并进行充分搅拌,使其混合均匀才能使用。常温型涂料的干燥时间为5~10min,因此,需注意保护标线不让车辆碾压。标线干燥后,即可开放交通。

②加热溶剂型标线的施工:使用加热型涂料进行路面标线施工,与常温型相比,因形成涂膜的要素多,溶剂含量较低,所以它具有更好的速干性。由于涂膜较厚,对玻璃珠的固着性也比常温型涂料好。对于高黏度涂料,由于不能原封不动地用于喷涂,因此,必须通过加热器将其加温至50～80℃,使涂料黏度降低才可以喷涂。为此,加热型涂料施工机具需要附加加温的装置。加热型施工系统由涂料容器、加热器、热交换器、保温装置、泵喷涂装置等组成。现在车载加热型划线车的普及使用,确立了划中心线、边缘线等公路纵向标线的合理施工方法。加热型涂料采用大型机械化施工,溶剂少,涂膜厚,干燥时间短,耐久性好。如在喷涂的同时撒玻璃珠,则能与涂膜很好固着,具有良好反光效果。正式划线前应在铁板上试划,以确定划线车的行走速度,调试线宽、标线厚度、玻璃珠撒布量。调试好后,开始正式划线。

加热型涂料的主要成分是合成树脂,次要成分是体质材和添加剂、着色材料。溶剂含量约占20%～30%。溶剂的作用是稀释涂料,使涂料具有一定的流动性,改善涂料的操作性能。加热型涂料约10min后不黏附轮胎,可以开放交通。

③热熔型标线的施工:为了提高路面与涂膜的黏结力,需要在路面上先涂抹底漆(下涂剂)。底漆由合成树脂、可塑剂、芳香族溶剂构成。底漆应根据不同的路面材料选用不同的类型。底漆的涂抹量过多或不足都会降低路面与涂膜间的黏结力。根据路面情况和底漆特性,一般每平方米涂抹60～230g底漆为好。涂抹时使用刷子、滚筒式喷洒机等,将底漆调至浓淡均匀后涂洒。底漆涂洒宽度应比标线放样宽度稍宽一些。底漆涂洒后要养护。当底漆不粘车轮胎,也不黏附灰尘、砂石时,才可以进行标线涂布作业。养护时间与大气温度、路面温度、湿度、风强度、底漆组成、涂抹量、涂抹方法、路面吸水率等因素有关。底漆涂抹时,要仔细,防止遗漏,特别是路面凹凸明显的地方,可在凹陷的地方适当涂厚一点。

热熔型涂料施工实际上是一种熔结作业,因此,材料性能及施工方法和技术都直接影响着涂膜性能。施工条件和路面状态是多种多样的,影响路面标线性能的因素也千变万化,因此,每次施工应尽量控制各种因素,争取好的施工质量。热熔型涂料是由颜料、体质材、反光材料与具有热可塑性的树脂混合而成。热熔型涂料与常温型、加热型不同,它不含溶剂或稀释剂,呈粉末状供应。将热熔型涂料加热到180～220℃(根据热熔型涂料采用的树脂类型和配方选择合适的温度),涂料即可成为融熔的流动状态,用划线机涂敷于路面,并紧接着撒布玻璃珠,在常温下固化。当涂敷于沥青路面时,涂料与路面熔合;当涂敷于水泥混凝土路面时,涂料与路面是物理黏结,是机械啮合。正式划线前应在铁板上试划,以确定划线车的行驶速度,调试线宽、标线厚度、玻璃珠撒布量。调试好后,开始正式划线。施工时,将粉末状的涂料在熔解釜内熔化,达规定温度后将熔化好的涂料装入涂敷机,到需要划标线的路段将其涂敷于路面上。涂敷作业是标线施工最关键的一步,应按规定操作规程严把质量关。为防止划线车的储料罐和流出口等处涂料黏度变大,可装保温装置,按涂敷量和气候等因素妥善地控制温度。为保证夜间的标线识别性,在标线涂敷的同时要撒布玻璃珠。经验表明,玻璃珠直径有一半埋入涂膜中时,反光效果最好。但要做到这一点不太容易。涂料温度高,玻璃珠撒布快,玻璃珠易沉入涂层中;涂料温度低,玻璃珠撒布慢,涂层已接近固化,玻璃珠不能在涂层上很好固着,容易脱落,反光效果差。因此,玻璃珠撒布受到涂料温度、涂层厚度、气候条件等的影响,施工时要严格控制撒布时间。

涂膜干燥时间因室外气温的变化而不同。对于热熔型涂料,涂膜干燥时间约为3min,涂料不会黏结在车辆轮胎上,即可以开放交通。

④双组分型标线和水性标线也应采用专用设备施工。

（4）路面标线尽管厚度较薄，但仍有一定的阻水作用，尤其是在南方雨水较多的地区，处理不当容易导致交通事故，因此应按设计文件的要求留出排水孔。位于禁止超车线上的突起路标，在施画禁止超车线时，应采取措施预留突起路标的位置，以免影响后期突起路标的施工。

（5）修整标线局部缺陷。对于标线被污染、变色、玻璃珠撒布有堆积、涂料的喷射形状不好、飞溅及其他缺陷，应及时进行修整。

（6）成型标线带和防滑彩色路面标线的施工应符合产品使用说明书的规定。

2. 突起路标的施工

（1）突起路标的施工放样工作，一般应沿着标线来定位，反射体应面向行车方向。

（2）由于突起路标种类较多，材料各异，施工方法有所不同。突起路标位置确定后，最常用的方法是把突起路标用胶直接粘在路面上。在黏结前，应用扫帚、刷子、高压喷嘴吹风等办法清理路面。用刮刀把黏合剂涂抹在路面上和突起路标底部，将突起路标就位，在突起路标顶部施加压力，排除空气，并再一次调整就位。若采用强化玻璃突起路标，则应在路面上钻孔，取出岩芯，清理孔穴后涂胶，将突起路标就位，在突起路标顶部施加压力，排除空气，并再一次调整就位。若采用带脚的突起路标，则应在路面上钻小孔，把突起路标的脚伸入到孔内（深度应足够，钻孔不能太大），清理孔穴后涂胶，将突起路标就位，在突起路标顶部施加压力，排除空气，并再一次调整就位。待胶凝固后即可开放交通。

突起路标在黏合剂固化以前不能受力，因此在突起路标施工过程中，一定要做好养护管理和交通诱导工作，在黏合剂固化以前一定要避免车辆冲压突起路标，待黏合剂固化以后，才可开放交通。

第三章 公路绿化工程

国外在公路交行业,对于公路沿线生态环境的保护与公路的绿化工作是非常重视的,已由以往的普通绿化进一步发展到目前的生态公路或景观生态绿化。它重视公路绿化应综合考虑生态功能,美化景观功能、同周边环境协调功能、交通附属设施功能等多功能的完美结合,使公路建设与大自然融为一体。同时在公路建设中还非常重视对公路沿线生态环境的保护问题。

公路绿化是国土绿化的重要组成部分。公路绿化反映公路建设系统工程的水平,景观绿化能使本来生硬、单调的公路线形变得丰富多彩,创造出许多优美的景观;能使裸露的挖方路堑岩石边坡披上绿装,使新建公路对周围环境景观的负面影响降低;能使公路两侧的自然及人文景观资源与环境景观有机结合、协调,使公路构造物(如:立交桥、服务停车区、收费、管养站区)巧妙地融入到周围的环境之中,给高速公路的使用者——驾驶员及乘客提供优美宜人、舒适和谐的行车环境,如图 6-3-1 所示。

图 6-3-1 公路绿化示意图

公路绿化工程是在公路两侧用地范围内,包括土路肩、边坡、公路隔离带、防护带、交通岛、广场、桥涵、隧道出口两端、立体交叉的上下边坡、养护用房内外环境以及公路服务设施等场地的绿化;还包括育苗、栽种、抚育、管理、采伐更新及宣传绿化政策等,划分为防护林、风景林和美化沿线景观的小型园林、花圃、草坪等。公路绿化的总原则及要求适用于各地的树种见表 6-3-1。

对于不同类型区的公路绿化应分别符合下列要求:
(1)在山区,应发展具有防护效能的绿化工程。
(2)在平原区,应配合农田水利建设和园林化的总体规划要求。
(3)在草原区,应在线路两侧,栽植防风、防雪为主的防护林带。

(4)在风沙危害地区,应选择固沙耐干旱根系发达的树种,防风、固沙林带为主。

(5)在盐碱区,应选择耐盐碱、耐水湿的乔木、灌木树种,配植行数较多的林带。

(6)在旅游区,创建常年有花、四季常青的优美舒适环境。

公路绿化的总原则及要求适用于各地的树种 表 6-3-1

地区	平原(包括盆地及河谷地)		山地		市郊	特殊条件
	一般地区	水分较多地区	土层较厚	土层浅及石质山		
华北和西北东南部、东北南部	杨树(白毛杨等)洋槐、香椿、桑、榆、槐、白蜡、臭椿、楸、泡桐	柳、箭杆杨、加拿大杨、杞柳	核桃、板栗、果树(梨、苹果、柿、枣树等)、油松、洋槐、青杨	山杏、侧柏、元枣枫油松、柴穗槐	杨树(加拿大杨、白毛杨)、洋槐、白蜡、槐、侧柏、松柏、元宝枫	沙地:紫穗、小叶杨;碱地:柽柳;黄土崖:醋柳
东北	小叶杨、大青杨、水曲柳、落叶松、榆	柳、水曲柳	落叶松、红松、水曲柳、油松(南部)、黄菠萝、椴	蒙石栎	杨柳(小叶杨、大青杨)、落叶松、水曲柳、复叶槭	沙地:蒙古柳、沙柳、樟子松

一般来说,绿化是为了稳定路基,防止雨水冲刷;保护路面,调节温度和湿度;诱导机动车辆安全行驶;防止公路环境污染,降低行车噪声;丰富道路两侧景观,有利于驾驶员、乘客及沿线居民的身心健康;扩大国土绿化面积,改善生态环境,并为国家提供一定数量的木材,也是防沙、防风、防水害的措施之一。

具体来说,可分为以下几种类型:

1.吸尘防噪、净化空气

绿色植物体可以通过光合作用过程吸收二氧化碳,放出氧气,使高速公路沿线的空气保持清鲜。同时植物的叶片还能吸收和阻滞在高速公路上行驶的车辆排放的尾气中所含的各种有害气体、烟尘、飘尘以及产生的交通噪声,减轻并防治污染、净化和改善大气的环境质量。

2.固土护坡及防止水土流失

植物体通过根系对土壤的固着作用,以及植物枝叶和地被植物的有关作用达到涵养水源的目的,并能阻止或减少地表径流,降低和防止雨水冲刷路基、路堤、路堑、边沟、边坡,避免水土流失。

3.视线诱导

公路绿化是驾驶员和游客视野范围内的主要视觉对象,规整亮丽的树木、花草,不仅可以给人以优美、舒适的享受,而且可以提示高速公路路线线形的变化,使行驶于高速公路上的车辆能更安全。

4.防眩光

在夜间,对向行驶的车辆之间会因车前灯光造成眩目,给交通安全带来极大的隐患,但是在高速公路中央分隔带内栽植一定高度和冠幅的花灌木,能够有效地起到防眩遮光的作用,保障行车安全。

5.降低路面温度

有关试验表明:夏季沥青混凝土路面,温度高达 40~50℃,比草地和林荫处高 1~14℃,绿地气温较非绿地一般低 3~5℃。通过景观绿化美化,可以改善地温和气温,改善小气候,减轻路面老化,延长公路使用寿命。

第一节　公路绿化施工前的准备

一、土壤测定

在高速公路施工过程中，往往要向土壤中遗弃大量废弃物，特别是互通立交区和中央隔离带，由于土地比较紧张，出于经济上的考虑，互通立交区内常设有稳定土拌和场或水泥混凝土拌和站等，导致部分土壤的 pH 在 8.0~8.5 之间，一般绿化植物难于生长于边坡，特别是上边坡，土壤硬度高。一般来讲沙质土壤硬度（中山式硬度计）超过 25mm，黏性土壤超过 23mm，植物的根系很难向深层土壤伸展；边坡的土壤多为生土，缺乏植物生长的必要元素，加之土壤团粒结构没有形成，保水、保肥性能差。另外土壤中还可能含有对植物生长有害的矿物质。因此，在公路征地范围内种植绿化植物之前对土壤的理化性能如酸碱性、有机质含量以及土壤硬度等进行比较详尽的测定是非常有必要的。

二、不良土壤的改良

1. 不良土质的种类

土壤的成分和质地决定土壤蓄水、透水、保温、导热、肥力、pH 值和可耕性等重要因素，不同土壤对植物的生长有很大的影响。根据公路绿化的特点可以把不良土壤分为：

(1) 生土，这里所指的生土特指耕作层以下的土壤。
(2) 死土，是指土性不良、不利于耕作或土中含有毒物的土。

2. 不良土壤的改良

对于生土，要创造一个适宜植物生长的环境，需要对其物理机械性能、质地、含水率等进行改造，改造的关键是调节土壤质地和控制土壤水分。

其主要措施是：

(1) 增施有机肥，利用有机质疏松多孔、吸收性强的特点，改变土壤颗粒之间的联结性质，以降低黏质土壤的黏结性和黏着性，减少耕作阻力；对砂质土壤则可通过有机质增强团聚，使之不至于过于松散。

(2) 通过掺砂掺黏，改良土壤质地；黏质土壤在南方非常多，特别是生土，由于土壤多是从地下 3~5m 以下翻上来的生土，没有团粒结构，土壤可塑性非常强，干时收缩，湿时膨胀，这样的土壤对植物生长非常不利，吸水膨胀时使土壤密实而难于透水、透气，干燥收缩时会扯断植物的细根和根毛，并造成透风散墒的裂隙。砂粒无膨胀性，在这种土壤中掺入砂粒可以有效降低土壤的可塑性。砂土含量高的土壤保水保肥能力差，特别是对于公路边坡，坡面本来就难于存水，如果土壤中砂粒的含量再高，干旱季节水分蒸发量大，植物易受害而死，雨季容易遭受雨水冲刷，边坡很容易坍塌。在砂土中适当加入一些黏土，一方面可以增加保水保肥能力，另一方面也增加了土壤的防冲刷能力。

(3) 根据土壤的含水率掌握整地时期，在植物栽培的实践中依据所在地的土质情况，选择在最适宜的含水率范围及时耕作，此时犁耕阻力小，土壤可散碎成较多的团粒结构。

最适耕作期的特征是：

(1) 表土呈细裂，土块外干内湿。
(2) 取一把土捏紧时可黏结成团，放开使其自然落地时，土团松散。

(3)进行试耕,以土块可被犁抛散而不黏附农具时为适宜。

对于土壤中含有有毒物质的土壤,根据所含的有毒物质种类采取相应的措施。盐碱含量高的土壤,施工中遗留的石灰是造成公路路域土壤 pH 值高(>7.5)的主要原因,含量过高就需要采用"客土"的方式,即把含石灰的土壤运走,换成可以供植物生长的壤土;对于石灰含量比较少的土壤,一方面采取大水浇灌,使之尽快熟化,减少其腐蚀性,另一方面,增施有机肥或化肥采用偏酸性的肥料,以中和土壤中多余的碱性物质。

三、整地

公路绿化的整地不同于一般农业上的整地,它不仅包括常说的浅耕、耕地、耙地、镇压和中耕等5个步骤,在此之前的平整场地、削坡、换土等也作为其中一部分。绿化工程场地平整多在路基工程完成之后进行,路基施工单位撤场后,遗留的场地多数凹凸不平,特别是在互通区面积比较大,如果场地不平,雨后多余的水难于及时排除,势必影响将来场地内的植物生长;坡面过于粗糙,雨水过后易形成大量小水沟,导致大量水土流失。因此在种植之前对场地进行平整是一项重要内容。场地不同采取的方法有差异,但是,公路绿化用地的整地必须依照绿化设计要求进行。

(1)互通立交区场地平整:依照绿化设计的要求先用推土机等机械设备将场地粗略整治之后进行灌水,把水浇透,使得土壤自然下沉并使坑洼的地方暴露出来,防止将来发生土壤塌陷,难于补救。待土壤干燥之后再用推土机等设备,直至整地达到绿化设计要求。

(2)边坡平整:路桥施工后产生边坡,多为生土,植物在其上生长非常困难,为了在边坡上种植绿化植物,可以采用换土,俗称"客土";在平整场地的时候,多采用人工平整。

四、种植前的种子处理

有些绿化植物,主要是一些采用种子直播方式建植的草坪和地被植物,种植之前需要进行处理,以确保苗木的健康生长。

(1)选种:目的是清除杂质,将不饱满的种子及杂草种子等去掉,以获取籽粒饱满,纯净度高的种子。清选方法可以用清选机清选,也可以人工筛选扬净。

(2)浸种:公路施工完成后,越早绿化对防护工程价值越大,加快种子萌发,可以使之尽早绿化。浸种可以加速种子的萌发,浸种的方法很多;草坪中禾本科种子浸种一般 1~2d,豆科 12~16h;地被植物种类比较多,不同种类的浸种时间稍微有些差异,一般掌握在 6~18h,期间注意换水 2~4 次,浸种后置阴凉处,每隔几小时翻动一次,过 1~2d,种子表皮风干,即可播种。

(3)沙藏法促进种子萌发:有些种子休眠期比较长,特别是一些木本植物的种子如小檗、榆叶梅等,为了使种子渡过休眠期,顺利萌芽,一般将种子与相当于种子体积1~3倍的湿砂土或其他类似物拌和均匀,然后埋藏于排水良好的地方。不同植物的种子砂藏的时间不同。

(4)去壳去芒:有荚壳的种子发芽率低,有芒的禾本科种子不便播种,这些都应在播种之前处理,除去荚壳和芒。

(5)特殊处理法:有些种子有很厚的不透水的种皮,可采用机械磨损的办法,使种皮破裂吸水萌发。在实际操作中可以考虑用磨米机摩擦,也可在种子中掺进沙子相互摩擦,或用砖在地上轻轻摩擦,到种皮发毛即可。也可以采用药剂处理的方法来腐蚀种皮使其透水如用溴化钾溶液 300~500pp 处理 24~48h,能使小叶女贞、国槐等种子顺利萌发;用浓硫酸处理小冠花

20~30min,然后用水冲洗也能使其种皮透水。

五、植物材料的选取

公路绿化的材料非常多,在绿化施工过程中,根据公路的特殊需要和植物的生物学习性选择适宜的植物材料。公路绿化与一般园林有许多共性,但也有很多不同的地方。突出表现在其对公路的作用上,除了景观上美化环境使之与周围的生态环境相协调,在功能上还表现在交通安全、工程防护、景观、视线引导、线性预告、防眩光、缓冲、遮蔽和标志等作用。

1. 乔木和灌木

1)乔木

乔木主要应用在大型互通立交区及公路两侧作为行道树。其树体高大,有明显的高大主干,公路上栽植的乔木通常在5~20m高。公路占地范围内的土壤条件比较恶劣,植物生长比较困难,另外不同公路类型其要求也存在一定的差异,因此在材料的选择上突出这方面的要求。

(1)对于种植在互通立交区和服务区的乔木,其要求和园林绿化的近似,在选材时主要依据景观以及所在地的气候条件,选择适宜的树木,特别是服务区。不过,互通立交区特别是高速公路上比较大的互通立交区在选材时要特别强调其抗逆性。由于高速公路是全封闭的,养护人员进出频繁容易发生交通事故,为了减少养护,在设计时应选择抗性强的乔木,而一些可能观赏价值比较高,但需精心养护的乔木应尽量避免。如在北京地区栽植雪松,除了一般的养护工作之外,越冬时还需做风障和采取其他防寒防风措施等。

(2)作为行道树或种植在高速公路两侧的乔木。长期以来在公路建设中在行道树和高速公路绿化中几乎形成一种模式,绿化方式非常单一,如在华北地区种植的行道树中毛白杨和柳树占很大的比重,品种单一,其所组成的生态系统非常脆弱,极易遭受病虫害的危害。近年毛白杨在一些地区遭受星天牛的危害,由于这种蛀干昆虫的生活史中暴露在外的时间非常短,而且世代之间存在交叉,防治极其困难,目前尚未有行之有效的解决办法。公路两侧的行道树受害尤为严重,分析其原因发现,星天牛喜食杨柳科植物的树干,在自然状态下,不同植物种群在群落中随机分布,很少出现大片单一植物组成的群落,因此即使发生危害,因为不同的昆虫都有自己的寄主范围,由于其他非寄主的天然形成的屏障,只能局限在很小的范围发生,而不会造成虫害大规模流行。而公路两侧的行道树则就不同了,相邻的两棵杨树之间的株距一般是4~8m,尽管星天牛的成虫飞翔能力很差,但这么短的距离对它来说却是绰绰有余的,更何况有些大树的树枝相互交叉,这就不难解释它在行道树上流行的原因了。因此在选择乔木时尽可能选用不同树种交叉种植,以减少病虫的发生率。另外在选择过程中还要考虑乔木的降噪功能。根据有关资料介绍,种植在公路两侧的高大树木,在绿化空间,当声能投射到树叶上时被反射到各个方向,叶片之间多次反射使声能投射到树叶上后转变为动能和热能,噪声被减弱或消失了。国内外对植物的减噪功能进行过γ测定,证实最大的减噪量约为10dB。因此,在选择乔木做行道树或种植在高速公路两侧时,为了减噪可以适当选择叶片大,具有坚硬结构的树,叶片应像鳞片状重叠,叶片的位置与噪声发生处成直角为宜;树木从上至下应立体栽植。

2)灌木

灌木在公路边坡、中央隔离带、互通和服务区应用非常广泛。作为公路绿化的重要材料,它在美化绿化中起了非常大的作用。

(1)护坡:公路绿化中护坡是一项重要内容。作为公路护坡选用的灌木种类应该满足如

下的要求:
　　①根系发达,固土能力强。
　　②耐干旱,因为边坡的保水能力很差,不论在南方还是在北方,南方尽管雨水非常充分,但其公路边坡与周围环境相比水分也很短缺。
　　③枝条密集富有弹性,密集而富有弹性的枝条可以对交通事故中冲下边坡的车辆起缓冲作用。国外曾经做过这样的实验,让时速高达100km/h的汽车冲向路边宽8m的蔷薇组成的灌木丛,这些富有弹性的灌木丛可以减轻70%以上的冲击力。
　　④耐瘠薄,边坡上的土质多为生土,植物生长所需的营养物质非常匮乏,而施肥又非常困难。因此耐贫瘠也是选择灌木的一个重要条件。豆科灌木能够固定空气中的氮,生长势比较强,如在华北地区被经常应用在公路边坡上的灌木紫穗槐、柠条、胡枝子、锦鸡儿等。
　　(2)中央隔离带在中央隔离带种植小灌木其主要功能是防眩,为达到这一要求应注意如下几点:
　　①高度不能低于1.3m,否则不能起到防眩效果。
　　②耐修剪,中央隔离带的灌木高度一般控制在1.5~1.8m,为此要经常对其进行修剪,以满足防眩和美观的需求。
　　③常绿。
　　④耐旱,生长速度慢。
　　由于养护需要经常穿越中央隔离带,特别是用水车浇水时,这样无形当中增加发生交通事故的概率,如果采用耐旱并且生长速度慢,就可以减少事故的发生率。常用作防眩的小灌木北方有桧柏类及小叶黄杨;南方有女贞、大叶黄杨、海桐、桧柏类等。在选择树形时选择叶色正常,生长健壮,树形端正丰满,无烧膛、脱腿、偏冠现象。这样的苗木能有效阻隔对面汽车射来的灯光,起到防眩的效果。
　　(3)互通立交区、服务区和收费站:作为景观的组成部分,在考虑其生物学特性基础上,重点放在景观效果上。但在两条公路的交会处,不宜栽植乔木或比较高大的灌木,这是由于公路特别是高速公路上行驶的车辆,在公路交会处如果栽植高大的树木,驾驶员则看不清另外一条行驶来的车辆,非常容易相撞。作为高速公路景观的重要组成部分,在设计当中乔、灌、草的比例应当恰当,草坪面积不宜太大,可控制在70%以下。植物材料的选取上减少速生树种或草的比例,这样在不影响景观的前提下可以有效减少修剪等养护工作量。

2. 草坪及地被植物

草坪和地被植物在一、二级和高速公路上应用面积比较大,主要应用在互通立交区、边坡、服务区和收费站等。应用于公路上的草坪和地被植物应具备以下的生物学特性:
　　(1)苗期生长速度快。由于路基工程完成要求马上进行绿化,以防止降雨所产生的侵蚀,苗期生长速度越快,覆盖速度越快,效果越明显。
　　(2)再生能力强。出于美化和其他方面的要求需要经常对所种植的草坪和地被植物进行修剪,只有具有较强的再生能力,才能满足要求。
　　(3)具备连片生长能力。这样才能使裸露土壤得到有效覆盖,起到水土保持的作用。所以具有匍匐茎或根状茎以及分蘖能力强的禾本科和豆科草坪如狗牙根、沟叶结缕草、细叶结缕草、紫羊茅、无芒雀麦、白三叶等经常用于公路绿化。

3. 混播

混播主要指草坪植物之间混播,但也可以是草坪植物同小灌木种子之间混播。

1)草坪草种之间的混播

草种混播的技术常用于冷季型草坪的建植。混播的主要优势在于混合群体比单一群体具有更广泛的遗传背景,因而具有更强的适应性。草种混播应注意以下要点。

(1)掌握各类主要草种的生长习性和特点,以便合理混播。例如,多年生黑麦草常与草地早熟禾混播用于服务区。主要是用其快速出苗、植株耐践踏、耐病虫害等优良特性。

(2)外观质地的一致性,被用作混播的草种通常要在以下方面较为一致:

①叶片质地,即叶片的粗细程度;

②生长习性,即丛生、根丛生、匍匐生长;

③色泽;

④枝叶密度;

⑤垂直向上生长速度。

(3)混播各组适宜的配比及播种量的确定,混播各组的配比主要决定于草坪建植后的生长环境条件,土壤条件以及草坪的用途,通常是用重量比来计算的,生长旺盛的草种如多年生黑麦草在混播中的比例通常不超过50%,过多的多年生黑麦草会对混播的其他组分如草地早熟禾的生存和生长造成威胁。

(4)根据草坪生长的小气候选用栽培品种,使混播的优势得以最大限度的实现。专业育种公司培育了一系列具有不同优良性能的、适应各种环境条件的优质栽培品种,其中有些可以用于公路绿化,可供选择混播使用。

2)草种和小灌木之间的混播

草坪及地被植物只能控制表面的水土流失,即面蚀,而小灌木可以控制更深层的侵蚀;小灌木同草本植物组合,经常用于公路边坡防护,早期草本植物生长比较快,能够尽快使裸露的地表得到覆盖,但草本植物群落具有以下不足:

(1)根系分布单一,稳定风化层的作用比较差,所以以草本植物生长为主的边坡容易发生脱落。

(2)草本植物容易退化,尤其以草坪植物为主的坡面,出于商业的目的,它多为$2n+1$倍体,不能够繁殖后代,不少品种4~5年以后需要重新补植,因此常造成裸地再现,导致表土层的脱落。

(3)开发利用的痕迹长期难于改变,与周围环境不协调。

(4)公路坡面生态系统自然恢复进程难于持续进行。

(5)易被一些野生藤本植物侵占,使植被自然演替过程停顿,形成与周围环境不协调的景观,并且需要采取持续性的管理措施。如果在播种时加入适量灌木或亚乔木的种子,情况将会发生重大改观。这是因为:

①灌木和乔木是木本植物,它的根系固定土壤的能力比草本植物强,草地中加入木本植物后,比单纯草本植物覆盖的边坡稳定性更强。并且,木本植物不仅根系长,而且具有韧性,对土壤的固持力将逐年增强。

②形成的公路景观容易与周围环境融为一体,自然协调。

③不仅有利于早期恢复生态系统,而且自然恢复进程可持续进行。特别是采用先锋树种如华北地区常用的紫穗槐、锦鸡儿等,能够加速荒废生态系统的恢复。

④有利于改善周围环境,木本植物与草本植物相比植株比较高大,具有立体层次结构,改善恶劣环境的效果明显。

⑤以木本植物为主组成的群落管护作业量少。这是由于木本植物引种后不易衰退,而且

由木本植物为主覆盖的坡面不易脱落。因此,植被的维护和管理作业量少。

⑥木本植物群落为主的自然景观,可将工程构造物(如混凝土工程)融于自然之中,美化周围环境。

4. 苗木的起苗与运输

苗木运输是苗木栽植过程中一个重要环节,特别是对于苗木数量大,本地苗木或数量不够或价格太高不能满足需要,必须从异地调苗。苗木的起苗以及运输过程中各环节控制的好坏会直接影响苗木栽植的成活率。

1)起苗

苗木运输第一个环节是"起苗"就是把苗木从苗圃地上挖起来。起苗操作技术的好坏,对苗木质量影响很大,1株经多年培育而又生长良好的苗木,往往由于起苗操作不当,使根系受伤过重或只带很少的主、侧根,栽植后成活的希望很小。所以起苗必须认真仔细,并按规定标准带足根系。

为了保证树木成活,提高绿化效果,起苗时必须注意苗的质量。要选生长健壮,无病虫害,树形端正,根系发达的树苗。具体要求如下:

(1)掘露根乔灌木的根系大小应根据掘苗现场的株行距,树木的干径、高度而定。一般情况下乔木根系可按树木胸径(高1.3m处)的8~10倍,灌木根系可按树木高度的1/3左右,攀缘植物可参照灌木根系而定。

(2)掘常绿树的土球可按树木胸径的7~10倍,或按树高的1/3左右确定规格,黄杨的土球可按树高1/2左右。

(3)生长较慢的常绿树如雪松、黑松等土球规格应加大一级采用,绿篱苗如桧柏、侧柏可降低一级规格采用。

(4)掘露苗根系切口要平滑,不得有劈裂根或将根拉断。

(5)掘带土球苗,应保证土球完好,土球要削平整,500mm以上土球底要小,一般不要超过土球直径的1/3,土球包装物要严,草绳要打紧不能松脱,土球底要封严不能漏土。

2)起苗的操作方法

起苗应按照下述程序进行:

(1)凡从绿地掘苗应进行号苗,号苗用颜色在所选树上做出明显标记。

(2)掘苗处土壤过于干燥,应在掘苗前三天浇水一次,待水渗下后再掘苗。

(3)掘露根苗,铁锹要锋利,需按规定根系掘苗,挖够深度后再向内掏底,将根铲断,放倒树木打掉土坨。掘苗时如遇较粗树根应用锯锯断。

(4)露根苗掘下后应立即装车运走,如不能运走,可在原坑埋土假植,并将根埋严,如假植时间过长应设法适量浇水,保持土壤中的湿度。

(5)在掘常绿树或灌木前应用草绳将树冠围拢,但不要过紧,以不伤枝条为准。掘的根系和土球应保证规定的尺寸。掘前以树干为中心划一圆圈标明根系和土球(坨)大小,一般应较规定的尺寸稍大,掘时从圈外挖掘,掘土球的形状应为红星苹果形。

(6)掘土球应先铲去表面浮土,去浮土以不伤树根为准。掘时在所划圈外挖沟,沟宽以便于操作为准,掘的沟要上下一样宽,随挖随修土球。应注意挖时脚不要踩土球以免将土球踩坏。挖至深度后再向中心掏底,500mm以上的土坨底部应留一部分不挖以支撑土球,按形状挖好土球后在土球兜草绳处挖一小槽以利打包。

(7)打包。土球规格在400mm以下,土质坚硬可在坑外打包。具体做法是:先将蒲包放好,捧出土球放入包内,但注意搬动土球时不要只是树干,放入包内将包包严再按规定将草绳捆紧。土球质较松软、沙性大、易散坨,所用蒲包草绳应在使用前一天浸水,以增加拉力,并可使草包打严,草绳勒紧;500mm 以上土球如土质松软的土球,应修好土球后先围腰绳,腰绳宽度应根据土质而定,围好腰绳再用蒲包将土球包严,用草绳将蒲包固定,进行打包,打包时二人对面配合操作,随绕草绳随用砖头或木锤顺着草绳前进方向一人锤打一人拉绳,捆绕草绳应特别注意底部草绳一定要兜好勒紧顺序码齐。将包打好后留一绳头绕在树干的根基处,打好包后再围上腰绳,腰绳宽度应根据土球大小而定,一般为 6～10 道,绕腰绳要从上往下绕位置适中,围完腰绳再上下用力绳斜穿好固定腰绳不使滑脱,最后进行封底,封底前在顺树倒的方向坑底处先挖一小沟并将封底用草绳紧紧拴在腰绳上,然后将树推倒,用蒲包将底封严,然后用草绳错开勒紧,捆成双十字形或五角形。

3) 装车、运苗、卸车、假植

装、运、卸、假植树木时均要保证树木根系、土球的完好,不得折断树木主尖、枝条,不要擦伤树皮,卸车后不能立即栽植的苗木应埋土假植保护好根系。

运苗装车前押运人员应按所需树种、规格、质量、数量认真检查核实后再装车。苗木装运中的注意事项如下:

(1)装运露根苗木时,应根向前,梢向后,顺序码放整齐,在后车厢处应垫草包或蒲包以免磨伤树干,注意树梢不要拖地,装好后应用绳将树干捆牢,捆绳时亦垫上蒲包不使树皮勒伤。

(2)装运灌木也可直立装车,凡运距较远的露根苗木应用苫布或湿草袋盖好根部以免风吹影响成活。

(3)装运带土球苗木时,高度在 2m 以下可立放,2m 以上应斜放,装时土球向前、树干朝后,土球应放稳、垫牢、挤严,土球码放层次不要过高,400mm 以下土球码最多不得超过三层,400mm 以上土球最多不得超过两层,并应注意不要损坏树枝。押运人员应在车槽内,不要站在土球上。行车时,遇坑洼处行车要缓行,以免颠破土球影响成活。

(4)苗木运到工地后按指定位置卸苗,卸露根苗时要从上往下顺序卸车,不得从下乱抽,卸时应轻拿轻放,不许整车往下推以免砸断根系和枝条。卸土球苗时,400mm 以下可直接搬下但要搬动土坨不应只提树干;卸 500mm 以上的土球苗可打开车厢板放上木板,从板上滑下,车上人拉住树干,车下人推住土球缓缓卸下;如土坨较大超过 800mm,卸时应在土球下先兜上绳子,一头捆在车槽上,另一头由 2～3 人拉住,使土球轻轻下滑,卸时注意不要折断树枝和使土球歪斜,卸下后将树立直放稳。

(5)卸车后不能立即栽植时,露根树应临时将根部埋土或用苫布,草袋盖严,也可事先挖好宽 1.5～2m,深 400mm 的假植沟,将苗码放整齐一层苗一层土将根部埋严。如假植时间超过 7d 以上时,则应适量浇水保持土壤湿润,带土球苗临时假植应尽量集中将树直立土球垫稳,假植时间较长则应在土球和枝叶上经常喷水以增加空气中湿度和保持土球土壤湿润,但水量不宜过大以免将土球泡软再搬运时土球变形影响成活。

第二节 公路绿化施工

高速公路绿化工程施工一般应由专业绿化队伍完成。选择草种、树种时应根据当地的气候、水文、土壤土质等情况进行选择。植草皮应选用附近地区比较常见,易于生长的草种。树木、草皮的种植一般在春季进行,种植后应及时浇水、补栽,使之成活、生长。由于植物生长的特点,绿化工作具有很强的突击性,在一段时间内若不能完成就必须等到下一年,在施工时应准备足够的种苗,布置足够力量,突击完成植树、种草工作。

高速公路绿化工程一般有以下几个部分:
(1)中央分隔带绿化;
(2)边坡、护坡绿化;
(3)道路两侧植树绿化带;
(4)互通式立交桥区绿化。

中央分隔带绿化方式一般是在种植草坪的同时相距一定间隔种植灌木,种植的灌木高度一般不应超过中央分隔带防撞护栏的高度,灌木长高时及时修整,这种处理方法既能够使中央分隔带绿化有明显的宏观效果,又可以保证相对行驶的车辆互相通视。

中央分隔带下往往有大量水泥稳定粒料、沥青废渣等材料,应将一定深度的填土换填,重新培入适于草种生存的土壤,换填土时应注意不要污染已成型的沥青路面,在边坡上有时也有少量碎石填入路基,也应注意清理,必要时需换填好土。草皮种植后应注意洒水养护,第一次种草往往难以全部成活,需要在第二年春季种草种。

边坡绿化的目的主要是稳定边坡,防止雨水冲刷造成边坡损坏,以保证高速公路的使用年限。边坡绿化可根据当地情况,选择适于生长的草种,可选择多年生宿根、根系发达的草类,如马连草、茵宿草等,有条件时可将道路两侧边坡全部绿化。条件不成熟时,可只绿化边坡上部三分之一部分。边坡绿化时表层应有200mm以上的熟土层,施工时填筑的土质不能满足要求时,必须换土重填。

在道路两侧排水流沟外侧可种植3~4排多年生常绿乔木,大量植树除对生态环境、自然环境有作用外,对高速公路还有固堤护坡,阻挡风沙等作用。乔木生长成材后,可形成很好的景观,有过滤尘埃、减少噪声、调节温度及湿度的作用,对长途行驶的驾驶员也有较好的作用。

在互通立交桥桥区匝道护坡上应全部种植草皮,在匝道环内除种植草皮外,还应布设观赏性矮小的乔木、灌木,设计成美观的图形,有条件时还可以设置小型花园等人造设施,使之成为优美的景观,为高速公路增色。

一、乔木和灌木的绿化施工

做好公路树木的管护,是绿化工作中的一项重要工作,也是实现公路绿化的成败关键。检验公路绿化的指标有三项:成活率、保存率和修剪管护状况。
(1)成活率:是指栽植发芽长叶至少在一个生长季节以上的苗木占总栽植量的百分数。
(2)保存率:是指成活两年以上树木占总栽植量的百分数。
(3)修剪管护状况,是指修剪整齐美观,病虫害及时防治。

1.栽植的质量要求

(1)栽植前为了减少蒸发,保持树势平衡保证树木成活,栽植前进行适量的修剪,修剪时必须剪口平滑,并注意留芽位置,根部修剪剪口也必须平滑,修剪要符合自然树形和按设计要求而定。分枝点的选留,对主干明显的杨树类必须保持中央主干的正直生长。分枝点高度,在公园绿地一般为树高1/2~1/3,行道树分支点高度为2.2~2.8m。灌木修剪应保持其自然树形,短截时树冠要保持外低内高,疏枝应保持外密内疏,对枯枝、感染病虫害枝、断枝应剪去。

(2)栽植的位置要符合设计图纸要求,栽植时树木高矮、干径大小要搭配合理,排列整齐,栽植的树木本身要保持上下垂直不得倾斜,树形好的一面要迎着主要方面,栽植行列树必须横平竖直。树干应在一条线上相差不得超过半个树干,相邻树木的高矮不得超过500mm,栽植绿篱株行距要均匀,丰满的一面要向外,高矮树冠大小要搭配均匀合理。栽植填土要分层填实,栽植深浅要适合,一般树木应与原土痕平,个别速生树木如杨柳树等可较原土痕深栽50mm。栽植带土球树木土球的包装物应尽量取出。

(3)散苗要按设计位置散苗,散苗时注意保护根系、主杆树尖、枝条和土球的完好,以保证树木的成活。

2.刨坑

(1)刨坑刨槽的规格要求

①刨坑刨槽位置要准确,坑径应根据根系、土球大小及土质情况而定,刨坑刨槽要直上直下成桶形,不得上大下小或上小下大,不然造成窝根或填土不实。

②坑径一般可按规定的根系或土球直径大200~300mm。

③如遇土质过黏、过硬或含有有害物质如白灰、沥青等,则应加大坑径1~2号。

(2)刨坑的操作方法

①刨坑时要找准位置,以所定位置为中心按规定坑径划一圆圈作为刨坑的范围。

②挖坑时应把表土与底土分别置放,如土质有好有坏亦应分开堆放。堆放位置以不影响栽植为宜。刨坑到规定深度后在坑底垫底土。

③挖坑的坑壁要随挖随修使其成直上直下,不要成锅底形。

④刨坑时如发现地下管道、电缆等地下设施应停止操作,并及时向项目监理报告解决。

⑤在斜坡处挖坑应先做成一平台,平台应以坑径最低规格为依据,然后在平台上再挖坑。

3.栽植的操作方法

(1)修剪工作对高大乔木应在散苗前后进行,即在栽植前进行,高度3m以下无明显主尖的乔木和灌木为了保证栽后高矮一致整齐美观可在栽植后修剪,疏剪的剪口应与树干平齐不留枯橛以免影响愈合;短截时注意留外芽,剪口距芽位置要合适,一般离芽10mm左右,剪口应稍斜成马蹄形;修剪20mm以上的大枝剪口应涂防腐剂,可促进愈合和防止病虫雨水侵害。

(2)散苗、散露根苗应掌握随掘随运随散苗、随栽植,尽量缩短根部暴露时间以利成活。散苗时要轻拿轻放,行道树散苗要顺路的方向放树苗,不得横放路上影响交通;散带土球树木,要注意保护土球完整,搬运土球时不得只搬树干,尽量少滚动土球;散500mm以下土球可放在坑边,散500mm以上土球应尽量一次放入坑内,但深浅要合适。

(3)栽植前对露根苗的根系要进行修剪,将断根、劈裂根、感染病虫害根、过长的根剪去,剪口要平滑,带土球苗和灌木应将围拢树冠的草绳剪断,以便选择树形好的一面。

(4)栽植前检查坑的大小,深度是否与根系、土球规格标准要求的坑径一致,不符时应修整,如需填土填好后落实。

(5)栽树时不得歪斜,要保持树木上下垂直,有树弯时应掌握树尖与根部在一垂直线上即可,行道树的树弯应在顺路的方向,与路平行,如为自然树,孤立树应注意好面朝主要方向,并尽量朝迎风的方向。

(6)栽植露根树木应根系舒展,不要窝根。立直树后填入表土或好土,再将树干轻提几下使土与根系密接,并应随填土随用脚踏实,踏实时注意不要踩树根以免将根踩坏,栽植深度应符合规定。

(7)栽行道、行列树必须横平竖直,栽植方法可每隔10或20株按规定位置准确的栽上一株标兵树作为依据,然后再分别栽植。

(8) 栽植带土球树木,要尽量提草绳入坑摆好位置和高度后用土铲放稳,再剪断腰绳和草包。栽绿篱时如土球完整,土质坚硬应在坑外将包打开提干捧坨入坑。坑内拆包应尽量将包装物取出,如有困难亦应剪断草绳,剪开草包尽量取出所余部分。然后填土踏实,踏实时不要砸坏土坨。

(9) 栽植较大规格的常绿树和高大乔木时应在栽植时埋上支柱,支柱应埋深在 300mm 以下,支柱要捆牢,注意不要使支柱与树干直接接触以免磨伤树皮。立支柱方向应在下风口。

(10) 灌水、封堰,栽植后 48h 之内必须及时浇上第一遍水。第二遍水要连续进行,第三遍水在二遍水后的 5~10d 内进行,秋季植树如开工较晚可少浇一遍水,但灌水量要足。

春、雨季植树浇完第三遍水待水渗下后应及时进行中耕扶直或封堰;秋冬季栽植浇完最后一遍水应及时封堰,并由树干周围堆成 300mm 高的土堆,以保持土壤中的水分和防止风吹树干造成空隙影响成活。中耕封堰时应将土填实将树木扶直。浇水量应参考以上具体规定和根据树木品种、天气情况、土壤含水率而定,浇水时不要使水直冲树堰,应在堰内放一蒲包或瓦片使水冲在蒲包上再流入堰内以免冲出树根,如自然林可采取畦灌,畦灌则要求地要平整。第一遍水应注意检查有无跑水漏水现象和塌陷下沉情况,如发现应填土堵漏补浇,还应特别注意将树木扶直。封堰时要用细土,如土壤中有砖石树根应检出以免造成下次开堰的困难,应使封堰稍高于原地面。

二、草坪及地被植物的绿化施工

1. 草种的选择

草种的选择方法见表 6-3-2。

公路常用草皮简介表 表 6-3-2

种 名	科 名	分 布	习 性	繁殖方法	用 途
狗牙根 (绊根草)	禾本科	全国各地	阳性、耐旱、耐热、耐贫瘠	播种、铺植	保土、固坡
聚合草	柴草科	全国各地	喜肥、喜光、覆盖能力强,要求土壤排水良好	播茎	用于公路边坡护路
野牛草	禾本科	长江以北各地	耐热、耐寒、耐旱	播种、铺草	行道树下、公路草坪
结缕草 (老虎皮草)	禾本科	全国各地	喜光、耐寒、耐旱、耐践踏	播种、播茎铺植	护坡
羊胡子草	莎草科	北方地区	喜光、在半荫下可以生长,要求排水良好,具有一定的耐寒力	播种、分根	北方草坪
细叶早熟禾	禾本科	东北、西南、黄河流域	低矮、耐寒、耐旱、耐荫、喜湿润土壤,在稍酸土壤上可生长	播种、分植	公路草坪、护坡

2. 种植技术

目前种植草皮的方法有3种,即播种、播茎和铺植。

(1)播种;

(2)播茎;

(3)铺植。

具体叙述如下:

1)播种与灌溉

草坪种子一般比较小,拱土能力差,不宜深播,所以多采用撒播的方式播种,播后用钉齿耙沿一个方向耙,然后镇压,保证种子与土壤充分接触。

播后要注意保湿,保证种子发芽所必需的水分,同时又要防止土壤板结。所以最好加覆盖,一则可以防止土壤水分蒸发,二则可以防止降雨或灌溉造成的:土壤板结和水土流失,三则还可以保温促使种子尽早出苗。

由于边坡与平地的环境条件相差较大。为此在边坡上植草时必须经过特殊处理。坡面植草的方法很多,每一种方法都有其优缺点,所以应该选择适应当地的土质条件和施工时期的方法。

(1)判断种草的可能性,应用硬度计测定土壤的硬度。硬度在230mm以下时,苗容易扎根;超过这一指标,扎根逐渐困难起来;当土壤硬度超过270mm时,草坪的根则根本扎不下去。

(2)选择合适的草种,最好选用具有深根系、耐干旱和有匍匐茎或根状茎的草坪草,因为边坡首先要考虑防止水土流失,确保路基的稳定。所以在我国的北方可选用野牛草、老芒麦、无芒雀麦、紫羊茅、小冠花和结缕草;南方宜选用香根草、狗牙根、假俭草、细叶结缕草、沟叶结缕草等。

(3)选择适当的施工工艺,可供选择的方法有:植生带、土工网或三维网、喷播、点穴或挖沟施工法等,每一种方法都有其优缺点。

(4)边坡的立地条件差,管理上跟不上,一般情况下,当年种植的草坪,经过2~3年后,随着外来草种的侵入,逐步被取而代之。所以为使草坪保存时间更长,可以选用当地野生的多年生低矮的禾本科或豆科牧草作为草坪用草,在当年种植的草坪中可适量加入一些豆科牧草以增强土壤肥力。

此外,在一些土质不稳定的边坡单纯依靠植物护坡往往不很可靠。所以常采用与防护工程相结合的方式,目前采用最多的是水泥蜂窝块,块内种草坪;另一种常见的是拱形或网格护坡,在拱内或网格内种草等。

2)无性繁殖方式

无性繁殖是利用草坪草的匍匐茎或根状茎以及草皮块进行植草的种植方式。

(1)利用无性繁殖建植步骤

①选择健壮的苗。

②松土,这是植草中非常重要的一环。松土的厚度为200~300mm左右,并清理土中的碎石块及其杂物等。

③施肥,以有机肥为主,培肥同时也改善了土壤结构,为草坪的生长创造一个适宜的生长环境。

④预先浇水,增加土壤墒情。

⑤植草。

⑥有一段时间的缓苗期,这段时间特别注意保湿,促使移来苗的生根。

(2)草坪无性繁殖方式的应用

无性繁殖建植比种子直播见效快,尤其在满铺的情况下,几乎是把异地的草坪原封不动移过来,它的应用归结起来有以下几个方面:

①有些植物生产种子比较困难,所以多采用营养体进行建植。暖地型草坪草中的狗牙根、细叶结缕草、沟叶结缕草、假俭草和野牛草以及青根草等。

②幼苗生长比较慢,发芽率低,特别是一些豆科植物如小冠花,种皮很厚,透水性极差,采用种子直播当年出来的苗很少。这种情况下常从育好的苗圃中移苗,以保证尽快覆盖。

③植物立地条件比较恶劣,如一些砂质边坡进行建植,若采用种子直播由于新出的苗抗逆性差,极易死亡;采用移苗可以大大增加建植的成功率。

④绿化时间比较紧迫,只能采用铺草皮的方式,特别在雨季,为了防止雨水对公路边坡的冲刷常采用满铺的方式,把草皮切成 300mm×400mm 大小的块平铺在坡面上,为防止草皮脱落还可以在草皮块上钉一些锲形木桩。在草皮的连接处垫上富含营养的土壤,以防草根暴露在空气中。

⑤比较陡直土质边坡,采用种子直播会因为风、雨或灌溉等的影响而被冲刷掉,此时也可以采用移栽的办法。

(3)无性繁殖的建植方法

无性繁殖的建植方法很多,公路上可能采用的方法有:

①铺草皮块,此法见效最快,但成本也高。

②开沟植茎,主要针对一些具有匍匐茎的草坪,如狗牙根和野牛草等。具体做法是:先开沟,沟与沟之间的距离约为 50～100mm 左右,沟深 40～50mm,把根茎埋入沟中;然后覆土镇压。

③草塞法,在边坡上挖穴,把成丛带根的草塞入穴中。草最好带一些原土,有条件的可以在保水剂中浸泡一下,以增强保水力。

④撒茎覆土法,在立交或缓边坡,整地完成后将草坪的根茎撒在土壤表面,覆土,然后浇水。狗牙根适合采用此法。

⑤移苗,这种方法关键在于选好壮苗,整好坪床。种植时选择带有 2～4 个节的嫩枝,扦插时将其中 1～2 个节埋入地下用于生根,另一端带有叶片的部分露出地面,种后压实,使之与土壤水分有效接触便于生根。

3)不同植物混播

从种群生态学的角度讲,混播(主要是指乔、灌和草)有利于提高群落的稳定性和抵御不良自然灾荒的能力;水土保持效果也比单一种草或种树好的多。但是由于不同的植物其早期生长速度不同。例如早熟禾和黑麦草同胡枝子混播,早期草本植物黑麦草和早熟禾生长很快,而胡枝子早期生长比较慢,在这个组合中如果草本植物量太大,胡枝子出芽后就会因为得不到阳光而逐步死亡。如果草本植物量太少,则早期不能马上起到防止水土流失的作用。因此在选择植物混播时,要根据所在地的气候条件和混播的植物种类,确定它们之间的混合比例。

参 考 文 献

[1] 栗振锋,李素梅,文德云.路基路面工程.北京:人民交通出版社,2005.
[2] 刘吉士,阎洪河.公路路基施工技术.北京:人民交通出版社,2003.
[3] 李维勋.路基路面工程.北京:机械工业出版社,2006.
[4] 廖正环.公路施工与管理.北京:人民交通出版社,1999.
[5] 赵新庄,祁贵珍.公路施工机械.北京:人民交通出版社,2004.
[6] 王景峰.路基路面施工与养护技术.北京:人民交通出版社,2005.
[7] 李新梅.桥涵施工与养护技术.北京:人民交通出版社,2005.
[8] 苏建林.公路工程施工技术.北京:人民交通出版社,2002.
[9] 郭小宏,朱战良,鞠萍.高等级公路机械化施工技术.北京:人民交通出版社,2001.
[10] 傅智,金志强.水泥混凝土路面施工与养护技术.北京:人民交通出版社,2003.
[11] 吴初航,等.水泥混凝土路面施工及新技术.北京:人民交通出版社,2000.
[12] 傅智.水泥混凝土路面滑模施工技术.北京:人民交通出版社,2001.
[13] 黄晓明,吴少鹏,赵永利.沥青与沥青混合料.南京:东南大学出版社.2002.
[14] 王明怀.高等级公路施工技术与管理.北京:人民交通出版社,2000.
[15] 李殿建.沥青路面施工机械与机械化施工.北京:人民交通出版社,1999.
[16] 中华人民共和国行业标准.公路水泥混凝土路面施工技术规范(JTG F30—2003).北京:人民交通出版社,2003.
[17] 中华人民共和国行业标准.公路路基施工技术规范(JTG F10—2006).北京:人民交通出版社,2006.
[18] 中华人民共和国行业标准.公路沥青路面施工技术规范(JTG F40—2004).北京:人民交通出版社,2004.
[19] 中华人民共和国行业标准.公路桥涵施工技术规范(JTG/T F50—2011).北京:人民交通出版社,2000.
[20] 中华人民共和国行业标准.公路隧道施工技术规范(JTG F60—2009).北京:人民交通出版社,2009.
[21] 中华人民共和国行业标准.公路交通安全设施施工技术规范(JTG F71—2006).北京:人民交通出版社,2006.
[22] 中铁大桥局集团有限公司.大跨度桥梁设计与施工技术.北京:人民交通出版社,2002.
[23] 周永兴.路桥施工计算手册.北京:人民交通出版社,2001.
[24] 王丽荣.桥隧施工技术.哈尔滨:哈尔滨地图出版社,2004.
[25] 刘吉士,张俊义.桥梁施工百问.北京:人民交通出版社,2003.
[26] 刘宗仁.土木工程施工.北京:高等教育出版社,2003.
[27] 李辅元.桥梁工程.北京:人民交通出版社,2005.
[28] 刘绍云.四方台大桥建设与管理.北京:中国出版社,2004.
[29] 张辉.桥梁工程技术.沈阳:东北大学出版社,2006.
[30] 魏红一.桥梁施工技术.北京:高等教育出版社,2001.
[31] 邵旭东.桥梁工程.北京:人民交通出版社,2004.

[32] 范立础.桥梁工程(上、下册).北京:人民交通出版社,2001.

[33] 谢新宇.高速公路沿线设施施工.北京:人民交通出版社,2003.

[34] 李峻利.交通工程设施设计.北京:人民交通出版社,2004.

[35] 高速公路丛书编委会.高速公路环境保护与绿化.北京:人民交通出版社,2001.

[36] 刘书套.论公路建设与管理中的环境保护.中国公路学会2000学术交流论文集.中国公路杂志社,2000.

[37] 周德培,张俊云.植被护坡工程技术.北京:人民交通出版社,2003.